Hannelore Christ
Horst Holzschuh
Valentin Merkelbach
Walter Raitz
Jörn Stückrath · Hessische
Rahmenrichtlinien
Deutsch

Hannelore Christ, Horst Holzschuh,
Valentin Merkelbach, Walter Raitz, Jörn Stückrath

Hessische Rahmenrichtlinien Deutsch

Analyse und Dokumentation eines bildungspolitischen Konflikts

Bertelsmann Universitätsverlag

© 1974 Verlagsgruppe Bertelsmann GmbH/Bertelsmann Universitätsverlag, Düsseldorf
Umschlaggestaltung: Peter Steinthal, Horn-Bad Meinberg
Satz: M. Seifert, Erkrath
Druck und Buchbinderei: Mohndruck Reinhard Mohn OHG, Gütersloh
Printed in Germany

ISBN 3-571-09176-0

Inhalt

„Und sprechen hab' ich so fein müssen, daß es schon nicht mehr schön war; hab' jeden Tag auf den Speicher gehen und 'ne Weile saftig losreden müssen, damit ich wieder einen richtigen Geschmack in den Mund kriegte — sonst wär' ich gestorben, Tom."

Mark Twain, Tom Sawyer (1876)

Erster Teil

Analyse der Kontroverse

1. Zur Reform des Ausbildungssektors

1.1 Dysfunktionale Momente

Zu Beginn der sechziger Jahre weisen der Wissenschaftsrat und die Kultusminister-konferenz darauf hin, daß die Bundesrepublik vor einer Bildungskatastrophe stehe. Bis zur Mitte der sechziger Jahre wird diese These durch Veröffentlichungen von Picht, Dahrendorf und Hamm-Brücher u. a. erhärtet. Die Untersuchungen beschränken sich jedoch weitgehend auf eine Erfassung von Oberflächenerscheinungen und fragen nicht nach den tieferen Ursachen für diesen Bildungsnotstand. So wird festgestellt, daß das bundesrepublikanische Ausbildungssystem den gesteigerten Ansprüchen, die sich aufgrund des technologischen Fortschritts, aufgrund der Wissensexplosion und Verwissenschaftlichung der modernen Welt an die Ware Arbeitskraft stellen, weder organisatorisch noch von den vermittelten Inhalten her genüge. Dieses Faktum wird als Modernitätsrückstand beklagt, der, wenn er nicht in absehbarer Zeit behoben bzw. überwunden werde, der Wirtschaft und Gesellschaft der Bundesrepublik einen nicht wiedergutzumachenden Schaden zufügen könne. Relativer Wohlstand, weltweites Ansehen und politische Stabilität seien gefährdet, falls es nicht gelinge, im internationalen Konkurrenzkampf einen der vorderen Plätze zu halten. Das jedoch sei nur dann gewährleistet, wenn die Bundesrepublik den Anschluß an die internationale technologische wie wissenschaftliche Entwicklung nicht verliere. Es verwundert nicht, daß sich diese Einschätzung der Lage in den bildungspolitischen Vorstellungen der Kultus-bürokratien niederschlägt. Sehr deutlich tritt dies vorrangig an wirtschaftlichen Erwägungen orientierte Interesse an einer Reform des Bildungswesens in einer Aussage des baden-württembergischen Kultusministers Hahn (CDU) zutage: „Die Gestaltung unseres Bildungswesens wird mit darüber entscheiden, ob wir im Wettbewerb der Gesellschaftssysteme bestehen und welchen Rang wir unter den Kultur- und Wirtschaftsnationen einnehmen werden. Wer in die Führungspositionen der europäischen Wirtschaft einrücken wird, entscheidet sich weitgehend in unseren Schulen und Universitäten."[1] Aber auch Formulierungen der ‚bildungspolitischen informationen' des hessischen Kultusministers (SPD) weisen in diese Richtung, obwohl hier das wirtschaftliche Wachstum in den Dienst sozialer und politischer Ziele gestellt erscheint: „Demokratie (ist) nur dann resistent gegen totalitäre Formen und Systeme, wenn sie mit einem hohen wirtschaftlichen Niveau den sozialen Wohlstand des einzelnen zu erweitern vermag.

---

1 Beck, Johannes und Lothar Schmidt: Warum Schulreform? In: Dies. (Hrsg.): Schulreform oder der sogenannte Fortschritt. Frankfurt/M. 1970. S. 9–16. Hier: S. 12.

Auch dazu müssen Schule, Hochschule und berufliche Ausbildung beitragen, indem aus ihnen die qualifizierten Fachkräfte von morgen hervorgehen."[2]

Was diese Feststellungen kennzeichnet und was die Praxis der seit einigen Jahren angelaufenen Bemühungen um die Reform des Ausbildungssystems bestimmt, ist der Versuch, die Augen vor der Erkenntnis zu verschließen, daß „ein Ausbildungssystem, das der Gesellschaft nicht mehr angepaßt ist, das sich dysfunktional verhält, (auch) eine Schwäche des gesellschaftlichen Systems (ist), sonst gäbe es keine ‚Katastrophe', keinen ‚Notstand' . . . Wenn die Schule in der Krise sein soll, muß zugleich die Gesellschaft, als deren Teil die Schule begriffen werden muß, sich gleichfalls in krisenhaftem Zustand befinden".[3]

Dysfunktional ist dieses Ausbildungssystem, dessen ständische Organisation (Volksschule, Realschule, Gymnasium) sich in der ersten Hälfte des 19. Jahrhunderts, orientiert an den politischen und wirtschaftlichen Interessen der sich etablierenden bürgerlichen Schichten, herausbildete und verfestigte, nicht erst seit den sechziger Jahren. Es bedurfte der Warnungen Pichts und anderer, die sich in der Folgezeit zu Wort meldeten, um auch Wirtschaftskreise zu verunsichern, denn erstmals waren große Defizite besonders im technologischen Bereich voraussehbar und damit auch die Gefahr einer Gewinnreduzierung. Hieraus erklärt sich deren plötzliches Interesse an Fragen der Reform des Ausbildungssektors. Diese Situation gab wiederum den Reformern die Möglichkeit auch auf ideelle Defizite aufmerksam zu machen, die sie in der anachronistischen Struktur des Schulsystems begründet sahen.

Die besondere Lage der Bundesrepublik in den Nachkriegsjahren, der ständige Zustrom von Flüchtlingen aus der DDR, bei denen es sich durchweg um qualifizierte Fachkräfte handelte, die unmittelbar in den Produktionsprozeß eingegliedert werden konnten, hatte zur Folge, daß die bereits latente Krise nicht offen in Erscheinung trat. Seit dem Mauerbau und mit dem Ende der Rekonstruktionsperiode erwies sich die Krise als akut und konnte nicht länger geleugnet werden. Gemessen an den Bedürfnissen der spätkapitalistischen Gesellschaft in der BRD genügte die Schule nunmehr weder dem Anspruch auf ausreichende technische noch auf angemessene ideologische Qualifikation der Ware Arbeitskraft. Das Interesse an steigenden Gewinnen machte kapitalintensive technologische Innovationen erforderlich. So wurden in vielen Bereichen der wirtschaftlichen Produktion tiefgreifende Rationalisierungsmaßnahmen durchgeführt. Der Zwang zur Rationalisierung und in seinem Gefolge der plötzliche wenn auch systemkonforme technologische Fortschritt ließen die Anforderungen an die Wissensproduktion in einem solchen Umfange steigen, daß sich das überkommene Ausbildungswesen den neuen Aufgaben nicht länger gewachsen zeigte. So wie die bis dahin gültigen Produktionskapazitäten durch die Entwicklung längst überrollt waren, so auch die an ihnen orientierten Qualifikationen menschlicher Arbeitskraft.

In dieser Situation, in der sich die Produktionsbedingungen unter dem Druck der internationalen Konkurrenz beständig wandelten, war es die naheliegendste Forderung

2 bpi 2 (1970), S. 1.
3 Masuch, Michael: Politische Ökonomie der Ausbildung. Lernarbeit und Lohnarbeit im Kapitalismus. Reinbek bei Hamburg 1972. S. 23.

an ein effizientes aber systemkonformes Bildungswesen, für die Ausbildung von Arbeitskräften zu sorgen, die befähigt sind, ständig umzulernen, um so im Produktionsprozeß flexibel eingesetzt werden zu können. „Wenn es zutrifft", heißt es in den ‚bildungspolitischen informationen' des hessischen Kultusministers, „ . . . daß künftig die überwiegende Mehrzahl der Angehörigen einer Generation ihren gewählten Beruf im Laufe der Berufstätigkeit mehrfach wird wechseln müssen, weil die sich stets ändernden Bedingungen des technischen und ökonomischen Fortschritts dies fordern werden, so wird deutlich, daß der Mensch dieser und der zukünftigen Gesellschaft instandgesetzt werden muß lebenslang lernen zu können."[4] Die Gefahr einer Paralysierung des Bewußtseins, die mit einer solch effektiveren Ausbildung der Produktivkraft Mensch verbunden ist, wird von einem Teil der Reformer durchaus erkannt und soll dadurch gebannt werden können, daß außer der Modernisierung und Effektivierung des Bildungssystems auch dessen Demokratisierung eingeleitet werden soll. Auf diesem Stand bewegt sich die Diskussion innerhalb der liberalen Reformergruppe. In Kreisen der Wirtschaft hat jedoch inzwischen das Interesse an einer qualifizierteren Ausbildung der Arbeiter und damit auch an einer Reform des Ausbildungssystems auf breiter Basis merklich nachgelassen, nachdem man erkannt hat, daß sich technologische Defizite auf verschiedene Weise auffangen lassen:

— durch Ausbildung einer kleinen Anzahl von qualifizierten Führungskräften in industrieeigenen Fachinstituten,
— durch Aufteilung komplizierter Arbeitsprozesse in leicht erlernbare Einzelfertigkeiten,
— durch Ankauf von ausländischen Patenten.

1.2 Bildungsreform als Überwindung der Krise: Zur Funktion von Reformkonzeptionen

Die konstatierte Krise des Ausbildungssystems in der BRD löste umgehend Bemühungen zu ihrer Behebung aus. Zwei grundverschiedene Typen gesellschaftspolitischer Zielsetzung läßt der Mitte der sechziger Jahre eingeleitete Reformprozeß erkennen. Während die politisch und damit auch bildungspolitisch herrschenden bürgerlichen Kräfte in der Schulreform ein Mittel zur Herrschaftsstabilisierung und Systemerhaltung sehen, versucht eine kleinere Gruppe sie als Hebel für die gesellschaftliche Befreiung, d. h. Systemüberwindung einzusetzen. Für die erste Fraktion, die in sich was die Wahl des einzuschlagenden Weges anbetrifft durchaus nicht homogen ist, geht es vor allem darum, das Ausbildungssystem durch organisatorische Maßnahmen und durch inhaltliche Neubestimmung im technisch-naturwissenschaftlichen Bereich auf „die Höhe der Zeit zu bringen" bzw. „den Modernitätsrückstand auszugleichen". Bildungsreform reduziert sich damit weitgehend auf Kompensation der Instabilität des

4   bpi 2 (1970), S. 4.

Systems. Die andere bildungspolitische Fraktion sieht in der Tatsache, daß das Ausbildungssystem hinter den gesellschaftlichen Anforderungen zurückbleibt, die Chance Innovationen einzuleiten, die über den status quo der gesellschaftlichen Entwicklung im Spätkapitalismus hinausweisen. Dabei ist sich diese Gruppe durchaus bewußt, daß das Ausbildungssystem seine neue emanzipatorische Funktion nur entfalten kann, wenn es die Möglichkeit erhält, direkt auf die Gesellschaft einzuwirken[5], d. h. sie bezieht den Widerspruch zwischen ihrem Begriff von gesellschaftlicher Totalität und der Realität der spätkapitalistischen Gesellschaft mit in ihre Reformkonzeption ein.

Die hier skizzierten beiden Grundtypen bildungspolitischer Zielsetzung sollen im folgenden weiter ausdifferenziert werden.

1.2.1 Schulreform als Anpassung und Systemerhaltung

Den Ansprüchen gerecht zu werden, die sich aufgrund der Produktionsverhältnisse im spätkapitalistischen Gesellschaftssystem an den Ausbildungsbereich stellen, ist das erklärte gemeinsame Ziel zweier bildungspolitischer Gruppierungen, die dem ersten Grundtypus zugehören und als konservativ und liberal-reformerisch voneinander unterschieden werden können. Beiden geht es nicht darum, die Schule als Herrschaftsinstrument qua Reform abzuschaffen sondern durch geeignete Maßnahmen deren Modernitätsrückstand aufzuholen. Bezüglich der geeigneten Reformmaßnahmen haben sie jedoch aufgrund unterschiedlicher Einschätzung der Krisensituation kontroverse Entscheidungen gefällt.

Die konservativen Kräfte betreiben Herrschaftssicherung, indem sie, wie immer schon (man vgl. nur die bildungspolitischen Auseinandersetzungen zwischen 1815 und 1848 in Preußen), auf Bildungsbegrenzung für die Unterprivilegierten hinarbeiten. Natürlich bekennen sie sich heute nicht öffentlich dazu; im gleichen Atemzug, in dem sie von Verwirklichung der Chancengleichheit sprechen, lehnen sie Reformmodelle ab, die auch nur den Anschein erwecken könnten, etwas von der Chancenungleichheit in unserer Gesellschaft beseitigen zu wollen. Sie kämpfen aus diesem Grund gegen die von den liberalen Kräften propagierte integrierte und differenzierte Gesamtschule und behaupten polemisierend, daß in der integrierten Gesamtschule

— die überdurchschnittlich begabten Kinder sich nicht genügend entwickeln könnten und gewaltsam auf einem mittleren Niveau festgehalten würden (Vorwurf der Chancenungleichheit und der Bildungsnivellierung),
— die leistungsschwächeren Kinder in den C-Kursen weniger gefördert würden als im traditionellen Schulsystem und in ihrer Entwicklung ebenso behindert würden wie die überdurchschnittlich Begabten (Vorwurf der Chancenungleichheit),
— die „Sozialintegration", das politische Hauptmotiv für die integrierte Gesamtschule, nicht stattfinde, sondern im Gegenteil erhöhte Spannungen und Aggressionen zwischen den Schülern entstünden,

5 Vgl. Masusch, a. a. O., S. 25.

— sich die Tendenz abzeichne, auf eine Differenzierung in Leistungsniveaus zu verzichten und man so auf das System der Einheitsschule zusteuere, wie es die SED nach dem Zweiten Weltkrieg in Mitteldeutschland zunächst eingeführt, inzwischen aber aufgrund besserer Einsicht wieder aufgegeben habe.[6]

Interessant ist, daß die DDR, die noch bis in die sechziger Jahre hinein als Negativfolie herhalten mußte, nun zur Stützung der eigenen Argumentation herangezogen wird. Es leuchtet ein, daß man sich allenfalls zu einem organisatorischen Modell wie dem der additiven Gesamtschule versteht, da es als schöner Schein das Bestehende perpetuiert. Einer Effektivierung im inhaltlichen Bereich, soweit es die mathematisch-naturwissenschaftlichen Fächer anbelangt, widersetzen sich die konservativen Kräfte nicht, an einer Reform der Fächer Deutsch, Geschichte, Sozialkunde bzw. Gesellschaftskunde ist ihnen allerdings nicht gelegen, da, wie sie nicht zu Unrecht argwöhnen, die inhaltliche Reform dieser Fächer Möglichkeiten zur Vorbereitung von Systemveränderungen eröffnen könnte (CDU-Broschüre: Marx statt Rechtschreibung).

Eine Integration der beruflichen Ausbildung in das System der Gesamtschule, wie es noch die ‚bildungspolitischen informationen' des hessischen Kultusministers fordern (2, 1970, S. 4), stößt auf totale Ablehnung. Die Berufsschule als eigene Institution, seit eh und je Appendix der Ausbildung in Fabriken und Werkstätten, soll in ihrer Abhängigkeit erhalten bleiben. Die Effektivierung und Modernisierung der beruflichen Ausbildung wollen Wirtschaftskreise und die ihnen verbundenen Konservativen in eigener Regie vorantreiben durch den Ausbau der betriebsinternen Lehrlingsausbildung und durch Gründung von Fachschulen für die qualifizierten Fach- und Führungskräfte. Von eigenen Ausbildern, deren Loyalität man sich versichert hat, soll neben den fachspezifischen Kenntnissen auch eine systemstabilisierende Anpassungsideologie vermittelt werden, eine Aufgabe, deren pflichtgemäße Erfüllung man weiten Teilen der Lehrerschaft des öffentlichen Dienstes nicht mehr zutraut, da bei ihnen marxistische Indoktrinierung schon Früchte trage („Radikale im öffentlichen Dienst").

Im Gegensatz zu den konservativen Gruppierungen setzen die liberalen nicht auf Bildungsbegrenzung zum Zwecke der Systemerhaltung und Herrschaftssicherung sondern auf eine systematische Anhebung des Bildungsniveaus der Unterprivilegierten. Die Resultate der fortdauernden Klassenspaltung in der kapitalistischen Gesellschaft sind ihnen durchaus bewußt, doch werden diese nur als Auswüchse begriffen und sollen durch entsprechende Reformmaßnahmen überwunden werden. Dadurch geraten die eigentlichen Ursachen aus dem Blickfeld. Das Gerede von mehr Demokratie, von gesellschaftlicher Reform und von der Emanzipation des Arbeiters entlarvt sich als Augenwischerei. Emanzipation in diesem Kontext ist inhaltsleer, da an einen Reformbegriff gekoppelt, der letztlich auf Systemerhaltung abzielt. Ein Reformmodell wie das der integrierten Gesamtschule trägt durchaus den Bedürfnissen der spätkapitalistischen Produktionsverhältnisse Rechnung,

— indem es durch sein Leistungskurssystem für eine extensivere Auslese sorgt als das im dreigliedrigen Schulsystem je möglich war,

---

6 Vgl. CDU-Broschüre: Welche Rechte haben Eltern?, S. 30.

— und indem es durch das Wechselspiel von Kurs- und Kernsystem den Schüler frühzeitig in jene Flexibilität einübt, die der moderne Produktionsprozeß ihm abverlangt.

Unter dem Aspekt der Disponibilität der Arbeitskraft können partiell auch jene inhaltlichen Reformansätze gewertet werden, die darauf abheben nicht mehr vorrangig zu bestimmen, *was* sondern vielmehr *wie* der Schüler zu lernen habe. Durch kompensatorische Bemühungen sollen so die Unterprivilegierten weitgehend aus ihren klassenbedingten Bindungen herausgelöst und ihnen durch ideologische Anpassung die scheinbare Integration in die bürgerlichen Schichten vorgespiegelt werden.

Es kann nicht bestritten werden, daß die von den liberalen Kräften eingeleiteten äußeren und inneren Reformmaßnahmen im Ausbildungswesen durchaus Ansatzpunkte enthalten, die über eine krude Anpassungsstrategie hinausweisen und Möglichkeiten für eine systemüberwindende Praxis signalisieren.

Auf jene in der Bildungskonzeption der liberalen Reformer enthaltenen kritischen Potenzen scheinen auch einige linksliberale Kräfte zu vertrauen, die von ihrem Anspruch her auf eine Systemveränderung hinarbeiten. Über eine Reform des Ausbildungssektors, so glauben sie, könne das gesellschaftliche System Schritt für Schritt verändert werden. Diese Hoffnung muß unter den Bedingungen der spätkapitalistischen Klassengesellschaft notwendigerweise zur Aporie führen, da sie auf einer idealistischen Überschätzung der Möglichkeiten von Bildungspolitik beruht. ,,Der Versuch, die Funktionen des Ausbildungssystems von einem durch die Pädagogik selbst gesetzten ,Auftrag' her zu bestimmen, der erst in einem zweiten Schritt auf die Gesellschaft vermittelt werden soll, bleibt . . . problematisch."[7] Unvermerkt gerät diese Gruppe von Reformern durch ihre unkritische Verteidigung des liberalen Ansatzes in Abhängigkeiten, die sie schließlich nicht mehr überwinden kann.

1.2.2 Schulreform als Widerstand und Systemveränderung

Die auf Widerstand und Systemveränderung hinauslaufende bildungspolitische Zielsetzung der marxistisch-sozialistischen Gruppen spielt im politischen Kräftefeld der Bundesrepublik nur eine untergeordnete Rolle. Sie ist aber dennoch die einzige Alternative zur Position der liberalen Reformer. Für die sozialistischen Gruppen ist die Krise von Ausbildungssystem und Gesellschaft aufgrund ihres Vorverständnisses von gesellschaftlicher Totalität nur durch eine Veränderung des Gesellschaftssystems zu überwinden. Eine Reform des Subsystems Schule, die der gesellschaftlichen Entwicklung vorauseilen und so zum Motor einer Umwälzung der Gesellschaft werden könnte, wird als idealistische Fehleinschätzung verworfen. Das primäre Ziel einer demokratisch-sozialistischen Bewegung sollte daher die Gesellschaftsveränderung sein, die zu einer Beseitigung der antagonistischen Klassenstrukturen führen muß. Von diesem Ziel her lassen sich gesellschaftliche Bedürfnisse formulieren, von denen die Funktionen des zukünftigen Ausbildungssystems abzuleiten sind. In einem solchen Kontext

7 Masuch, a. a. O., S. 17.

gewinnt der Emanzipationsbegriff einen spezifischen Stellenwert. Konsequent wird die Schule als Lernschule aufgehoben und in der polytechnischen Einheitsschule das Verhältnis von Praxis und Ausbildung neu bestimmt. Unter den gegenwärtigen gesellschaftlichen Bedingungen bleiben diese bildungspolitischen Vorstellungen Projektion, da für eine baldige revolutionäre Systemüberwindung keine Voraussetzungen vorhanden sind. So ergibt sich nach der Auffassung marxistischer Gruppierungen kurzfristig die Notwendigkeit, die kritischen Potenzen zu nutzen, die durch den Widerspruch von Reformabsichten und objektiven gesellschaftlichen Bedingungen entstehen. Im Unterricht geschieht dies dort, wo gesellschaftliche Widersprüche thematisiert und Möglichkeiten und Notwendigkeiten einer sozialistischen Alternative aufgezeigt werden.

2. Der Verlauf der hessischen Lehrplanrevision

In Hessen setzten die Bemühungen zur Behebung der Krisensituation im Ausbildungsbereich schon frühzeitig ein. Nachdem mit der Schulgesetznovelle die äußere Reform eingeleitet worden war und so die organisatorische Umgestaltung des Schulwesens durch die schrittweise Einführung der Förderstufe und durch Gesamtschulversuche abgesichert schien, nahm die SPD-Regierung 1967 auch die inhaltliche Reform in Angriff. In seiner Regierungserklärung vom 18. Januar 1967 betonte der damalige Ministerpräsident Zinn die Notwendigkeit, der äußeren nun auch eine innere Reform des Bildungswesens folgen zu lassen. Unter Kultusminister Schütte und seiner Staatssekretärin Hamm-Brücher wurde der Prozeß der inhaltlichen Neugestaltung noch im gleichen Jahr in Gang gesetzt. So trug auf Einladung von Hildegard Hamm-Brücher der Erziehungswissenschaftler Saul B. Robinson vom Berliner Max-Planck-Institut für Bildungsforschung am 10. Juli 1967 in Frankfurt/M. seine Vorstellungen zur Curriculum-Revision vor, die er bereits in seinem Buch „Bildungsreform als Reform des Curriculums" entwickelt hatte. Auf zwei darauffolgenden Tagungen des Hessischen Lehrerfortbildungswerkes (September 1967 und April 1968) wurde Robinsons Ansatz ausführlich von Experten aus dem Bereich der Wissenschaft, der Schulpraxis und der Kultusbürokratie diskutiert. Von vornherein stellte sich dabei das Problem, wie das Robinsonsche Modell mit der schulpolitischen Situation in Hessen zu vermitteln sei. Während Robinsons Ansatz von einer inhaltlichen Neubestimmung ausgeht, aus der dann die Organisationsform der Schule abzuleiten sei, hatten die hessischen Reformer bereits den umgekehrten Weg gewählt, d. h. der organisatorische Rahmen für die inhaltliche Reform war bereits abgesteckt. Ein weiteres Problem, das besonders auf der zweiten Tagung kontrovers diskutiert wurde, bestand in der Frage, welche Gruppen an der Lehrplanrevision zu beteiligen seien. Man entschied sich schließlich für eine umgehende Einbeziehung der Lehrer in den Innovationsprozeß (Basiskonzept), um so einen Hebel zu besitzen, mit dem die tradierten Strukturen des Schulwesens aufzubrechen seien.

Im Frühjahr 1968 wurde der Marburger Didaktiker Wolfgang Klafki mit der Entwicklung eines Plans für die Fortführung der Arbeit beauftragt, der auf der nächsten Lehrplankonferenz in Wiesbaden im Juni 1968 diskutiert wurde. Es kam zu Auseinandersetzungen, da Klafki seinen Plan auf der Grundlage der vom Kultusministerium geäußerten Forderungen und Wünsche konzipiert hatte:

— Erarbeitung neuer Lehrpläne für die Sekundarstufe I innerhalb von zwei Jahren bis 1970 (Ende der Legislaturperiode des Hessischen Landtags),
— Ausstattung des Projektes mit nur geringen Sach- und Personalmitteln.

An eine Verwirklichung des Basiskonzeptes war unter diesen Voraussetzungen kaum zu denken.

Im Anschluß an diese Tagung wurde unter Leitung von Klafki eine „Vorbereitende Kommission" gegründet, mit dem Auftrag, Fragen und Probleme zusammenzustellen, die durch eine umfassende Lehrplanrevision aufgeworfen werden. Dieser Kommission gehörten vier Marburger Mitarbeiter Klafkis, fünf Mitarbeiter aus dem Bereich der Gymnasiallehrerausbildung, vier des Hessischen Instituts für Lehrerfortbildung und drei Vertreter des Kultusministeriums an; Vertreter von Haupt- und Realschulen gehörten nicht zur Kommission. Der von der Kommission erarbeitete Bericht konnte im März 1969 dem hessischen Kultusminister vorgelegt werden. Dieser sogenannte „Grüne Bericht" wurde als Grundlage für die Neugestaltung der hessischen Lehrpläne für Sekundarstufe I (Klassen 5–10) vom Ministerium angenommen und der Auftrag erteilt, diese Pläne bis Oktober 1970 fertigzustellen.

Auf einer Informationstagung in der Reinhardswaldschule bei Kassel im April 1969 wurde der Kommissionsbericht vorgestellt, jedoch kaum diskutiert. So begann man in den folgenden Monaten sofort mit dem Aufbau der geplanten Organisationsstrukturen:

— Große Kommission zur Reform der hessischen Lehrpläne mit den drei Lernbereichskommissionen „Sprachen", „Naturwissenschaften" und „Sozialwissenschaften-Technik-Kunst-Sport"; Fachkommissionen waren erst für einen späteren Zeitpunkt geplant;
— Realisierungskommission, deren Aufgabe es sein sollte, die Arbeitsergebnisse in die Schulpraxis umzusetzen und Ansätze für eine möglichst breite Beteiligung der Lehrerschaft auszuarbeiten;
— Koordinierungskommission (identisch mit der Vorbereitenden Kommission), deren Aufgabe es sein sollte, die Arbeit innerhalb der Großen Kommission zu koordinieren und die Kooperation mit dem Kultusministerium zu sichern;
— Geschäftsstelle unter Leitung von Klafki am Erziehungswissenschaftlichen Seminar der Universität Marburg.

Mit der Bildung der drei Lernbereichskommissionen wurde die Arbeit auf der ersten Lehrplantagung (12. bis 14. Juni 1969) aufgenommen. Die Kommissionen beschlossen — entsprechend der Vorentscheidung der Vorbereitenden Kommission — in einem ersten Arbeitsschritt nach Methoden zur Ermittlung und Begründung von allgemeinen Lernzielen zu suchen. Dies hatte zur Folge, daß auf der nächsten Lehrplantagung im September 1969 die Lernbereichskommissionen vorläufig zugunsten von Gruppierungen aufgelöst wurden, die die verschiedenen methodischen Ansätze zur Lernzielermittlung ausdifferenzieren und präzisieren sollten; drei Gruppen wurden gebildet:

— Lernzielermittlung durch Situationsanalyse,
— Lernzielermittlung anhand vorhandener Lehrpläne und fachwissenschaftlicher wie fachdidaktischer Literatur,
— Lernzielermittlung anhand allgemeiner Normvorstellungen der Gesellschaft unter Zuhilfenahme vorwiegend sozialwissenschaftlicher Literatur.

In den folgenden Monaten, vor allem auf den Tagungen der Großen Curriculumkommission im November 1969, Februar und Mai 1970, wurden diese Methodenansätze weiter entfaltet. Dabei führten wissenschaftliche und politische Differenzen innerhalb der Kommission zu Spannungen, die die Arbeitsbedingungen der Kommissionsmitglieder zusätzlich zu den Außenbelastungen erheblich verschlechterten.

Der im Oktober 1969 vollzogene Wechsel in der Spitze des Kultusministeriums, der die Ablösung Ernst Schüttes und Hildegard Hamm-Brüchers durch Ludwig von Friedeburg und Gerhard Moos brachte, blieb nicht ohne Folgen für die Arbeit der Kommission. In einem Gespräch zwischen Ministeriumsspitze und Vertretern der Kommission im Januar 1970 wurde von Seiten des Ministeriums eine Effektivierung der Arbeit gefordert, ohne daß damit die Zusage zu einer Verbesserung der finanziellen Situation verbunden war, die eine wirkungsvollere Information der Lehrerschaft ermöglicht hätte. Zur Gewährleistung einer kontinuierlichen Arbeit forderten nun ihrerseits die Vertreter der Kommission die Einstellung einer Gruppe von hauptamtlichen Mitarbeitern. Man einigte sich schließlich dahingehend, daß die Kommission zunächst einen Perspektivplan für ihre Weiterarbeit vorlegen solle. Dieser Plan, den die Koordinierungskommission am 3. April 1970 fertiggestellt hatte, erlangte insofern besondere Bedeutung, als er dazu dienen konnte, die Aufgabenbereiche der Curriculumkommission gegenüber dem im März 1970 in Wiesbaden gegründeten Bildungstechnologischen Zentrum (BTZ) abzugrenzen. Er sah zum einen die Ausarbeitung eines vorläufigen Curriculums für die Sekundarstufe I bis zum 1. September 1972 vor, wobei diese Arbeit vorwiegend von hauptamtlichen Mitarbeitern ausgeführt werden sollte, und zum anderen die Einbeziehung der Lehrerschaft in die Lehrplanrevision durch ausführliche Information und Beteiligung an lernzielorientierten Unterrichtsbeispielen. In der neugegründeten Planungsabteilung des Kultusministeriums stießen diese Vorstellungen jedoch auf Widerstand, da man dort an eine Einbeziehung der Lehrerschaft über das Hessische Institut für Lehrerfortbildung dachte. Für die mit dem Kultusministerium anstehenden Verhandlungen versuchte die Große Kommission auf einer Arbeitstagung im Mai 1970 eine gemeinsame Linie zu finden. Die Verhandlungen, die dann unter Leitung von Staatssekretär Moos am 25. Mai 1970 stattfanden, führten zu folgenden Ergebnissen:

— regelmäßige Mitarbeit von Vertretern des Kultusministeriums in der Curriculum-Kommission,
— Planung zur Einrichtung einer hauptamtlichen Expertengruppe eventuell in Verbindung mit dem BTZ,
— Ausarbeitung eines vorläufigen Lehrplans für die Sekundarstufe I bis 1972 und Einbeziehung der Lehrer in den Innovationsprozeß.

Mit diesen Vereinbarungen sollte, so Staatssekretär Moos, eine neue Phase der Curriculumarbeit eingeleitet werden. Auf der Lehrplantagung in Weilburg im Juni 1970 teilte die Koordinierungskommission die Ergebnisse des Gesprächs den Mitgliedern der Großen Kommission mit. Diese nahm daraufhin die Arbeit an Unterrichtseinheiten in Angriff (Projekte), die nach ihrer Fertigstellung ab Herbst 1970 an etwa dreißig Schulen erprobt werden sollten. Den Auftrag des Kultusministeriums, neben der

Arbeit an den langfristigen Projekten Rahmenrichtlinien für die einzelnen Fächer zu erstellen, lehnte die Kommission ab, war aber einverstanden, daß Kommissionsmitglieder in vom Ministerium gebildeten Ad-hoc-Gruppen sich an der Erarbeitung solcher Richtlinien beteiligten. Damit war unter der Hand der erste Schritt zur Auflösung der Großen Kommission getan. Am 26. November 1970 wurde in einem Gespräch mit Staatssekretär Moos die Planung des Kultusministeriums endgültig offengelegt:

— noch im Verlauf des Jahres 1971 sollten neue stufen- und fächerbezogene Lehrpläne ausgearbeitet werden (sogenannte Rahmenrichtlinien),
— für diese Arbeit sollten vom Ministerium Ad-hoc-Gruppen berufen werden,
— die lang- und mittelfristige Arbeit sollte von einer noch zu bildenden Curriculumgruppe am BTZ übernommen werden.

Mit diesem Konzept war den bisherigen Organisationsformen ihre Funktion genommen, die Große Curriculum-Kommission hatte aufgehört zu existieren. Auf die Frage, was das Kultusministerium bewogen haben könnte, einen neuen Weg bei der Lehrplanrevision einzuschlagen, lassen sich vorläufig folgende Antworten formulieren, die jedoch in ihrer Abhängigkeit voneinander gesehen werden müssen:

— Die hessische SPD-Regierung, vertreten durch das Kultusministerium, war an raschen Erfolgen bei der Behebung der Defizite im Ausbildungsbereich interessiert. Schon die erste Terminierung ist dafür ein deutlicher Hinweis (Oktober 1970/ Landtagswahlen).
— Von Anfang an ging es dem Kultusministerium primär um eine Modernisierung des alten Fächerkanons, da es durch die bereits eingeleitete äußere Reform des Schulsystems in Zugzwang geraten war. Durch die Forderung nach vorrangiger Ausarbeitung von fächer- und stufenbezogenen Lehrplänen mußte das Ministerium mit der Kommission und deren Interesse an einer grundlegenden inhaltlichen Reform in Konflikt geraten.
— Die Planung der Kommission war sehr langfristig konzipiert und ließ Ergebnisse in absehbarer Zeit nicht erwarten. Der vom Kultusministerium aufgrund seines Interesses ausgeübte Zeitdruck trug keineswegs zur Beschleunigung des Arbeitsprozesses bei. Die zusätzliche Belastung der Kommissionsmitglieder durch ihre hauptberufliche Tätigkeit stellte einen weiteren Verzögerungsfaktor dar.
— Die äußerst knappe Ausstattung des Projekts mit Sach- und Personalmitteln führte zu immer neuen Engpässen und Verzögerungen und verhinderte vor allem die zügige Durchführung des Basiskonzepts.
— Die schwerfälligen Organisationsstrukturen und die Größe der Kommission warfen weitere Probleme auf.
— Schließlich sind noch die Innenbedingungen der Kommission anzuführen: Kommunikationsschwierigkeiten, die sich aufgrund unterschiedlicher wissenschaftlicher und politischer Positionen einstellten.
— Die Vermutung liegt nahe, daß das Kultusministerium von einer pragmatischen Einschätzung der bildungspolitischen Situation ausging und glaubte, daß Kon-

zepte, die auf der Basis der Vorstellungen der Großen Curriculum-Kommission entwickelt würden, in nicht ausreichendem Maße mit der bestehenden Unterrichtspraxis zu vermitteln seien.

Nach Auflösung der Kommission gegen Ende des Jahres 1970 nahmen schon bald die vom Ministerium gebildeten Ad-hoc-Gruppen ihre Arbeit an der Erstellung der fächer- und stufenbezogenen Rahmenrichtlinien auf. Die Bedingungen, unter denen diese Gruppen tätig wurden, waren keinesfalls besser als die der Großen Kommission. Lediglich die Innensituation der Rahmenrichtlinien-Kommissionen erwies sich als ausgewogener und wirkte sich positiv auf deren Arbeitsfähigkeit aus; daraus läßt sich jedoch nicht der Vorwurf ableiten, die Gruppen seien nach einseitig parteipolitischen Gesichtspunkten zusammengestellt worden.

Im Oktober 1972 konnten fächerbezogene Pläne für die Sekundarstufe I vorgelegt werden. Neu war, daß die Pläne nicht auf dem Erlaßwege sofort verordnet wurden, sondern daß zunächst das Schuljahr 1972/73 der Kenntnisnahme, Diskussion und freiwilligen Teilerprobung dienen sollte (Dok. 1). Diese öffentliche Diskussion nahm schnell das Ausmaß eines bildungspolitischen Konfliktes an, der sehr deutlich die Bedingungen, Möglichkeiten und Grenzen von Bildungsreform in der kapitalistischen Gesellschaft sichtbar werden läßt.

Dienstag, 8. Mai 1973, 20.00 Uhr, Rhein-Main-Halle Wiesbaden

Freiheit oder Kulturrevolution

- Die hessischen Rahmenrichtlinien -

Dr. Hanna Renate Laurien, Mainz
Staatssekretär Kultusministerium Rheinland-Pfalz

Prof. Dr. Werner Conze, Heidelberg
Vorsitzender des Verbandes Deutscher Historiker

Prof. Dr. Erwin K. Scheuch, Köln
Lehrstuhl für Soziologie

Oberstudiendirektor Joachim Schiller, Berlin

Der hessische Kultusminister Prof. Dr. Ludwig von Friedeburg ist eingeladen.

Leitung: Gerhard Löwenthal

Veranstalter:
Konzentration Demokratischer Kräfte
Bürgerinitiative für Freiheit
Rechtsanwalt Alfred-Carl Gaedertz, Wiesbaden

Aus: Wiesbadener Tagblatt vom 7. Mai 1973 (Anzeige)

3. Die bildungspolitischen Positionen in der RRD-Kontroverse

Mit der Veröffentlichung der hessischen Rahmenrichtlinien (RR) für die Sekundarstufe I im Oktober 1972 ist zwischen konservativen und liberal-reformerischen Kräften eine bildungspolitische Kontroverse großen Ausmaßes ausgebrochen. Im Mittelpunkt der Auseinandersetzung stehen dabei die Pläne für die Fächer Deutsch und Gesellschaftslehre.

Zum Wortführer der konservativen Gruppierungen hat sich die in Hessen in der Opposition stehende CDU aufgeschwungen. Auf einer Fachtagung Ende Februar 1973 in Gießen legt sie ihre Marschroute fest; die CDU-Staatssekretärin aus dem rheinland-pfälzischen Kultusministerium, Hanna-Renate Laurien, gibt dabei mit ihren Grundsatzreferaten Schützenhilfe (Hessische Richtlinien für Gesellschaftslehre: Schulung statt Schule; Herrschaft durch Sprache? RR für den Deutschunterricht in Hessen). Auf eine Diskussion mit dem Ziel der Veränderung oder gar eine Erprobung der RR will sich die CDU erst gar nicht einlassen und fordert daher in ihrem Antrag an den hessischen Landtag (Dok. 4) die sofortige Zurückziehung der RR durch den Kultusminister.

Der geographische Raum, von dem häufig die Angriffe des konservativen Lagers gegen die Reformer ausgehen, ist das Vortaunusgebiet mit Gemeinden wie Bad Homburg (Sitz des Hessischen Elternvereins)[8], Kronberg, Königstein, Hofheim u. a., in dem sich die Hochfinanz, vor allem aber Kreise der oberen Mittelschicht niedergelassen haben.

Vom Beginn der Kampagne an kann die hessische CDU mit einer breiten Unterstützung durch ihr nahestehende Interessengruppen rechnen. So sind an ihrer Seite Organisationen der Wirtschaft (Arbeitgeberverbände, Industrie- und Handelskammern, Dok. 18), der Lehrer insbesondere der Gymnasial- und Realschullehrer (Deutscher Lehrerverband Hessen, Hessischer Philologenverband, Dok. 15), der Eltern (Hessischer Elternverein) und der Schüler (Schülerunion)[9] zu finden. Durch Stellungnahmen, die verbandsintern kursieren, die aber auch durch gezielte Veröffentlichung in der konservativen Presse Publizität erlangen, versuchen diese Organisationen zusammen mit der CDU die RR zu Fall zu bringen. Gutachten konservativer Wissenschaftler werden eigens angefordert und sollen den Eindruck einer objektiven Auseinandersetzung mit den Reformtexten erwecken. So waren etwa für den Hessischen

---

8 Zur Verzahnung des Hessischen Elternvereins mit der CDU und CDU-nahestehenden Wirtschaftskreisen gibt der in betrifft: erziehung 6 (1973), H. 10, S. 42—45, veröffentlichte Artikel von Peter Below genaue Hinweise: Geschickt gemacht. Hessischer Elternverein.
9 CDU-nahe Schülerorganisation.

22

Elternverein (HEV) die Professoren Nicklis (Gesellschaftslehre und Deutsch; auch in der Welt unter dem Titel: „Dialektisches Judo mit Sprache und Literatur", 13. Februar 1973), Stöcklein (Deutsch; auch in der FAZ unter dem Titel: „Die hinterfragten Richtlinien", 22. März 1973), Lübbe und Nipperdey (Gesellschaftslehre; Lübbe auch in der FAZ vom 9. Mai 1973) tätig. Darüber hinaus dienten die Gutachten von Nicklis und Stöcklein den Verfassern der CDU-Broschüre „Marx statt Rechtschreibung" als Vorlage. Bei diesen wie bei anderen konservativen Wissenschaftlern, die im Konflikt Partei ergriffen haben, handelt es sich zum Teil um Mitglieder, zum Teil um Sympathisanten des Bundes Freiheit der Wissenschaft; Lübbe und Nipperdey sind freilich auch Mitglieder der SPD. Der in der Süddeutschen Zeitung, in Auszügen auch in der Frankfurter Allgemeinen (FAZ) und der Frankfurter Neuen Presse (FNP) veröffentlichte Artikel Professor Golo Manns zu den RRD wird als Sonderdruck an hessischen Schulen verteilt. Die Geldgeber dieser Aktion bleiben unbekannt. Der gleiche Sonderdruck wird in Bayern vom Bayerischen Philologenverband vertrieben.

Nicht zu unterschätzen ist die Hilfe, die von der konservativen, teilweise auch liberalen Presse auf überregionaler wie regionaler Ebene geleistet wird (Welt, FAZ, Rhein. Merkur, FR, Süddt. Ztg., Wiesbadener Tagblatt u. v. a.). Fernsehsendungen wie das Mittwochmagazin von Gerhard Löwenthal tragen das ihre zur Zuspitzung des Konfliktes bei. Landauf und landab werden von den konservativen Interessengruppen sogenannte Diskussionsveranstaltungen inszeniert, die sich dann als Tribunale entpuppen, auf denen die liberalen Reformpläne durch Entstellung zum marxistischen Popanz aufgebaut werden (s. Anzeige im Wiesbadener Tagblatt, S. 21). Eine fundierte bildungspolitische Auseinandersetzung mit den Inhalten der umstrittenen Pläne wird von den Konservativen nicht geleistet, was sich anhand der von der CDU vertriebenen Flugblätter und Broschüren eindeutig nachweisen läßt (CDU-Argumente Nr. 5; Marx statt Rechtschreibung, Dok. 6; Welche Rechte haben Eltern?).

Sind Sie auch mit der Verteilung der Conze-Gutachten beschäftigt? – Nein, ich verteile schon die von Professor Stöcklein!

Aus: der Föhn 1 (1973), Nr. 2, S. 10.

Auf Zuschriften zu ihrem Flugblatt „Argumente 5: Marx statt Rechtschreibung" antwortet die CDU mit einem Brief, in dem sie Eltern, Schüler und Lehrer auffordert, überall dort aktiv zu werden, wo es gilt, die Reformpolitik der SPD zu Fall zu bringen. So etwa im Elternbeirat: „Jeder Elternbeirat sollte der Presse seine Empörung über die Rahmenrichtlinien in Meldungen, Briefen und Resolutionen kundtun und auf Veröffentlichung dringen. Wenn Sie bei Ihrer Formulierung Hilfe brauchen, können Sie sich an uns wenden." Sollte der Elternbeirat hierzu nicht bereit sein, so empfiehlt die CDU die Gründung von Eltern- oder Bürger-Initiativen. Diese seien als Gruppierungen ohne parteipolitische Ausrichtung geeignet, die Bevölkerung wirkungsvoll über die „Fehlentwicklung an unseren Schulen" aufzuklären. Natürlich ist auch bei der Organisation solcher Initiativen die CDU wiederum „gerne behilflich". Weitere Aktivitäten sind nach Meinung der CDU durch das Schreiben von Leserbriefen an die Tagespresse („Leserbriefe haben eine hohe Lesehäufigkeit"), durch persönliche Schreiben an den hessischen Kultusminister und die Landräte u. a., durch Mitarbeit in den Kreisverbänden der CDU, in der Arbeitsgemeinschaft Christlich-Demokratischer-Lehrer und in der Schülerunion zu entfalten. Daneben seien Schülerzeitungen geeignete Objekte, in die „die Argumente gegen die RR Eingang finden sollten". Am Schluß des Briefes wird schließlich unter der Überschrift „Aktuelle Vorfälle" offen zur Bespitzelung der Lehrer aufgefordert: „Bitte melden Sie dem Landesverband der CDU Hessen besondere Vorfälle an Schulen, auf die Sie gestoßen sind. Nennen Sie bitte genau Tag, Ort, Name des Lehrers, der Schule, der Klasse. Wir verwenden Ihre Angaben für Broschüren und Flugblätter."

Eine Verschärfung der Auseinandersetzung bringt eine dreitägige Konferenz der CDU/CSU-Fraktionsvorsitzenden in Wiesbaden vom 12. bis 14. Juni 1973 mit sich. Durch ihren Sprecher lassen die Fraktionsvorsitzenden mitteilen, daß Schüler hessischer Gymnasien und Gesamtschulen, die ihr Abitur auf der Basis der RR ablegten, möglicherweise nicht zum Studium an Universitäten in CDU-regierten Ländern zugelassen werden könnten. Zur gleichen Zeit kündigt der stellvertretende Vorsitzende der CDU/CSU-Fraktion im Bundestag, Heinrich Windelen, eine Große Anfrage der CDU im Bonner Parlament an, die neben der hessischen Lehrplanreform auch die in Nordrhein-Westfalen und Niedersachsen zum Thema haben soll.

Mit seiner Klage beim Hessischen Staatsgerichtshof wegen Verfassungswidrigkeit der RR-Erprobung hat der HEV kein Glück; die Klage wird Mitte September abgewiesen. Daraufhin entschließt sich der HEV vor das Bundesverfassungsgericht nach Karlsruhe zu ziehen. Die Möglichkeit einer Klage in Karlsruhe hatte der bildungspolitische Sprecher der CDU im hessischen Landtag, Sälzer, bereits Ende Juni angedeutet.

Wie sehr sich der bildungspolitische Kampf zugespitzt hat, beweist nicht zuletzt ein von der Jungen Union (JU) am Samstag den 1. September 1973 in Wiesbaden gegen die RR organisierter Demonstrationszug. Als sich SPD-Magistratsmitglieder und Jungsozialisten in den Zug einreihen wollen, um mit eigenen Transparenten die Aktion der JU zu persiflieren, kommt es zum Eklat. Die Mitglieder der JU reißen ihnen die Transparente herunter und schrecken auch nicht vor Gewaltanwendung zurück. Die beiden konservativen Wiesbadener Presseorgane, Tagblatt und Kurier, nutzen eine Woche lang diesen Anlaß zur Hetze gegen die SPD, indem sie die Jungsozialisten als Schlägertrupps brandmarken. Eine Debatte im Stadtparlament bringt Klarheit und zwingt die CDU wie die konservative Presse zur Zurücknahme ihrer Anschuldigungen (vgl. Wiesbadener Tagblatt, 3. bis 8./9. September 1973).

Widerstand, der die konservative Position stärkt, geht auch aus von den Organen der Schulverwaltung (Schulräte, Gymnasialdirektoren), den Fachkonferenzen für Deutsch und Gesellschaftslehre und der Elternschaft (Landeselternbeirat und Schulelternbeiräte).

Das konservative Lager wird schließlich noch durch die hessische FDP, den Koalitionspartner der SPD, vervollständigt, die mit ihrer Anfrage im hessischen Landtag (Dok. 7) immerhin erreicht, daß die RR-Deutsch und -Gesellschaftslehre an die Kommissionen zurückgegeben werden. Die Kommission-Deutsch wird darüber hinaus um drei von der FDP vorgeschlagene Mitglieder erweitert. Außerdem ist der Erprobungserlaß (Dok. 3), der die Erprobung der RRD in der Fassung vom Oktober 1972 nicht vorsieht, ein weiterer Beleg für die Einflußnahme der FDP. In der Auseinandersetzung versucht die FDP zwar ihre Position von derjenigen der CDU abzugrenzen, was ihr aber zu keinem Zeitpunkt gelingt.

Dem unter Einsatz aller nur möglichen Mittel von Konservativen geführten Kampf wird von den Befürwortern der RR nur wenig entgegengesetzt. Das SPD-Kultusministerium, selbst Initiator der umstrittenen Pläne, erkennt erst spät das Ausmaß der Kampagne und reagiert bisher wenig öffentlichkeitswirksam (s. Faltblatt „Hessen Information Nr. 10"). Die Verfasser der Pläne, die auf Informationsveranstaltungen versuchen, der Bevölkerung ihre Intentionen nahezubringen, treffen häufig auf ein mittelständisches Publikum, das ihnen oftmals ablehnend gegenübersteht, da es durch die Pläne seine Privilegien gefährdet sieht. Die eigentlich Betroffenen, die Eltern von Arbeiterkindern erreichen sie nicht.

Die Untergliederungen der SPD und die Gewerkschaften haben zwar für die RR Partei ergriffen, aber nur wenig publikumswirksame Initiativen gezeigt. Bisher hat sich nur die GEW im Mai 1973 zur Veranstaltung eines Expertenkongresses durchringen können, der jetzt auch publizistisch dokumentiert ist (Was sollen Schüler lernen? Frankfurt/M. 1973). Eine weitere GEW-Broschüre ist angekündigt, darüber hinaus auch eine Sondernummer der Hessischen Lehrerzeitung (HLZ), deren Druck vom Landesvorstand der hessischen GEW nur unter der Voraussetzung einer ausreichenden Anzahl von Bestellungen genehmigt wird (s. Ankündigung in der HLZ 9/73, S. 16). Ähnlich scheint es um eine DGB-Broschüre bestellt zu sein, deren Manuskript seit Monaten vorliegt. Bis in den September hinein haben der SPD-Bezirk Hessen Süd und die Arbeitsgemeinschaft Sozialdemokratischer Lehrer gebraucht, um vier Broschüren zur Verteidigung der SPD-Bildungspolitik vorzulegen, auf deren Verbreitung man aber bislang wartet (Rahmenrichtlinien H. 1: Schulreform; H. 2: Deutschunterricht; H. 3: Gesellschaftslehre; H. 4: Gegen Selbst- und Mitbestimmung? Wie die CDU mit der Wahrheit umgeht). Bei den Jungsozialisten Hessen Süd hat es nur zu einem Papier mit beschränkter Auflagenzahl gereicht, so daß noch nicht einmal alle Mitglieder versorgt werden konnten (Materialien zu den Rahmenrichtlinien).

Stellt sich abschließend die Frage: Weshalb diese Halbherzigkeit bei der Verteidigung der Pläne? Weshalb nur Defensivhaltung und kein Gegenangriff? Der Verdacht drängt sich auf, daß eine offensichtlich starke Fraktion innerhalb der SPD gar nicht so traurig wäre, wenn die Pläne für Deutsch und Gesellschaftslehre tatsächlich revidiert würden. Offensichtlich weisen die RR, als Produkt von relativ parteiunabhängig arbeitenden Kommissionen, über ihre Reformintentionen hinaus. Dieser starken Fraktion scheint sich auch der Kultusminister gebeugt bzw. angeschlossen zu haben, da er im Erprobungserlaß eine überarbeitete Fassung für die RRD ankündigt.

Ablehnung erfahren die RR auch durch marxistische Gruppen. Im Gegensatz zu den konservativen Kritikern versuchen sie jedoch, die SPD-Bildungspolitik als scheinprogressive bürgerliche Reformstrategie zu entlarven. Sie verschließen sich allerdings nicht der Erkenntnis, daß ein noch so technokratisches Reformmodell, mit seinem Interesse an einer Anpassung des Subsystems Ausbildung an das gesellschaftliche System, auch ein Interesse an der Veränderung der Gesellschaft initiieren kann.

Im folgenden soll nun eine Analyse und Einschätzung der Auseinandersetzung anhand der umstrittenen Sachkomplexe: Gesellschaftsbild der RR, Hochsprache und Rechtschreibung und Literaturunterricht vorgenommen werden.

4. Die Kontroverse um das Gesellschaftsmodell

4.1 Das gesellschaftliche Konfliktmodell im Urteil der konservativen Kritik

Die RRD fordern, daß die Gegenstände des Deutschunterrichts als Momente der gesellschaftlichen Realität behandelt werden. Daher formulieren sie die Lernziele im gesamtgesellschaftlichen Kontext: das oberste Lernziel, „Förderung der sprachlichen Kommunikationsfähigkeit", wird auf der Basis eines Verständnisses von Sprache und Sprechertätigkeit entwickelt, das diese „nicht isoliert, sondern als Bestandteil realer Kommunikationsvorgänge und damit gesellschaftlicher Prozesse sieht".
(Dok. 2)
Diese Lernzielformulierung hat zur Bedingung, daß

— die RRD ihr Verständnis von den „gesellschaftlichen Prozessen" und das heißt letztlich, den ihnen zugrundeliegenden Gesellschaftsbegriff, definieren;
— auch die Formulierung der Teillernziele an diesem Gesellschaftsbegriff orientiert sein muß.

Damit wird der den RRD zugrundeliegende Gesellschaftsbegriff zum Angelpunkt des Verständnisses sowohl ihrer Intentionen als auch der ihnen entgegengebrachten Kritik.
Aus den in den Lernzielformulierungen und ihren Begründungen explizit und implizit gegebenen Definitionen ist dieser Gesellschaftsbegriff zu ermitteln. Er basiert auf einem gesellschaftlichen Konfliktmodell und ist daher durch die prinzipielle Annahme sozialer Antagonismen gekennzeichnet. Durch die Befähigung aller Beteiligten an sozialen und politischen Konflikten zur Erkenntnis und Wahrung ihrer Interessen sollen diese Antagonismen und ihre Ursachen bewußt gemacht werden. Dies gilt als notwendige Voraussetzung ihrer möglichen Überwindung durch gesellschaftspraktisches Handeln, dessen Spielraum durch die Normen der Verfassung vorgegeben ist. Dies allerdings in der Weise, daß der derzeitige Status quo der Verfassungsrealität einer Überprüfung und gegebenenfalls Veränderung nach Maßgabe der im Grundgesetz vorfindlichen Verfassungsnorm unterworfen werden kann. Die Verfassungskonformität dieser Forderung wird begründet mit der in der Verfassung angelegten Forderung nach aktiver Demokratie, verstanden als Wahrnehmung der in der Verfassung offengehaltenen demokratischen Entwicklungschancen innerhalb des gesellschaftlichen Gesamtsystems und seiner Teilbereiche.

Dadurch nun, daß die RRD die Formulierung ihres allgemeinen Lernziels und der von diesem abgeleiteten Teillernziele im Zusammenhang mit dem so definierten Gesellschaftsbegriff entwickelten und begründeten, wurde ihre Rezeption durch die verschiedenen gesellschaftlichen und politischen Gruppen in spezifischer Weise determiniert. Die Rezipienten der RRD wurden gezwungen:

— Die Abhängigkeit der Gegenstandsbereiche des Deutschunterrichts und der an ihnen verdeutlichten Lernmöglichkeiten vom gesellschaftlichen Kontext zu reflektieren und Aussagen darüber zu machen: Sowohl, wie ihrer Meinung nach diese Beziehung von der RRD gesehen wird; als auch, wie sie selbst diese Beziehung verstanden wissen wollen.
— Sich mit dem Gesellschaftsbegriff der RRD inhaltlich auseinanderzusetzen und dadurch explizit oder implizit Auskünfte über ihre eigene Gesellschaftsauffassung und ihr eigenes Demokratieverständnis zu geben.
— Ihre Auffassung von der gesellschaftlichen Funktion des Deutschunterrichts wenigstens andeutungsweise offenzulegen — und sei es in der Weise, daß sie ihm keine zugestehen möchten.

Damit aber wird deutlich, daß alle Aussagen über die RRD letzten Endes als politische verstanden werden müssen, denen Hinweise auf das ihnen zugrundeliegende Demokratieverständnis entnommen werden können. Das Spektrum der Meinungen über die RRD und deren Intentionen, die

— entweder, direkt, als Aussagen über ihren Gesellschaftsbegriff und das für diesen konstitutive Konfliktmodell
— oder, indirekt, als Aussagen über die gesellschaftliche Funktion des Deutschunterrichts sowie über die in den RRD formulierten Lernziele und ihre Begründungen abgegeben werden,

kann deshalb als Spektrum (bildungs)politischer Positionen begriffen werden.

Schärfste Ablehnung hat das Gesellschaftsmodell der RRD durch die politisch konservativen Gruppen dieser Gesellschaft erfahren — deutlichst artikuliert durch die CDU-Kampfschrift „Marx statt Rechtschreibung" (Dok. 6), durch den Antrag der Landtagsfraktion der hessischen CDU auf Zurückziehung der Rahmenrichtlinien (Dok. 4) und durch die Begründung dieses Antrags durch den kulturpolitischen Sprecher der CDU im Hessischen Landtag (Dok. 5). So spricht der Antrag der CDU-Landtagsfraktion davon, daß „sfatt Toleranz Konflikt" gepredigt werde und die RRD „aus der marxistischen Zwangsvorstellung einer Konfliktstrategie entwickelt worden" seien. Die CDU-Broschüre „Marx statt Rechtschreibung" macht dies zu einem ihrer Hauptvorwürfe: auf viereinhalb von sechs Seiten, die zu den RRD Stellung nehmen, ist vom Konfliktthema die Rede. Dies ist zwar ein formaler Gesichtspunkt, aber nichtsdestoweniger ein untrügliches Indiz dafür, daß hier ein zentraler Punkt im ideologischen Konzept der CDU-Auffassung von Demokratie getroffen wurde. Ein zuverlässigeres Indiz aber ist die aggressive Diffamierungsstrategie, die die Kritik der CDU am gesellschaftlichen Konfliktmodell der RRD bestimmt.

Die „Konfliktideologie", so das Pamphlet, feiere Triumphe: „Denn Konflikte und Interessengegensätze bestehen nach dieser Vorstellung [der RRD] überall und entlarvte und nichtentlarvte Herrschaftsinteressen lauern an allen Orten." Im Gefolge dieser „Konfliktstrategie" und notwendig durch sie bedingt, werde zur „Parteilichkeit" und zur Durchsetzung parteilicher Interessen mit den Methoden der Demagogie aufgerufen. Darin bestehe der wahre Kern des allgemeinen Lernziels „Förderung sprachlicher Kompetenz". Ziel der RRD wie überhaupt der hessischen Bildungspolitik sei die Ausbildung von Lehrern zu sozialistischen Agitatoren, die die Schüler marxistischer Indoktrination aussetzen. Auf der Strecke blieben dabei so zentrale Werte eines traditionalistischen Weltbildes wie Toleranz, Partnerschaft, menschliches Harmoniestreben und eine „wertbestimmte Solidarität des Volkes".

Durch diese in der CDU-Broschüre betonte Antithese zwischen konfliktorientiertem Gesellschaftsmodell der RRD und harmonistischem Gesellschaftsbild der CDU und durch den Versuch, das Konfliktmodell als „marxistische Zwangsvorstellung" zu definieren, was bei der CDU – Zwangsvorstellung hin oder her – immer diffamierend gemeint ist, ist bereits der Rahmen angedeutet, innerhalb dessen ideologiekritisch nach dem Demokratieverständnis der konservativen Kritik an den RRD zu fragen sein wird.

In besonders rigider Weise wird diese Antithese auch vom kulturpolitischen Sprecher der CDU-Landtagsfraktion betont. Aber bei ihm wird nun zusätzlich – oder doch besonders deutlich – eine Variation des Themas insofern angesteuert, als die Intentionen der RRD nicht mehr nur in Zusammenhang mit dem bürokratischen Sozialismus der DDR, sondern auch mit der Barbarei des Nazi-Staates gebracht werden. Der Effekt, der damit erzielt werden soll, hat u. E. zwei Aspekte: einmal sollen so die RRD und ihre Intentionen suggestiv in die Nähe totalitärer Absichten gerückt werden, damit ihre Autoren und Initiatoren als Wegbereiter des Totalitarismus diffamiert werden können; zum anderen aber – und auf diesen Aspekt wird später zurückzukommen sein – schafft sich die CDU damit die Möglichkeit, von dem autoritären Charakter und der traditionellen Affinität ihres eigenen Gesellschaftsbildes zum Totalitarismus ablenken zu können.

Mit ihrer prinzipiellen Ablehnung des Gesellschaftsmodells der RRD steht die CDU nicht allein. Verschiedene Berufs- und Sozialgruppen bzw. deren Vertreter und Organe, schließen sich sowohl der Ablehnung als auch ihrer ideologischen Begründung durch die CDU an. So z. B. in der überwiegenden Mehrzahl die Fachkonferenzen der Gymnasien als Vertreter des dominanten Sozialisations- und Rekrutierungsbereiches bildungsbürgerlicher Intelligenz und selbstverständlich auch die konservativ-bildungsbürgerliche Standesvertretung der Gymnasiallehrer, der Hessische Philologenverband, der in einer „Vorläufigen Stellungnahme" (Dok. 15) von „einseitiger" Anwendung des Konfliktmodells spricht. „Einseitig" heißt im Sinne der Hessischen Philologen, daß es in einer „offenen Gesellschaft" („in einem freiheitlich demokratischen Staat") zwar Konflikte gebe, gerade diese Tatsache aber „den ausgleichenden Kompromiß" erforderlich mache. Die RRD aber diffamierten „Kompromißbereitschaft" als „harmonistisches Denken" und verleiteten Schüler, das „Heil der Gesellschaft" „mehr im Aufspüren, Anprangern und Provozieren von Konfliktsituationen zu suchen als es von einer vernünftigen, ausgleichenden Konfliktregelung zu erwarten". Eine solche Anwendung des Konfliktmodells bereite schließlich den Boden für eine „Pädagogik der Parteilichkeit" und für „Klassenkampf".

Ähnlich „kompromißbereit" und um unseren freiheitlichen Staat in Sorge wie die Verbandsspitze ist auch die Philologen-Basis. So liest man z. B. im Gutachten der Fachkonferenz der Hofheimer Main-Taunus-Schule (Dok. 19), das sich ausdrücklich zu den noch weitgehend an sozialer Harmonisierung, Vermittlung bildungsbürgerlicher Tradition und sozialintegrativer Kompensatorik orientierten hessischen Bildungsplänen von 1969 bekennt, von dem Verdacht, daß durch die RRD „die in der BRD bestehende Form der Demokratie nicht verändert, sondern abgeschafft werden" soll. Ferner wird behauptet, daß es nur noch auf das Austragen von Konflikten ankommen soll, daß alle Vorschläge für Unterrichtseinheiten einseitig auf Konfliktsituationen innerhalb von Herrschaftsstrukturen bezogen seien und daß das permanente Austragen von Konflikten im Unterricht pädagogisch und psychologisch nicht zu verantworten sei.

Die Philologen des Frankfurter Lessing-Gymnasiums bieten das ganze Arsenal idealistisch-konservativer Pädagogik auf, um ihren tiefen Abscheu gegenüber den RRD zu bekunden und „gegen diese einseitige Sicht des Menschen" und „gegen das Motiv des klassenkämpferischen Konflikts" „die Personalität des Menschen" und dessen Aufgabe „nach Toleranz und Gemeinschaft auf Grund einer natürlichen Sittlichkeit, wie sie das Grundgesetz als soziale Ethik versteht", zu betonen.[10]

Analog zu den besorgten Philologen äußern sich auch die Eltern der Philologen-Schüler. Auch sie sehen in den RRD „alle ethischen Werte negiert", „Gefühle und Stimmungen" bewußt in „bestimmte Bahnen gelenkt", „so daß sie sich als ein Handeln im Sinne einer marxistischen Gesellschaftslehre umsetzen".[11] Rücksichtslos würden gesellschaftliche Konflikte in die Schule hineingetragen, obwohl doch für „einen jungen Menschen, der sich in der Pubertät befindet", „die Konflikte mit dem eigenen Ich, in der Ich-Du-Beziehung, mit dem Elternhaus oder zum Lehrer meist viel wichtiger" sind.[12] So selbstverständlich Eltern eine Erziehung bejahten, „die junge Menschen befähigt, Ungerechtigkeit, Unterdrückung und Mißstände aller Art zu erkennen und sich mit Erfolg dagegen zu wehren", so kompromißlos lehnten sie einen Unterricht ab, in dem „das gesamte Ordnungsgefüge unseres Staates, unserer Gesellschaft und unserer Kultur — in den einzelnen Elementen (Familie, Schule usw.) wie im ganzen — verdächtigt wird als ein System zum Zwecke der Ausübung von Herrschaft bzw. Unterdrückung" und „durch den und in dem alles verteufelt werden soll, was es bisher gegeben hat und was z. Zt. gültig ist". „Die rein negative Motivation von Schülern muß hinauslaufen auf eine innere Einstellung, die Chaos und Anarchie will und die in unserem freiheitlich-demokratischen Staatswesen ihren Feind sieht." (Dok. 14)

Es bekümmert diese Kritikter wenig, daß ihre Interpretationen weder den Aussagen noch den Intentionen der RRD angemessen sind, daß z. B. dort nicht vom „permanenten Austragen von Konflikten im Unterricht" die Rede ist, sondern von der reflexiven Qualifizierung der Schüler, Konflikte erkennen und unter Wahrung ihrer Interessen regeln und austragen zu können — als Schüler und künftige Staatsbürger.

10 Aus dem Gutachten der Fachkonferenz des Lessing-Gymnasiums, Frankfurt/M.
11 Aus einer Stellungnahme des Schulelternbeirats des Ludwig Georg-Gymnasiums, Darmstadt.
12 Aus einer Stellungnahme des Schulelternbeirats des Freiherr vom Stein-Gymnasiums, Fulda.

Wichtig scheint ihnen nur zu sein, ideologische Argumente gegen die RRD im Sinne des Totalitarismusverdachtes sammeln zu können, mögen da Text und Intentionen der RRD sagen und meinen, was sie wollen. (In diesem Zusammenhang ist es nicht uninteressant zu sehen, daß viele Stellungnahmen der Fachkonferenzen und der Schulelternbeiräte von Gymnasien z. T. bis in den Wortlaut einzelner Aussagen mit der CDU-Broschüre „Marx statt Rechtschreibung" oder den für den hessischen Elternverein angefertigten Gutachten von Nicklis und Stöcklein übereinstimmen. Das läßt u. E. nicht nur Schlüsse zu über den politischen Standort dieser parteiunabhängigen Gremien, sondern auch über den Organisationsgrad der konservativen Kampagne gegen die RRD.) Von Konflikten und deren Bewältigung bzw. der Qualifizierung der Schüler zu deren Bewältigung, will dagegen das „demokratische" Bewußtsein dieser Kritiker nichts wissen. „Partnerschaftliche Toleranz" heißt es, dürfe „nicht disqualifiziert werden, da sie den ‚Entwicklungszielen und Erfordernissen einer demokratischen Gesellschaft angemessen sind' (Dok. 19)".

Allerdings haben die RRD deren Disqualifizierung auch gar nicht im Sinn. Besonnenere Kritiker wie etwa der Pädagoge Rumpf (B 162) haben da deutlicher gesehen, daß es nicht um die Disqualifizierung von „partnerschaftlicher Toleranz" schlechthin geht, sondern um die Kritik der ideologischen Funktion dieses Begriffes im traditionellen Deutschunterricht. So heißt es bei Rumpf: „ . . . die aus dem Clinch mit dem seitherigen Deutschunterricht verständliche Lobpreisung von ‚Konflikt' und ‚Interesse' als den wahren Quellen kommunikativen Sprachhandelns mutet mich öfter sterotyp und forciert an." Gewiß, mehr als ein Geschmacksurteil hätte man von einem Wissenschaftler zu diesem gewichtigen Komplex erwartet, ist mit dem Konfliktmodell doch nicht mehr und nicht weniger angesprochen als ein genuin liberales Demokratieverständnis. Dennoch, die in der Äußerung von Rumpf erkennbare Zurückhaltung gegenüber schierer Polemik und Diffamierung sticht noch in ihrer geschmäcklerischen Art positiv ab von der Polemik der CDU und ihres bildungsbürgerlichen Gefolges. Gleiches gilt auch für die Äußerungen zum Thema „Konflikt" in dem Beitrag von J. Göschel und W. H. Veith (Dok. 26), die mit kritischem Unterton anmerken, es falle auf, „daß der Akzent der Übungen zur mündlichen Kommunikation auf Situationen liegt, in denen es um die Durchsetzung spezifischer gesellschaftlicher Interessen und um die Austragung sozioökonomischer Konflikte geht".

Mag diese reservierte Haltung gegenüber den unterrichtspraktischen Konsequenzen, die sich aus dem Gesellschaftsmodell der RRD ergeben, angesichts dessen liberaler, wenn auch im Sinne einer sozialen Demokratie modifizierter, Grundstruktur nur schwer verständlich sein, so müssen diese Positionen doch von denen anderer Wissenschaftler positiv abgesetzt werden, die ihre Gutachten direkt der CDU-Parteipropaganda zur Verfügung stellten. So von Äußerungen Nicklis' (B 84), der in seinem Gutachten für den Hessischen Elternverein negativ verzeichnet, daß „das Gesellschaftsbild der Rahmenrichtlinien . . . durch die Begriffe Konflikt, Herrschaft, Interesse, Bedürfnisse und ihre semantischen Nachbarn bestimmt" ist, und damit bedeutet, daß ihm diese Begriffe, die ja nicht leere Begriffe sind, sondern reale gesellschaftliche Sachverhalte bezeichnen, Nebensächlichkeiten darstellen, während „die Menschen auch ein Harmoniebedürfnis haben, das in der großen Philosophie und Literatur und im Gemeinschaftsstreben zum Ausdruck kommt". Wie es mit der Befriedigung dieses Bedürfnisses in der Realität bestellt ist, ist von Nicklis nicht zu erfahren. Vielmehr tut er so, als wären solche Harmoniebedürfnisse in dieser Gesellschaft zu befriedigen, wenn es nicht Leute wie die Autoren der Rahmenrichtlinien gäbe, die dies verhindern, indem sie immer wieder Konflikte provozieren — etwa dadurch, daß sie „Sprache als antithetische Selbstdarstellung der immer wieder beschworenen ‚Konfliktgesellschaft'" zum Gegenstand von Unterricht machen wollen. Diese Kritik von Nicklis, der glaubt, die Harmoniebedürfnisse der Menschen gegen das gesellschaftliche Konfliktmodell der RRD ausspielen zu können und so einerseits von den realen gesellschaftlichen Disharmonien abzulenken und andererseits die RRD-Autoren als Querulanten und Ruhestörer darzustellen versucht, die nicht zur Erkenntnis und zur rationalen Bewältigung real vorhandener Konfliktsituationen qualifizieren, sondern Konflikte erst schüren wollen, liefert der CDU das wissenschaftliche Mäntelchen für ihre Diffamierungskampagne: in der CDU-Broschüre „Marx statt Rechtschreibung" werden aus den RRD-Autoren und dem hessischen Kultusminister die Zerstörer der „wertbestimmten Solidarität des Volkes und der Gesellschaft" gemacht, die als Ziehväter sozialrevolutionärer Agitatoren den Aufbau eines totalitären Systems betreiben. Die CDU hat Grund zum Dank an Nicklis.[13]

Sie hat auch Grund zum Dank an Paul Stöcklein[14], der in seinem ebenfalls für den hessischen Elternverein erstellten Gutachten aus den RRD herausliest, daß der „Grundzustand der Welt nur als permanente(r) tückische(r) kalte(r) Krieg ... genannt ‚Konflikt', zwischen ‚Gruppen' oder ‚Schichten', ‚Konflikt', den es zu entschleiern und zu entbinden gelte", gesehen wird und der statt dessen lieber „etwas wie schöpferische Entspannung, Annäherung, Aussöhnung, Verzicht, Compassion im Gruppenleben" sich vorgestellt sehen möchte. Daß dies auf das Einüben realitätsentfernter harmonistischer Verhaltensweisen im Deutschunterricht hinausliefe, scheint auch Stöcklein zu ahnen, da er nur vom „Vorstellen" solcher idealen Verhaltensweisen spricht. Offensichtlich weiß er von den Bedingungen der Realität, die ihrer Realisierung entgegenstehen — auch in der Schule, die er sich deshalb lieber als „Freiraum" denkt. Solche offensichtlich vorhandenen Einsichten hindern ihn freilich nicht daran, diejenigen, die den Schülern lieber nicht den Blick auf die gesellschaftliche Realität mit harmonistischen „Vorstellungen" vernebeln wollen, demokratischer Lippenbekenntnisse, der Demagogie und der „Parteilichkeit" zu verdächtigen.

Wie in der Diffamierungskampagne der CDU und in den Ablehnungen der RRD durch einen großen Teil der bildungsbürgerlichen Gymnasiallehrer und ihrer Standesvertretung, so wird auch in diesen wissenschaftlichen Gutachten die Ablehnung des Konfliktmodells mit harmonistischen Gesellschaftsvorstellungen verkoppelt. Das verweist auf eine Allianz von antiliberaler Wissenschaft und autoritärer politischer Interessenvertretung (CDU), auf die wegen ihrer in der deutschen Geschichte bekannten verhängnisvollen Tradition nicht deutlich genug aufmerksam gemacht werden kann. Indessen wäre diese Allianz nur unvollständig, wenn ihr als weiterer Partner jene Kräfte fehlten, deren Interessen beide, ob gewollt oder nicht, besorgen und von denen sie als Gegenleistung den Schutz bildungsbürgerlicher Innerlichkeit und gesellschaftlicher Privilegien erwarten.

13 Vgl. „Marx statt Rechtschreibung", Nachwort, S. 35.
14 Ebenda.

Aus: betrifft: erziehung 6 (1973), H. 8, S. 18.

Daher wundert es nicht, daß in den Chor der Ablehnungen der RRD die Vertreter des Kapitals, seine Interessenorganisationen und seine Publizistik kräftig einstimmen.

Die Industrie- und Handelskammer Frankfurt/M. bringt z. B. in ihren Mitteilungen vom 15. März 1973 (B 116) den Frankfurter Oberstudiendirektor „-er" zu Wort, um so das Bündnis von Bildungsbürgertum und Kapital auch personell recht deutlich zu demonstrieren. „-er" möchte die RRD in der vorliegenden Fassung auf keinen Fall verbindlich werden lassen, weil sie, wie er in seinem Beitrag sehr unvermittelt argwöhnt, „den längst vergessen geglaubten Klassenkampf schon in der Schule" initiierten. Zu solchem agitatorischen Schlenker glaubte sich der Autor dem Mitteilungsblatt der IHK wohl zusätzlich zu der vorher geäußerten pädagogischen Naivität verpflichtet, die auf das gesellschaftliche Konfliktmodell der RRD mit der Bemerkung reagierte: „Unterrichten ist heute schon schwer genug, warum sollten Konflikte noch geübt werden?" Dennoch und trotz aller Naivität ist an diesen Bemerkungen interessant, daß sich wirtschaftsverbundenen Autoren gesellschaftliche und soziale Konflikte offensichtlich immer schon als Anzeichen von Klassenkampf und die schulische Qualifizierung zur Konfliktfähigkeit als Erziehung zum Klassenkampf darstellen und daß Wirtschaftskreise offensichtlich an der Verbreitung solcher Vorstellungen interessiert sind. Das wird auch an einem Beitrag in dem Unternehmerorgan „Der Arbeitgeber" deutlich (Dok. 18). Hier interpretiert Jürgen Heinrichsbauer seinen Lesern, was mit den RRD seiner Meinung nach auf sie zukommen wird. Für ihn ist die Tatsache, daß nach Auffassung der RRD „Sprachnormkonflikte als Ausdruck grundlegender gesellschaftlicher Konflikte" verstanden werden sollen, Ausgangspunkt für die Feststellung, „daß die Zeit lärmender Demonstrationen zwar vorerst vorbei zu sein scheint, dafür aber die ‚Basis' mit termitenhafter Emsigkeit um so unauffälliger bemüht ist, das ‚System' von unten zu verändern". Folgerichtig geht Heinrichsbauer nach einer solchen Interpretation der Funktion des gesellschaftlichen Konfliktmodells der RRD zur Unterstellung antidemokratischer Absichten bei den Autoren der RRD über: die „geltende Ordnung" wolle man „unter dem Vorwand der Verwirklichung des Grundgesetzes ändern — sprich zerstören . . . "

Überblickt man diese negativen Stellungnahmen zu dem Gesellschaftsmodell der RRD und ihre Begründungen, so wird erkennbar, daß sich hier ein konservatives Interessenkartell aus Bildungsbürgertum, Kapital und CDU zur Abwehr der hessischen Rahmenrichtlinien und gegen die hessische Bildungspolitik formiert hat, das offensichtlich von der Befürchtung ausgeht, daß mit den durch die RR initiierten Veränderungen im Bildungssektor seine elementaren gesellschaftspolitischen Interessen und seine gesellschaftlichen Privilegien, die durch den traditionellen Deutschunterricht bisher mitgesichert wurden, nunmehr gefährdet sind.

In dieser Furcht mag sie bestärken, daß Stellungnahmen der Gewerkschaften sich positiv zu dem Konfliktmodell der RRD äußern. Daß solche positiven Wertungen aber nicht nur auf ein elementares Bedürfnis der Gewerkschaften zurückzuführen sind, die an der Möglichkeit von Konflikten als Voraussetzung der Durchsetzbarkeit der Interessen der Arbeiter und Angestellten ein existentielles Interesse haben müssen und das die Gewerkschaften daher auch bestimmt, die bestmögliche Qualifizierung dieser Schichten zur Interessenerkenntnis und Konfliktfähigkeit durch das Ausbildungssystem zu fordern, sondern daß in ihnen zugleich auch das Bekenntnis zu einer sozialen demokratischen Gesellschaftsordnung ausgedrückt ist, machen auch die positiven Urteile verschiedener Wissenschaftler deutlich (Dok. 27 und 28).

Damit stellt sich die Frage, von welchem Demokratieverständnis die konservativen Kritiker des Konfliktmodells der RRD ausgehen, welche Interessen in ihm zum Ausdruck kommen und was zu erwarten wäre, wenn es ihnen gelänge, die RRD im Sinne ihres Demokratieverständnisses umschreiben zu können.

4.2 Strategie und Methode konservativer Kritik

Die Kritik der CDU und ihres Gefolges hat das Ziel, das Konfliktmodell der RRD als — wie die CDU formuliert — „marxistische Zwangsvorstellung" zu diskriminieren und seine Befürworter als Totalitaristen zu diffamieren. Auf wissenschaftliche Kritik kommt es dabei kaum an, umso mehr aber auf politische Konfrontation um jeden Preis, auch um den der Unterstellungen und Verzerrungen. Bevor nach den Interessen zu fragen ist, die solches Vorgehen angebracht erscheinen lassen, scheint es sinnvoll, sich angesichts einer derartigen Kampagne die angewandten Diffamierungstechniken und deren Strategie bewußt zu machen.

Als Beispiel sollen die entsprechenden Äußerungen zum gesellschaftlichen Konfliktmodell der RRD in der CDU-Broschüre „Marx statt Rechtschreibung" dienen.

Die „Konfliktideologie", heißt es dort, feiere in den RRD ihre Triumphe, „denn Konflikte und Interessengegensätze bestehen nach dieser Vorstellung überall, und entlarvte und nichtentlarvte Herrschaftsinteressen lauern an allen Orten". Mit dieser andeutungsweisen Interpretation des Konfliktmodells wird seine Denunzierung als „Zwangsvorstellung" linker Ideologie beabsichtigt, die ihre praktische Konsequenz in der Propagierung einer doktrinären Parteilichkeit hat. Das glauben die Kritiker aus dem konservativen Lager aus folgender Passage der RRD herauslesen zu können:

Die Aufgabe des Deutschunterrichts ist es, die sprachliche Kommunikationsfähigkeit der Schüler zu fördern. In die Konkretisierung dieser Formulierung muß die Analyse der gesellschaftlichen Situation der Bundesrepublik eingehen, die die Kommunikationsvorgänge bedingt. Die Ergebnisse dieser Analyse zeigen, daß die bestehenden Kommunikationsgrenzen Ausdruck gesellschaftlicher Unterschiede, Gegensätze und Widersprüche sind. Eine Schule, die sich den vom Grundgesetz geforderten Entwicklungszielen verpflichtet weiß, muß die Schüler in den Stand setzen, diese Zusammenhänge in ihrer Bedeutung für ihr eigenes Leben und für die Entwicklung dieser Gesellschaft zu begreifen. Damit wird die notwendige Voraussetzung einer bewußten und verantwortlichen Parteinahme für diese Entwicklungsziele geschaffen (Dok. 2.1).

Nun ist in diesem Text

— erstens von „Parteinahme" die Rede, nicht von dem marxistischen Begriff der „Parteilichkeit", den die bürgerliche Wissenschaft inkriminiert, weil er deren objektivistischen Schein denunziert;
— zweitens „Parteinahme" ganz eindeutig auf die „vom Grundgesetz geforderten Entwicklungsziele" bezogen.

35

*B*ildung will man jetzt in Hessen
schlicht an der Gesinnung messen.
Wer brav links denkt (wie die andern),
wird die Schule glatt durchwandern.

Pfui jedoch, wer anstatt dessen
linienuntreu denkt in Hessen:
Er entstammt der falschen Klasse –
(früher war's die falsche Rasse).

Retten kann er sich vor Tadel
nur (und rasch!) zum neuen Adel,
jenen Linksgesinnten, Guten,
die ins selbe Horn stets tuten.

Bonni horcht dem Dauerton
dieser neuen Reaktion.
Und im Grab rotiert selbst Marx
angesichts des Hessen-Quarks.

JONAS

Aus: Die Welt vom 10. Februar 1973.

Das interpretiert die CDU in „Marx statt Rechtschreibung" so:

„Ihr [der Verfasser der RRD] verräterisches Wort ‚Durchsetzung' muß im Zusammenhang mit der ‚bewußten Parteinahme' gesehen werden, die sie zum Erziehungsziel erklären. Diese Katze haben sie schon in der Einleitung aus dem Sack gelassen. Da wird gefordert, daß die sprachliche Kommunikationsfähigkeit der Schüler auf ‚die Analyse der gesellschaftlichen Situation der Bundesrepublik' ausgerichtet sein und ‚gesellschaftliche Unterschiede, Gegensätze und Widersprüche' aufdekken solle. Das ist eine logisch nicht begründete und wohl auch nicht begründbare Einengung der Aufgaben des Faches Deutsch, die dann in dem Satz gipfelt: ‚Damit wird die notwendige Voraussetzung einer bewußten und verantwortlichen Parteinahme für diese Entwicklungsziele geschaffen.' Die Parteilichkeit als Bildungsprinzip ist ein unumgängliches Gebot der Diktatur jenseits der Zonengrenze, als Gegenstand einer ministeriellen Verordnung im westlichen Pluralismus ist sie neu. Ein Ausrutscher? – sicher nicht." (Dok. 6)

Der interpretierende Kontext zu den zitierten Passagen aus den RRD spricht von dem inkriminierten Begriff der „Parteilichkeit", der Bezugspunkt der von den RRD geforderten „bewußten und verantwortlichen Parteinahme", die „vom Grundgesetz geforderten Entwicklungsziele" wird eliminiert, suggeriert wird durch Zitatmontage die Propagierung einer parteilichen, und das soll heißen unwissenschaftlichen und dogmatischen Analyse der gesellschaftlichen Situation der Bundesrepublik durch die RRD. Eine Fälschung, deren strategischer Hintergrund darin sichtbar wird, daß die RRD auf diesem Wege in die Nähe der „Diktatur jenseits der Zonengrenze" gerückt und ihre Verfasser und der hessische Kultusminister somit als „Totalitaristen" diffamiert werden können.

4.3 Zur Theorie des Konflikts

4.3.1 Das liberale Konfliktmodell

Die konservative Kritik am Demokratieverständnis der RRD macht es möglich, neben der vordergründigen politischen Diffamierungsstrategie zwei für ihr Demokratieverständnis und dessen gesellschaftspolitische Intentionen interessante inhaltliche Aussagen zu fixieren:

— Die Ablehnung des gesellschaftlichen Konfliktmodells als Grundlage möglicher Demokratiedefinition und als Modell praktischen gesellschaftlichen Handelns;
— die Propagierung gesellschaftlicher Harmonisierungsvorstellungen als Grundlage ihres eigenen Demokratieverständnisses.

Um die gesellschafts- und bildungspolitische Funktion dieser beiden Aussagen deutlich erkennen zu können, scheint es ratsam, zunächst das „Konfliktmodell" und seine Bedeutung in der politischen Theorie kurz zu erläutern und das Konfliktmodell der RRD vor diesem theoretischen Hintergrund präziser zu bestimmen.

Daß der Begriff des Konfliktes als konstitutives Merkmal einer Demokratiedefinition in der BRD einige Wirkung und Bedeutung erhalten konnte, ist zum großen Teil das Verdienst des Soziologen Ralf Dahrendorf, des wohl exponiertesten Theoretikers des Liberalismus der 60er Jahre in der BRD. Für Dahrendorf ist die Einstellung gegenüber Konflikten nicht nur im Bereich der Politik und besonders des Parlamentarismus, sondern in allen Bereichen der Gesellschaft — in Familie, Wirtschaft und sozialen Institutionen — geradezu ein Kriterium der Einschätzung des Demokratieverständnisses gesellschaftlicher und politischer Gruppen oder des demokratischen Charakters einer Gesellschaft:

„Staatsbürgerliche Gleichheit macht die Basis, aber auch nur die Basis der Sozialstruktur der Verfassung der Freiheit aus. Die Institutionen, die sich auf dieser Basis erheben und in denen die Staatsbürger agieren, sind wie alle sozialen Einrichtungen durch innere Spannungen und Gegensätze geprägt. Gesellschaften unterscheiden sich nun deutlich in der Art und Weise, in der sie des *Konflikts* in ihren Institutionen Herr zu werden versuchen; diese Unterschiede sind zugleich von besonderer, sei es symptomatischer, sei es gar kausaler Bedeutung für ihr politisches System. In Vorwegnahme einer noch zu begründenden Terminologie können wir sagen, daß vor allem der Grad rationaler Regelung von Konflikten hier eine Rolle spielt."[15]

In der späteren Begründung dieser Terminologie wird das Verhältnis von Demokratie und Konflikt nach liberalem Verständnis präzisiert. Folgende Merkmale dieses Verhältnisses sind in unserem Zusammenhang von Interesse:

1. Das Konfliktmodell ist die liberale Alternative zu allen Vorstellungen von „radikaler", „totaler" oder „direkter" Demokratie, weil die liberale Gesellschaftstheorie davon ausgeht, daß Demokratie, verstanden als Konkurrenzkampf um Mehrheitsverhältnisse, zwar in den politischen, nicht aber in den außerpolitischen Institutionen einer Gesellschaft möglich sei, da außerpolitische Institutionen in ihrer sozialen Struktur durch ein prinzipielles Autoritätsgefälle gekennzeichnet seien.[16] Dies bedeutet die Annahme prinzipieller politischer Gleichheit der Staatsbürger einer liberal-demokratischen Gesellschaft bei ebenso prinzipieller Voraussetzung ihrer sozialen Ungleichheit und ihrer Herrschaftsabhängigkeit innerhalb der sozialen und wirtschaftlichen Bereiche. Soll solche Diskrepanz, die ja gleichzeitig das Bewußtsein prinzipieller Gleichheit und Anerkennung prinzipieller Ungleichheit von den Bürgern einer liberal verfaßten Demokratie fordert, nicht zur Dysfunktionalität werden, so bedarf es ihrer Steuerung in der Weise, daß die Diskrepanz zwar nicht harmonistisch verschleiert wird, aber doch nur in den für die liberale Demokratie akzeptablen Toleranzgrenzen aufbricht. Entstehende Konflikte müssen systemkonform regelbar bleiben. In diesem Sinne spricht Dahrendorf von „rationaler Kanalisierung von Konflikten", was freilich zugleich den manipulativen und ideologischen Charakter des liberalen Rationalitätsbegriffes enthüllt. Was hier rationale Kanalisierung heißt, meint nichts anderes als die Forderung an die Betroffenen, die Erfahrung prinzipieller Ungleichheit in den außerpolitischen Bereichen der Gesellschaft in der Weise zu „rationalisieren", daß sie die rationale Kanalisierung von Konflikten bei prinzipiell beibehaltenem gesellschaftlichen Status quo

---

15 Ralf Dahrendorf: Gesellschaft und Demokratie in Deutschland. München 1965, S. 41.
16 Ralf Dahrendorf, a. a. O., S. 170.

als Surrogat für „radikal"- oder „total"-demokratische gesellschaftliche Verhältnisse akzeptieren.

2. Dementsprechend wird das Konfliktmodell nach liberalem Verständnis als rein formaler Regelmechanismus zum „rationalen" Austragen von Konflikten definiert, wobei nur gefragt werden darf, wie Konflikte kanalisiert, nicht aber wie und wodurch sie verursacht werden:

> Reduziert man diese Einstellung [daß Interessenkonflikte in allen Gesellschaftsbereichen einer liberalen Demokratie notwendig anerkannt werden müssen, die Verf.] auf ihren abstrakten Kern, so gehört zu ihr erstens die Anerkennung von Divergenzen der Meinungen und Interessen als unvermeidlich; zweitens die auf dieser Einsicht beruhende Konzentration auf die Formen und nicht die Ursachen von Konflikten; drittens die Errichtung von Institutionen, die den gegensätzlichen Gruppen verbindliche Formen des Ausdrucks bieten; viertens die Entwicklung von Spielregeln, an die sich die Konfliktparteien halten können, ohne daß eine von ihnen dadurch bevorzugt oder benachteiligt würde.[17]

3. Entscheidend für das Demokratieverständnis von Individuen oder gesellschaftlichen Gruppen ist der Grad ihrer rationalen Einstellung zur Regelung von Konflikten: „Verschiedene Haltungen zu Konflikten haben auch ihr Gewicht für die Sache der Freiheit."[18]

Dahrendorf unterscheidet zwei grundsätzlich verschiedene Haltungen zum Konflikt:

— die liberale, wie sie unter 1. und 2. skizziert wurde. Nur sie hält er für die richtige;
— eine dieser entgegenstehende Haltung, die Konflikte nicht nur „rational" kanalisieren, sondern sie auch „lösen", d. h. beseitigen will. Hier hat er, ganz im Sinne der besonders vom Liberalismus akzeptierten und durch ihn forcierten Totalitarismustheorie, alle Auffassungen über gesellschaftliche Systeme im Auge, die Egalitätsvorstellungen entwickeln und an der Beseitigung sozialer Ungleichheit interessiert sind — oder vorgeben, daran interessiert zu sein — mögen diese nun auf sozialistischen, völkisch-nationalistischen oder technokratischen Gesellschaftsprinzipien basieren.

In unserem Zusammenhang ist von besonderem Interesse, daß vor dem Hintergrund dieser liberalen Konflikttheorie harmonistische Gesellschaftsvorstellungen, *die sich an traditionellen Ordnungsmodellen orientieren*, als antiliberale zu charakterisieren, und ihre theoretischen Begründungen als rückständige Ideologien zu beschreiben sind, die durch die Propagierung oder Behauptung harmonischer gesellschaftlicher Verhältnisse nicht die Beseitigung von Herrschaft, sondern deren Verschleierung betreiben. In dieser Beziehung ist Dahrendorf zuzustimmen, daß die Ablehnung des liberalen Konfliktmodells mit der Absicht der Sicherung traditionaler Herrschaftsverhältnisse ein sicheres Indiz für antiliberales *und antidemokratisches* Bewußtsein ist, das somit

17 Ralf Dahrendorf, a. a. O., S. 170 f.
18 Ralf Dahrendorf, a. a. O., S. 173.

auch diejenigen Ablehnungen der RRD charakterisieren kann, die, wie im Falle der CDU und ihres Anhangs in Bildungsbürgertum und Unternehmerkreisen, gegen das Konfliktmodell der RRD mit harmonistischen Gesellschaftsbildern zu Felde ziehen.

Hinzuweisen ist jedoch — ohne daß es hier näher ausgeführt werden kann — daß die Totalitarismusvorstellungen Dahrendorfs sehr gut zu dem Formalismus des Konfliktmodells passen, indem beide demonstrieren, wie liberales Denken versucht, sich vor inhaltlichen Aussagen über soziale Sachverhalte zu drücken, um nicht zu der entscheidenden demokratischen Frage nach der faktischen Realität von sozialer Ungleichheit, ihrer Bedingungen und Ursachen, sowie den historischen Versuchen ihrer Beseitigung Stellung nehmen zu müssen.

4.3.2 Zur Einschätzung des Konfliktmodells der RRD

Vergleicht man dieses liberale Konfliktmodell mit dem der RRD, so wird deutlich, daß die RRD das gesellschaftliche Konfliktmodell nicht „rein" als liberalistisches übernommen haben. Die wesentliche Modifikation besteht darin, daß das Konfliktmodell nicht nur als formales Instrumentarium des Krisenmanagement angesehen wird, das an der Beseitigung von Konfliktursachen und damit auch an der Beseitigung von gesellschaftlichen Ungleichheitsverhältnissen desinteressiert bleibt. Vielmehr intendiert das Konfliktmodell der RRD, daß auf Grund der Annahme einer prinzipiellen Konfliktstruktur in kapitalistischen Gesellschaftssystemen — von der auch das liberale Konfliktmodell ausgeht —, durch ein rational strukturiertes allgemeines Konfliktbewußtsein und eine allgemeine rationale Konfliktfähigkeit die sozialen Ursachen von Konflikten allgemein erkennbar und durch konfliktbewußtes gesellschaftliches Handeln aufhebbar werden. Diese Annahme steht unter zwei entscheidenden, demokratische Grundsätze dieser Gesellschaft akzeptierenden und sichernden Vorbedingungen:

— daß sich die Umsetzung dieser Konflikttheorie in gesellschaftliches Handeln nach den den Normen und den demokratischen Entwicklungschancen des Grundgesetzes vollzieht;
— daß solche Konfliktpraxis der Beseitigung sozialer Ungleichheiten als Voraussetzung und Ziel fortschreitender Demokratisierung im Rahmen der Bedingungen des Grundgesetzes dient.

Da damit weder ein liberales Konfliktmodell noch eine auf diesem begründete liberale Demokratiekonzeption im Sinne Dahrendorfs von den RRD propagiert werden, andererseits aber sowohl am Konfliktmodell als auch an dem Demokratiegebot des Grundgesetzes festgehalten wird, wäre Demokratie im Sinne der RRD wohl am besten als „soziale Demokratie" zu charakterisieren, in der das Konfliktmodell die Funktion hat, Möglichkeiten und Bedingungen eines sozialen Strukturwandels unter Wahrung der Verfassungsnormen aufzuzeigen, Veränderungen in diesem Sinne zu initiieren und zu dazu notwendigem gesellschaftlichen Handeln zu qualifizieren.

Wenn nun die konservative Kritik dieses Gesellschaftsmodell der RRD als totalitaristisch diffamiert, so entlarvt dies einmal mehr ihre eigenen Demokratiebekenntnisse und deren antiliberale Grundhaltung. Zugleich verweist die konzertierte Vertretung dieser antiliberalen und antisozialen Position durch das konservative Interessenkartell vor dem Hintergrund der durch das Konfliktmodell der RRD intendierten sozialen Strukturveränderungen auf die hinter den konservativen Forderungen nach einem harmonieorientierten Deutschunterricht stehenden Interesse. Da diese Interessen auch in der Kritik an den Aussagen der RRD zu den Arbeitsbereichen „Sprachliche Übungen" und „Umgang mit Texten" zum Ausdruck kommen, ist der Versuch ihrer Bestimmung erst in einem späteren Kapitel (Kap. 7) sinnvoll.

Hier sollen daher nur die wichtigsten Ergebnisse aus der Analyse der Kontroverse um das gesellschaftliche Konfliktmodell der RRD resümiert werden:

— Das Konfliktmodell der RRD kann als Instrument zur reformerischen Veränderung der Sozialstruktur im Sinne einer sozialen Demokratie innerhalb der Normen der Verfassung angesehen werden.
— Es wird als Klassenkampfmodell interpretiert und im Zeichen eines abgestandenen Antikommunismus agitatorisch abgelehnt.
— Dem Konfliktmodell der RRD wird von den Konservativen ein harmonistisches Gesellschaftsbild entgegengestellt, das schulpraktisch die Konsequenz hat, den Schülern den Blick auf eine konfliktbestimmte und von sozialen Ungleichheiten gekennzeichnete gesellschaftliche Realität zu verschleiern.
— Die konservative Kritik wird deutlich von einer Diffamierungsstrategie bestimmt, die auf die Diffamierung der Autoren der RRD, des Hessischen Kultusministers und die hessische SPD sowie aller Befürworter als Antidemokraten abzielt und sie totalitaristischer Ambitionen verdächtigt.
— Diese Strategie schreckt auch vor Methoden der Unterstellung und des verfälschenden Zitats nicht zurück.
— Nichts von den Vorwürfen der konservativen Kritik läßt sich am Text der RRD belegen. Ihre Intention ist es nicht, wie A. Dregger im Vorwort von „Marx statt Rechtschreibung" behauptet, die „Gruppen der Gesellschaft gegeneinander" auszuspielen und die „Solidarität unseres Volkes" zu zerstören. Vielmehr sollen bisher sozial ungleich gehaltene Gruppen der Gesellschaft und bisher unterprivilegiert gehaltene und ausgebeutete Schichten befähigt werden, ihre Interessen besser wahrnehmen zu können.

Gegeneinander ausgespielt werden sie nicht durch die Konzeptionen der RRD, sondern ausgespielt werden sie schon jetzt gegeneinander durch die bestehenden sozialen Ungleichheiten und Herrschaftsstrukturen dieser Gesellschaft. Daher ist der Versuch, dies auf dem Wege der schulischen Qualifizierung unterprivilegierten Schichten erkennbar zu machen, kein Verstoß gegen das Demokratiegebot des Grundgesetzes, sondern die Voraussetzung zu seiner Realisierung. Solidaritätsappelle im Sinne Dreggers haben die Funktion, dies zu verhindern. Solidarität, die jetzt erforderlich ist, ist die mit den unterprivilegierten Schichten dieser Gesellschaft.

WIG DIE CDU SICH DIE
RAHMENRICHTLINIEN VOR-
STELLT

Aus: Schulkampf 7/73, S. 4.

5. Die Kontroverse um den Arbeitsbereich »Sprachliche Übungen«

5.1 Hochsprache

5.1.1 Hochsprache als bildungspolitische Forderung der konservativen und liberalen Kritiker

Das Thema „Hochsprache", das die Gegner der RRD heftig provoziert hat, gehört in den Problemzusammenhang „Sprachnorm, Sprachbarrieren, kompensatorische Sprachförderung". Während die einen von „Abwertung" und „Abbau" der „Hochsprache als Kulturgut" reden, die abendländische Kultur in Gefahr wähnen und das gesamte sprachdidaktische Konzept der RRD für unzureichend und politisch gefährlich halten, akzeptieren andere zwar die sprachsoziologische Beschreibung der Situation, nicht aber die didaktischen Folgerungen, die die Verfasser der RRD daraus ziehen.

Einig sind sich die Kritiker darin, daß die Verwirklichung der RRD, entgegen den Absichtserklärungen der Verfasser, nicht Chancenungleichheit abbauen helfe, sondern mangelnde Kenntnis der Hochsprache gerade die Kinder der Unterschicht an der Wahrung ihrer Sozialchancen und an der „kulturellen Teilhabe" hindere. Indem die RRD das zentrale Lernziel „Einführung in die Hochsprache" mit List und Tücke unterminierten, es bestenfalls noch unter taktischen Gesichtspunkten beibehielten, erwiesen sie denen, für die sie so lautstark einzutreten vorgeben, einen schlechten Dienst: sie schreiben die kulturelle Deklassierung der „sprachlich Benachteiligten" fort und fördern sie. Doch verfolgen wir diese Vorwürfe im einzelnen.

Die CDU sieht in ihrer Broschüre „Marx statt Rechtschreibung" (Dok. 6) hinter der „Kampfansage" gegen „den Gebrauch der Hochsprache" die Absicht verborgen: „Wenn die bürgerliche Kultur vernichtet werden soll, muß zunächst ihre sprachliche Kultur zerstört werden." Besonders verwerflich daran ist nach Auffassung der CDU, daß „die von Hause aus im Gebrauch der Sprache Benachteiligten" „noch weiter benachteiligt würden, weil ihnen die Mittel vorenthalten werden sollen, die eine kulturelle Teilhabe erst möglich machen".

Die These der RRD, daß durch rigide Einübung der Hochsprache gerade Kinder aus Arbeiterfamilien ihrem sozialen Milieu entfremdet werden könnten, wird von den Kritikern unterschiedlich behandelt. Da gibt es einmal die apodiktische Feststellung einer Fachkonferenz (Dok. 20), die „praktische Pädagogik" habe gezeigt, daß von einer „Entfremdung" der Arbeiterkinder zu reden „absurd" sei; es sei denn, „man will Klassenbewußtsein in den Deutschunterricht hineintragen und damit Konflikte schaffen, die überhaupt nicht vorhanden sind". „Die Verfasser der RRD sehen *nur* die so-

Aus: betrifft: erziehung 6 (1973), H. 8, S. 33.

ziale Herkunft und negieren das geistige Vermögen, das zu einer Sprachleistung notwendig ist."

Eine andere Auffassung leugnet nicht das Phänomen der Entfremdung, erachtet es aber als notwendig im Prozeß der Erziehung. Hanna-Renate Laurien (CDU), Staatssekretärin im rheinland-pfälzischen Kultusministerium, beschreibt das so: „Lassen wir unerörtert, ob und wie dieses Schichtenmodell greift, lassen wir auch unerörtert, ob es denn zutrifft, daß die Verfügungskraft über den verfeinerten Sprachschatz, den elaborierten Kode auch zugleich Mitteilungsstärke, Kommunikationskraft bedeute, bemerken wir vielmehr vor allem, daß die Schule nicht der sentimentalen Sicht ausgeliefert werden darf, Schüler nicht von ihrem Herkunftsmilieu entfremden zu dürfen: Schule, Erziehung muß immer auch ein Stück Entfremdung sein, aber zugleich ist sie der heute manchem Freund-Feind-Denker verdächtigen Kategorie der Begegnung verpflichtet." (B 54, ebd., S. 210)

Dieser Ansicht ist auch Werner Brans (Dok. 9), kulturpolitischer Sprecher der FDP-Fraktion im hessischen Landtag. Für ihn ist die Auffassung der RRD, durch Einübung der Hochsprache werde Schülern die Möglichkeit genommen, „an die eigenen Erfahrungen anknüpfend soziale Ungerechtigkeiten zu erkennen, sie auszusprechen und damit kommunizierbar zu machen", einerseits objektiv falsch, zum anderen zeige sie, „woher der Wind weht": „Man muß das richtige Klassenbewußtsein behalten! Als ob es — wenn man schon klassenkämpferisch argumentieren will — nicht darauf ankäme, durch Reflexion über die eigene Lage in Kategorien einer Sprache, die ein solches Nachdenken erst erlaubt, überhaupt zum richtigen Klassenbewußtsein zu finden!" Sowohl in der Stellungnahme der oben zitierten Fachkonferenz als auch im Beitrag von W. Brans wird bei dem Thema Entfremdung den RRD unterstellt, sie verfolgten mit ihren sprachdidaktischen Vorstellungen in Wahrheit klassenkämpferische Absichten, ein Vorwurf, den die CDU insgesamt sowohl gegen die RR Deutsch als auch Gesellschaftslehre erhebt.

In der Argumentation von W. Brans wird darüber hinaus der Vorwurf erhoben, daß die RRD von einem ideologisch verengten Sprachbegriff ausgehen. Brans sieht in der Hochsprache die Bedingung differenzierten Denkens, mit der allein die „sprachliche Bewältigung der Probleme unserer Zeit möglich" sei und die darum in der Schule oberstes Lernziel bleiben müsse.

Beeinflußt ist diese Argumentation von einem anderen liberalen Kritiker der RRD, Ulrich Greiner (Dok. 25), der ähnlich wie die hessische FDP den sprachsoziologischen Ansatz der RRD akzeptiert, die eher taktische Begründung aber, auch weiterhin in der Schule Hochsprache zu lehren, für ungenügend und unlogisch hält. Denn die Hochsprache sei, ob „elaborierte Sprache" oder „etablierte Sprachnorm" genannt, dem „restringierten" Kode überlegen. Sie sei als Wissenschaftssprache sowohl Bedingung des technischen Fortschritts als auch die Möglichkeit für dessen Kritik. Aus der unbestreitbaren Tatsache, daß die Hochsprache auch Herrschaftssprache sei, abzuleiten, „daß jede Sprachnorm, das heißt jede Sprachverbindlichkeit, unvernünftig sei", sei „selbst unvernünftig".

Verengt ist der Sprachbegriff der RRD nach Auffassung einiger Kritiker auch dadurch, daß er allein in einem sprachlichen Konfliktmodell aufgehe. So stellt Hanna-Renate Laurien fest, Sprachwissenschaft werde „nur als Teil der Sozialwissenschaft verstanden". Es werde angenommen, „daß die Schüler ‚mit dem Erlernen der Sprache in der jeweiligen sozialen Bezugsgruppe' auch zugleich ‚schichtenspezifische Formen der Verständigung und des Sozialverhaltens erlernt' und daß sie ein ‚gesellschaftlich vermitteltes Verständnis von sich und ihrer Umwelt erworben' haben, kaum aber Kenntnis von personaler Begegnung im Wort". Die FDP-Landtagsabgeordnete Sibylle Engel (Dok. 8) wirft den Verfassern „ideologische Blickverengung" vor, die die Einsicht verhindere, „daß das Sprachverhalten der Schüler unendlich viel mehr ausdrückt als nur gesellschaftlich bedingte Konflikte. Genauso wie das Kind mehr ist als Produkt oder Objekt gesellschaftlicher Bezüge — nämlich Individuum —, ist auch die Sprache mehr als ‚Konstrukt' willkürlich gesetzter Normen. Sowohl das Individuum als auch die Sprache haben ihre Eigengesetzlichkeit, die zu achten und zu entwickeln für uns Ausdruck der Freiheit ist."

5.1.2 Die Funktion von Hochsprache im sprachdidaktischen Konzept der RRD

Vergleicht man die Argumente der konservativen und liberalen Kritiker der RRD mit den wirklichen Intentionen der Verfasser, so zeigt sich jedoch, daß das zentrale Lernziel des Deutschunterrichts die „Einübung in die Hochsprache" war und ist. Die Verfasser der RRD wollen dies nicht abschaffen, sie sehen nur auf Grund neuer sprachsoziologischer Erkenntnisse einige Schwierigkeiten. Die Hochsprache ist kein wertneutrales Kommunikationsinstrument, das man handhaben lernt, gleichgültig an welchem sprachlichen Material, sondern sie ist wesentlich Gruppensprache, und zwar Sprache der ökonomisch und kulturell führenden Schicht, mit allen von deren gesellschaftlichen Interessen bestimmten Wertungen und Normen. Daraus resultieren Probleme für die Schule als einer auf Chancengleichheit vom Grundgesetz her verpflichteten Institution:

Es gibt Schüler, die von Haus aus die Hochsprache sprechen und die in Wertvorstellungen erzogen wurden, die sich in dieser Sprache spiegeln. Daneben aber gibt es immer noch eine stabile Mehrheit von Schülern, die nicht hochdeutsch sprechen lernten und in einem Elternhaus groß wurden, in dem die Wertvorstellungen und Erziehungsgrundsätze von Arbeitern und kleinen Angestellten galten. Für die erste Gruppe von Schülern ist das Lernziel „Hochsprache" im Grunde schon erreicht, ehe sie überhaupt in die Schule kommen. Für die Kinder, die nicht oder kaum hochdeutsch sprechen lernten, ergibt sich vom ersten Schultag an die Schwierigkeit, daß sie eine Sprache erst lernen müssen, die ihre Mitschüler schon beherrschen und dadurch beim Erlernen der Kulturtechniken des Lesens und Schreibens bereits stark benachteiligt sind.

Schwerwiegender als das ist jedoch der Gesichtspunkt, daß sie nicht ein wertneutrales Verständigungsmittel gebrauchen lernen, sondern mit dieser für sie neuen Sprache akzeptieren sie, weitgehend unbewußt, auch die Werthaltungen, Normen, kulturellen und materiellen Ansprüche einer anderen sozialen Schicht.

Zu diesem schulischen Anspruch gibt es zwei typische Verhaltensweisen. Entweder Schüler weigern sich, die Hochsprache sprechen zu lernen (das Hören und Verstehen besorgen weitgehend Rundfunk und Fernsehen), werden bereits in der Grundschule wortkarg bis stumm und in den Augen vieler Lehrer schulverdrossen und reni-

„Nach dem Elternabend, an dem zum erstenmal auch die Schüler teilgenommen hatten, war meine Mutter ganz entsetzt über das Dialekt, das Carola sprach. Sie fand es abscheulich und meinte, daß es so etwas früher am Gymnasium nicht gegeben habe."

„Es gibt drei Gruppen von Schulen, die Hauptschule, die Realschule und das Gymnasium. In der Hauptschule darf man eine niedere Sprache, also Dialekt benutzen, in der Realschule muß man eine mittlere und im Gymnasium sollte man eine hohe Sprache (die Hochsprache also) gebrauchen."

„Wer hochdeutsch redet, gehört nämlich zu den feineren Leuten, das heißt, er gehört zu einer höheren Volksgruppe."

„Moin Vadder hot immer gesat: ‚Wat ner, wonn du off's Gymnasium kimmst, werste schun seje, wo die Leid herkumme."

„Bei uns off em Dorf reje sich die Leid off, wonn oner Hochdeitsch babbelt. Die soche, des wär en Oogewwer und daß der glaabt, er wer was Besseres."

„Also ich habe nichts gegen das Dialekt. Aber meine Mutter findet es scheußlich."

„Ich habe auch nichts dagegen, aber ich finde Hochdeutsch schöner."

„Ob des Hochdeitsch schenner is, des is doch egal. Hauptsach is, mer versteht's! Ich schwätz zwar Platt, awwer mer versteht's. Die Waerter, die wo die onnern net verstehe, hob ich jo nausgedoo, also abgewöhnt."

„Heute morgen habe ich meinem Vater auf hochdeutsch ‚auf Wiedersehn' gesagt. Der hat vielleicht geguckt! Meine Oma sagt: ‚Wenn dein Vater nicht da ist, dann geht es ja schon besser mit deinem Hochdeutsch.' Ich weiß nicht, ich spreche mit meinem Vater immer Dialekt. Vielleicht, weil ich das meiste Vertrauen zu ihm habe. Ich passe mich ihm vielleicht an."

„Wonn isch awwer Hochdeitsch schwätze soll, kumm isch mer komisch vor; do krie isch en rischdisch rode Kopp."

„Wenn ich früher Platt geredet habe, hat mich meine Mutter immer verdroschen, also hat mir eine Ohrfeige gegeben."

„Moi Oma hot immer gesaat: ‚Jetzt sagst du das nochmal, un zwar auf Hochdeitsch!' "

Schüleräußerungen zur Frage „Dialekt oder Hochdeutsch in der Schule?"

tent, – oder aber sie sind bereit zu lernen und haben, zur Freude ihrer aufstiegsorientierten Eltern, das, was man Schulerfolg nennt.

Aus dieser zuletzt genannten Schülergruppe rekrutieren sich dann auch die paar Prozent Arbeiterkinder, die es bis zu Abitur und Hochschulstudium bringen.

In dieser Situation fordern die Verfasser der RRD, an das sprachliche Ausgangsverhalten der Schüler, an die Sprache anzuknüpfen, die die Kinder in die Schule mitbringen, ohne versteckte oder gar offene Formen der Diskriminierung von Seiten des Lehrers und der Mitschüler; denn solche Formen der Diskriminierung wirken sich verhängnisvoll aus auf die Sprechfreudigkeit und damit auf die allgemeine Lernbereitschaft.

Eine zweite, damit zusammenhängende Forderung der RRD besagt, daß anknüpfen nicht heißt, Kindern ihre mehr oder minder undifferenzierte Sprache zu belassen, sondern sie zu befähigen, im Gespräch mit Lehrern und Mitschülern ihre Sozialerfahrungen, ihre Interessen und neugewonnenen Einsichten mitteilen zu lernen.

Dies aber kann man nur erreichen, wenn man eine weitere Forderung der RRD akzeptiert: Wenn man bereit ist, die auftretenden Verständigungsschwierigkeiten zwischen Schülern unterschiedlicher sozialer Herkunft nicht als reine Sprachschwierigkeiten abzutun, sondern sie als Ausdruck von Interessenunterschieden und Interessengegensätzen zu behandeln. Diese politische, in der traditionellen Theorie des Deutschunterrichts kaum beachtete Forderung wird auf Grund sprachsoziologischer und sozialwissenschaftlicher Erkenntnisse begründet:

— Mit dem Erlernen der Sprache in der jeweiligen sozialen Bezugsgruppe haben die Schüler zugleich schichtenspezifische Formen der Verständigung und des Sozialverhaltens erlernt.
— Sie haben damit auch ein gesellschaftlich vermitteltes Verständnis von sich und ihrer Umwelt erworben.
— Öffentliche und private Konflikte drücken sich in der Regel auch in Sprache aus. Das Sprachverhalten der Schüler ist darum nur im Zusammenhang mit diesen Konflikten zu verstehen.
— Sprache ist u. a. auch ein Mittel zur Verschleierung und Unterdrückung von Konflikten, und andererseits liefert sie Möglichkeiten zur Lösung dieser Konflikte. Das Sprachverhalten der Schüler ist darum als Bestandteil dieser privaten und öffentlichen Konflikte zu interpretieren. (Dok. 2)

5.1.3 Analyse und Kritik der sprachdidaktischen Position der konservativen und liberalen Kritiker

Fragt man vor dem Hintergrund der sprachdidaktischen Intentionen der RRD nach der den Vorwürfen von Konservativen und Liberalen zugrundeliegenden Konzeption des Sprachunterrichts, so lassen sich, etwa im Vergleich von CDU und U. Greiner, erhebliche Unterschiede feststellen, was den Grad an wissenschaftlicher Reflektiertheit und die subjektive bildungspolitische Absicht betrifft, die didaktischen Folgerungen jedoch laufen auf das Gleiche hinaus: Effektivierung des Bestehenden.

Die Polemik der CDU von der sprach- und kulturzerstörerischen Intention der RRD ist ebenso geschickt wie infam, da „bürgerliche Kultur" nicht als Privileg weniger auf Kosten der großen Bevölkerungsmehrheit erscheint, wie es kritische Kultur- und Sozialwissenschaft nachgewiesen haben und jeder Arbeiter aus täglicher Erfahrung bestätigen kann, sondern diese „bürgerliche Kultur" ist die Kultur schlechthin, die als lockender Gabentisch gleichsam auch für die „im Gebrauch der Sprache Benachteiligten" immer bereitsteht.

Darin verbirgt sich die individuelle Aufstiegsideologie, wonach jedem Arbeiterkind (in Wirklichkeit nur ganz wenigen), das sich in optimaler Weise den Bedingungen dieser Kultur anpaßt, die „kulturelle Teilhabe" möglich wird. Das heißt aber, daß es die Solidarität mit den materiell Benachteiligten seines Herkunftsmilieus preisgegeben hat. Elitär ist hier sowohl der Begriff „bürgerliche Kultur" als auch der der Sprache; denn die „im Gebrauch der Sprache Benachteiligten" sind ja nicht Prügelknaben des Schicksals, sondern ihre sprachliche Hilflosigkeit in vielen Situationen in Öffentlichkeit und Beruf, d. h. außerhalb ihres primären Sozialisationsbereichs, beruht einzig auf der Tatsache, daß sie da buchstäblich nichts zu sagen haben und sich permanent in der Situation des Behandelten befinden.

Unausgesprochen steckt in der CDU-Argumentation die von den RRD kritisierte, durchaus praktikable, Auffassung von kompensatorischer Sprachförderung, nach der es möglich ist, den „Gebrauch der Sprache" individuell zu fördern, die materielle Privilegienstruktur der Gesellschaft jedoch zu bewahren. Dies hat der Sprachunterricht als wichtige Komponente des schulischen Selektionsprozesses immer getan, und solange dies durch Sprachtrainingsprogramme o. ä. nur effektiviert wird, so daß möglicherweise statt wie seither 5 %, eines Tages 8 oder 10 % Arbeiterkinder an unseren Universitäten studieren, wird die CDU eine solche Progression unseres Bildungswesens begrüßen.

In diesen Zusammenhang gehört auch das von H.-R. Laurien und W. Brans bewußt einkalkulierte Risiko der Entfremdung bei Arbeiterkindern. Nur derjenige hat die Chance kulturellen und materiellen Aufstiegs, der sich den Leistungsanforderungen unseres Ausbildungswesens anpaßt und bereit ist, sich in bestimmtem Umfange von den objektiven Interessen seines Herkunftsmilieus zu entfremden.

Das Inhumane eines solchen bildungspolitischen Konzepts ist auf der personellen Ebene nur verzeihlich, wenn man davon ausgeht, daß diejenigen, die es vertreten, nicht wissen, was dieses Gefühl der Entfremdung gerade für in Schule und Beruf erfolgreiche Arbeiterkinder und deren Eltern bedeutet an Angst, Überanpassung, Enttäuschung und Leid.

Während solche Vorstellungen die technokratischen Innovationen auf dem Gebiete der Sprachdidaktik begünstigen und rechtfertigen, sind Äußerungen wie „personale Begegnung im Wort" (Laurien) oder „Eigengesetzlichkeit" der Sprache (Engel) ideologische Relikte einer idealistischen Sprachtheorie.

Demgegenüber könnte man eher der wissenschaftstheoretisch aufgeklärteren Position U. Greiners zustimmen, wenn die Verfasser der RRD tatsächlich Hochsprache und Wissenschaftssprache gleichsetzten und nicht jene Gebildetensprache meinten, die als öffentliche Sprache und als Schulsprache für die große Mehrheit der Bevölkerung und ihre Kinder einschüchternde und disziplinierende Auswirkungen hat. Nicht die Hochsprache als Wissenschaftssprache steht zur Debatte, auch nicht so sehr deren Syntax, sondern die besondere Ästhetik, Stilistik und Semantik dieser Sprache, in der viele Wörter, die bei Kindern aus der Arbeiterschaft mit bestimmten Sozialerfahrungen verbunden sind, überhaupt nicht vorkommen, so daß vieles, was ein Kind vor und außerhalb der Schule Verfahren hat, in der Schule gar nicht ausgesprochen werden kann. Daß die Sprache, die Arbeiterkinder zu Hause lernen, in der Schule ebenso zugelassen ist wie die der Hochsprache angenäherte Sprache von Kindern aus der Mittel- und Oberschicht und daß die Sprechweisen aller Kinder zu entwickeln sind, nicht in Richtung einer Gebildetensprache, sondern einer Begriffssprache, die durchaus die Semantik und Ästhetik der Umgangssprache von Arbeitern, Angestellten oder Beamten nicht abgestreift haben muß, scheint die logische Konsequenz der RRD zu sein. D. h., es geht hier nicht darum, die Sprache von Arbeiterkindern in ihrer möglichen Begriffsarmut zu pflegen, sondern sie an den Erfahrungen dieser Kinder und an für sie relevanten Unterrichtsgegenständen zu entfalten, mit dem Ziel, sie zu wissenschaftlicher Argumentation und differenzierter privater wie öffentlicher Kommunikation fähig zu machen.

Wer als Arbeiterkind dies seither schon erreichen wollte, mußte die Sprache seines sozialen Milieus weitgehend verleugnen und verdrängen und hat sich in der Regel, ja beinahe zwangsläufig, diesem Milieu entfremdet. Annäherung und solidarisches Verhalten sind nur dann wieder möglich, wenn ein Arbeiterkind begreift, aber nicht akzeptiert, was mit ihm geschehen ist: wie es mit höherer Schulbildung und Studium die Erfahrungen und Probleme seines nichtprivilegierten Herkunftsmilieus hat vergessen müssen, um nach den Wunschvorstellungen und diffusen Sehnsüchten seiner Eltern „es einmal besser zu haben".

Dies ist das von den Verfassern der RRD angesprochene Problem und daraus resultiert ihre Kritik an der unreflektierten oder bewußt technokratischen Sprachkompensatorik, wie sie sich im Gefolge von Basil Bernstein in Sprachtrainingsprogrammen niedergeschlagen hat. Wenn Ulrich Greiner jedoch im Sinne Oevermanns meint, Kinder der Arbeiterschaft müßten nicht durch rigide Korrekturen (Sanktionen) durch den Lehrer, sondern „aus der Erfahrung von Erfolg und Mißerfolg im Problemlösen" (Oevermann) selber darauf kommen, daß die Hochsprache leistungsfähiger sei als ihre eigene, so müßte man Greiner und Oevermann fragen, wie das denn praktisch anders ablaufen soll als in einer liberalisierten Form des traditionellen Sprachunterrichts, in dem Schüler immer schon auch Gelegenheit hatten selber einzusehen, daß die Sprache der feinen Leute eine feine Sprache ist.

Daß die Sprache der Unterschicht „sinnlicher" sei und dies als Äquivalent für mangelnde Begrifflichkeit Kindern der Mittelschicht vermittelt werden sollte, ist sicher gut gemeint, beruht aber wohl auf einem ähnlichen Vorurteil wie die Vorstellung von der sexuellen Potenz amerikanischer Neger.

Die Kritik Greiners beruht offensichtlich auch auf einer unzureichenden Reflexion der didaktischen Probleme sprachlicher Kompensatorik, wie er sie von Oevermann übernommen hat. Es wäre in der Tat zynisch und widerspräche der Gesamtintention der RRD, wollten deren Verfasser Arbeiterkinder, um ihnen Entfremdung von ihrem sozialen Milieu zu ersparen, nicht in eine möglichst differenzierte Sprache einüben, damit sie sich in unterschiedlichen Situationen artikulieren können. Das didaktische Problem betrifft vor allem die ersten Schuljahre, in denen die Sprachentwicklung vieler Kinder aus der Unterschicht von der Schule nicht nur nicht gefördert, sondern durch Diskriminierung gehemmt wird und dadurch ein wichtiger Faktor für das Lernen unentfaltet bleibt.

Die Kritik der Konservativen ebenso wie die der Liberalen am sprachdidaktischen Konzept der RRD bedeutet, positiv gewendet, alles beim alten zu belassen; Arbeiterkindern die bürgerliche Kultur anzubieten, indem zugleich der Sprachunterricht, vor allem in der Grundschule, seine rigide Auslesefunktion behält, was zur Folge hat, daß für Arbeiterkinder der Übergang zur Weiterführenden Schule oder zu den A-Kursen der Gesamtschule und ihre erfolgreiche Mitarbeit dort nur in einem vorher festgelegten bildungspolitischen Rahmen erfolgt. Sowohl am Ende der Grundschulzeit als auch in den ersten Jahren der Weiterführenden Schule muß ein bestimmter Prozentsatz an Schülern auf der Strecke bleiben (herausgeprüft werden), weil nicht jeder künftige Arbeitnehmer eine gleich lange und gleich gute Bildung in unseren allgemeinbildenden Schulen erhalten kann. Dies aber trifft in aller Regel die Kinder von Arbeitern und kleinen Angestellten, die ihr, auch von der CDU eingestandenes, sprachliches und kulturelles Defizit nur ausnahmsweise in Weiterführenden Schulen oder gar Hochschulen ausgleichen dürfen, während die Kinder der Privilegierten dies in ihrer großen Mehrheit tun. Das macht die ganze, wohl erwogene, Absurdität unseres Bildungssystems aus, das immer noch ziemlich exakt die Klassenstruktur unserer Gesellschaft widerspiegelt, nach dem biblischen Motto: Wer hat, dem wird gegeben! Auch an Allgemeinbildung.

Das großzügige Angebot der bürgerlichen Kultur auch an Arbeiterkinder erfolgt für diese bislang weitgehend unter der Bedingung der Preisgabe ihrer sozialen Identität. Der Zynismus eines solchen Angebots besteht vor allem darin, daß eben diese bürgerliche Kultur, auch die sprachliche, seit über hundert Jahren eine schmarotzerhafte ist; daß sie basiert auf der Ausbeutung einer Klasse, die das Bürgertum als kulturlos verachtet und die in der Tat für Kultur wenig Zeit hatte und immer noch hat; deren Sprache für den Gebrauch an Schulen nicht zugelassen ist, was wesentlich dazu beiträgt, daß die in der Öffentlichkeit schweigende Mehrheit bereits in der Schule ihre kommunikative Dequalifizierung erfährt.

5.1.4 Die sprachdidaktische Position der RRD und ihre Befürworter

Die Befürworter der RRD, d. h. die Verfechter der bildungspolitischen SPD-Position, haben sich, was das Thema „Hochsprache" angeht, nur sehr allgemein geäußert. Eine Ausnahme bildet die Rede des SPD-Landtagsabgeordneten Willy Görlach (Dok. 11). Görlach argumentiert nicht von einer wissenschaftlichen Theorie aus, sondern hat als „armes Unterschichtenkind" darüber nachgedacht, wie er eigentlich dazu kam, in einer Landtagsdebatte mitreden zu können, und er stellt fest: Nicht in der Schule, wo Arbeiterkindern ihre Sprache ausgetrieben wird, sondern als junger Gewerkschafter hat er reden gelernt, weil er da seine Interessen und Bedürfnisse artikulieren und von der Praxis her mit den Kollegen hat überprüfen können. Aus dieser Erfahrung heraus begrüßt Görlach die Intentionen der RRD. Er erkennt an, daß hier in der Schule gelernt werden soll, was ihm erst außerhalb der Schule möglich war: eine differenzierte, zur rationalen Argumentation geeignete Sprache.

Es ist auffällig, daß die Kritiker der RRD nur die sehr abstrakte Frage, ob Abbau oder Abschaffung der Hochsprache, erörtern, die so in den RRD gar nicht gestellt ist. Dort geht es um die Kommunikationsfähigkeit aller Schüler in unterschiedlichen Lebenssituationen, auch in solchen natürlich, die das Sprechen nach der etablierten Norm erforderlich machen. Darin einen Widerspruch zu sehen, wie das in einer Reihe von Stellungnahmen geschieht, ist abwegig. Wichtig ist vielmehr die Frage, warum so viele Kinder, besonders aus Arbeiterfamilien, in unserer Schule sprachlos bleiben oder verstummen, obwohl gerade sie auf Grund ihrer materiellen Benachteiligung eine differenzierte Sprache als Voraussetzung und zugleich integralen Bestandteil sozialen Handelns nötig hätten.

Da diese Frage, die die Verfasser der RRD zentral interessiert, in unserer Dokumentation zwar angesprochen wird, aber unentfaltet bleibt, sollen hier drei Autoren zu Wort kommen, die sich, unabhängig von der RRD-Kontroverse und von unterschiedlichen Arbeitsgebieten her (Linguistik, Deutschunterricht an einer Hauptschule, Friedenspädagogik) zum Thema „Hochsprache, Sprachnorm, Sprachbarrieren" geäußert haben.

In einer Vorlesung zum Thema „Sozialisation, Kommunikation und Sprachunterricht"[19] unterscheidet der Linguist Siegfried Jäger zwischen „notwendigen Restriktionen" und einer „Vielzahl von Restriktionen, die für die Kommunikation nicht notwendig sind".

Eine der wichtigsten besteht darin, daß den Menschen einer Sprachgemeinschaft vorgeschrieben wird, wie sie sprechen sollen, wobei die Sprache einer gesellschaftlichen Gruppe, nämlich der herrschenden Gruppe, zum Maßstab gemacht wird. Die Regeln der Sprache dieser Gruppe werden von dieser Gruppe zu Gesetzen erhoben, deren Nichtbefolgung schärfstens bestraft wird, insbesondere durch eine rigide Beschneidung der Lebenschancen. Wer nicht spricht, wie die Herrschenden es vorschreiben, hat keine Chance, aus der unterdrückten Gruppe auszubrechen. Sachverwalterin dieses Regulationsmechanismus ist die Schule, die vorwiegend Sprachschule ist.
    Wer die geforderte Hochsprache nicht so verwendet, wie dies in den herrschenden Sozialschichten üblich ist, hat kaum eine Chance auf Schulen zu gelangen, die zur Hochschulreife oder zu den gehobenen Berufsschichten führen. Die Hochsprache wird also als Mittel der Herrschaftsausübung eingesetzt. Daß auch die kompensatorische Spracherziehung, durch die die Unterschicht an die Sprache der Oberschicht angepaßt werden soll, nicht zu einer Erhöhung der Lebenschancen beiträgt, wird noch ausführlich zu zeigen sein. An ihr wird offenbar, daß der geforderte Erwerb der Hochsprache und die Sanktionierung ihrer Nichtbeherrschung reiner Bluff sind. Die Hochsprache wird zu einer Art Kultinstrument und ihr Erwerb gleicht einem barbarischen Initiationsritus, den derjenige über sich ergehen lassen muß, der sozial aufsteigen will. Wichtig für die Besitzenden ist dieser Ritus vor allem deshalb, weil derjenige, der von einer anderen Subsprache herkommend, sich ihm unterzieht, ein hohes Maß an Anpassung aufbringen muß. Und genau das ist es, was ein System von Herrschaft und Knechtschaft braucht, was jedes hierarchische System braucht: anpassungsfähige — und bereite Untertanen, die ohne lange zu fragen, das tun, was von ihnen verlangt wird.

Jäger spricht der Hochsprache als überregionaler Verkehrssprache keineswegs ihre Notwendigkeit und Nützlichkeit ab. Das eigentlich Anmaßende und Machtpolitische sieht er jedoch in folgenden drei Punkten:

Erstens: Der Bewegung der überregionalen Sprache werden künstliche Grenzen gesetzt und zwar durch die sogenannte normative Grammatik, den Duden, die Sprachpflegevereine und -gesellschaf-

19 Hrsg.: ASTA, PH Hagen, Vertrieb: c/o Wolfgang Hegelich, 5842 Westhofen, Kiefernweg 17.

ten. Sprachgesetze werden erlassen, oft verschleiernd in Form von Empfehlungen; sprachliches Richtig und Falsch werden möglichst genau festgelegt. Die überregionale Verkehrssprache wird in einen starren Rahmen gepreßt, der der Veränderung der Sprache durch den Verkehr enge Grenzen setzt.

Zweitens: Die erlassenen Sprachgesetze stehen oft im Widerspruch zu der überregionalen Gebrauchsnorm. Alte Formen werden weiterhin beibehalten, nach irrationalen Kriterien wie Schönheit und Echtheit werden Formen befürwortet oder abgelehnt. Die propagierten und kodifizierten Sprachnormen haben so mit der Kommunikationswirklichkeit häufig ebensowenig zu tun, wie der § 218 oder der ehemalige § 175. Gesetz und Norm klaffen auseinander.

Drittens: Das Entscheidende ist aber, daß der Gesetzeskodex der kodifizierten Sprachnorm als Maßstab für Leistung in der Schule mißbraucht wird, wogegen es sich als absolut sicher herausgestellt hat, daß dieser Maßstab dazu völlig ungeeignet ist. Denn an der sprachlichen Form, und um die geht es, wenn von der kodifizierten Sprachnorm die Rede ist, läßt sich nicht ablesen, ob der Benutzer intelligent ist oder nicht. Das läßt sich, wobei auch hier noch eine Menge Vorbehalte zu machen sind, allenfalls an den produzierten Inhalten ablesen, für die sprachliche Form aber immer nur ein Vehikel sein kann. –

Um es an einem praktischen Beispiel zu verdeutlichen: ob einer sagt: ,dä is mit meim Ollen seine Karre gefahren' oder ,Der ist mit dem Wagen meines Vaters gefahren', das ist für den vermittelten Inhalt völlig irrelevant. Ob einer orthographische Fehler macht, das ist ebenfalls für die Kommunikation völlig uninteressant.

Durch die starre Fixierung der Grammatik, des Wortschatzes, des Stils und der Orthographie, so können wir jetzt präzisierend sagen, wird die Hochsprache geeignet, als Herrschaftsinstrument zu dienen, mit dem die unteren sozialen Schichten unten gehalten werden können, weil die Nichtbefolgung dieser erlassenen und wissenschaftlich völlig ungerechtfertigten Gesetze per Dekret der Auslese dienen. Der Gültigkeitsanspruch dieses Maßstabs ist angemaßt. Der Maßstab ist ein willkürliches Konstrukt, die Art der Bewertung mit diesem Maßstab ist willkürlich gesetzt. Maßstab und Bewertung des damit Gemessenen sind absolut willkürlich. Beides dient der Ausübung und Erhaltung von Herrschaft der Besitzenden über die nicht Besitzenden, im Besitz der Macht sind, ein sich aus dem überregionalen Verkehr ergebendes Kommunikationsmittel so umzufunktionieren, daß es der Stabilisierung und Legitimation ihrer Herrschaft dient. Das Mittel Hochsprache bietet sich deshalb so leicht dafür an, weil die Herrschenden aufgrund ihrer Macht in stärkerem Maße an der überregionalen Kommunikation teilnehmen können, so daß diese Sprache, die allen gehört, scheinbar ihre Sprache ist. Durch Manipulationen an dieser Sprache, die diese Sprache dem tatsächlichen Sprachgebrauch überdies entfremdet, verstärken sie diese Position.

Die Schule und die Lehrer machen sich zu ihren Handlangern, wenn sie nur darauf achten, wie gesprochen wird und das Wie am willkürlich Gesetzten messen, und wenn sie nicht, wie es ihre Aufgabe wäre, Kommunikation im weitesten Sinne, d. h. Interaktion, Wahrnehmung der Lebenschancen, menschlichen Verkehr sich zu fördern bemühen. (51 ff.)

Lösungsversuche für diese Aufgabe beschreibt Konrad Wünsche, Lehrer an einer Hauptschule, in seinem Buch ,,Die Wirklichkeit des Hauptschülers. Berichte von Kindern der Schweigenden Mehrheit"[20]. Wünsche weist in Bezug auf das Thema ,,Hochsprache und Sprachnorm" auf den ,,riesigen Abstand" hin, zwischen der Sprache, die die Kinder der Schweigenden Mehrheit mitbringen und derjenigen, die ihnen in der Schule als ,,Muttersprache" beigebracht werden soll; daß der Sprachunterricht regelrecht einen ,,Keil zwischen das Kind und seine Sprache, die es mitbringt" treibe.

Denn zunächst haben ja die Kinder trotz des Aufstiegseifers ihrer Eltern, trotz Fernsehen und Predigt noch eine Sprache, die ihre Sprache ist, wenn sie in die Schule kommen. Und sie reden

20 Köln 1972.

so, daß sie sich selber und daß sie einander gegenseitig verstehen. Noch wissen sie, wer sie sind. Am längsten hält sich diese Sprache, die ein Signal zum Handeln ist, auf dem Weg zur Schule. Sie kommt wieder hoch in den Schulpausen und auf dem Heimweg, da bilden sich noch Gruppen von Schülern, die sogar gemeinsam aufbegehren können. (15 f.)

Wünsche fährt an anderer Stelle fort:

In der Schule aber werden alle Äußerungen der Kinder zu einer Reaktion auf den Muttersprachunterricht, sind also abgeleitet und abhängig. Ausgenommen die von solchen Kindern, deren Eltern der Schicht zuzurechnen sind, die sich mit den bürgerlichen Sprach- und Lebensregeln identifiziert. Also haben diese Kinder keinen Abstand zu der verlangten sogenannten Muttersprache, können deren Ansprüche voll erfüllen, während die anderen Kinder einen natürlichen Abstand haben und nur mit äußerstem Anpassungsvermögen vorübergehend in der Schule deren Ansprüchen nachkommen. Wenn man also sagt, sie sprechen diese Sprache unvollkommen, kann das nur heißen, sie sind dieser ihnen fremden Sprache unvollkommen angepaßt.
Kinder können nur in der eigenen Sprache verstehen, was sie selber wollen. Diese Sprache gilt es zu entwickeln. Sie muß ihre Allgemeingültigkeit erweisen, indem sie auch geschrieben wird und indem sie von dem handeln darf, was zum Handeln Anlaß geben kann. Die grammatikalische Sicherheit, die terminologische Vielfalt, der große Wortschatz kommen dann von allein. (18)

„Erziehung zum Frieden als Aufgabe des Deutschunterrichts" ist der Titel eines Aufsatzes von Hans Martin Große-Oetringhaus[21], der ebenfalls indirekt Stellung nimmt zu dem als konfliktgierig denunzierten sprachdidaktischen Konzept der RRD. Große-Oetringhaus ist sich mit den meisten Pädagogen einig, daß Friedenserziehung kein eigenes Schulfach sein kann, sondern ein Erziehungsprinzip darstellt, „das alle Bereiche der Schule und somit auch alle Fächer durchdringen muß". Friedenserziehung im Deutschunterricht beinhalte die Aufgabe, „die durch das Instrument Sprache aufrechterhaltene strukturelle Gewalt erkenntlich zu machen und zu beseitigen".

Wir leben heute in einer sprachlichen Zwei-Klassen-Gesellschaft. In deren Kräftefeld stehen sich zwei mit dem Instrument Sprache verschieden ausgestattete Klassen gegenüber: die Klasse derjenigen, die über ökonomisch bedingte Macht verfügen und somit ihren Ansichten und Argumenten durch den Einsatz wirksamer sprachlicher Mittel Gehör und Gewicht verschaffen und dadurch wiederum Herrschaft ausüben können, und die Klasse derjenigen, die auf Grund ihrer ökonomischen Situation auch nicht über das Herrschaftsinstrument Sprache verfügen und deren Meinung und Kritik in der öffentlichen Auseinandersetzung somit auch nicht wirksam machen können. Diejenigen, die über das Herrschaftsinstrument Sprache verfügen, sind damit auch im Besitz eines effektiven Mittels, ihre Machtposition zu stabilisieren. Damit kann wiederum garantiert werden, daß auch ihre Kinder durch eine entsprechende Ausbildung über das gleiche Machtinstrument verfügen. Auf diese Weise perpetuiert sich bei einer Elite das Privileg der Herrschaftsausübung durch Sprache, während ein großer Teil der Bevölkerung durch fehlende sprachliche Möglichkeiten und damit auch durch ungleiche Chancen diskriminiert wird. Die Zugehörigkeit zu einer gesellschaftlich unterprivilegierten Schicht bedingt die sprachliche Fremdherrschaft. Diese perpetuiert wiederum die gesellschaftliche Unterprivilegierung. Der Kreislauf der Diskriminierung und Unterprivilegierung schließt sich und ist leicht als ein solches Phänomen zu erkennen, das Galtung als strukturelle Gewalt bezeichnet. Wenn nach seiner Auffassung Frieden nur durch die Aufhebung struktureller Gewalt möglich ist, dann ist es die vordringliche Aufgabe eines Deutschunterrichtes, der zum Frieden erziehen will, den oben skizzierten Kreislauf durchbrechen zu helfen, um auf diese Weise Unfriedensstrukturen abzubauen.

21 Der Aufsatz erscheint 1974 in H. 16 von „Diskussion Deutsch".

Große-Oetringhaus glaubt u. a. in den didaktischen Konzeptionen von F. Hebel und H. Ivo das Prinzip einer Erziehung zum Frieden und die daraus abzuleitenden Forderungen an den Deutschunterricht wiederzufinden. Er bescheinigt somit Mitverfassern der RRD die Intention der Erziehung zum Frieden, zu rationaler Aggressions- und Konfliktbewältigung und nicht Konfliktgier und Interesse an künstlich geschürtem Klassenkampf.

Der Vergleich der Stellungnahmen der Gegner und Befürworter der RRD zeigt, daß es in dieser Kontroverse weniger um wissenschaftliche Richtungs- und Positionskämpfe geht, sondern der zentrale Konflikt einer Privilegiengesellschaft angesprochen ist, in der die einen das Sagen haben und die andern sprachlos und ohnmächtig sich fügen. Diesen Konflikt durchschaubar zu machen, als Voraussetzung für die Beseitigung seiner materiellen und kulturellen Bedingungen, ist die Intention der RRD. Es wäre naiv anzunehmen, dies würden die Hauptaktionäre der öffentlichen Meinung sich so ohne weiteres gefallen lassen. Darum hat logischerweise die RRD-Kontroverse um das allgemeine Lernziel „Hochsprache" nicht nur mit Wissenschaft und Didaktik, sondern zugleich mit deren politischer Vermittlung zu tun. In dieser Situation müssen Lehrer sich entscheiden, welches Lernziel sie anstreben: Einübung in die Hochsprache im Interesse bestehender Privilegien und Herrschaftsverhältnisse, oder Kommunikationsfähigkeit in unterschiedlichen Situationen zugunsten der schweigend gehaltenen Mehrheit der Bevölkerung und ihres legitimen Anspruchs auf Mitbestimmung und Autonomie.

5.2 Rechtschreibung

5.2.1 Rechtschreibung als bildungspolitische Forderung der konservativen Kritiker

Das Thema „Rechtschreibung" steht mit dem Thema „Hochsprache und Sprachnormierung" in enger Verbindung. In diesem Zusammenhang wird es auch von den Gegnern der RRD gesehen. Sie behaupten, daß Hochsprache und Rechtschreibung, von den Verfassern der RRD als „Herrschaftsinstrumente" denunziert, abgebaut werden sollen. Die Argumentation, wenn man von einer solchen sprechen will, ist bei der Rechtschreibung ähnlich wie bei der Kritik der „Hochsprachenideologie". Die Schüler würden gehindert, Kulturtechniken zu lernen, die sie für den sozialen Aufstieg brauchen. Unkenntnis in der Rechtschreibung sei insbesondere geeignet, Kinder von Arbeitern und kleinen Angestellten vom sozialen Aufstieg auszuschließen.

Zum Thema „Rechtschreibung" begann die Kampagne gegen die RRD mit der FAZ-Glosse „Vreier als die Fäter" (s. S. 56), in der der witzige Schreiber meint, endlich werde ein Ende gemacht „mit der grauenvollen Vergewaltigung unserer Jugend durch rechtschreibkundige Oberlehrer mit verklemmten Beziehungen zu längst verstorbenen Schreiberlingen".

Mit den „rechtschreibkundigen Oberlehrern" deutet der Glossenschreiber an, daß er das Problem in einer Schulform ansiedelt, wo es nur noch am Rande eine Rolle

Vreier als die Fäter

tk. – Da unsereiner, der noch dem repressiven Zwang ausgesetzt war, im Deutschunterricht die Sprache der herrschenden Klasse lernen zu müssen, dergestalt auch in die glückliche Lage versetzt wurde, die jetzt allerneuesten Rahmenrichtlinien für das Fach Deutsch an der Sekundarstufe I der hessischen Schulen wenn auch nicht verstehen, so doch wenigstens lesen zu können (siehe auf der übernächsten Seite*), beeilt er sich hiermit, seinem Glück über die Geburt des neuen Deutsch-Geistes Ausdruck zu geben. Endlich wird ein Ende gemacht mit der grauenvollen Vergewaltigung unserer Jugend durch rechtschreibkundige Oberlehrer mit verklemmten Beziehungen zu längst verstorbenen Schreiberlingen, deren Arbeiten ohnedies nur aus ihrer historischen und wirtschaftlichen Situation heraus erklärbar sind.

Der Autor dieser Glosse möchte, auch wenn ihm wegen dieser Zeilen von seinen reaktionären Arbeitgebern ganz gewiß gekündigt werden wird, sein völliges Einverständnis mit den neuen Rahmenrichtlinien kundtun. Seine verschriftlichten Äußerungen werden hinfort ausschließlich an der progressiven Linie ausgerichtet sein. Von nun an schreibt er, wie er will, und das zuerst an den Kultusminister, den Chef des hessischen Wortmaskenverleihs:

„Liber Luttwich? wie froo binn ich, dass du entlig! einmal den banaussen, die sich über unns Legasthenikern – das wort habe ich aus dem wörterbuch – immer lustig machen tun, einmal einen Riegel vor die Schnautze gehängt. dieses ewische gemäkel unn GemeKKer an falschemm deutsch!! Früher hats ja schließlich auch teutsch geheißen, vor erfindung des -d-. Mir iss als Kind die ganse muttersprache, die ich doch sowie so schon prima reden konnte, wie ne fremdsprache beigebracht worn, unn so ganz alte gedichte konnt mer überhaupt nicht verstehe, net emal rischtig vorlese.

So war das damals, die sprache war völlik aus ihren Interaktionszusammenhängen herausgebrochen, wies in deim Richtlinienbuch ganz korrekt heißt. jetzt ist das anders. ganz befreit fühle ich mich, da ich so schreiben darf, wie es mir gefällt, wenn nur die Adrassaten lesen und verstehen können, was ich mit meinen Kommunikationsversuchen intendiere. Und ich verspreche dir, daß es mir viel Spaß machen wird, die neue deutsche Sprache zu lernen, die nicht mehr die plump Sprak der herrschenden Klasse von einst, sondern der ungehindert kreatürlich-kreative Ausdruck meiner Persönlichkeit ist. Als ich kürzlich einen Kumpel fragte, warum er für die Sakralisierung der libidinös determinierten individuellen Beziehung zu einer Frau aus der Perspektive einer monogam orientierten sozio-ökonomischen Struktur optiert hatte, fuhr er mich barsch an, – Was geht's dich an, wenn ich mich kirchlich trauen lasse? Hä! – Der hat ja keine Ahnung, was läuft, Luttwich."

---

* Bezieht sich nur auf den Zeitungsartikel.

Aus: Frankfurter Allgemeine, Nr. 9 (11. Januar 1973), S. 23.

spielt, da ja kaum jemand die Höhere Schule erreicht, der nicht wenigstens durchschnittliche Leistungen in der Rechtschreibung aufweist. Der objektiv zynische Charakter der Glosse aber besteht in ihrem völligen Desinteresse an einer humaneren Rechtschreibpraxis in der Schule.

Eine Variante elitärer Ironie findet sich in Golo Manns Bemerkungen zu den RRD (Dok. 24):

Nicht bloß die „Hochsprache" bedeutet Herrschaft und Zwang, auch die Rechtschreibung, in welchem Zusammenhang tatsächlich einmal der Name Goethe fällt, zusammen mit Luther, Grimm und Duden. Ist denn unseren Reformern und ihrem Protektor, dem Herrn hessischen Kultusminister, und ihrem Freund, dem Professor Helmut Becker, gar nicht aufgefallen, daß in Zeitaltern, die keinerlei Rechtschreibung kannten, Herrschaft ziemlich brutal und munter ausgeübt wurde, unvergleichlich brutaler und munterer als heute? Haben sie nicht bemerkt, welche Rolle die wachsende *Bildung* der Arbeiter in der Hochsprache, wie, nebenbei, in der Rechtschreibung, ehedem gespielt hat für die Verwandlung von Proletariern in Arbeitnehmer, Angestellte, Sozialpartner oder welches Wort man vorzieht? Wie könnten Betriebsräte mit Unternehmern von gleich zu gleich verhandeln ohne die Hochsprache, von gleich zu gleich korrespondieren ohne die Rechtschreibung? Mit Demokratie haben Hochsprache und Rechtschreibung genau zu tun; die großen Tyrannen und Kaiser der Vergangenheit haben sich den Teufel um sie gekümmert.

Auch wenn der Rechtschreibung hier zuviel zugemutet wird, so hat Golo Mann in gewisser Weise recht, wenn er das Erlernen der Rechtschreibung für die bewußtseinsmäßige Entwicklung vieler Arbeiter zu „Sozialpartnern" mitverantwortlich macht. Es mag in der Tat vorkommen, daß ein Betriebsrat, der ohne genaue Kenntnisse der Rechtschreibung mit einem Unternehmer korrespondiert, auf einer bildungsbürgerlichen Ebene sich minderwertig vorkommt. Daß jedoch Rechtschreibung auf der gesellschaftspolitischen Ebene dazu beitragen soll, daß Betriebsräte mit Unternehmern von gleich zu gleich korrespondieren, ist sehr idealistisch gedacht. Was einen Unternehmer am Schreiben seines Betriebsrates wirklich interessiert, ist weder Stil noch Rechtschreibung, sondern der Grad an Organisiertheit und Kampfbereitschaft der Arbeitnehmer, für die der Betriebsrat spricht bzw. Briefe schreibt.

Wenn die „großen Tyrannen und Kaiser" sich um Hochsprache und Rechtschreibung nicht kümmerten, so beweist dies noch nicht, daß es sich dabei um spezifisch demokratische Errungenschaften handelt, es sei denn, man verwechselt Demokratie mit dem bürgerlichen Staat, der aus handelspolitischen Gründen an überregionaler Kommunikation interessiert war, wozu auch die Orthographie ihren Beitrag leistet. Das eigentlich Manipulative an Golo Manns Bemerkungen sind jedoch nicht die kulturhistorischen Reminiszenzen, sondern die Unterstellung, es gehe in den RRD um Abschaffung der Rechtschreibung und nicht um deren Reform.

Der Titel der CDU-Broschüre „Marx statt Rechtschreibung" läßt vermuten, daß sich deren Verfasser ausführlich mit dem Konzept der RRD zum Rechtschreibunterricht auseinandersetzen. Das ist jedoch nicht der Fall. In der ganzen Schrift findet sich einzig der Satz: „Die Kampfansage gegen die Beherrschung der ,Kulturtechniken' wie Rechtschreibung und den Gebrauch der Hochsprache gehen ebenfalls auf krypto-marxistische Begründungen zurück." (Dok. 6)

Schaut man den Satz genauer an, entpuppt er sich, wie der Titel der Broschüre, als ein Muster demagogischer Rhetorik; denn niemand wird es als sympathisch empfinden, wenn Kulturtechniken, die doch zur Grundlage zivilisierten menschlichen Zusammenlebens gehören und eigentlich nur von Barbaren mißachtet werden können, in einem offiziellen Lehrplan der Kampf angesagt wird. Da von all dem in den RRD keine Rede sein kann, versucht die CDU Ängste zu mobilisieren und spekuliert dabei offensichtlich auf Zustimmung von denen, die in ihrer Schulzeit einem rigiden Rechtschreibunterricht unterworfen waren, deren schulischer Erfolg oder Mißerfolg von Rechtschreibleistungen wesentlich mitbestimmt worden ist und die darum Kenntnisse in dieser Kulturtechnik für besonders wertvoll und respektabel halten.

Die Lehrerschaft ist in dieser Auseinandersetzung nicht sonderlich engagiert. Das zeigen die Stellungnahmen von Fachkonferenzen. Man ist für Reform; aber solange sie nicht von oben verordnet ist, hält man es sogar für „unverantwortlich", an der bestehenden Praxis etwas zu ändern, weil man „Sprachwirrnis" und Beschränkung der Kommunikationsfähigkeit befürchtet (Dok. 20). Die selektive und disziplinierende Funktion der Rechtschreibung, weit über die Jahre der Grundschule hinaus, wird nicht wahrgenommen, — was Gymnasiallehrern besonders leicht fällt, da das Problem der Orthographie für sie im Grunde keine Relevanz mehr besitzt. Wer nicht die Regeln der deutschen Rechtschreibung beherrscht, gehört nicht auf ein deutsches Gymnasium!

5.2.2 Die Funktion von Rechtschreibung im bildungspolitischen Konzept der RRD

Entgegen den Vermutungen und gezielten Unterstellungen der Kritiker sagen die Verfasser der RRD der Rechtschreibung keineswegs den Kampf an, sondern sie wollen verhindern, daß dieser Lernbereich, wie bisher, als besonders rigides Ausleseinstrument dem Prinzip der Chancengleichheit widerspricht, zumal nicht nachgewiesen werden kann, daß Rechtschreibleistungen etwas aussagen über Intelligenz bei einem Schüler bzw. die Möglichkeiten der Intelligenzentwicklung. Es wird zur längst fälligen Rechtschreibreform aufgerufen mit der Begründung, daß allein mit der Einführung der „gemäßigten Kleinschreibung" (Satzanfänge und Eigennamen würden weiterhin groß geschrieben) ein hoher Prozentsatz an Fehlern unmöglich würde, deren Verhinderung, ohne Erkenntniszugewinn, zur Zeit große Energien bei Schülern und Lehrern erforderlich macht.

Die Verfasser fordern darüber hinaus, daß Rechtschreibleistungen nicht mehr ausschlaggebend sein sollen bei Versetzungen und für die lebensgeschichtlich bedeutsame Entscheidung, ob ein Kind zur Weiterführenden Schule gehen darf oder nicht. Eine Reform der Rechtschreibung, verbunden mit der von den RRD intendierten Reform des Rechtschreibunterrichts, in dem auch über die gesellschaftliche Funktion dieser Kulturtechnik aufgeklärt werden soll, würde von vielen Schülern Mißerfolge und Ängste fernhalten, die erfolgreiches Lernen schwer beeinträchtigen.

5.2.3 Wissenschaftliche Stellungnahmen zum Problem Rechtschreibung

Eine Ausnahme unter den Äußerungen von Fachlehrern zum Thema „Rechtschreibung" stellt das Minderheitsvotum eines Kasseler Gymnasiums dar (Dok. 21). Darin wird die Rechtschreibung als das weithin noch „ausschlaggebende Kriterium für die Auswahl zum Gymnasium" angesehen und darum im Sinne der RRD vorgeschlagen, „in Verbindung mit überbrückenden Maßnahmen zur Rechtschreibreform . . . auf Beurteilung nach Sicherheit in der Rechtschreibung" zu verzichten und „deren Wert auf Vermeidung von Mißverständnissen und Erleichterung der Kommunikation" zu beschränken.

Unberücksichtigt bleibt in dem Minderheitsvotum ein Hinweis auf die disziplinierende Funktion der Orthographie, wie sie vor allem Hauptschüler über Jahre hin trifft. Das Bedürfnis der Industrie- und Handelskammern beispielsweise nach rechtschreibkundigen Lehrlingen ist ja offensichtlich tiefer begründet als in dem Wunsch nach fehlerfreien Lehrberichten. Konrad Wünsche hat in dem oben zitierten Buch „Die Wirklichkeit des Hauptschülers" die sozialpsychologische Bedeutung der Rechtschreibung für die Kinder der schweigenden Mehrheit analysiert und u. a. festgestellt:

[. . .] der Weg in die Sprachlosigkeit führt über eine intensive Pflege der Rechtschreibung. Mir sind viele Schüler bekannt geworden, die am liebsten Diktate schrieben. Sie waren es, die den Begriff der Schweigenden Mehrheit am besten, um nicht zu sagen am innigsten erfüllten. Die Fähigkeit, sich ausbeuten zu lassen, sei es ökonomisch im Betrieb, sei es geistig in der Freizeit, wird später wohl besonders solchen eigen sein, die als Schüler das Diktat dem Aufsatz vorzogen. In diesem Sinne ist der Deutschunterricht bisher weitgehend grundsätzlich orthographisch ausgerichtet gewesen. Wenn das Lesestück von vornherein als vorbildlich angesehen werden muß, wenn das Aufsatzthema keinen Widerspruch duldet, sondern eine Frage ist, auf die man zu antworten hat, so folgen auch diese Spielarten sprachlicher Belehrung dem Schema des Diktates. (S. 23 f.)

Ebenfalls unabhängig von der Diskussion um die RRD, aber ganz im Sinne der darin zum Ausdruck kommenden Reformintentionen, hat die Fachschaft Deutsch an den Pädagogischen Hochschulen des Landes Nordrhein-Westfalen auf einer Tagung in Dortmund am 7. Juli 1972 eine Resolution verabschiedet[22], in der gefordert wird, doch wenigstens in der Grundschule einmal mit der „gemäßigten Kleinschreibung" zu beginnen, und zwar aus folgenden Gründen:

1. linguistisch
Die Großschreibung der Substantive ist linguistisch nicht zu rechtfertigen. Eine eindeutige Abgrenzung der Substantive, z. B. in den Bereichen der Substantivierung und der verblaßten Substantive, ist nicht möglich.

Zur Begründung der bisherigen Rechtschreibregelung bleibt nur die Tautologie: „Substantive schreibt man groß — groß geschriebene Wörter sind Substantive."

Daß die geltende Rechtschreibung von keinem Schreiber beherrscht wird, ist seit langem empirisch erwiesen.

---

22 Die Resolution wurde auch vom Trierer Germanistentag 1973 angenommen und ist veröffentlicht in „Diskussion Deutsch", 12/1973, S. 102 f.

2. pädagogisch

Die Schwierigkeiten der geltenden Rechtschreibregelung erfordern einen Aufwand an Unterrichtszeit und Arbeitskraft, der pädagogisch nicht zu rechtfertigen ist.

Der Verzicht auf die Großschreibung der Substantive würde die Fehlerzahlen bei den Schülern etwa um ein Viertel verringern. Die eingesparte Unterrichtszeit könnte den zentralen Aufgaben der Spracherziehung, insbesondere der Förderung des aktiven und rezeptiven Sprachgebrauchs zugute kommen.

Die geltende Regelung führt notwendigerweise zu einem verfehlten Sprachunterricht, der die Schüler zu früh und dazu noch auf fragwürdige Weise mit Problemen der Grammatik belastet.

3. bildungspolitisch

Die immer noch vorherrschende Überbewertung der Rechtschreibleistungen – z. B. beim Übergang auf eine andere Schulform oder bei der Entscheidung über eine Versetzung – wird durch den Verzicht auf die Großschreibung der Substantive von der Sache her reduziert. Damit werden weniger Schüler als bisher aufgrund ihrer Rechtschreibleistungen von der weiteren Förderung ausgeschlossen.

4. politisch

Seit der Einführung der gemäßigten Kleinschreibung in Dänemark (1948) ist die Großschreibung der Substantive in Europa (und der Welt) auf den deutschen Sprachraum beschränkt. Diese Sonderstellung erschwert dem Ausländer das Erlernen der deutschen Sprache. Sie bildet zugleich ein unnötiges Hindernis für eine europäische Integration.

Eine Reform der Rechtschreibung ist am ehesten über die Schule zu erreichen, deren apodiktisch-unkritischer Rechtschreibunterricht zu den Hauptursachen für das Scheitern aller bisherigen Reformbestrebungen gerechnet werden muß. Wie das Beispiel Dänemark gezeigt hat, führt der Verzicht auf die Großschreibung der Substantive in der Grundschule in kurzer Zeit zum Gebrauch der Kleinschreibung in der gesamten Öffentlichkeit.

Mit dem Verzicht auf die Großschreibung der Substantive wäre der erste Schritt zur Reform unserer Rechtschreibung getan, die seit deren Festlegung (1901) ununterbrochen gefordert worden ist. Wenn die Unantastbarkeit der geltenden Rechtschreibung an einer Stelle durchbrochen und damit ihre Veränderbarkeit dokumentiert wird, ist damit zu rechnen, daß weitere notwendige Schritte folgen werden.

Die Kultusministerkonferenz hat inzwischen der „gemäßigten Kleinschreibung" zugestimmt. Die DDR ist nach Abschluß des Grundvertrages wohl auch zu Verhandlungen bereit, nachdem sie sich für eine Reform entschieden hat. Wenn Österreich und die Schweiz zustimmen, könnte nach jahrzehntelanger Reformdebatte der erste Schritt getan werden, den Jakob Grimm bereits 1847 in einer Rede „über das pedantische in der deutschen sprache" für überfällig hielt:

den mißbrauch großer buchstaben für das substantivum, der unserer pedantischen unart gipfel heißen kann, habe ich und die mir darin beipflichten abgeschüttelt, zu welchem entschluß mir die zuversicht gehört, daß ein geringer anfang fortschritten bahn brechen müsse, nach wie unmächtigen gründen wird aber gehascht gegen eine neuerung, die nichts ist als wiederhergestellte naturgemäße schreibweise, der unsere nachbarn bis heute treu blieben.

Vor dem Hintergrund solcher Informationen, Erfahrungen und Forderungen aus Schule und Hochschule erweist sich die Kritik am Reformwillen der RRD als verantwortungslose Polemik von Privilegierten, denen es beim Thema „Rechtschreibung" ebenso wie bei den Themen „Konflikt", „Hochsprache" und „Literatur" nicht um die wissenschaftstheoretische und didaktische Auseinandersetzung im Detail, noch gar um die Interessen der Benachteiligten geht, sondern, spekulierend auf Ängste und Fehlinformationen bei den Angesprochenen, um pauschale Diffamierung einer bildungspolitischen Konzeption, die ernsthaft den Abbau von Chancenungleichheit und Bildungsprivilegien im Bereich der Schule intendiert.

6. Die Kontroverse um den Arbeitsbereich »Umgang mit Texten«

6.1 Die an der öffentlichen Diskussion beteiligten Gruppen

Die Rahmenrichtlinien zum Arbeitsbereich „Umgang mit Texten", die das Gebiet betreffen und ausweiten, das bisher „Umgang mit Dichtung" oder „Literaturunterricht" genannt wurde, nehmen in der Kontroverse um die RRD eine Sonderstellung ein.

Während sich an der Kritik des Arbeitsbereichs „Sprachliche Übungen" die konservativen Kritiker aller funktionsspezifischen Gruppen beteiligen — Landtagsabgeordnete, Elternbeiräte, Fachlehrer, Fachwissenschaftler — schweigen sich die kulturpolitischen Sprecher der Parteien in ihren Stellungnahmen zu den RRD über den Arbeitsbereich „Umgang mit Texten" aus. Der Antrag der CDU-Fraktion im Hessischen Landtag inkriminiert die RRD zwar allgemein als Mittel zum Klassenkampf, konkretisiert diesen Vorwurf jedoch allein an der Neukonzeption des Sprachunterrichts in den RRD. Selbst die Broschüre der CDU „Marx statt Rechtschreibung", die ausführlich die RRD thematisiert, läßt das Konzept der RRD zur literarischen Erziehung unerwähnt. Stattdessen richtet sich die Polemik wiederum vor allem gegen den Sprachunterricht und dessen gesellschaftspolitischen Implikationen. Mit der Hessischen CDU stimmt in diesem Punkt auch deren heimlicher kulturpolitischer Koalitionspartner, die FDP, überein. Die Große Anfrage der FDP bezieht sich detailliert auf den Sprachunterricht; hingegen bleibt der Lernzielbereich „Umgang mit Texten" ausgeklammert. Das gilt auch für die übrigen kulturpolitischen Verlautbarungen der FDP, die Landtagsrede von Sibylle Engel und den ZEIT-Artikel von Werner Brans.

Die Abstinenz der CDU und FDP in dieser Frage legt den Schluß nahe, daß der Arbeitsbereich „Umgang mit Texten" die stillschweigende Billigung der opponierenden Parteien und der konservativen Kritik findet. Tatsächlich aber wahren die konservativen Elternbeiräte, Fachlehrer und Fachwissenschaftler gegenüber dem neuen Literaturunterricht keineswegs Neutralität. Vielmehr greifen diese funktionsspezifischen Gruppen den Arbeitsbereich „Umgang mit Texten" nicht weniger an als den auch von den politischen Parteien inkriminierten Arbeitsbereich „Sprachliche Übungen". Die Provokation die von diesem Teil der RRD ausgeht, zeigt sich auch darin, daß etwa Golo Manns Kritik an den RRD von der Neukonzeption des Literaturunterrichts ausgelöst wurde.

Das Phänomen, daß die Kritik des konservativen Lagers am Arbeitsbereich „Umgang mit Texten" nicht von den politischen Parteien aufgegriffen und ventiliert wird, bedarf der Erklärung. Zuvor ist jedoch eingehend zu analysieren, wie die anderen funktionsspezifischen Gruppen den Arbeitsbereich „Umgang mit Texten" der RRD aufgenommen und beurteilt haben.

6.2 Der Arbeitsbereich „Umgang mit Texten" im Urteil der konservativen Kritik

Die Kontroverse um diesen Teil der RRD wird in der Öffentlichkeit von zwei Fraktionen geführt: einer konservativen, die, wie schon angedeutet, die Neukonzeption des Literaturunterrichts radikal ablehnt; und einer reformorientierten, die sich aufgrund der massiven konservativen Kritik mit den RRD solidarisiert, ohne ihre eigenen kritischen Einwände zurückzuhalten. Die konservative Fraktion ist personell identisch mit derjenigen, die die RRD wegen der Reform des Sprach- und Rechtschreibeunterrichts angreift, also der Mehrheit der Schulelternbeiräte und Fachkonferenzen und dem Hessischen Philologenverband. (Dok. 14, 15, 19, 20) Unterstützung findet diese Fraktion bei mehreren Hochschullehrern, u. a. den Germanisten Paul Stöcklein und Walther Killy und dem Historiker Golo Mann. (Dok. 22, 23, 24) Diese Kritik, die zum Ziel hat, daß auch der literaturdidaktische Teil der RRD nicht erprobt wird, stößt bei zahlreichen Fachwissenschaftlern und -didaktikern auf Widerspruch. Dieser äußerte sich in Entgegnungen und Leserbriefen zu den konservativen Stellungnahmen sowie in Briefen und Resolutionen an den Hessischen Kultusminister und die Öffentlichkeit. (Dok. 27, 28)

Stellt man es sich nun zur Aufgabe, die Kritik der konservativen Fraktion, die die öffentliche Diskussion beherrscht, näher zu erfassen, so ergeben sich Schwierigkeiten. Der konservativen Kritik und Polemik mangelt es häufig an klärender Ausführlichkeit. Nicht selten beschränkt man sich darauf, pauschale Vorwürfe zu erheben („neomarxistisch", „ideologisch" etc.), deren begrifflicher Inhalt nicht näher expliziert wird. Ferner läßt die Kritik eine gewisse Logik und Systematik der Argumentation vermissen. Fachspezifische und allgemein bildungspolitische Vorwürfe stehen nebeneinander, ohne daß eine stringente Beziehung zwischen beiden Ebenen hergestellt wird. Es wäre jedoch eine unseres Erachtens unzulässige Verkürzung der Analyse und Kritik der konservativen Position, wollte man sich auf diese allgemeine Charakteristik beschränken und allenfalls noch einzelne Vorwürfe der konservativen Kritik herausstellen und prüfen. Stattdessen soll im folgenden der Versuch unternommen werden, die Argumentation der Kritik in einen mehr systematischen Begründungszusammenhang zu stellen und einzelne Vorwürfe stärker zu explizieren. Auf einer solchen Grundlage, wo die Einwände der konservativen Kritik begrifflich und gedanklich etwas faßlicher dargestellt sind, können dann die einzelnen Vorwürfe der Kritiker in ihrem Stellenwert genauer bestimmt und kritisch analysiert werden. Es zeigt sich dabei, daß der konservativen Kritik an dem Arbeitsbereich „Umgang mit Texten" der RRD in der Regel drei fachspezifische Vorwürfe zugrunde liegen, aus denen dann allgemeine — zum Teil recht unterschiedliche — bildungspolitische Vorwürfe abgeleitet werden.

(1) Dem ersten fachspezifischen Vorwurf liegt die Behauptung zugrunde, die Textbetrachtung, zu der die RRD anleiten, sei einseitig „literatursoziologisch", „ideologiekritisch", „neomarxistisch" orientiert. Dieser Vorwurf, der fast allen konservativen Kritikern gemeinsam ist, wurde am anschaulichsten von Golo Mann formuliert:

„Texte, alle Texte, sind abzuklopfen auf ihren emanzipatorischen oder systemstabilisierenden, heimlich konservativen oder reaktionären Gehalt. Sie sind zu durchschauen. Sie sind zu „hinterfragen": was wollte der Reklamespezialist, der Lyriker, der Hausbesitzer, der Boulevardblattschreiber damit? An wen richtete er sich? Welches Interesse vertrat er? Wem nützte er, oder nützt oder schadet er heute? So die „Richtlinie" – ich will ihr einmal folgen nach Wort und Sinn.

„Hyperions Schicksalslied"; Texter ein Friedrich Hölderlin. Schicksal – ei, ei! Was wollte dieser angebliche Revolutionär denn mit Schicksal? Den Leuten weismachen, ihr „Schicksal" werde nicht von den herrschenden Klassen bestimmt?

>Doch uns ist gegeben,
>Auf keiner Stätte zu ruhn . . .

Gegeben? Wer gibt? Der Frühkapitalismus? Der Obrigkeitsstaat? Oder will Texter Hölderlin den Leser „von der Erinnerung an die reale Welt befreien" durch trügerisch verschleiernde Mystik? Finden wir in diesem Text eine Anweisung zum Glück, zum nützlichen Handeln? Offenbar nicht die mindeste. Fort damit."

Die konservative Kritik an der „neomarxistischen" Orientierung der Textbetrachtung, die Golo Mann satirisch zu verdeutlichen sucht, enthält also implizit zwei Vorwürfe:

— Die Verfasser der RRD interessiere beim Umgang mit dichterischen Texten allein die Frage, inwieweit der Autor Lebensfragen in der Vermittlung mit gesellschaftlichen Problemen dargestellt habe. Nach Meinung der RRD sei jeder Autor, der nicht gesellschaftliche Verhältnisse und insbesondere den Klassenantagonismus thematisiere, negativ zu beurteilen, da er versuche, die realen Verhältnisse zu verschleiern oder resignativ vor ihnen kapituliert habe.
— Die Verfasser der RRD würden die Textbetrachtung dadurch reduzieren, daß sie vor allem die Frage an den Text stellen, ob der Autor einen Begriff von den Ursachen und der Entwicklung der gesellschaftlichen Verhältnisse habe und für die Unterdrückten Partei ergreife. Die RRD würden also sogar auch jeden Autor, der dieser Forderung nicht entspricht, schlechthin abqualifizieren, da von ihm eine brauchbare Handlungsanweisung nicht zu erwarten sei.

Mit diesen beiden Vorwürfen, das reduzierte Problem- und Wertbewußtsein der RRD betreffend, sind in der konservativen Kritik zumeist bestimmte allgemeine bildungspolitische Vorwürfe verbunden. Diese zielen darauf, daß der Schüler durch den Arbeitsbereich „Umgang mit Texten" — ebenso wie durch den sprachlichen Arbeitsbereich — allein gesellschaftspolitisch qualifiziert werde, während der personale, ethische und ästhetische Lebensbereich ausgeschlossen bleibe. Darüber hinaus sei die einseitig gesellschaftspolitische Orientierung der Schüler mit dogmatischen Prämissen belastet. Auch im Literaturunterricht werde ein marxistischer Gesellschaftsbegriff verabsolutiert, so daß die Schüler in letzter Konsequenz zum sozialrevolutionären Handeln erzogen werden.

(2) Der zweite fachspezifische Vorwurf gegen die RRD impliziert die Behauptung, der Arbeitsbereich „Umgang mit Texten" würde die spezifische Qualität des Ästhetischen ausblenden. Dies sei eine Folge der einseitig am Inhalt und der Ideologiekritik orientierten Betrachtungsweise von Texten und werde zudem im Konzept der RRD

Hessische Rahmenrichtlinien

„Und das ist das einzige Wort, das ihr groß schreiben müßt!"

Aus: Frankfurter Allgemeine, Nr. 132 (8. Juni 1973), S. 3.

selbst manifestiert. Der Schulelternbeirat des Ludwig Georg-Gymnasiums (Darmstadt) meint, die Verfasser der RRD sähen die Unterscheidung zwischen dichterischen und Gebrauchstexten als überflüssig an, wodurch eine „wesentliche Dimension des Sprachbereichs" verloren gehe.[23] Dichtungssprache als „Ausdruck schöpferischer Welterfahrung" gehöre aber zu den „tragenden Säulen einer Kultur". Aggressiver urteilt Golo Mann, der diese Behauptung in einem größeren Zusammenhang sieht: die Verfasser der RRD würden „Lyrik und Reklame vermischen", so wie jener „amerikanische Textilfabrikant, der Michelangelos David in seine Blue Jeans kleidet". Dieser Vorwurf, die Verfasser der RRD würden die ästhetische Dimension im Umgang mit Texten reduzieren und verkennen, leitet unmittelbar über zu dem dritten fachspezifischen Kritikpunkt an den RRD.

(3) Inkriminiert wird, daß durch die RRD der Umgang mit Dichtung eingeschränkt und abgeschafft werden soll. Der Vorwurf, die RRD wollten die Kulturgüter Hochsprache und Rechtschreibung abschaffen, wird hier auf der Ebene der Literatur wiederholt. Paul Stöcklein argwöhnt, die RRD seien daran interessiert, „uns die Leserei abzugewöhnen", Walther Killy beklagt, die „Austreibung" der Dichtkunst aus dem „hessischen Schultempel" und Golo Mann meint sarkastisch: „Die Literatur, versichert man uns, erhalte in den Richtlinien nur einen neuen Stellenwert. Den erhält sie: im Mülleimer." Dieser fachspezifische Vorwurf, den Günther Zehm auf die witzig denunziatorische Formel „Mickeymaus statt Goethes Faust" brachte (B 169), ist in der Öffentlichkeit am populärsten geworden und inspirierte auch Karikaturisten. E. H. Köhler von der FAZ nahm Golo Manns Formulierung „bildlich": seine Karikatur zeigt, wie im hessischen Klassenzimmer die Werke Goethes, Schillers und Kleists im Mülleimer liegen. Darüber hinaus schmückte der Karikaturist die Anregung Golo Manns noch ein wenig aus. Wie weiland am 10. Mai 1933 liegen die Bücher brennend im Mülleimer (s. S. 65).

Die konservative Kritik hat es zumeist bei den zuletzt genannten fachspezifischen Vorwürfen nicht bewenden lassen. Vielmehr schloß sie auch aus der angeblichen Abschaffung des Ästhetischen und des Umgangs mit Dichtung auf allgemeine bildungspolitische Ziele der Verfasser der RRD und deren Konsequenzen. Negativ wird vermerkt:

— Das antiästhetische und antiliterarische Konzept der RRD führe „zur geistigen Verarmung, weil zum Verlust an Wissen und Erkenntnis"[24]. Die Schüler würden nichts mehr lernen, keine Erfahrung und kein Wissen erwerben, mit deren Hilfe sie sich orientieren und urteilen können.
— Die Abschaffung des Umgangs mit Dichtung hätte nicht allein den Verlust ästhetischer Geschmacks- und Urteilsbildung zur Folge, sondern würde dazu beitragen, daß die Schüler mehr denn je den Zwängen des gesellschaftlichen Lebens angepaßt werden. Sie verlören, wie eine Fachkonferenz es formuliert, die Fähigkeit zu

23 Schulelternbeirat des Ludwig Georg-Gymnasiums Darmstadt: Rahmenrichtlinien — Sek. I — Deutsch.
24 Schulelternbeirat des Goethe-Gymnasiums Bensheim a. d. Bergstraße: Resolution.

„normabweichenden Denken" und „konstruktiver Phantasie". Nach Auffassung der konservativen Kritik führt der neue hessische Literaturunterricht dazu, daß das oberste Lernziel der Emanzipation verfehlt wird. Statt die Schüler zu unabhängigen und ich-starken Persönlichkeiten auszubilden, erreichten die RRD das Gegenteil. Insbesondere beruft sich die konservative Kritik auf den Hessischen Bildungsplan-Entwurf für das Fach Deutsch von 1969, um zu zeigen, welche emanzipatorischen Möglichkeiten der Literaturunterricht bietet und welche Möglichkeiten die Verfasser der RRD ungenutzt lassen. In diesem Entwurf, der auch von Verfassern der neuen Rahmenrichtlinien formuliert wurde und einst keineswegs eine so einhellige Zustimmung der Konservativen fand, heißt es:

„Mit der Aufnahme der Literatur überschreitet der Mensch die Welt des zur unmittelbaren Lebenssicherung Notwendigen; insbesondere birgt die Beschäftigung mit Literatur emanzipatorische Möglichkeiten. Mit der Anleitung zu solcher Beschäftigung soll eine ästhetische Sensibilisierung erreicht werden, die zu gesteigerter Wahrnehmungs- und Imaginationskraft befähigt. Das Ausbleiben solcher Sensibilisierung führt nicht nur zur Verarmung der Phantasie, sondern bewirkt darüber hinaus eine indirekte Verstärkung aller auf Anpassung an bestehende gesellschaftlich-kulturelle Verhältnisse drängenden Faktoren. Diese Gedanken legen den Schluß nahe, dem Literaturunterricht weiterhin einen bedeutenden Platz in der Schule zu erhalten."[25] (Dok. 15, 19)

Am konsequentesten hat Golo Mann aus dem fachspezifischen Vorwurf, die RRD würden den Umgang mit Dichtung abschaffen, den allgemeinen bildungspolitischen Vorwurf abgeleitet, die RRD hätten zur Folge, daß die Schüler an die bestehenden Verhältnisse angepaßt würden. Die Verfasser der RRD, schreibt Golo Mann, wüßten nicht, „daß sie selber in die unmenschliche Landschaft gehören, gegen die sie protestieren; in die kahle, geheimnisvolle, tote Landschaft unserer Satellitenstädte, unserer ohne jede Rücksicht auf Schönheit und Freude möglichst billig, möglichst hoch gebauten Wohnblöcke". Vergleicht man diesen Vorwurf mit den allgemeinen Folgerungen, welche die konservative Kritik aus der angeblich vulgärmarxistischen Literaturbetrachtung der RRD zog, so zeigt sich ein äußerlicher Widerspruch, der teils innerhalb ein und derselben Entgegnung anzutreffen ist, teils zwischen verschiedenen konservativen Kritikern besteht. Wie oben dargelegt wurde, beklagt die Mehrzahl der Kritiker, daß die Schüler durch die Art und Weise der Literaturbetrachtung allein gesellschaftskritisch ausgebildet würden. Im Zusammenhang mit dem nunmehr erörterten Vorwurf, die RRD würden die Dichtung aus dem Unterricht verbannen, inkriminiert man hingegen gerade die dadurch hervorgerufene Anpassung der Schüler an die bestehenden Verhältnisse. Sicherlich wird die konservative Kritik einwenden, daß es sich hier nicht um einen echten Widerspruch handele, und betonen, sie lehne lediglich eine „marxistisch indoktrinierte" Gesellschaftskritik ab und fordere demgegenüber eine im Umgang mit der literarischen Tradition gewonnene gesellschaftskritische Qualifikation. Es wird jedoch zu prüfen sein, ob der Vorwurf einer marxistischen Indoktrination eine Unterstellung ist, die dazu dienen soll, erste Ansätze zu einer gesellschaftskritischen Orientierung abzublocken, und in welchem Maße der eigene Anspruch, mit Hilfe des Umgangs mit Dichtung emanzipatorisch zu wirken, unerfüllt bleibt. Dabei

25 Bildungsplan für das Fach Deutsch an den Gymnasien des Landes Hessen, 1969, S. 5 f.

wird sich ergeben, daß der äußere Widerspruch zwischen der Ablehnung der Gesellschaftskritik einerseits und der Forderung nach ihr andererseits sich dahingehend konkretisiert, daß die konservative Kritik sich zwar gegen Ansätze einer fundierten Gesellschaftskritik wehrt, andererseits aber nicht auf den Schein emanzipatorischer Zielsetzungen verzichten möchte.

Der Vorwurf, die Schüler würden durch die Abschaffung des Umgangs mit Dichtung an die bestehenden Verhältnisse angepaßt, ist jedoch nicht von allen konservativen Kritikern geteilt worden. Günther Zehm z. B. schließt von der angeblichen Reduktion des Literaturunterrichts auf das Gegenteil. Die Folge sei der „erfolgreiche gymnasiale Oberstufenabsolvent, der Soziologiestudent und ASTA-Vorsitzende in spe, der den ‚Herrschenden' bei zahllosen Sit-ins und sonstigen emanzipativen Aktionen die Hölle heiß macht". (B 169) Er versucht also aus dem fachspezifischen Vorwurf, die RRD würden den Umgang mit Dichtung abschaffen, dieselben allgemeinen Konsequenzen zu ziehen, welche andere Kritiker mit der angeblich vulgärmarxistischen Literaturbetrachtung verbinden: die Erziehung zu oppositionellem Handeln. Daß hier jedoch aus ein und demselben fachspezifischen Vorwurf entgegengesetzte Schlußfolgerungen gezogen werden, wurde von der konservativen Kritik nirgends bemerkt. Vielleicht treten diese Widersprüche aber von ihrem Standpunkt aus weniger in Erscheinung, da alle Vorwürfe in der Tendenz übereinstimmen: der Diskreditierung der RRD.

6.3 Kritische Prüfung der Vorwürfe der Konservativen

Vergleicht man die fachspezifischen Vorwürfe der konservativen Kritik gegen die RRD mit dem Wortlaut und der Intention der RRD, so bieten sich im einzelnen aufschlußreiche Belege für Mißverständnisse, um nicht zu sagen, Unterstellungen.

Z. B. wirft der Hessische Philologenverband den Verfassern der RRD vor, sie würden ihre Reformforderungen mit einem „Zerrbild des Bestehenden" begründen:

„In den RRD wird behauptet, im gegenwärtigen Deutschunterricht würden ‚spezielle literarische Kenntnisse' gefordert, werde den Schülern ein ‚nationaler Kanon wertvoller Dichtung' aufgezwungen . . . " Man sollte meinen, die Liebe des Verbandes zum Wort schließe auch die Liebe zum Wortlaut mit ein.

Wie wenig das jedoch der Fall ist, zeigt sich, wenn man den Text der RRD heranzieht, auf den der Philologen-Verband bezug nimmt:

„Wenn man davon ausgeht, daß der Deutschunterricht nicht dem Erwerb spezieller literarischer Kenntnisse oder der Einführung in einen nationalen Kanon wertvoller Dichtung dienen soll, dann geht es in diesem Arbeitsbereich darum . . . " (RRD, 46). Nicht die RRD, sondern der Philologenverband stellt ein „Zerrbild des Bestehenden" her, da in den RRD nicht davon die Rede ist, daß der gegenwärtige Deutschunterricht etwas fordert oder gar aufzwingt.

Es wird zu prüfen sein, inwieweit die drei oben genannten fachspezifischen Vorwürfe sich stichhaltig auf die RRD beziehen lassen oder ob die Kritik ihrerseits mit einem „Zerrbild" der RRD argumentiert.

(1) Der Vorwurf, die Schüler würden einseitig in eine „literatursoziologische", „ideologiekritische" und „neomarxistische" Literaturbetrachtung eingeübt, steht insofern in einem Bezug zu den RRD, als diese bemüht sind, das bisher im Deutschunterricht weitgehend reduzierte Problembewußtsein auszuweiten und stärker als bisher die Beziehung zwischen Literatur und Gesellschaft zu thematisieren. Die konservative Kritik überzieht ihren Vorwurf jedoch, wenn sie von dieser Ausweitung des Problembewußtseins auf dessen Reduktion schließt.

- Vor allem kann keine Rede davon sein, die Verfasser der RRD beschränkten die Inhaltsanalyse von Texten allein auf das Problem der unmittelbaren gesellschaftlichen Vermittlung von Lebensbezügen und gewännen daraus allein ihre Wertkriterien. Statt einer dogmatischen Borniertheit des Problem- und Wertbewußtseins ist den Verfassern der RRD eher eine etwas hilflos enzyklopädische Ausweitung von Fragestellungen vorzuwerfen. Entwickeln sie doch weniger ein theoretisch durchstrukturiertes Konzept als vielmehr einen Problemkatalog von dreiundzwanzig Fragen, die mit den Schülern am Text erarbeitet werden können.
- Entsprechend ist es auch eine Verzerrung der Richtlinien, wenn Golo Mann satirisch zu verstehen gibt, im hessischen Deutschunterricht würden die Texte allein daraufhin analysiert, inwieweit in ihnen eine materialistisch fundierte Gesellschaftskritik enthalten ist.

Sicherlich gab es in der Literaturdidaktik Ansätze, die die Behandlung von Dichtung auf die Frage eingeschränkt wissen wollten, inwieweit der Dichter thematisch und gedanklich eine materialistische Gesellschaftskritik antizipiert oder rezipiert hat. Dieser Konzeption, die selbst in der DDR recht bald wieder aufgegeben wurde, liegt implizit eine Poetik zugrunde, derzufolge Marx' „Kapital" – in Hexametern – als Gipfel der Weltliteratur anzusehen wäre. Es fragt sich jedoch, was diese Konzeption mit den Hessischen RRD zu tun hat. Die Verfasser der RRD jedenfalls entwickeln Fragestellungen und unterwerfen den Umgang mit Texten nicht einem gesellschaftspolitischen Dogma.

Stattdessen wäre den Verfassern eher zum Vorwurf zu machen, daß sie die Wertproblematik im Umgang mit Texten nur in geringem Maße explizieren und dadurch Gefahr laufen, daß ihr Programm positivistisch verkürzt wird.

(2) Ebenso unbegründet wie der Vorwurf, die Verfasser der RRD nähmen eine vulgärmarxistische Reduktion im Umgang mit Texten vor, ist die Behauptung, sie wüßten nicht um die spezifischen Besonderheiten poetischer Texte und nivellierten die ästhetische Dimension.

Die Frage 3 des Problemkatalogs der RRD im Umgang mit Texten lautet z. B.:

„Wodurch unterscheidet sich der eine Text vom anderen? Was sind seine besonderen Strukturmerkmale?

Das bedeutet: Kategorien zur Beschreibung der Textstruktur und ihrer Eigenart erwerben (Beachtung der semantischen, syntaktischen und pragmatischen Ebene und deren Interdependenz).

Zum Beispiel: Welche Rolle spielen Metaphern (Attribute, Adjektive usw.) bei der Konstitution des Sinns, der Absicht, des Interesses eines Textes? . . ." (RRD, S. 47 f.)

Wiederum wird eine Tendenz zur Ausweitung des Problembewußtseins als Reduktion denunziert. Aus der Einbeziehung der Gebrauchsliteratur in den Unterricht und der systematisch gemeinten Aussage der RRD, die „Unterscheidung von fiktiven und nichtfiktiven Texten" könne nicht mehr grundlegend für ein Curriculum werden, das sich den Umgang mit Texten zum Ziel setzt, wird die Konsequenz gezogen, die Verfasser der RRD wüßten nicht mehr um Differenz zwischen beiden Textsorten. Wer also Obsthändler wird, kennt keinen Unterschied mehr zwischen Äpfeln und Birnen . . .

Nun läßt sich beweisen, daß gerade die hessischen RRD besser als frühere Lehrpläne dazu verhelfen, die sogenannte „Poetizität" eines Textes zu erfassen, weil sie vergleichend neben den poetischen Texten auch Gebrauchstexte behandelt wissen wollen. Im Gegensatz zu Golo Manns Vorwurf, Reklame und Lyrik würden miteinander vermischt, lernen die Schüler unter dieser Voraussetzung, welche Merkmale konstitutiv für poetische Texte sind. Gerade die RRD legen hier ein weites Feld ästhetischer Einsichten frei, statt es einzuschränken.

(3) Nicht stichhaltig ist schließlich auch der populäre Vorwurf, die RRD wollten den Umgang mit Dichtung abschaffen. Soweit sich dieser Vorwurf darauf stützt, die Abschaffung des Umgangs mit Dichtung sei eine Folge der vulgärmarxistischen Literaturbetrachtung, ist er nach den obigen Ausführungen hinfällig. Bleibt zu fragen, ob sich die konservative Kritik mit ihrer Behauptung auf den Text der RRD selbst stützen kann. Charakteristisch für die Beweisnot in diesem Punkt ist die Tatsache, daß Walther Killy ein Statement zitiert, das zwar der Abschaffung des Dichtungsunterrichts das Wort redet, jedoch nicht aus den RRD stammt oder von einem Kommissionsmitglied geäußert wurde. Killy erweckt jedoch, möglicherweise unbeabsichtigt, den Eindruck, der Autor, dessen Name er ungenannt läßt, würde in enger Verbindung mit den RRD stehen. Das ist nicht der Fall.[26]

Tatsächlich geht es den Verfassern der RRD — wie schon angedeutet — nicht um eine Verkürzung, sondern um eine Ausweitung des Gegenstandsbereiches des Deutschunterrichts. Sie wollen die Beschäftigung mit Texten nicht auf Dichtung im engeren Sinne begrenzt wissen, sondern sehen jeden Text — auch im Medium von Radio, Film und Fernsehen — als potentiellen Gegenstand des Unterrichts an. Dahinter steht die Überlegung, die Schüler der Sekundarstufe I müßten die Kompetenz erlangen, grundsätzlich mit jedem Text umgehen zu können, mit dem sie konfrontiert sind (RRD, S. 47). Vor allem wollen die RRD ausschließen, daß der Schüler die Mündigkeit gegenüber poetischen Texten mit der Unmündigkeit im täglichen Erfahrungsbereich erkauft.

Was hier als Ausverkauf der Dichtung mißverstanden und angeprangert wird, ist zudem eine Tendenz zur Ausweitung des Textbegriffs, wie sie sich in der fachwissenschaftlichen und -didaktischen Diskussion seit langem abzeichnet.[27] Im übrigen haben die Verfasser der RRD ausdrücklich betont, daß von der Hinwendung zu einer allge-

---

26 Das Zitat ist entnommen aus: Bestandsaufnahme Deutschunterricht. Ein Fach in der Krise. Hrsg. von H. Ide, Stuttgart 1970, S. 183.
27 Vgl. H. Belke: Literarische Gebrauchsformen, Düsseldorf 1973, S. 11 ff.

mein Text- und Kommunikationswissenschaft nicht auf die Abschaffung der Dichtung im Unterricht geschlossen werden kann: „Das bedeutet nicht Ausschluß von Literatur, sondern eine Neubestimmung ihres Stellenwertes." (RRD, S. 46) Kritiker, die den RRD keineswegs wohlwollend gegenüberstehen, haben denn auch diese Aussage respektiert. (Dok. 25) Darüber hinaus wies J. J. Müller in seiner Entgegnung auf W. Killy in der ZEIT daraufhin, daß die RRD in Unterrichtsbeispielen dichterische Texte verwenden und die „Beschäftigung mit Gattungsproblemen, Metaphorik und Mythologie" vorschlagen. (B 152) Killys Vorwurf, die Rahmenrichtlinien wollten die Dichtkunst aus dem hessischen Schultempel vertreiben, finde „im hessischen Text keinen Rückhalt".

Zudem wenden sich die Verfasser der RRD selbst gegen die Behauptung, sie lehrten lediglich „Mickeymaus statt Goethes Faust". Im SPIEGEL erklärt Hubert Ivo, Mitglied der Kommission, man halte die Beschäftigung mit den klassischen Bildungsgütern schon aus historischen Gründen für unbedingt erforderlich: „Niemand kann von uns verlangen, daß wir etwas, woran wir selber gelernt haben, so einfach über Bord werfen."

Es zeichnet sich somit das Ergebnis ab, daß die drei fachspezifischen Vorwürfe der konservativen Kritik gegen den Arbeitsbereich „Umgang mit Texten" der RRD-Verabsolutierung einer vulgärmarxistischen Literaturbetrachtung; Nivellierung der

Aus: FNP vom 30. März 1973

ästhetischen Dimension; Vertreibung der Dichtung aus dem Unterricht — sowie die aus den fachspezifischen Vorwürfen widersprüchlich abgeleiteten allgemeinen bildungspolitischen Konsequenzen — Erziehung zum Klassenkampf und zugleich Anpassung an die bestehenden Zwänge — nicht aufrecht zu halten sind, da sie den RRD eine literaturdidaktische und gesellschaftspolitische Konzeption unterstellen, die weder dem Wortlaut und der Intention des Textes der RRD noch der erklärten Absicht seiner Verfasser entspricht.

6.4 Analyse und Kritik der kontroversen literaturdidaktischen Positionen

Weshalb engagiert sich die konservative Kritik so sehr in der Auseinandersetzung um den Arbeitsbereich „Umgang mit Texten" der RRD? Einige Hinweise lassen sich finden, wenn man untersucht, welche eigene literaturdidaktische und gesellschaftspolitische Position die konservative Kritik vertritt und wie sich diese vom Konzept der RRD unterscheidet.

(1) Betrachtet man zunächst die allgemeinen Bildungsziele der konservativen Kritiker, so finden sich neben dezidiert konservativen Zielen auch solche angegeben, die gemeinhin als liberal-fortschrittlich gelten. Es zeichnete sich in der Darstellung der konservativen Kritik schon ab, daß einzelne Vertreter das Lernziel „Emanzipation" bejahen und gegen die RRD verteidigt wissen wollen. Die Schüler sollen zu normabweichendem Denken und konstruktiver Phantasie erzogen werden; unabhängige, freie, ich-starke Schüler sollen die Schule verlassen.

Es wäre falsch, diese allgemeinen Zielsetzungen von vornherein abzutun. Erstens war von diesen Qualifikationsmerkmalen in früheren Richtlinien nicht immer die Rede, vor allem nicht in Hinblick auf alle Schüler der jetzigen Sekundarstufe I, die außer den Gymnasiasten die Volks- und Mittelschüler mit einschließt. Zweitens wohnt diesen Zielsetzungen ein nicht geringer gesellschaftskritischer Gehalt inne, sofern man sie beim Wort nimmt und damit konfrontiert, daß in der Gesellschaft der BRD zwanzig Prozent der Volksschüler bisher ohne Abschluß bleibt. Diese treten kaum als „mündige Bürger" ins Berufsleben ein, sondern dienen der Industrie als billige Hilfskräfte. Zu prüfen bleibt aber, was die konservativen Kritiker konkret unter dem Lernziel Emanzipation verstehen. Hier fällt die Antwort negativ aus. Wo das Lernziel andeutungsweise bestimmteren Inhalt gewinnt, erhält es seine kritische Dimension allein gegenüber dem angeblichen Herrschaftsinteresse der „linken Reformideologen". Die gesellschaftspolitischen Zwänge bleiben ausgeblendet, wodurch der Begriff Emanzipation lediglich polemische Funktion in einer bildungspolitischen Auseinandersetzung erhält. Man gibt vor, für die Ausbildung zu freien und kritischen Schülern zu sein, denunziert mit diesem Ziel aber lediglich diejenigen, die diesen Anspruch ansatzweise mit der gesellschaftlichen Realität vermitteln wollen.

In aller Deutlichkeit stellt sich die konservative Position dar, wenn man die Frage stellt, wie denn das Bildungsziel Emanzipation praktisch durch den so favorisierten Umgang mit Dichtung verwirklicht werden soll. Hier reduziert sich das Konzept, wenn es nicht völlig abstrakt bleibt, häufig auf die Forderung, daß der Schüler die Dichtung kennen und lieben lernen soll, um im Umgang mit ihr ästhetische, personale und ethische Erfahrungen zu sammeln. Derjenige, der diese Position am deutlichsten und mit der größten Publizität vertreten hat, ist wiederum Golo Mann:

> „Man zeige den Schülern die Quelle; trinken müssen sie selber. Noch erinnere ich mich des ersten langen Gedichtes von Ernst und Zauber, das ich, elfjährig, in einer Münchener Schulklasse vorzutragen hatte: Lenaus ‚Postillion'. Damit fing es an. Später brauchte ich die Lehrer nicht mehr sehr dringend und fand, was mir gut tat, auf eigene Faust. Das Schlechte durchschaut man. Ein Gedicht von Paul Heyse – ‚Über ein Stündlein', ‚Dulde, gedulde dich fein' . . . – war in seiner süßlich beschwichtigenden Art schon dem Zehnjährigen widerlich. Dazu bedarf es gar keiner langjährigen kritischen Übungen, das kann jeder halbwegs intelligente Junge von alleine."

Man steht dieser Reminiszenz einigermaßen verblüfft gegenüber, insbesondere angesichts der Tatsache, daß die RRD für die Schüler der 4. bis 10. Klasse bestimmt sind, unabhängig davon, ob die Schüler als Arbeiter ins Berufsleben eintreten oder bis zum Abitur auf der Schule bleiben; eben deshalb ist man verblüfft, weil hier ein Reich „(literarisch) geschützter Innerlichkeit" vergegenwärtigt wird, ohne daß der Autor bemerkt oder bemerken will, daß eben dieses Ideal in der Praxis des Deutschunterrichts entschieden politische und repressive Funktion gehabt hat. Hatte der Literaturunterricht bis 1945 seine massiv-politische Funktion niemals verleugnet, da selbst die Lehrpläne der Weimarer Zeit darauf zielten, daß der Schüler lerne, deutsch zu fühlen, deutsch zu denken, deutsch zu wollen, so erinnert sich Golo Mann nur seiner harmlos ästhetischen Funktion. Und indem er dieser Erinnerung eine gewisse normative Geltung zuschreibt, läßt er unberücksichtigt, welche repressive Wirkung dieses Ideal in der Schulpraxis hatte und noch hat. Erstens bleibt auf diese Weise für die Mehrzahl der Schüler, die die Sekundarstufe verläßt, um Lehrling oder Hilfsarbeiter zu werden, die gesellschaftliche Realität im Umgang mit Texten ausgeblendet. Zum anderen wird gerade diese Konzeption des Deutschunterrichts, die an den Voraussetzungen und Idealen des Bildungsbürgertums des 19. Jahrhunderts orientiert ist, zur Ursache schulischen Scheiterns. Nichts ist vielleicht erstaunlicher an Golo Manns Schilderung, als daß er mit keiner Silbe erwähnt, inwieweit sein Elternhaus und seine Umgebung dazu beigetragen haben, ihm literarische Anregungen zu vermitteln. Und wie ist es zu deuten, daß Golo Mann verallgemeinernd vom „halbwegs intelligenten Jungen spricht", wo in der BRD nur ein Zehntel der Bevölkerung täglich Bücher liest und die wenigsten Kinder literarische Impulse erhalten?[28]

Die konservative Kritik hat zwei Gesichter. Einerseits stößt man auf eine fast naiv anmutende Reproduktion der Ideale des Bildungsbürgertums früherer Epochen, wobei diese Ideale objektiv ihre fortschrittliche Funktion längst eingebüßt haben und faktisch repressiv geworden sind.[29] Dennoch könnte man, wenn die konservative Kritik ihre ei-

28 Buch und Leser in Deutschland. Eine Untersuchung des DIVO-Instituts Frankfurt/M. Bearbeitet v. M.-R. Girardi u. a., Gütersloh 1965. S. 17, 42 f.
29 M. Baethge: Ausbildung und Herrschaft, Frankfurt/M. o. J., S. 91 ff.

genen Werte formuliert, geneigt sein, ihnen ihre subjektiv-gute Intention nicht abzusprechen und sogar die utopischen Elemente hervorzuheben. Andererseits aber sieht man sich mit der Tatsache konfrontiert, daß eben diese Kritik aufs heftigste reagiert, wenn ansatzweise der Reformversuch unternommen wird, das Lernziel der Emanzipation in Hinblick auf die gegenwärtigen gesellschaftlichen Verhältnisse zu reflektieren und didaktisch umzusetzen. Unter diesem Aspekt verliert die konservative Kritik ihren idealistischen Schein und zeigt sich als Helfershelfer derjenigen wirtschaftlichen und gesellschaftlichen Gruppen, die an einer Verschleierung der bestehenden Verhältnisse interessiert sind.

(2) Während die konservative Kritik für sich in Anspruch nimmt, das Lernziel Emanzipation vor dem repressiven Zugriff der Verfasser der RRD zu retten, scheint der Sachverhalt in Wirklichkeit der zu sein, daß erst die RRD ernstlich versuchen, Ansätze zu einem emanzipatorischen Literaturunterricht zu entwickeln. Entsprechend stößt die konservative Polemik gegen den Arbeitsbereich „Umgang mit Texten" bei der Gruppe der reformorientierten Fachwissenschaftler auf Widerspruch. (Dok. 27, 28) Diese heben insbesondere zwei Aspekte der neuen Konzeption der RRD positiv hervor, die geeignet sind, den Begriff Emanzipation mit gesellschaftskritischem Gehalt zu füllen. Es sind die beiden Aspekte, die sich oben in der Kritik an der konservativen Polemik gegen die RRD positiv abzeichneten:

— Erstens die Erweiterung des Problembewußtseins in Hinblick auf die Textinterpretation. Diese soll nicht auf die Reproduktion formaler, sprachlicher und inhaltlicher Merkmale des Textes reduziert, sondern dahingehend entfaltet werden, daß die Intentionalität eines Textes im Kontext seiner historischen Entstehungs- und Wirkungsbedingungen erfaßt wird.
— Zweitens die Erweiterung des Gegenstandsbereichs, der nunmehr auch offiziell nicht auf poetische Texte beschränkt sein soll, sondern Gebrauchstexte der verschiedensten Art mit einschließt, und zwar auch im Medium von Funk, Film und Fernsehen.

Im Gegensatz zu den konservativen Kritikern denunziert die reformorientierte Gruppe diese Ansätze nicht als vulgärmarxistische Textinterpretation und Ausverkauf der Dichtung im Unterricht, sondern sieht in ihnen die Möglichkeit angelegt, repressive Konsequenzen abzubauen, die mit dem am Bildungsbürgertum orientierten Deutschunterricht verbunden waren und sind.

Die Position der reformorientierten Gruppe enthält jedoch auch kritische Vorbehalte gegenüber den RRD. Niemand fordert aber, daß hinter die Position der RRD zurückgegangen werden soll, wie es die konservative Kritik will. Stattdessen plädiert diese Fraktion für eine Weiterentwicklung und Konkretisierung der RRD.

Versucht man, die Zielrichtung näher zu bestimmen, auf die hin sich die solidarische Kritik bewegt, so ergeben sich folgende Punkte:

— So wichtig eine Ausweitung des Problembewußtseins ist, so sehr ist zu fordern, daß dieses theoretisch schärfer strukturiert wird. Der umfangreiche Fragenkatalog der RRD liefert zwar Anregungen, ersetzt aber kein historisch-kritisches Konzept im Umgang mit Texten.

— Ähnliches gilt für die Ausweitung des Gegenstandsbereichs. Sie ist nur dann fruchtbar, wenn zugleich Überlegungen darüber angestellt werden, wie der Gegenstandsbereich zu gliedern und zu konkretisieren ist. Insbesondere bedarf der Anteil und die Funktion der verschiedenen Textsorten eingehender Reflexion.

Nach Auffassung der solidarischen Kritiker muß also die Frage, welche Texte unter welcher Fragestellung gelesen werden sollen, damit das Lernziel Emanzipation realisiert werden kann, geklärt werden. Unter den zahlreichen Problemen, die hier der Lösung bedürfen, sei eins besonders hervorgehoben. Die Ausweitung des Problembewußtseins und Gegenstandsbereichs im Deutschunterricht hat letztlich zur Konsequenz, daß der Literaturunterricht sich mit dem Phänomen des gesamten kulturellen Überbaus konfrontiert sieht. Indem aber die RRD lediglich ein Konzept dazu entwickeln, welche Fragen am einzelnen Text aufgeworfen werden können, vernachlässigen sie das Problem, wie denn die Schüler die Kompetenz erwerben, die verschiedenen Texte auch inhaltlich erfassen und kritisch beurteilen zu können. Erfordert doch die Interpretation eines juristischen Textes auch gewisse juristische Vorkenntnisse. Dieses Problem hat auch das Gutachten des Wissenschaftsrates zur Ausbildung im Fach Germanistik — das übrigens auch die Ausweitung des Gegenstandsbereichs im Literaturunterricht bejaht — nicht recht lösen können:

„Der Umstand jedoch, daß mit sprachlichen und literarischen Texten immer auch ‚Realien' vermittelt werden, setzt eine Philologie der Grundsprache stets der Gefahr aus, auch für die Erforschung, Bestimmung und Systematisierung aller möglichen in ihren Texten vorkommenden Realien als zuständig angesehen zu werden."[30]

Dieser Gefahr gilt es jedoch nicht auszuweichen. Andernfalls hat die Konzeption der RRD zur Folge, daß sich die Erfassung der verschiedenen Textsorten auf allgemeine texttypologische Feststellungen beschränkt und die Auseinandersetzung mit den Inhalten dem zufälligen und methodisch nicht erarbeiteten Vorwissen der Schüler überlassen bleibt. Dieses Problem scheint jedoch nur dann lösbar zu sein, wenn sich die Literaturdidaktik ihrer Hinwendung zu einer Didaktik des kulturellen Überbaus mit allen ihren Konsequenzen bewußt wird und damit klar zu einer fachübergreifenden Kooperation auffordert. Eine solche Kooperation hätte dann zugleich zur Folge, daß sich der Deutschunterricht nicht als Ersatz einer Überbauwissenschaft versteht, sondern sich speziell auch dem Problem zuwendet, welchen besonderen Stellenwert die Beschäftigung mit der Dichtung und ihrer Geschichte in einem kooperativen Gesamtkonzept besitzt. Zu reflektieren wäre insbesondere in Hinblick auf eine Kooperation mit dem Fach Gesellschaftslehre, welche Qualität und Relevanz poetische Texte für die Beschäftigung mit dem kulturellen Überbau und seiner Geschichte haben.

Es war einleitend auf das Phänomen verwiesen worden, daß der Arbeitsbereich

---

30 Wissenschaftsrat, Empfehlungen zur Struktur und zum Ausbau des Bildungswesens im Hochschulbereich nach 1970. Bonn 1970, Bd. 2, S. 110.

„Umgang mit Texten" in der Kontroverse um die RRD auf der Ebene der politischen Parteien keine Rolle gespielt hat. Zwei Möglichkeiten bieten sich zur Erklärung an. Vielleicht ist es den Verfassern der RRD in diesem Arbeitsbereich nicht gelungen, die Beziehung zwischen fachspezifischer Reform und gesellschaftspolitischen Zielsetzungen so klar herauszustellen, daß die konservativen Politiker auch in diesem Bereich aufgeschreckt worden wären. Vielleicht aber ist den konservativen Politikern der Bereich „Umgang mit Literatur" — einst Mittelpunkt bürgerlichen Selbstverständnisses — längst gleichgültiger geworden als es ihre akademischen Anhänger glauben mögen. Umso wichtiger erscheint es uns, daß der Arbeitsbereich „Umgang mit Texten" so weiterentwickelt wird, daß die gesellschaftspolitische Funktion dieses Bereichs stärker konkretisiert und auch die spezifische Bedeutung der Literaturgeschichte näher bestimmt wird.

7. Kritische Analyse der bildungspolitischen Positionen in der RRD-Kontroverse

Aus der Diskussion um die hessischen RRD, aus den Argumenten der Initiatoren und Verteidiger wie aus den Angriffen der Gegner, werden Positionen deutlich, die mehr bedeuten als nur die Stellungnahme zu den RRD bzw. die Haltung in einem ganz speziellen Konflikt auf dem Gebiet der Bildungspolitik, Positionen nämlich, die grundsätzlich verschiedene Einschätzungen der Möglichkeit und Notwendigkeit von Bildungsreform und Bildungspolitik überhaupt darstellen. Einerseits ergibt sich diese Möglichkeit der Verallgemeinerung, weil spezielle Lernziele, abgelehnt oder gefordert, mit allgemeinen Lernzielen vermittelt sind, die sich als pauschale Bildungsziele gerieren, andererseits werden Forderungen erhoben bzw. fundamentale Desiderate moniert, die ganz allgemein gesellschaftliche Werte oder Normen darstellen. So wie z. B. die eine Seite den Abbau des Normencharakters der Hochsprache anstrebt, um Chancengleichheit zu ermöglichen, fordert die andere die konsequente Vermittlung von Hochsprache, um ihrer Meinung nach gesellschaftliche Deklassierung zu verhindern, d. h. beide stellen das jeweilige spezielle Lernziel in Bezug zu einer gesellschaftspolitischen Forderung, die den schulischen Bereich transzendiert. Neben diesen fachspezifischen bzw. mit solchen vermittelten Forderungen werden im Verlauf der Kontroverse aber auch immer wieder weiterreichende gesellschaftspolitische Vorstellungen entwickelt, die gewissermaßen die Folie abgeben, vor der die jeweils allgemeinen Lernziele zu sehen sind. Das Postulat der Verhinderung von kultureller Deklassierung, das vorgibt, die Forderung nach Chancengleichheit zu meinen, gewinnt vor dem Hintergrund einer harmonistischen Gesellschaftsvorstellung erst seine volle Bedeutung: es wird deutlich, daß Verhinderung von Deklassierung die Beibehaltung des gegenwärtigen Zustandes meint, der als harmonischer verklärt wird.

Diese wenigen Hinweise genügen, um deutlich zu sehen, daß die Argumente, die im Zusammenhang der Kontroverse um die hessischen RRD vorgebracht werden, einen größeren Grad von Allgemeinheit haben und daß sie Schlüsse auf ganz bestimmte politische und speziell bildungspolitische Positionen zulassen. Die Vermitteltheit dieser bildungspolitischen Standpunkte mit den gesellschaftlichen Interessen derer, die sie vertreten, soll abschließend ansatzweise herausgearbeitet werden; es geht darum, die Standpunkte als sozioökonomisch determinierte zu beschreiben. Die Positionen, die sich aus der Analyse der Dokumente ergeben und die zu untersuchen sind, können kurz umrissen werden als

1. die radikale Ablehnung der Konservativen,
2. die Vorschläge der Reformer und der solidarischen Kritiker und
3. die Vorbehalte der sozialistisch-marxistischen Kritiker.

7.1 Die radikale Ablehnung der Konservativen

Aus den Stellungnahmen der Konservativen zu den RRD lassen sich gesellschaftspolitische Postulate sowie allgemeine und spezielle Lernziele ableiten, die das konservative Gegenmodell eines Deutschunterrichts zu dem der RRD bzw. die Umrisse eines eigenen bildungspolitischen Konzepts erkennen lassen, daß wir kurz rekapitulieren wollen:

— Aus der Ablehnung des gesellschaftlichen Konfliktmodells der RRD wird die Vorstellung einer harmonischen Gesellschaft entwickelt; Humanität und Toleranz sind die Grundlagen, auf denen sie beruht. Sie wird als Demokratie apostrophiert, in der Entscheidungsprozesse rational ablaufen, in der Gemeinschaftsbindung garantiert werden kann, da der Standort des Einzelnen gleichsam nach dem „goldenen Schnitt" harmonisch festgelegt ist.
— Aus der Angst vor der „Abschaffung" der Hochsprache und Einführung der gemäßigten Kleinschreibung ergibt sich die Verteidigung der Hochsprache und der traditionellen Rechtschreibregeln, deren Vermittlung die gesellschaftliche Gleichberechtigung garantieren sollen.
— Aus dem Protest gegen die „Abschaffung" der Literatur entsteht die Forderung nach der Lektüre von schöner Literatur, um innere Werte, die die Persönlichkeitsbildung ermöglichen, zu garantieren.

Sieht man diese Forderungen im Zusammenhang der gesellschaftlichen Situation, für die sie erhoben werden, so werden sie schnell als perspektivisch verengte oder vielmehr die gesellschaftliche Realität verschleiernde Postulate entlarvt, d. h. als Forderungen erkennbar, die eine ideologische Funktion haben.

Die Propagierung einer harmonistischen Gesellschaftsvorstellung — die CDU-Broschüre spricht sogar vom „herrschaftsfreien" Raum (Dok. 6) — will darüber hinwegtäuschen, daß die realen gesellschaftlichen Verhältnisse in der BRD Macht- und Herrschaftsverhältnisse sind, die auf der Existenz von Herrschenden und Beherrschten, Machthabenden und Machtlosen, Besitzenden und Besitzlosen, Privilegierten und Unterprivilegierten beruhen. Der Abgeordnete Sälzer (CDU) sagt in seiner Rede im hessischen Landtag ganz richtig:

Wenn man für Ungleichheiten in der Gesellschaft nur die Worte ‚privilegiert' oder ‚unterprivilegiert' kennt, dann muß z. B. der Kranke immer unterprivilegiert und der Arzt immer privilegiert genannt werden. Wenn man ungleiche Verhältnisse auf den einzigen Gegensatz ‚Ausbeuter' und ‚Ausgebeutete' bringt, dann wird der Lehrer zwangsläufig zum Ausbeuter und der Schüler zum Ausgebeuteten. Heißt das einzige Begriffspaar ‚Herrscher' und ‚Unterdrückter', dann werden Eltern immer zu Herrschenden und Kinder zu Unterdrückten. (Dok. 5)

Für Sälzer zeugen diese Begriffspaare jedoch von „Begriffsarmut ... Armut des Denkens, Armut der Wahrnehmung ... Armut des Verhaltens ..." Es wird verschwiegen, daß die Reproduktion der Gesellschaft so verläuft, daß viele arbeiten und ein paar wenige arbeiten lassen, daß es Besitzer von Produktionsmitteln gibt, die davon profitieren, daß die Arbeit mit diesen Produktionsmitteln von denen getan wird, die nur im Besitz ihrer eigenen Arbeitskraft sind und diese als Ware feilbieten müssen. D. h. aber, daß eine harmonische Gesellschaft vorgegaukelt wird, obwohl die Verhältnisse real durch Ungleichheit konstituiert sind und von vornherein Ungerechtigkeiten produzieren; Ungleichheit, weil ein Besitzender sich ökonomisch von einem Besitzlosen unterscheidet und sich aus dieser ökonomischen Ungleichheit eine alle sozialen Bereiche umfassende Ungleichheit ergibt, die Ungerechtigkeiten zur Folge hat.

Gemeinschaftsbindung heißt in dieser Gesellschaft nichts anderes, als daß der Einzelne seine Situation als gegeben ansieht, sich einordnet in die Masse derer, die die Schaukel des Lebens nach unten drücken, und die wenigen, die auf der Schaukel oben sitzen, eben oben sitzen läßt. Was vor diesem Hintergrund Toleranz und Humanität bedeuten, liegt auf der Hand: die eben beschriebene Ungleichheit soll toleriert, d. h. als gegeben hingenommen und als unveränderbar akzeptiert werden, und dem Menschen gilt nicht als Menschen schlechthin unser Einsatz sondern als Bevorzugtem oder Benachteiligtem. Damit wird aber Humanität zur inhumanen Menschlichkeit entstellt.

Da mit der Kritik an den RRD immer wieder der Vorwurf verbunden ist, sie stellten den Versuch dar, „auf kaltem Wege” die Gesamtschule einzuführen[31], ist es legitim, die Voraussetzungen des für CDU-Sprecher alternativen dreigliedrigen Schulsystems — im besten Falle der additiven Gesamtschule — zu hinterfragen. Kultusminister von Friedeburg zitiert in seiner Verteidigungsrede der RR dazu den Philosophen Weinstock[32]:

Dreierlei Menschen braucht die Maschine, den, der sie bedient und in Gang hält, den, der sie repariert und verbessert, schließlich den, der sie erfindet und konstruiert. Hieraus ergibt sich: Die richtige Ordnung der modernen Arbeitswelt gliedert sich in drei Hauptschichten: die große Masse der Ausführenden, die kleine Gruppe der Entwerfenden und dazwischen die Schicht, die unter den beiden anderen vermittelt. Das heißt: Die einen müssen anordnen und verordnen, die anderen müssen die Ordnungsgedanken ausführen. Aber damit das ordentlich geschieht, muß eine dritte Gruppe den Übergang von den Gedanken zur Tat, von der Theorie zur Praxis vermitteln. . . . Offenbar verlangt die Maschine eine dreigliedrige Schule: eine Bildungsstätte für die ausführenden, also zuverlässig antwortenden Arbeiter, ein Schulgebilde für die verantwortlichen Vermittler und endlich ein solches für die Frager, die sogenannten theoretisch Begabten. (Dok. 10)

Wie wird hier argumentiert? Ein Schulsystem, das offensichtlich die Privilegierung von Privilegierten unterstützt, wird in seinen Komponenten von den Funktionsweisen des Produktionsmittels Maschine abgeleitet, um Logik, Notwendigkeit und Rationalität jenes Systems vorzuspiegeln.[33] Wenn nun die Konservativen ein solches Schulsystem, dessen Rationalität sich als Zweckrationalität entlarvt, protegieren, dann zeigt sich daran deutlich, daß die von ihnen entgegen der von den RRD angeblich beabsichtigten „Erziehung zur Demagogie” geforderte Rationalität selbst demagogisch ist. Rationalität bedeutet dann Verschleierung gesellschaftlicher Realität.

Die Position der konservativen Kritiker kann jedoch noch differenzierter beschrieben werden, wenn man die fachspezifischen Überlegungen zum Sprach- und Litera-

---

31 „Marx statt Rechtschreibung”, S. 7; vgl. auch Dok. 5.
32 „Realer Humanismus”, 1955.
33 Vgl. auch bpi 3 (1972), S. 19.

turunterricht hinzunimmt. Da ist zuerst die Verteidigung der Hochsprache; sei es mit der Begründung, daß elaborierte Sprache differenzierteres Denken ermögliche oder daß sie als Wissenschaftssprache unabdingbar sei, sei es unter dem Vorwand, den Benachteiligten die Teilhabe an der bürgerlichen Kultur zu ermöglichen, in jedem Fall steckt hinter dem Ruf nach Hochsprache der Versuch derer, die eine Barriere verteidigen, die den eigenen privilegierten Freiraum abschirmen soll. Die eigene bürgerliche Norm soll beibehalten werden, auf die hin sich zu bilden, die Chance gegeben wird. Das heißt in der Praxis die Anhebung einiger weniger, die sich aus ihrer Herkunftsklasse herauslösen, an das bürgerliche Niveau. Konkret ist damit aber nicht eine Chance angeboten, sondern das eigene Bildungsprivileg verteidigt. Verteidigt aber wird es deshalb, weil mit diesem Privileg materielle verbunden sind, um deren Beseitigung man umsomehr fürchtet, wenn die erste Barriere fallen soll.

In diese Argumentation um die Hochsprache fügt sich das Problem Rechtschreibung ein. Die Vermittlung der traditionellen Rechtschreibregeln soll zum gleichberechtigten Umgang von „Sozialpartnern", d. h. von Benachteiligten und Bevorrechteten, beitragen. Unter dem Schein sozialer Hilfestellung und Gleichberechtigungsversprechen — den unteren Schichten muß sozialer Aufstieg ermöglicht werden, Kulturtechniken sind für alle da! — wird ähnlich wie in der Diskussion um die Hochsprache die eigene Norm für alle verbindlich gemacht. Da die Chance für die sozial und kulturell Benachteiligten, diese Norm zu erreichen, gering ist, ist zugleich das Privileg derer, die sich als Anwalt der Benachteiligten aufspielen, garantiert.

Auch die Forderung nach mehr Dichtung im Unterricht kann, obgleich sie als Mittel zur Persönlichkeitsbildung ausgegeben wird, nur als Verteidigung von Bildungsprivilegien interpretiert werden. (Die Propagierung eines autonomen Persönlichkeitsideals vor dem Hintergrund der oben beschriebenen realen Herrschaftsverhältnisse hat dabei eine wichtige Verschleierungsfunktion!) Deutlich wird das in der Verknüpfung von literarischer Bildung und Traditionsbewußtsein: Literaturunterricht soll dazu dienen, den Verlust an historischem Bewußtsein, an historischer Dimension des Denkens auszugleichen. Historisches Bewußtsein meint dabei das Bewußtsein vom organischen Werden und Wachsen gesellschaftlicher Formen und Strukturen. Die Geschichtsvorstellung der Konservativen reiht sich somit ein in die Tradition des 19. Jahrhunderts, die mit der romantischen bürgerlichen Reaktion auf die Französische Revolution ihren Anfang nahm. Hatte sich in Frankreich gezeigt, welche Ausnahme das Vertrauen in die Veränderbarkeit von gesellschaftlichen Gegebenheiten haben konnte, so galt es, demgegenüber die Vorstellung vom harmonischen, aus sich selbst entstehenden und in sich selbst ruhenden Entwicklungsgang der Geschichte hervorzuheben. Wenn sich die konservativen Kritiker der RRD in jene Geschichtstradition einordnen, bekunden sie ihr Interesse an Bewahrung der bestehenden gesellschaftlichen Verhältnisse, denn geschichtliche Bildung heißt dann Eingliederung in das „gewordene" Bestehende; da es sich organisch entwickelt hat und weiterentwickelt, ist ein Eingreifen in die Entwicklung völlig unmöglich. Anschaulich wird diese Interpretation in dem Beitrag von Günter Zehm, der in der „Welt" veröffentlicht wurde (B 169). Er polemisiert gegen Lernziele wie „Solidarität" und Aufdeckung der „Manipulation durch Massenmedien" und folgert für den Schüler, der einen solchen Unterricht durchlaufen hat:

Sicherlich ist ein solches Pflänzchen kesser, unbekümmerter, auch rücksichtsloser als einer, der mit Heinrich von Kleist und Wilhelm Raabe, vielleicht sogar mit Homer und Plutarch aufwuchs. Ob er deshalb auch auch ‚emanzipierter' und ‚mündiger' ist – darüber läßt sich durchaus streiten. Wir meinen zum Beispiel: Nein, er ist es nicht. Denn wahre Mündigkeit wächst nicht aus Ignoranz und der Beherrschung einiger manipulativer Sprachtechniken, sondern aus historischem Wissen und der Fähigkeit, Lehren daraus zu ziehen.

Hier hat historisches Wissen ganz offensichtlich die Funktion, Sozialintegration zu fördern und historisches Bewußtsein abzubauen.

Die ideologiekritische Analyse der konservativen Position hat deutlich die verschleiernde Funktion der einzelnen Forderungen gezeigt. Sie werden als das Interesse aller Bevölkerungsschichten, besonders aber als Förderungsmaßnahme für die Kinder der Benachteiligten deklariert, haben aber jeweils die Verteidigung von Bildungsprivilegien zum Ziel. Damit dieser Mechanismus nicht durchschaut wird, muß er gekoppelt sein an eine umfassende Verschleierungstaktik. Die realen gesellschaftlichen Verhältnisse werden so beschrieben, daß der Verdacht auf Ungerechtigkeit oder manifeste Benachteiligung gar nicht erst aufkommen kann, d. h. die Inhalte der propagierten Bildung selbst tragen zur Verdummung und zum Bildungsausschluß der unteren Schichten bei. Bildungspolitik ist für die konservative Gruppe Propagierung einer Bildung, die eigene Bildungsprivilegien und Unbildung für die Unterprivilegierten perpetuiert. Das bedeutet für die einen Sicherung von Privilegien – nicht nur im Bereich der Bildung, sondern generell –, was Sicherung von Herrschaft impliziert. Für die anderen bringt diese Politik Repression und Verfestigung ihrer ausbeutbaren Situation. Getragen wird diese Politik sowohl vom Kapital als auch vom Bildungsbürgertum und deren politischer Interessenvertretung. Sie vertrauen darauf, daß Herrschaftssicherung nur durch zielstrebige Bewahrung von Privilegien und Unterdrückung der unterprivilegierten Schichten zu erreichen ist. Von der Möglichkeit, durch kleine Zugeständnisse und gewisse Erleichterungen das Unterdrücktsein erträglicher und damit dauerhafter zu gestalten, scheinen sie nur bis zu einem gewissen Grad Gebrauch machen zu wollen. Begründet ist diese Haltung wohl durch die Befürchtung, daß eine wesentlich arbeiterfreundlichere Bildungspolitik, Aufklärungs- und Emanzipationsprozesse in Gang setzen könnte, die die Sicherheit dieser herrschenden Klasse beeinträchtigen.

Ist die Verteidigung einer so beschriebenen Bildungspolitik durch Kapitalvertreter – geht es doch eindeutig um Sicherung von Macht und Vorrecht – erklärbar, so bedarf die Unterstützung durch bildungsbürgerliche Kreise und konservative Wissenschaftler noch einer genaueren Beschreibung. Die Kooperation zeigt sich auf verschiedenen Ebenen und wird mit unterschiedlichen subjektiven Intentionen betrieben. Die Stellungnahmen reichen von der direkten Verteidigung der konservativen Position, die gesellschaftspolitische Forderungen stellt, über die Propagierung von Idealen wie Humanität, Harmonie und Toleranz bis hin zu den Beiträgen, die die RRD mit fachlich-inhaltlichen Argumenten ablehnen. Die erste Gruppe stellt sich offen hinter die Vertreter von Kapitalinteressen, da ihre eigene privilegierte Position von ihnen am besten garantiert wird. Ähnlich ist auch die letzte Gruppe einzuschätzen, die lediglich weniger offen, sondern vielmehr unter dem Deckmantel der fachspezifischen Argumentation in die Diskussion eingreift, bzw. ihre Wissenschaft in den Dienst der materiell Privilegierten stellt. Ob man den Verfechtern überkommener Ideale bewußte oder unbewußte Unterstützung des konservativen Lagers nachsagen soll, ändert nichts an dem objektiven Sachverhalt, daß sie es tun. Auch wenn sie gutgläubig, gewissermaßen als personifizierte Anachronismen, den bürgerlichen Idealen des 18. Jahrhunderts nachhängen, tragen sie durch den Versuch des bruchlosen Herüberrettens zur Verfälschung der ursprünglichen Inhalte und zur Umfunktionierung jener Ideale in der Gegenwart bei.

Konnte die Analyse bis jetzt relativ allgemein die Funktion des konservativen Konzepts von Bildungspolitik in der kapitalistischen Gesellschaft als verdeckte und offene Bewahrung von Privilegien und Sicherung von Herrschaft beschreiben, so soll abschließend eine genauere Einschätzung, die den Zeitpunkt der RRD-Kontroverse mitreflektiert, versucht werden.

Warum soll es nach den Vorstellungen der Konservativen zwar Gruppen in dieser Gesellschaft aber keine Konflikte zwischen ihnen geben, jedenfalls warum soll in der Schule darüber nicht geredet werden, stattdessen aber über Toleranz, Partnerschaft, Harmonie etc.? Warum wird an Solidarität appelliert und von realer Ungleichheit und systematischer Benachteiligung durch die schulische Selektion nicht gesprochen? Warum wird Toleranz gefordert und Intoleranz in höchstem Maße praktiziert, wie die Diffamierung der RRD nachdrücklich beweist?

Hält man sich vor Augen, worin die dominante Funktion des traditionellen Deutschunterrichts bestand, so kommt man einer Beantwortung dieser Fragen schon näher: Niemand kann heute mehr ernsthaft leugnen wollen, daß sie wesentlich darin bestand, zumindest seit wilhelminischer Zeit, im Bereich der Ideologieproduktion Herrschaftsinteressen wahrzunehmen, Untertanengeist zu züchten, Autoritätsgläubigkeit einzuimpfen oder doch wenigstens das Bewußtsein der Schüler für die Aufnahme autoritärer Ideologien vorzubereiten, sei es um nationalistische und chauvinistische, sei es um faschistische, oder, danach, um „unpolitische", aber nicht minder autoritär mißbrauchbare Untertanen heranzuziehen. Immer geschah dies im Zeichen der Harmonisierung und der Solidaritätsappelle: einmal sollte man keine Parteien, sondern nur noch Deutsche kennen, dann beschwor man die wahre völkische Gemeinschaft gegen das pluralistische System der Weimarer Republik und ging schließlich bruchlos zur Propagierung der nationalsozialistischen, rassegereinigten Volksgemeinschaft über. Nach dem Kollaps dieses organisierten Wahnsinns verteilte man in der BRD Herrschaft, Macht und Eigentum wie gehabt ungleich neu und harmonisierte im Zeichen der Aufbauappelle, des Kalten Krieges und des Antikommunismus mit Demokratie- und Gleichheitsversprechungen. Schließlich denn, als die Konsolidierungsphase des bundesrepublikanischen organisierten Kapitalismus abgeschlossen war, konnte man von Ludwig Erhard und seinem braintrust erfahren, wie solche Gleichheit und Harmonie gedacht waren. Etwa seit 1965 nannten sie Harmonie offenherzig „Formierung" und entwarfen „in Erwartung der autoritären Leistungsgesellschaft"[34] das Modell der „Formierten Gesellschaft", über dessen autoritären Charakter R. Opitz[35] ausgezeichnet informiert.

Und immer zog der Deutschunterricht formierend und harmonisierend mit, suchte

---

34 Negt, O., in: G. Schäfer/C. Nedelmann (Hrsg.), Der CDU-Staat, München 1967, S. 200–237.
35 Opitz, R., Der große Plan der CDU: „Die formierte Gesellschaft", in: Bll. f. dt. u. internat. Politik 1965, H. 9, S. 750 ff.

nach der Harmonie der göttlichen (Ungleichheits)-ordnung, nach dem Sinn des Opfers für die faschistische Volksgemeinschaft, nach der Harmonie des entfremdeten Individuums in einer undurchschaubar gewordenen Industriegesellschaft und schließlich und immer nach der harmonischen Übereinstimmung des Menschen schlechthin mit sich selbst und der Welt.

Angesichts der Diffamierung der RRD durch die konservative Allianz ihrer Gegner und deren harmonistischer Alternativen fällt es nicht schwer, die Affinität ihrer Erwartungen an den Deutschunterricht zum autoritären Charakter des traditionellen Deutschunterrichts und des von ihm verbreiteten ideologischen Gedankengutes zu erkennen. Ganz deutlich werden damit Anleihen bei pädagogischen Konzeptionen gemacht, deren „Flucht . . . in die Sphäre emotionsgeladener, gesellschaftsferner, konfliktgeschützter Innerlichkeit" sowie deren „inhaltliche Reduktion der Begriffe Gesellschaft, Subjekt, Klasse, Unternehmer und Arbeiter" auf Harmonisierungsbegriffe wie „Nation, lebendiger Mensch, Gemeinschaft und Volksgenosse" − Dreggers ‚Gruppen der Gesellschaft' und die ‚wertbestimmte Solidarität des Volkes' gehören auch hierher − sichere Indizien einer Ideologie sind, die „die Angst des mittelständischen Bürgertums vor den gesellschaftlichen Konflikten und politischen Krisen des anarchischen Kapitalismus" signalisiert.[36] Man darf sich andererseits jedoch durch diese Tradition, in der die Harmonisierungsvorstellungen der CDU und ihres Anhangs stehen, nicht den Blick für die Funktion verstellen lassen, die sie heute zu übernehmen haben, denn es ist eine nicht zu übersehende Charakteristik der konservativen Ablehnung des Konfliktmodells, daß die Ablehnungsargumente aus ideologischen Vorstellungen resultieren, die die Bedürfnisse historisch längst überholter Organisationsformen des Kapitalismus zu befriedigen hatten und daß in dieser Rückwärtsorientierung latente Momente der Dysfunktionalität und der Systemgefährdung gegenüber der gegenwärtigen Form des organisierten Kapitalismus enthalten sind.

Dieses erstaunliche Phänomen wäre einer umfassenderen Analyse wert, als sie hier geleistet werden kann. Doch scheint es so zu sein, daß mit zunehmender Verschärfung sozialer Spannungen und wachsendem Demokratieanspruch der Bevölkerung in allen gesellschaftlichen und wirtschaftlichen Bereichen die in der Prosperitätsphase des „Wirtschaftswunders" entwickelte und funktionierende „Ideologie der Ideologielosigkeit" es verhinderte, daß den Bedürfnissen des organisierten Spätkapitalismus in der Krise adäquate ideologische Herrschaftstechniken bereitstehen. In diesem Zusammenhang ist es interessant, daß gerade im Hinblick auf die sich in dieser Situation anbietenden Mechanismen „technokratischer Herrschaft" und deren Vorbereitung und Entwicklung durch technokratische Bildungsreformen die Sozialwissenschaften von einer „Lücke" im Entwicklungsprozeß der BRD sprechen. Doch obwohl auch hier in letzter Zeit wesentliche „Fortschritte" in der Reform des Bildungswesens sichtbar werden, bleiben gerade diese Möglichkeiten der Angleichung des Ausbildungssektors an die Bedürfnisse des Spätkapitalismus von der CDU und ihrem bildungsbürgerlichen Anhang unerwähnt. Das mag einmal damit zusammenhängen, daß diese technokratischen Reformen in erster Linie von den sozialliberalen Regierungen in Bund und Län-

---

36 Markert, W., Dialektik des bürgerlichen Bildungsbegriffes, in: J. Beck u. a., Erziehung in der Klassengesellschaft, München 1971, S. 17−51, hier S. 47.

dern initiiert und durchgeführt werden, andererseits aber ein Teil des Bildungsbürgertums noch ernsthaft jenen rückständigen Ideologien verpflichtet ist und daß außerdem wahrscheinlich befürchtet wird, mit den technokratischen Reformen werde auch jene technokratische Ideologie Wirklichkeit, die im Zeichen wissenschaftlich-technischen Fortschritts den Abbau überkommener Herrschaftsstrukturen oder deren Funktionslosigkeit sowie einen Wechsel von traditionellen Herrschaftseliten zu technokratischen Funktionseliten verkündet.

Macht man sich zudem noch klar, daß mit den verschärften Anstrengungen zur Reform des Ausbildungssektors, die notwendig waren, um den technologischen Rückstand und den Mangel an wissenschaftlich-technischer Intelligenz in der BRD aufzuholen

— erstens mit zunehmendem Potential an Bildung auch mehr emanzipatorisches und gesellschaftskritisches Bewußtsein entwickelt wurde; daß
— zweitens gerade in den Geisteswissenschaften und nicht zuletzt im Literaturunterricht an Schulen und Hochschulen heute verstärkte Anstrengungen gemacht werden, um Wege zu suchen, die solches kritische Bewußtsein gesellschaftspraktisch werden lassen und dies
— drittens zu den Intentionen der hessischen RRD gehört,

so wird die Funktion des Rückgriffs auf überholte Ideologien durch die konservative Allianz gegen die RRD erkennbar. Das "time lag", die zeitliche Rückständigkeit des konservativen Kampfes gegen gesellschaftskritische Konzeptionen der Bildungsreform und mithin auch gegen die RRD signalisiert, daß es sich um eine Übergangsposition handelt, die vor allem die Aufgabe hat, die Entwicklung emanzipatorischen Bewußtseins und emanzipatorischer Unterrichtspraxis *jetzt* zu verhindern.

Immerhin aber scheint diese Kritik noch insofern kapitalismuskonform zu sein, als sie durch die Ablehnung des reformorientierten gesellschaftlichen Konfliktmodells und der darauf basierenden sozialen Demokratiekonzeption zugunsten harmonistischen Sozialverhaltens bei gleichzeitiger Verketzerung kritisch-gesellschaftsbezogener Unterrichtskonzeption es vermag, einen „Rückzug in ein gesellschaftsfernes Refugium der falschen Solidarität und Innerlichkeit" zu propagieren, der die „Individuen um so intensiver den gegebenen gesellschaftlichen Zwängen" anpaßt, und als sie darauf abzielt, sie „politisch dem auszuliefern, der Gemeinschaft und Gemeinwohl mit ‚Ruhe' und ‚Ordnung' gleichsetzt".[37] Ruhe und Ordnung aber werden, wenn nicht alles täuscht, mehr noch als jetzt die Gebote der kapitalistischen Zukunft sein.

Ein sicheres Indiz für die Richtigkeit der These vom „Übergangscharakter" der jetzt von der CDU propagierten Harmonisierungskonzeption für den Deutschunterricht auf der Basis rückständiger Ideologie und für deren Verhinderungsfunktion gegenüber emanzipatorischen Bildungskonzeptionen dürfte die Tatsache sein, daß sie von den gleichen Gesellschaftsgruppen entwickelt und unterstützt werden, die vor Jahren noch unverhohlen autoritäre Vorstellungen von der „formierten Gesellschaft" propagierten.

37 Markert, a. a. O., S. 47 f.

7.2 Die Vorschläge der Reformer und der solidarischen Kritiker

Die Lernziele der RRD und die Argumente ihrer solidarischen Kritiker lassen — ähnlich wie bei der konservativen Position — die Beschreibung eines umfassenden bildungspolitischen Konzepts zu, dessen wichtigste Elemente folgendermaßen beschrieben werden können:

— Die Propagierung eines gesellschaftlichen Modells, nach dem Konflikte in einer Demokratie rational ausgetragen werden mit dem Ziel der Beseitigung sozialer Ungleichheiten und fortschreitender Demokratisierung.
— Die Forderung nach Abbau des Normencharakters und der Auslesefunktion von Hochsprache und Rechtschreibung, um Chancengleichheit für alle zu ermöglichen. „Kompensatorische Erziehung" kann daher nicht Anhebung von Unterschichtsangehörigen an Mittelschichtnormen bedeuten sondern Anknüpfen an das sprachliche Ausgangsverhalten der Schüler, um öffentliche und private Konflikte bewußt zu machen und sprachlich zu erfassen.
— Die Konzipierung eines Literaturunterrichts, der nicht dem Erwerb spezieller literarischer Kenntnisse oder der Einführung in einen nationalen Kanon dient, sondern die Verwendungszusammenhänge von Texten überhaupt — auch von Gebrauchstexten — reflektiert.

Ein wirklich progressives, nach den Proteststürmen der konservativen Kritiker zu urteilen, sogar ein revolutionäres Programm, das die Rechte der Unterschicht, der Arbeiterklasse garantieren will! Um zu überprüfen, ob diese Intentionen zutreffend interpretiert sind, bieten sich die vom Kultusminister herausgegebenen „bildungspolitischen informationen" an, die „die Lehrer auf die Arbeit mit den Rahmenrichtlinien vorbereiten" wollen.[38] Der Vergleich der RR mit den alten Bildungsplänen bzw. die Überprüfung dieser alten Pläne führt in den bpi als erstes zu der Frage, „inwieweit die Inhalte und Ziele dieser Pläne den gegenwärtigen Anforderungen noch gerecht werden". Was unter diesen Anforderungen zu verstehen ist, wird im folgenden nach zwei Seiten hin ausgeführt:

Zum einen haben sich durch die wirtschaftliche und technische Entwicklung die Anforderungen am Arbeitsplatz verändert. Zukünftige Berufssituation verlangt gleichzeitig eine größere Spezialisierung auf einer breiteren allgemeineren Grundlage. Die Fähigkeit, ständig umlernen zu können, dürfte in Zukunft eine der wichtigsten Voraussetzungen für eine erfolgreiche Berufsausübung sein.
   Zum anderen reichen die in den bisherigen Lehrplänen vorgesehenen Unterrichtsinhalte nicht mehr aus, um die gegenwärtigen politisch- und gesellschaftlich vordringlichen Probleme angemessen verstehen und beurteilen zu können. Dies wird deutlich an Stichworten wie Umweltschutz, sinnvolle Freizeitgestaltung, Verhältnis zu Ländern der Dritten Welt, sogen. öffentliche Armut und privater Reichtum, Datenverarbeitung, Massenmedien, Drogenabhängigkeit . . . [39]

---

38 bpi 3 (1972), Deckblatt.
39 bpi, a. a. O., S. 8.

Damit ist deutlich gesagt, daß sowohl die Qualifizierungsaufgabe der Schule – berufliche Mobilität ist jetzt erforderlich – als auch ihre Sozialisierungsfunktion – die Einstellung auf neue gesellschaftliche Probleme und Strukturen ist notwendig geworden – sich verändert haben. Der gesellschaftliche Bezugsrahmen, in dem beide Aufgaben formuliert werden, ist durch das Grundgesetz „verbindlich vorgegeben" und wird mit den Stichworten „Konkurrenzfähigkeit", „Wettbewerbsdenken" und „wirtschaftliche Leistungsfähigkeit" als kapitalistischer gekennzeichnet.[40] Zwei Aspekte, unter denen die Aufgabenneubestimmung zu erfolgen hat, werden genannt: Aufholen eines „Modernitätsrückstandes" und „Ausschöpfung von Begabungsreserven".[41] Welche Bedeutung diese Termini in der Diskussion der 60er Jahre angenommen haben, haben wir bereits zu erläutern versucht: es geht vor allem um Herstellung der wirtschaftlichen Konkurrenzfähigkeit auf dem internationalen Markt, und „Ausschöpfung von Begabungsreserven" meint nicht etwa gleiche Bildung für Unterprivilegierte, sondern Ausbeutung ihrer Ware Arbeitskraft.

Wenn sich die bpi zur Begründung von neuen Lehrplänen auf eine solche Argumentation einlassen, dann ist es wohl kaum übertrieben, ihre eingangs umrissene Forderung nach veränderten Qualifikationen und Sozialisationsstrategien zu beschreiben als Forderung an die Schule, qualifizierte Arbeitskräfte für den kapitalistischen Produktionsprozeß auszubilden und dafür zu sorgen, daß diese Arbeitskräfte leistungsmotiviert und anpassungsfähig sind. Letzteres wird besonders deutlich, wenn die bpi feststellen, daß Realschüler bisher nur Leistungsmotivation bezogen auf Orientierungswissen mitbringen und daß bei Hauptschülern „Wettbewerbsdenken als Ausdruck für individuelle Leistungsmotivation kaum ausgeprägt ist", und dann fortfahren, es gehe nicht darum, Unterrichtsformen und Inhalte so festzulegen, „daß die Zielsetzungen für Lernen lediglich das Ausgangsverhalten der Schüler verstärken".[42] Man darf schließen, daß die nur spärlich vorhandene Leistungsmotivation auf jeden Fall angehoben werden muß.

Überprüft man vor dem Hintergrund dieser Informationen nochmals die Intentionen der RRD, dann ergeben sich Widersprüche und Fragen: Sind die Intentionen der bpi tatsächlich andere als die der RRD? Weshalb autorisiert ein Kultusminister, der diese bpi herausgibt, zugleich die RRD? Spiegeln sich in den Widersprüchen zwischen bpi und RRD die Widersprüche, in die Bildungsreformen geraten müssen, die Widerstand und Systemveränderung intendieren? Sind die RRD nur progressiver Schein?

Die RRD behaupten, Chancengleichheit in der Schule ermöglichen zu wollen. Da Kinder aus Unterschichten schlechtere Startchancen haben, heißt das, diese Benachteiligung vor allem bei der Beurteilung von Leistungen zu berücksichtigen. Eine einheitliche Leistungsanforderung in einer Klasse mit Schülern aus verschiedenen sozialen Schichten würde bedeuten, daß Arbeiterkinder z. B. bei gleicher Anstrengung wie ihre Mitschüler bei der Beurteilung immer die niedrigeren Ränge besetzen, da sie bereits von Anfang an im Hintertreffen waren. Wenn also die RRD Chancengleichheit propagieren, hätten sie dann nicht vor allem dieses Problem der Beurteilung von Leistungen

---

40 bpi, a. a. O., S. 9, 21.
41 bpi, a. a. O., S. 9, 20.
42 bpi, a. a. O., S. 21.

reflektieren müssen, da die gegenwärtige Praxis in der Schule Chancengleichheit grundsätzlich verhindert? Doch hier zeigt sich einer der wesentlichen Mängel der RRD. Außer in einem lapidaren Nebensatz, in dem sie auf die Problematik hinweisen (Dok. 2), nehmen sie in keinem anderen Zusammenhang Stellung zu dem Widerspruch, in den sie durch die Propagierung von Chancengleichheit trotz Weiterbestehens des Leistungssystems in der Schule geraten. Hätten die RRD ihr Programm der Chancengleichheit konsequent zu Ende gedacht, hätten sie das individualistische und solidaritätszerstörende Leistungsdenken in der Schule infrage stellen müssen. Was hätte das bedeutet? Die bpi machen deutlich, daß auf Leistungsdenken in der Schule nicht verzichtet werden kann und soll. Eine Gesellschaft, die auf Konkurrenz und Wettbewerb basiert, die nach den Gesetzen der Warenwirtschaft funktioniert, kann nicht auf das konkurrenzideologische Leistungsprinzip verzichten, d. h. sie kann auch kein Schulsystem gebrauchen, das ein an individuellem Aufstieg orientiertes Leistungsdenken nicht mehr fördert, ja sogar unterläuft. Die RRD, konsequent zu Ende gedacht, hätten aber genau diese Funktion erfüllt. Wo die RRD nicht ausführen, sagen die bpi jedoch ganz deutlich, was Schule in unserer Gesellschaft leisten soll: Wettbewerbsdenken und Leistungsmotivation fördern, damit das Funktionieren des wirtschaftlichen Systems gewährleistet ist.

Damit stellt sich die Frage, ob die Verfasser der RRD gar nicht weiterdenken konnten, sollte das Reformpapier für einen SPD-Kultusminister überhaupt noch akzeptabel sein. Allgemeiner gesagt: zeigt sich an den RRD, in welche Widersprüche ein Bildungsreformprogramm, das Widerstand und Systemveränderung beabsichtigt, sich unter den Bedingungen eines kapitalistischen Systems verstricken muß, wenn es zugleich den Zwängen des Bestehenden ausgesetzt bleibt?

Ein weiterer Widerspruch, der in diesen Begründungszusammenhang gehört, kann umrissen werden mit den Stichworten ideologische und technologische Qualifikation. Die bpi sprechen von den Aufgaben der neuen Lehrpläne auf dem Gebiet der Qualifikation und Sozialisation, m. a. W. sie fordern von der Schule technologische und ideologische Qualifikationsarbeit. Diesem Anspruch werden die RRD jedoch nicht gerecht. Ganz allgemein geht es den RRD um ideologische Qualifikation, jedoch nicht im Sinne der bpi um Anpassung, sondern um Reflexion des eigenen Sozialisierungsprozesses, um Hinterfragen und Infragestellen seiner Bedingungen.

Die Schwierigkeiten, in die die RRD hinsichtlich praktischer Fertigkeiten geraten, zeigen sich im Bereich der Kulturtechniken wie z. B. der Rechtschreibung. Die RRD wollen die Auslesefunktion, die der Rechtschreibung zukommt, abbauen und entsprechende Sanktionierungen in der Schule aufheben. Überlegt man sich aber, daß die Schüler nach Ablauf ihrer Schulzeit in den Arbeitsprozeß entlassen werden, in dem ihre Arbeitskraft zur Ware wird, deren Tauschwert auch durch die Beherrschung von Kulturtechniken bestimmt sein kann[43], dann wird klar, daß außerhalb der Schule genau diese Sanktionierungen gehandhabt werden. In dem Moment, in dem die gesellschaftliche Realität, der kapitalistische Produktionsprozeß ins Blickfeld der Schule kommt, werden Widersprüche deutlich, die durch die Unvereinbarkeit von systemkri-

43 Vgl. dazu auch RRD SI, S. 42 f.

tischer Reform und kapitalistischer Gesellschaftsstruktur begründet sind. Diese Widersprüche, die zuvor weitgehend verdeckt waren, werden jetzt in die Schule hineinverlagert und könnten somit bewußt gemacht werden.

Betrachtet man das Konzept der RRD insgesamt, so wird eine Schwierigkeit besonders deutlich, die zugleich das Grundproblem von Bildungsreform in der kapitalistischen Gesellschaft darstellt. Sollten die RRD in der Schule umgesetzt werden, erforderte dies einen enormen Aufwand an Personal und Geldmitteln. Ein Unterricht, der die Förderung jedes einzelnen Schülers im Auge hat, kann nicht in großen Klassenverbänden stattfinden, sondern erfordert kleine Gruppen. Ein Unterricht, der über Schulbücher hinaus neue Materialien und Medien einsetzen will, macht eine Aufstockung des Finanzhaushaltes notwendig. Ein Unterricht, in dem neue Ergebnisse pädagogisch-didaktischer Forschung erprobt werden sollen, macht den Ausbau der Lehrerfortbildung[44] unabdingbar. Wie läßt sich aber die Propagierung eines solchen Unterrichts vereinbaren mit der gleichzeitigen Werbung unter den Lehrerstudenten, die die Minimierung der Studentenzahlen zum Ziel hat, mit den Streichungen von Lehrerstellen in den Schulen, mit dem neuen Stundensoll der Studienreferendare, das eine Einsparung von Stunden auf den Planstellen bewirkt, mit der Kürzung des Etats für die Lehrerfortbildung? Die hessische SPD praktiziert hier einen Widerspruch, dem jegliche Kulturpolitik in einer kapitalistischen Gesellschaft ausgesetzt ist. Da sie den Widerspruch jedoch nicht deutlich macht, besteht die Gefahr, daß die RRD-Kontroverse von der finanziellen Problematik ablenkt.

Konnte das Verhalten der Konservativen in der Kontroverse um die RRD als Strategie der Bewahrung von Bildungsprivilegien und damit von materiellen Privilegien und Sicherung von Herrschaft deutlich gemacht werden, so ergeben sich bei der Einschätzung der Reformgruppe Schwierigkeiten hinsichtlich ihrer Einheitlichkeit. Bereits das Nebeneinander von Initiierung und Verteidigung der RRD und Veröffentlichung von technokratischen Programmen wie in den bpi und die Gleichzeitigkeit von Propagierung des Ausbaus der Lehrerausbildung und -fortbildung und Kürzung des entsprechenden Etats, jeweils von ein- und derselben Partei vorgenommen, deuten auf unterschiedliche Interessen und Widersprüche in der SPD. Selbst wenn man die Interpretation der RR durch die bpi als taktische Maßnahme versteht, erhebt sich die Frage nach dem Adressaten der Taktik. An den parteipolitischen Gegner, die CDU und ihre konservativen Anhänger kann sie kaum gerichtet sein, ihnen gegenüber verteidigen die Reformer die RRD nicht als technokratisches sondern als sozialreformerisches Programm. Bleiben also die Opponenten im eigenen Lager, die vor allem wohl auch unter denen zu suchen sind, die einen Ausbau des Bildungsetats verhindern wollen. Für eben diese Gruppen, die im mittleren und rechten Flügel der SPD zu suchen sind, kann ein Bildungsprogramm wie die RRD Alibifunktion annehmen für das Defizit an wirklich sozialer Politik. In ihrem Interesse können die RRD dazu dienen, den Schein zu erwecken, bestehende Ungerechtigkeiten, die man eingesteht, weil sie offensichtlich geworden sind, auf dem Bildungsweg zu beseitigen. Für diese Gruppen werden die RRD zum bildungspolitischen Instrument, das die eklatantesten Ungleich-

44 Vgl. dazu auch bpi 3 (1972), S. 68 ff.

Die inhaltliche Reform probt den Aufschwung...

Aus: Der Föhn 1 (1973), Nr. 2, S. 8.

heiten vermeiden helfen soll. Setzt man diese Funktionalisierung der RRD in Beziehung zum radikaldemokratischen und intentional antikapitalistischen Konzept der RRD selbst, so zeichnet sich der ambivalente Charakter der RRD ab, der durch die Widersprüche bedingt ist, in die dieser Lehrplan angesichts der gesellschaftlichen Realität eines kapitalistischen Systems gerät. Dies kann durch die weiter differenzierende Beschreibung der Gruppen, die sich der RRD annehmen, verdeutlicht werden.

Die RRD sind von Teilen des Kultusministeriums initiiert und vom linken Flügel der hessischen SPD, den Jungsozialisten und linken Intellektuellen z. T. engagiert verteidigt worden, d. h. von einer Gruppe, die meint, die Ambivalenz von Bildung könne in der Weise wirksam werden, daß sie zur Bewußtmachung gesellschaftlicher Verhältnisse und damit zu ihrer Veränderung mitbeitragen könne. Die Verfechter dieser Reformstrategie setzen sich nicht nur für die Erprobung sondern für die verbindliche Einführung der RRD in den Schulen ein, nicht weil sie meinen, über den Weg der Bildungsreform die materiellen gesellschaftlichen Verhältnisse unmittelbar ändern zu können, sondern weil sie mit den Mitteln der Aufklärung und Entschleierung von gesellschaftlichen Herrschaftsstrukturen die Verbesserung der Lebensbedingungen der Unterprivilegierten vorantreiben wollen.

Wie schwierig aufklärende Öffentlichkeitsarbeit aber sein kann, und mit welchen Widerständen sie zu rechnen hat, ist an der Kontroverse um die RRD deutlich geworden. Im Vertrauen auf die unabhängige pädagogisch-wissenschaftliche Arbeitsweise der beauftragten Verfasser und auf die liberal-demokratische Vorstellung von Öffentlichkeit, daß im freien Spiel der Meinungen und Auseinandersetzungen ein bildungspolitisches Konzept diskutiert und gegebenenfalls auch geändert werden könne, hat der hessische Kultusminister den Modus der Erprobung und öffentlichen Diskussion der RR gewählt. Daß das freie Spiel der Meinungen real jedoch ein Kampf von Interessengruppen ist, hat die öffentliche Diskussion um die RR gezeigt.

Führt der ambivalente Charakter der RRD, der verursacht ist durch die Widersprüche, in die die Lehrpläne unter der Bedingung der kapitalistischen Wirtschafts- und Gesellschaftsstruktur geraten sind, einerseits dazu, daß verschiedene Interessengruppen sich ihrer annehmen können, so läßt sich dadurch zugleich der Charakter der Ambivalenz genauer fassen. Die Pläne selbst in ihrem Wortlaut und nach der Intention ihrer Verfasser und Verteidiger sind ein progressives Moment einer bildungspolitischen Strategie, die auf die Verbesserung der gesellschaftlichen Verhältnisse zielt, dadurch

Aus: Schulkampf 7/73, S. 5.

jedoch, daß sie von Gruppen wie beispielsweise den mittleren und rechten Teilen der SPD auch akzeptiert werden können, werden sie funktionalisierbar und integrierbar. Damit ist zugleich deutlich geworden, daß die oben beschriebene Ambivalenz deshalb möglich ist, weil die hessische SPD, die für diese Pläne zeichnet, in sich inhomogen und aus unterschiedlichen Interessengruppen zusammengesetzt ist.

Will man nicht bei der bloßen Beschreibung haltmachen, so muß man die Perspektive, die die gegenwärtige Konstellation haben kann, versuchen zu beschreiben. Daß dies eine Frage von Machtverhältnissen ist, liegt auf der Hand. Es wird von dem Durchsetzungsvermögen der Reformkräfte in der SPD abhängen, ob die Ambivalenz der RRD nach der einen oder der anderen Seite ausschlagen wird. Die lasche Haltung der hessischen SPD insgesamt gegenüber den RRD, sieht man von dem Einsatz der Jungsozialisten und den Bemühungen einiger Teile des Kultusministeriums ab, läßt auf die sehr unterschiedliche Gewichtung von wirklich einflußreichen Kreisen und Reformkräften zu Ungunsten der letzteren schließen. Dafür spricht auch, daß sich bei der Entwicklung der Gesamtschule die Gefahr abzeichnet, daß die Gruppe derer, die von der integrierten zur additiven Gesamtschule abrücken, sich immer stärker durchsetzt.

7.3 Die Vorbehalte der sozialistisch-marxistischen Kritiker

Waren die beiden ersten Gruppen, die konservative und die liberal-reformerische, die unmittelbaren Träger der Auseinandersetzung um die RRD, so wird mit der letzten, der marxistisch-sozialistischen, eine in gewisser Weise außerhalb stehende Gruppe angesprochen, die sich vor allem als Beobachter des Konflikts versteht, an dem sie nur mittelbar teilnimmt.

Die abwartende Haltung wird am besten deutlich im Beitrag der UZ, die die fortschrittlichen Ansätze der RRD konstatiert, ihre Grenzen aufzeigt und resümiert: „Die kommenden Monate werden zeigen, ob der sozialdemokratische Kultusminister Hessens gewillt ist, seinen Reformversuch vor weiteren Kompromissen zu bewahren." (Dok. 12)

Wesentlich ausführlicher ist demgegenüber die Stellungnahme der KLG (Dok. 29). Hier wird im Gegensatz zum UZ-Beitrag eine eigene bildungspolitische Konzeption erkennbar. Ziel dieser Bildungspolitik ist die polytechnische Arbeits-Einheitsschule, die aber nur „als Ergebnis der sozialen Emanzipation des Proletariats" erreicht werden kann. Der Kampf gegen Indoktrination, für die Interessen der Arbeiterklasse kann dabei an einige Elemente der RRD anknüpfen bzw. den Konflikt um die RRD zum Anlaß nehmen, für dieses Ziel einzutreten.

Die Außenposition dieser Stellungnahme wird bereits durch den Titel signalisiert: „Zwei Linien bürgerlicher Bildungspolitik". Es geht den Verfassern weniger um eine Auseinandersetzung mit dem Text der RRD selbst, insbesondere mit den fachspezifischen Problemen, und damit um ein Eingreifen in die Kontroverse als vielmehr um eine Einschätzung der am Konflikt beteiligten Gruppen. Die bildungspolitischen Strategien beider werden als der kapitalistischen Gesellschaftsstruktur verhaftet und als

Ausdruck bürgerlicher Interessen beschrieben. Dem gilt es nach Auffassung der KLG eine sozialistische Alternative entgegenzusetzen. Da sowohl die KLG, die hier Partei ergreift, als auch die Arbeiterklasse, für die Partei ergriffen wird, nicht an der Macht partizipieren, ist ihr vitales Interesse, diesen Zustand zu ändern.

Die Analyse der RRD hat an mehreren Punkten die Widersprüche offengelegt, in die das radikaldemokratische Konzept eines Lehrplanes angesichts der gesellschaftlichen Realität eines kapitalistischen Systems gerät. Damit ergibt sich die Frage, wie die Intentionen und Möglichkeiten der pädagogischen Intelligenz — damit sind auch die Verfasser der RRD bzw. die solidarischen Kritiker gemeint — einzuschätzen sind. Linke Kritiker werfen ihnen vor, daß sie objektiv zur Stütze und zu Verteidigern einer reformistischen Politik werden (Dok. 29). Ihre subjektive Intention ist damit sicherlich nicht erfaßt. Doch ist es auch ein endgültiges Urteil über die realen Möglichkeiten? Die Widersprüche, in die die pädagogische Intelligenz verwickelt wird, wenn sie auf der Ebene der Institutionen eingreift, dokumentieren sich ja gerade in der RRD-Kontroverse. Einerseits entsteht ein widerspruchsvolles Konzept, das auf halbem Wege stehen bleiben muß, und andererseits bleibt sie dem Vorwurf der Handlangerdienste ausgesetzt, sei es nun, daß sie selbst Reformarbeit betreibt oder sich zur Reformarbeit solidarisch-kritisch verhält.

Eine wichtige Aufgabe der pädagogischen Intelligenz in der bildungspolitischen Auseinandersetzung scheint uns die Offenlegung von Möglichkeiten zu sein, die im Bereich des Ausbildungssektors zur Vorbereitung und Veränderung der ungerechten und ungleichen gesellschaftlichen Verhältnisse beitragen können. Deshalb kann es nicht um ein einfaches Ja oder Nein zu den RRD gehen, sondern die Arbeit mit den RRD muß konkret in drei Bereichen erfolgen: In Schule und Hochschule, besonders in der Lehrerausbildung und -fortbildung, müssen Strategien erarbeitet werden, um mit den RRD die Durchsetzung der Interessen der Unterprivilegierten voranzutreiben. Darüber hinaus ist eine Öffentlichkeitsarbeit notwendig mit dem Ziel, die Hintergründe des RRD-Konflikts aufzudecken, um die Widersprüche, in die systemkritische Reformen angesichts kapitalistischer Gesellschaftsstrukturen geraten müssen, bewußt zu machen.

Zweiter Teil:

Dokumentation

I. Erlasse des Hessischen Kultusministers betreffend Rahmenrichtlinien,
   sowie Auszüge aus den Rahmenrichtlinien Deutsch

Wir stellen der Dokumentation zur Kontroverse um die Hessischen RR-Deutsch Auszüge aus dem Streitobjekt selbst voran, da die 1. Auflage bereits vergriffen ist und die
RR in der vorliegenden Form voraussichtlich nicht wieder aufgelegt werden.

Daneben liegen mit den beiden Erlassen die offiziellen Stellungnahmen der Initiatoren, der SPD vor, die denen der anderen Parteien (vgl. Dok.-Teil II) zu konfrontieren sind.

Dokument 1:

Erlaß des Hessischen Kultusministers betreffend: Rahmenrichtlinien für die Primarstufe und die Sekundarstufe I

Erlaß vom 30. 8. 1972 – IV B – 957/50 – (ABl. 1972, S. 819)

Zu Anfang des Schuljahres 1972/73 werden allen Lehrern für die Fächer bzw. Lernbereiche, in
denen sie unterrichten, die entsprechenden Rahmenrichtlinien zur Verfügung gestellt. (Die Arbeit an den Entwürfen für die Rahmenrichtlinien der Sekundarstufe II wird im Laufe des Schuljahres 1972/73 abgeschlossen.) Das Schuljahr 1972/73 soll zunächst zur Kenntnisnahme, Diskussion und freiwilligen Teilerprobung der neuen Rahmenrichtlinien dienen. Im Unterschied
zu den traditionellen Lehrplänen sind die neuen Rahmenrichtlinien stufenbezogen konzipiert,
d. h. daß in ihnen unabhängig von den Schulformen die gemeinsamen Ausbildungsziele und Inhalte für die einzelnen Jahrgangsstufen bestimmt sind. Über die gemeinsame Grundlage hinausführende Zusatzangebote in der Sekundarstufe I sind von Fach zu Fach unterschiedlich bestimmt und begründet. Die Durchlässigkeit zwischen den einzelnen Schulformen ist bis Klasse 8
dadurch gewährleistet, daß die bis dahin für alle Schüler ausgewiesenen Ziele, Inhalte und Methoden als Grundlage für alle Formen der Weiterqualifizierung ab Klasse 9 ausreichen.

Die Rahmenrichtlinien sind so strukturiert, daß sie eine Weiterentwicklung besonders der
Unterrichtsinhalte und der Formen ihrer Vermittlung ermöglichen. Der Rahmen für diese Weiterentwicklung wird durch die allgemeinen Lernziele abgesteckt. Diese Lehrplankonzeption ist
in den ,,bildungspolitischen informationen 3/72, Neue Hessische Lehrpläne (Rahmenrichtlinien)''
ausführlich dargestellt und begründet. Ihr entspricht es, daß das Schuljahr 1972/73 als Vorlaufsund Diskussionsphase vorgesehen ist.

Für diese Arbeit sind besonders als erste Maßnahmen die nachfolgend aufgeführten Möglichkeiten verstärkt zu nutzen:

Innerhalb der einzelnen Schulen liegt der Schwerpunkt der Arbeit bei den Fachkonferenzen, ggf. Fachbereichs- oder auch Gesamtkonferenzen. In ihnen wird im besonderen die Koordination von Teilerprobungen und die Abklärung von evtl. schriftlichen Stellungnahmen zu leisten sein.

Über die Fachkonferenzen der Einzelschule hinaus sollen auf überörtlichen Fachveranstaltungen vor allem solche Probleme erörtert werden, die sich aus der Stufenorientierung der Rahmenrichtlinien ergeben. Der Erlaß vom 20. 6. 1966, ABl. S. 678 (Regelung der Finanzierung), gilt sinngemäß.

Für jedes Fach bzw. jeden Lernbereich stehen im ersten Halbjahr 1973 Aussprachelehrgänge im Hessischen Institut für Lehrerfortbildung zur Verfügung. In ihnen werden im Schwerpunkt Fragen grundsätzlicher Art, die in den Stellungnahmen aus dem Schul- und Regionalbereich angesprochen wurden, in ihrer Konsequenz für die Weiterarbeit an den Rahmenrichtlinien diskutiert.

Der überwiegende Teil der Lehrgänge im Hessischen Institut für Lehrerfortbildung wird der intensiven Einarbeitung in die jeweiligen Fach-/Lernbereichspläne dienen. Dabei kommt es darauf an, zunehmend ,Multiplikatoren' für die Umsetzung der Rahmenrichtlinien und die Weiterarbeit über die Lehrgänge zu finden und auszubilden.

Als Beispiele für die Umsetzung der Rahmenrichtlinien in den Unterricht werden von Rahmenrichtlinien-Fachgruppen Unterrichtsmaterialien erarbeitet und über das Hessische Institut für Lehrerfortbildung allen Lehrern angeboten.

Im Schuljahr 1972/73 beginnen die Planungen für Modellversuche, über die der Aufbau einer regionalen Lehrerfortbildung so erprobt werden soll, daß Lehrern in kontinuierlich arbeitenden Gruppen lernzielorientierte Planung, Durchführung und Auswertung ihres Unterrichts ermöglicht wird.

Schriftliche Stellungnahmen zu den Rahmenrichtlinien der Primarstufe und Sekundarstufe I müssen bis zum 15. 3. 1973 bei der Referatsgruppe IV B eingegangen sein, damit sie bei der Weiterarbeit berücksichtigt werden können. Sie werden den einzelnen Rahmenrichtlinien-Fachgruppen umgehend zugestellt, damit gewährleistet wird, daß die evtl. notwendigen Veränderungen in den Rahmenrichtlinien rechtzeitig zu Beginn des Schuljahres 1973/74 zur Verfügung stehen.

Dokument 2:

Auszüge aus: Rahmenrichtlinien Deutsch für die Sekundarstufe I. Hrsg. vom Hessischen Kultusminister. Wiesbaden im Oktober 1972

2.1 Allgemeines Lernziel (Ss. 5—9)

Der Deutschunterricht hat die Aufgabe, die sprachliche Kommunikationsfähigkeit[1] der Schüler zu fördern.

In diese Formulierung gehen Vorstellungen ein, die traditionell die Aufgaben des Deutschunterrichts auch schon bestimmten; sie führt diese Vorstellungen weiter, differenziert und verändert sie. Diese Vorstellungen verbanden sich mit den Begriffen „sprachliche Bildung" und später „Erweiterung der sprachlichen Kompetenz". Die Kritik der Didaktik an den Inhalten, die mit diesen Begriffen zum Ausdruck gebracht werden, geht von einem Verständnis von Sprache und Sprechertätigkeit aus, das diese nicht isoliert, sondern als Bestandteil realer Kommunikationsvorgänge und damit gesellschaftlicher Prozesse sieht. Um schon in der allgemeinsten Formulierung der Aufgaben

---

1 Die verschiedenen wissenschaftlichen Ansätze werden im Materialienteil *„Reflexion über Sprache"* dokumentiert.

des Deutschunterrichts auf diesen Zusammenhang zu verweisen, wird der Ausdruck „Förderung der sprachlichen Kommunikationsfähigkeit" verwendet.

Wenn der in der didaktischen Diskussion noch viel gebrauchte Begriff „Erweiterung sprachlicher Kompetenz" in den Rahmenrichtlinien verwendet wird, so wird er verstanden als Erweiterung der Fähigkeit, sich in umgangssprachlicher Kommunikation als realer Sprecher-Hörer mit anderen zu verständigen. Davon ist die „Kompetenz" des idealen Sprecher-Hörers zu unterscheiden, der „in einer völlig homogenen Sprachgemeinschaft lebt, seine Sprache ausgezeichnet kennt und bei der Anwendung seiner Sprachkenntnis in der aktuellen Rede von . . . grammatisch irrelevanten Bedingungen . . . nicht affiziert wird".[2]

Wie bisher läßt sich diese Aufgabe nur erfüllen, wenn der Unterricht am Sprachverhalten der Schüler anknüpft. Zur Beschreibung dieses Sprachverhaltens setzte die Theorie des Deutschunterrichts es in Beziehung zu alterspsychologischen Begriffen („Altersmundart"), zu sozialgeographischen Kategorien (Regionalsprachen/Mundarten) und zu gesellschaftlichen Einschätzungen unterschiedlicher Sprachverwendungen (Jargon, Umgangssprache, Hochsprache). Die erweiterten Erkenntnisse der Sozialwissenschaften, als deren Teil sich die Sprachwissenschaft ausdrücklich versteht, liefern uns heute sehr viel differenziertere Beschreibungskategorien für das reale Sprachverhalten. Sie liefern uns weiter die Methoden, die Zusammenhänge zwischen solchen Kategorien und gesellschaftlichen Interessen zu begreifen. Insbesondere ermöglichen diese sozialwissenschaftlichen Erkenntnisse die Einsicht in folgende Zusammenhänge:

— Mit dem Erlernen der Sprache in der jeweiligen sozialen Bezugsgruppe haben die Schüler zugleich schichtenspezifische Formen der Verständigung und des Sozialverhaltens erlernt.
— Sie haben damit auch ein gesellschaftlich vermitteltes Verständnis von sich und ihrer Umwelt erworben.
— Öffentliche und private Konflikte drücken sich in der Regel auch in Sprache aus. Das Sprachverhalten der Schüler ist darum nur im Zusammenhang mit diesen Konflikten zu verstehen.
— Sprache ist u. a. auch ein Mittel zur Verschleierung und Unterdrückung von Konflikten, und andererseits liefert sie Möglichkeiten zur Lösung dieser Konflikte. Das Sprachverhalten der Schüler ist darum als Bestandteil dieser privaten und öffentlichen Konflikte zu interpretieren.

Wie bisher hat die Schule die Aufgabe, die sprachliche Kommunikationsfähigkeit der Schüler zu differenzieren und sie zum „richtigen" Sprachverhalten anzuleiten. Diese Anleitung wurde bisher verstanden als Einübung in die „Hochsprache". Dabei wurde davon ausgegangen, daß nur eine den Normen der „Hochsprache" gemäße Sprachverwendung störungsfreie Verständigung innerhalb der „Sprachgemeinschaft" sichere.

Die Begriffe „Hochsprache" und „Sprachgemeinschaft" bedürfen der Erläuterung. In den bisherigen Lehrplänen und in den Sprachbüchern ist „Hochsprache" von Mundarten und anderen Formen von Regionalsprachen unterschieden und wertend von Umgangs-, Gassen- und anderen Formen negativ eingeschätzter Sprachen abgesetzt worden. Dieser Begriff „Hochsprache" enthielt einerseits die Vorstellung von einer Sprache, die überregionale Kommunikation sichern sollte, andererseits die Vorstellung von einer besonders normgerechten, reinen Ausprägung der deutschen Sprache. Daß die Schule besondere Aufgaben zur Sicherung überregionaler Kommunikation zu erfüllen habe, konnte bis zur Verbreitung der Massenkommunikationsmittel als notwendige Aufgabe begriffen werden. Diese Aufgabe stellt sich heute der Schule nicht oder nur in einem sehr abgeschwächten Sinn. Die Rede von der besonders normgerechten, reinen Ausprägung der deutschen Sprache in der „Hochsprache" wird unter sprachwissenschaftlichen Gesichtspunkten in zweifacher

---

2 Noam Chomsky, Aspekte der Syntaxtheorie, Ffm., 1969, S. 13. — „Kompetenzerweiterung" meint dagegen in den Richtlinien stets die Erweiterung der Fähigkeit zur Sprachverwendung und zur Reflexion auf Sprachverwendung. Dabei bleibt die Vielzahl der Faktoren berücksichtigt, die die linguistische Theorie ausblendet, wenn sie „die Grammatik einer Sprache . . . als Beschreibung der immanenten Sprachkompetenz des idealen Sprecher-Hörers" (Chomsky, a. a. O., S. 15) zu erfassen versucht.

Weise problematisch: sie übersieht, daß diese „Hochsprache" bislang stets eine Gruppensprache gewesen ist, die als verbindliche Sprache durchgesetzt und bei der Schichtung der Gesellschaft als Mittel zur Stabilisierung dieser Schichtung benutzt worden ist; sie übersieht, daß „die deutsche Sprache" ein aus dem realen Sprachverhalten erschlossenes Konstrukt ist, das je nach den ausgewählten Sprechertätigkeiten, die als empirisches Ausgangsmaterial der Untersuchung dienen, anders ausfällt. — In die Rede von der „Hochsprache" geht fast regelmäßig die von der „Sprachgemeinschaft" mit ein. Dieser Begriff scheint zunächst nur ein Ordnungsbegriff, der die Sprecher einer bestimmten Sprache bezeichnet und der andeutet, daß diese Sprecher miteinander kommunizieren. So herausragend nun auch die Bedeutung der Sprache in soziokultureller Hinsicht ist und so sehr diese sich darum zur Charakterisierung und Gliederung von Menschengruppen zu eignen scheint, so legt der Begriff „Sprachgemeinschaft" eine Vorstellung von Homogenität der Sprecher einer Sprache nahe, die stärker als andere Merkmale diese Menschengruppen charakterisiert; sie deckt damit bestehende Unterschiede, Gegensätze, Widersprüche, die sich ja auch in der Sprache äußern, zu. Für eine Kommunikationsdidaktik werden aber gerade solche Unterschiede, Widersprüche und Gegensätze wichtig. Die Kommunikationssituation der gegenwärtigen Gesellschaft wird — soweit dies für den Deutschunterricht unmittelbar bedeutsam ist — durch folgende Merkmale charakterisiert:

— Schichtenspezifische Sprachverwendungen markieren Kommunikationsgrenzen innerhalb dieser Gesellschaft.
— „Hochsprachliche" Sprachverwendung ist eine, wenn auch sicher nicht die wichtigste Voraussetzung für den Zugang zu den als erstrebenswert angesehenen Positionen in dieser Gesellschaft.
— Die Interpretationsmuster für die Deutung öffentlicher und privater Erfahrungen, die durch die Sprache der Massenkommunikationsmittel nahegelegt, bestätigt oder auch initiiert werden, verdecken weithin die realen Kommunikationsgrenzen und verhindern die Einsicht in deren Ursachen.

Folglich kann die Aufgabe der Schule, die sprachliche Kommunikationsfähigkeit der Schüler zu differenzieren und sie zum „richtigen" Sprachverhalten anzuleiten, nicht als Einübung in die „Hochsprache" verstanden werden. Handelt die Schule dennoch so, dann bedeutet dies für *eine* Gruppe von Schülern eine konsequente Weiterentwicklung ihrer Kommunikationsfähigkeit innerhalb ihres schichtspezifischen Erfahrungsfeldes, für die *weitaus größere Zahl* der Schüler dagegen den Zwang, neue Formen der Verständigung, des Sprach- und Sozialverhaltens, der Interpretation von Erfahrungen zu erlernen.

Diese Ungleichheit der Chancen hat zur Forderung nach kompensatorischer Spracherziehung geführt. Sie wurde zunächst so verstanden, daß bei derselben Zielsetzung, nämlich Einübung in die Hochsprache, die Schule durch besondere Fördermaßnahmen die unterschiedlichen Ausgangslagen der Schüler ausgleichen müsse, und zwar so, daß die der „Hochsprache" ferner stehenden Schüler an diese besser und effektiver herangeführt werden müßten. Diese Forderung wurde sozialpolitisch (im Sinne von formaler Chancengleichheit) und sprachwissenschaftlich (kognitive Leistungen sind an eine elaborierte Sprache gebunden, diese wiederum nur in der „Hochsprache" verwirklicht) begründet. Die didaktische Diskussion hat die Unzulänglichkeit dieser Auffassung erwiesen. Sie übersieht,

— daß mit der unreflektierten Einübung in die Normen der „Hochsprache" die meisten Schüler von ihren Herkunftsgruppen entfremdet werden;
— daß den meisten Schülern die Wahrnehmung und Versprachlichung ihrer Sozialerfahrungen und Interessen erschwert wird;
— daß ihnen die Möglichkeit genommen wird, an die eigenen Erfahrungen anknüpfend, soziale Ungleichheiten zu erkennen, sie auszusprechen und damit kommunizierbar zu machen;
— daß ihnen die über die Hochsprache vermittelten Normen und Wertvorstellungen als fraglos gültig erscheinen, obwohl diese keineswegs einfach mit den von den Normen des Grundgesetzes, Art. 3 und 20 GG, geforderten gesellschaftlichen Entwicklungszielen identisch sind;
— daß die Gleichsetzung von „Hochsprache" mit elaborierter Sprache sprachwissenschaftlich unhaltbar ist und gesellschaftspolitisch zur Sicherung der bestehenden Zustände beiträgt.

Zusammenfassend lassen sich die Aufgaben des Deutschunterrichts von diesen Voraussetzungen her wie folgt beschreiben: Die Aufgabe des Deutschunterrichts ist es, die sprachliche Kommunikationsfähigkeit der Schüler zu fördern. In die Konkretisierung dieser Formulierung muß die Analyse der gesellschaftlichen Situation der Bundesrepublik eingehen, die die Kommunikationsvorgänge bedingt. Die Ergebnisse dieser Analyse zeigen, daß die bestehenden Kommunikationsgrenzen Ausdruck gesellschaftlicher Unterschiede, Gegensätze und Widersprüche sind. Eine Schule, die sich den vom Grundgesetz geforderten Entwicklungszielen verpflichtet weiß, muß die Schüler in den Stand setzen, diese Zusammenhänge in ihrer Bedeutung für ihr eigenes Leben und für die Entwicklung dieser Gesellschaft zu begreifen. Damit wird die notwendige Voraussetzung einer bewußten und verantwortlichen Parteinahme für diese Entwicklungsziele geschaffen.

Das macht einen Unterricht erforderlich,

— der alle sprachlichen Übungen so organisiert, daß ein Nachdenken über die Funktion des Geübten im gesellschaftlichen Zusammenhang möglich, angeregt und verwirklicht wird;
— der nicht nur an das jeweilige sprachliche Ausgangsverhalten verschiedener Schüler und Schülergruppen anknüpft, sondern die Schüler zur Wahrnehmung und Versprachlichung ihrer Sozialerfahrung führt, die dieses Ausgangsverhalten bestimmt;
— der die bei dieser Arbeit notwendig auftretenden Sprachnormenkonflikte als Ausdruck grundlegender gesellschaftlicher Konflikte versteht und behandelt.

Diese Forderungen schließen nicht Übungen aus, die die Schüler in den Stand setzen, im Sinne der etablierten Sprachnorm zu sprechen und zu schreiben. Denn es ist notwendig, die Schüler so vorzubereiten, daß sie in ihrem privaten, beruflichen und öffentlichen Leben nicht an den z. Zt. bestehenden Kommunikationsbarrieren scheitern. Ein solcher Unterricht erfordert eine enge Zusammenarbeit des Faches Deutsch insbesondere mit den gesellschaftswissenschaftlichen Fächern und mit denjenigen Fächern, in denen ebenfalls Kommunikationsprobleme erörtert werden.

Um diesen Unterricht auf vorläufige Weise genauer beschreiben zu können, ist der Deutschunterricht in drei Arbeitsbereiche untergliedert worden:

— Sprachliche Übungen: Mündliche und schriftliche Kommunikation,
— Umgang mit Texten,
— Reflexion über Sprache.

2.2 Arbeitsbereich: Sprachliche Übungen: Mündliche und schriftliche Kommunikation
A. Mündliche Kommunikation
I. Lernzielzusammenhang (Ss. 10–12)

Zu den Aufgaben des Deutschunterrichts gehört die planvolle Übung im mündlichen Gebrauch der Sprache.

Aspekte, unter denen diese Aufgabe bisher gegliedert wurde, sind z. B. lautreines Sprechen, Einübung in „Grundformen" des Gesprächs (wie Rede, Dialog, Arbeitsgespräch), grammatikalisch richtiges Sprechen. Das sich darin ausdrückende Verständnis der Aufgabe gründet in der Auffassung, daß die bereits entfaltete Sprachfähigkeit der Schüler unter dem Gesichtspunkt einer als vorbildhaft verstandenen Hochsprache und eines als vorbildhaft verstandenen Katalogs von Formen ihres Gebrauchs einer methodisch organisierten Schulung und Verbesserung bedarf. Dabei lösen sich in der Praxis die Formen vom situativen Kontext und verselbständigen sich zu rein schulischen Übungsformen.

Tatsächlich zeigt sich aber, daß bei der Auswahl der verschiedenen Möglichkeiten von Sprachverwendung solche Übungsformen nahegelegt werden, die darauf abzielen, die widersprüchlichen individuellen Erfahrungen und Meinungen der Schüler im Unterrichtsprozeß zu harmonisieren

(z. B. Erziehung zum „sachangemessenen Sprechen", zur „partnerschaftlichen Toleranz", zum „zuchtvollen Reden", zum „freien mündlichen Erlebnisaustausch"). Ausgeklammert bleiben solche Möglichkeiten der Sprachverwendung, die auf Situationen zielen, in denen es auf Durchsetzung von individuellen und Gruppeninteressen, auf Austragung von Konflikten etc. ankommt.

Werden solche Situationen zum Ausgangspunkt didaktischer Überlegungen, so verbietet es sich, „Erziehung zum richtigen Sprechen" zu verstehen als Einübung in einen Sprachgebrauch, dessen Funktionen im gesellschaftlichen Prozeß unreflektiert bleiben.

„Richtiges Sprechen" muß demgegenüber verstanden werden als Bestandteil einer Strategie zur Wahrnehmung solcher Interessen, die den Entwicklungszielen und Erfordernissen einer demokratischen Gesellschaft angemessen sind. Darum wird zur Benennung dieses Bereichs statt der vorbelasteten Begriffe der Ausdruck „mündliche Kommunikation" verwendet.

Allerdings steht die Konkretisierung einer „Didaktik der sprachlichen Kommunikation" noch in den Anfängen. Sie hätte zur Klärung der Lernzielvoraussetzungen z. B. zu fragen,

– wie sich gesellschaftliche Verhältnisse (Herrschaft, Widersprüche, Konsens, Konflikt) im Sprachgebrauch spiegeln;
– wie sich die unterschiedliche Sozialisation von Schülern in ihrem Sprachgebrauch spiegelt und durch welche sprachlichen Muster die Wahrnehmung eigener Interessen gehindert oder gefördert wird;
– wie Schule auf unterschiedlichen Sprachgebrauch eingeht;
– wie sich das überkommene Rollenverständnis des Lehrers in der sprachlichen Kommunikation auf den Schüler auswirkt.

Sie hätte zu suchen nach Formen der Sprachverwendung, Themen und Methoden, die dem genannten Ziel sprachlicher Kommunikation adäquat sind.

Der derzeitige Stand der didaktischen Diskussion läßt folgende vorläufige Formulierung detaillierter Lernziele zu:

– Schüler unterschiedlicher sozialer Herkunft sollen lernen, unter Wahrung ihrer Bedürfnisse und ihrer Interessen miteinander zu kommunizieren.
– Im Kommunikationsvorgang sollten unterschiedliche Gruppeninteressen verdeutlicht werden.
– Die Schüler sollen erkennen, welchen Bezug die jeweilige Gesprächsthematik zu ihrem sozialen Erfahrungsbereich hat.
– Die Schüler sollen lernen, Formen der Kommunikation hinsichtlich ihrer Funktion und im Hinblick auf das jeweilige Thema kritisch zu reflektieren.
– Die Schüler sollten gegenüber Gesprächsreglementierungen, die nicht ihrem Interesse dienen, sensibilisiert werden.

Bedingungen der Realisierung

Eine „Didaktik der sprachlichen Kommunikation" hätte im Hinblick auf Lehrerausbildung und -fortbildung zu prüfen, wie Lehrer in den Stand gesetzt werden können, entsprechend den allgemeinen Lernzielen der Kommunikation Unterricht zu organisieren, insbesondere die in diesem Unterricht auftretenden Konflikte im Unterricht produktiv zu machen.

Im Hinblick auf *Lehrerverhalten* und Lernprozeß ergeben sich folgende Probleme:

– Der Lehrer sollte seine eigenen Interessen und sein Verhalten in der Institution Schule und nicht zuletzt die von ihm verwendete Sprache reflektieren.
– Er sollte Unterricht so zu organisieren versuchen, daß kommunikationsgehemmte Schüler nicht verunsichert werden; das erfordert primär die Berücksichtigung des Zusammenhangs von Leistungsbewertung und Kommunikationshemmung, der auch den Schülern bewußt gemacht werden muß.
– Er sollte den Gruppendruck auf Außenseiter zu dämpfen versuchen.

Neben den oben beschriebenen Schwierigkeiten, die sich aus der Lehrerausbildung und einer nur ansatzweise vorhandenen Didaktik der mündlichen Kommunikation für die Umsetzung der Ziele dieses Arbeitsbereichs im Unterricht ergeben, behindern weitere Faktoren diesen Prozeß; z. B.:

— die Klassenstärken erschweren sowohl ein genaues Eingehen auf individuelle und gruppenspezifische Kommunikationsschwierigkeiten als auch eine Organisierung des Unterrichts, der möglichst für alle Schüler Gesprächsanlässe schaffen sollte;
— in den meisten Schulgebäuden sind nicht genügend Gruppenräume vorhanden, die die Aufgliederung der Großgruppe (Klasse) in kleinere Arbeitsgruppen erleichtern könnten;
— die an Schule interessierte Öffentlichkeit erwartet vom Unterricht noch immer vornehmlich die Vermittlung von Kenntnissen und Fertigkeiten und ist bislang noch zu wenig eingestellt auf Lernprozesse, die auf Verhaltensänderung abzielen.

Daraus ergeben sich besondere Beurteilungsschwierigkeiten: die herrschende Beurteilungspraxis von mündlichen Schülerleistungen geht vornehmlich von der Intensität und Qualität der Beteiligung der Schüler am Unterricht aus und berücksichtigt zu wenig die Faktoren, die das unterschiedliche Verhalten der Schüler bestimmen.

2.3 Arbeitsbereich: Sprachliche Übungen: Mündliche und schriftliche Kommunikation
    B. Schriftliche Kommunikation
    I. Lernzielzusammenhang (Ss. 18—24)

Zu den Aufgaben des Deutschunterrichts gehört weiter die planvolle Übung im schriftlichen Gebrauch der Sprache.

Diese Aufgaben sind bisher vorwiegend unter den Gesichtspunkten des normgerechten und des stilistisch guten Schreibens gesehen worden. Sie wurden wahrgenommen z. B. in Wortschatzübungen („das treffende Wort") und in der Einübung in einen Kanon von Aufsatzmustern (Erlebnisaufsatz, Sachbericht, Schilderung, Erörterung etc.). Die Kritik an diesem Schreibunterricht richtet sich

— gegen die Verselbständigung der schulischen Muster (Aufsatzarten);
— gegen die fraglos verwendeten und durchgesetzten Norm- und Stilkriterien;
— gegen die vorgebliche Vorrangigkeit der Darstellung gegenüber dem Dargestellten.

Ableitung der Aufgaben aus Verwendungssituationen

Ziel einer Neuformulierung der Aufgaben dieses Arbeitsbereichs muß es sein, diese Aufgaben in einem einsichtigen Ableitungszusammenhang zu definieren. Das ist möglich, wenn zunächst nach Verwendungssituationen gefragt wird, in denen heute jeder — unabhängig von berufsspezifischen Anforderungen — zu schreiben hat. Allerdings hat es auf den ersten Blick den Anschein, als ob die Bedeutung der schriftlichen Kommunikation gegenüber anderen Formen der Kommunikation heute abnehme: Neben privaten Briefen und Karten fällt fast nur noch der Schriftverkehr mit Behörden und Betrieben ins Gewicht. Selbst für die angeführten Situationen scheint in zunehmendem Maße das Ausfüllen von Formularen das Schreiben eigener Texte zu ersetzen. Hieraus den Schluß ziehen zu wollen, in Zukunft in diesem Arbeitsbereich vorwiegend das Ausfüllen von Formularen zu üben, hieße einer sehr verkürzten Auslegung des Begriffs „Verwendungssituation" das Wort reden. So richtig und für die Schüler hilfreich es ist, daß solche realen Anforderungen berücksichtigt werden, so wenig kann im privaten und öffentlichen Bereich die Rede davon sein, daß die Bedeutung der schriftlichen Kommunikation generell zurückgeht; teilweise bedient sie sich nur anderer Formen. Richtig ist, daß die Zahl der Menschen gering ist, die im privaten Bereich zu einer differenzierten und die Kommunikation untereinander erweiternden schriftlichen Darstellung ihrer Erfahrungen und Probleme hinreichend motiviert und in die Lage versetzt worden sind. Diese Feststellung kann nicht losgelöst werden von der Tatsache, daß die Zahl derjenigen, die „Öffentlichkeit" für ihre Erfahrungen, Meinungen, Interessen und Entwürfe herstellen und herstellen können, gering ist, und zwar deshalb, weil die Verfügungsgewalt über die dazu notwendigen Medien in den Händen weniger liegt. In den didaktischen Begriff „Verwendungssituation" darf deshalb nicht nur eine platte Abspiegelung des bestehenden Zustandes eingehen, er muß vielmehr auch daraufhin definiert werden, was an der bestehenden Situation geändert werden sollte, um erweiterte Möglichkeiten von Selbstreflexion, Selbstvergewisserung und humaner Interaktion freizusetzen. Für das in Frage stehende Teilgebiet des Arbeitsbereichs „Sprachliche Übungen" bedeutet das: Alle Schüler sollen befähigt werden, die Anforderungen zu erfüllen, die sich aus der gegebenen gesellschaftlichen Situation ableiten lassen und für die bestimmte Möglichkeiten des schriftlichen Gebrauchs von Sprache Voraussetzung sind. Sie sollten aber nicht minder in die Lage versetzt werden, solche Fähigkeiten im schriftlichen Gebrauch von Sprache zu erwerben, die Voraussetzung sind für das Erkennen und Überwinden bestehender Kommunikationsgrenzen und deren gesellschaftlicher Ursachen. Das könnte heißen:

— daß Formen schriftlicher Kommunikation zur Herstellung von „kritischer Öffentlichkeit" erlernt werden, die nicht abhängig ist von den bestehenden Institutionen und der von diesen gemachten Öffentlichkeit;
— daß die Schüler lernen, die realen Wirkungsbedingungen solcher Formen schriftlicher Kommunikation einzuschätzen, die sich aus der Spannung zwischen Verfassungsanspruch (Art. 5 GG) und Verfassungswirklichkeit ergeben.

Geforderte Fähigkeiten

Die Fähigkeiten, Sprache in definierten Verwendungssituationen schriftlich zu gebrauchen, lassen sich unter zwei Gesichtspunkten beschreiben: Es geht einmal um die *Fähigkeit, vorhandene Schreibmuster, wie sie in verschiedenen Lebenssituationen verwendet werden, zu gebrauchen.* Zu denken ist hier an Schriftverkehr mit Behörden, Betrieben etc. Die Schüler sollten durch die Schule darauf vorbereitet werden, den herrschenden Konventionen dieser Schreibmuster entsprechen zu können und sich über die Angemessenheit der Ziel-Mittel-Relation beim Abweichen von dieser Konvention Rechenschaft zu geben.

Es geht zum andern um *die Fähigkeit, für eigene Erfahrungen, Erkenntnisse und Interessen mit Hilfe von schriftlichen Texten „Öffentlichkeit" herzustellen.* Diese Forderung geht von zwei Überlegungen aus:

a) das zunächst nur Gedachte, Vorgestellte wird beim Niederschreiben fixiert, vergegenständlicht, objektiviert und wegen des damit gegebenen Zwangs zur Präzisierung kontrollierbar. Schreiben wird so zu einem Mittel der Selbstreflexion;
b) aus objektiven und subjektiven Gründen hat, wie oben ausgeführt, in der gegenwärtigen Kommunikationsstruktur unserer Gesellschaft nur eine Minderheit die Möglichkeit, für sich „Öffentlichkeit" herzustellen. Mit der Einsicht in diesen Sachverhalt stellt sich die Frage nach Möglichkeiten der Veränderung dieses Zustandes. Sie wird im Hinblick auf diesen Arbeitsbereich präzisiert als Frage nach neuen Formen (z. B. hektographierte Blätter, Plakate, Texte für Kommunikationszentren und Informationsstände, Texte für Straßentheater). Schreiben wird so zu einem Vehikel zur Herstellung von „kritischer Öffentlichkeit".

Problem der Kreativität

Solche Zielsetzungen verlangen also die Beherrschung bereits vorfindbarer Muster ebenso wie die Fähigkeit zu deren Veränderung. Dies wirft die Frage nach den Möglichkeiten von *Kreativität* beim Schreiben auf.

Wenn Kreativität verstanden wird als Fähigkeit, geltende Muster, Konventionen, Normen außer Kraft zu setzen, so können zwei Gefahren, die von diesem verbreiteten Verständnis ausgehen, nicht übersehen werden:

— bleibt der Unterricht bei der Freisetzung individueller Fantasie stehen, so übersieht er, daß Fantasietätigkeit zunächst mehr oder minder eng und auf unterschiedliche Weise an von der erfahrenen und erfahrbaren Umwelt vermittelte Muster gebunden bleibt. Die Möglichkeiten der Fantasie stehen in engem Zusammenhang mit den in einer Gesellschaft gegebenen realen Chancen der Veränderung. Das zu unterschlagen hieße, Fantasie zu einem Wert an sich zu stilisieren und die individuelle Fantasie als vorgeblich freie zu mystifizieren;
— ein freies Spiel mit sprachlichen Elementen (Vertauschung von Adjektiven, verkehrte Welt z. B.) setzt Fantasie frei, bringt aber die so produzierten Texte nicht in den hier anzustrebenden Verwendungszusammenhang ein: Befähigung zur Distanzierung von den Zwängen der bestehenden Kommunikationsstrukturen und damit zu ihrer möglichen Veränderung. Hierzu müssen solche „Spiele" auch die durch Sprache vermittelten Inhalte und den situativen Kontext ihrer Verwendung einbeziehen.

Diesen Gefahren ist nur beizukommen, wenn in einem längeren Prozeß der Produktion von Texten und Reflexion auf ihre Entstehungsbedingungen die Bindung an die bestehenden Kommunikationsstrukturen tendenziell überwunden und statt dessen die Produktion solcher Texte auf das Ziel, humanere Kommunikationsbedingungen herzustellen, gerichtet wird.

Problem der Darstellungsformen

Wenn vorwiegend die Aufgaben dieses Arbeitsbereiches sich dadurch bestimmen lassen, daß der Schreibende mit den Mitteln der geschriebenen Sprache ein Interesse im Zusammenhang oder in der Auseinandersetzung mit einer Sache realisiert und somit diese Aufgaben dann nur durch reale Verwendungssituationen begründet werden, dann folgt daraus: Die bisher üblichen schriftlichen Übungsformen wie etwa Beschreibung, Schilderung, Erzählung, Nacherzählung in ihrer strikten, vorwiegend formal und durch die schulische Tradition begründete Sonderung voneinander müssen aufgegeben werden. Sie unterwerfen den Schüler sinnlosen Zwängen in Form ihrer Regeln, deren Funktion nicht einsehbar zu machen ist und deren Verwendung von keinen realen Notwendigkeiten bedingt ist.

Das heißt nicht, daß beim Schreiben Aufgaben nicht mehr vorkommen können, die den bisherigen Formen entsprechen; eine Beschreibung kann in einer bestimmten Verwendungssituation funktional sein ebenso wie die inhaltliche Zusammenfassung eines Textes. Auf diese Funktionalität hin aber muß jede Form der schriftlichen Kommunikation geprüft werden: die Kriterien dafür sind aus der Funktion zu entwickeln und in ihrem Verwendungscharakter deutlich zu machen.

Zugleich sind nur von daher die Kriterien zu ermitteln, mit deren Hilfe bemessen werden kann, inwieweit die Lösung der Aufgabe den Zielvorstellungen adäquat ist.

Auszugehen ist bei der Aufgabenbestimmung von der Motivation, die Schreiben veranlaßt. Einerseits ist sie stärker vom Subjekt, dem Schreibenden, und seinen eher individuellen Bedürfnissen bestimmt, andererseits geht sie aus von eher äußeren Anforderungen, die sich aus realen Verwendungssituationen ableiten lassen.

Im ersten Fall sind die Strategien des Schreibens solche, die die kognitiven Fähigkeiten des Schreibenden fördern und erweitern. Wenn die Beziehung des Gedankens zum Wort ein Prozeß ist und der Gedanke im Wort „erfolgt" (Wygotski), so kann eine Verschriftlichung der Organisation und Präzision von Gedanken dienen (Strukturierung, Darstellung von Zusammenhängen und Gegensätzen, exakte Begriffsfindung u. ä.). Der Adressat des Geschriebenen ist in diesem Fall vor allem der Schreibende selbst: nachdem er, was im Denken simultan enthalten ist, in der Sprache sukzessiv entfaltet hat, versteht er sich und sein Denken genauer, hat sich selbst vergewissert und kann sich — falls nötig — dann auch anderen besser mitteilen.

Je mehr nun der Anlaß zum Schreiben bestimmt ist durch Anforderungen, die dem Schreibenden äußerlich sind, um so stärker muß er die Ziel-Mittel-Relation bedenken, d. h. er hat sich zu fragen, in welche sprachliche Mittel er das Interesse umsetzt, das ihn dazu motiviert oder zwingt, sich an andere (Adressaten) zu wenden, und wie er am besten sein Ziel erreicht. Hier werden die Strategien des Schreibenden also vorwiegend bedingt sein durch die Realsituationen, die eine Verschriftlichung fordern, und ihre ganz spezifischen Momente: Kommunikationsinteresse, Intention, Gegenstand; gegebene Zeit, gegebener Ort, übliche Form etc. Zugleich wird nun die Frage nach den Adressaten wesentlich, mit denen der Schreibende kommuniziert, die er informieren, auffordern, überreden, verändern, manipulieren, beruhigen, bitten, erfreuen u. a. m. will. Beispiele für den Umkreis solcher Realsituationen sind etwa: ,Umgang mit öffentlichen Institutionen', ,Arbeitsteilige Kommunikation', ,Konservierung von Daten, Fakten und Zusammenhängen', ,Artikulation von Interessen in der Öffentlichkeit'.

Problem der Beurteilung

Mit solchen Überlegungen sind zugleich — abgesehen von den grundlegenden Problemen der Notengebung — zwei Positionen, die die bestehende Beurteilungspraxis bestimmen, problematisch geworden: Die Frage, ob ein schriftlicher Text den Anforderungen eines „guten Deutsch" entspreche, muß selbst Gegenstand didaktischer Überlegungen werden. Dieses Kriterium mißt einen Text an einer Vorstellung von Sprache, die diese aus allen Interaktionszusammenhängen herausgebrochen und zu einer separaten Größe vergegenständlicht hat. Zu kritisieren sind die Willkürlichkeiten dieses Stilkanons (nicht: wenn/würde; obwohl/trotzdem etc.[1]) ebenso wie die realen gesellschaftlichen Auswirkungen dieser Vorstellung, die letztlich dazu dient, ,freie Entfaltungsmöglichkeiten' des einzelnen unnötig einzuschränken, die Verschiedenheit von Erfahrungen über Sprachregelung zu normieren und Spontaneität abzubauen. Denn die verwendeten Normkriterien sind schichtspezifisch bestimmt (Mittelstandssprache), selbst historisch und damit ständigen Veränderungen unterworfen und entsprechen kaum dem realen Sprachverhalten. An ihnen festzuhalten heißt also, unnötigen Zwang auszuüben.

Die zweite für die Beurteilungspraxis wichtige Position geht davon aus, daß weniger das Dargestellte als die Form der Darstellung („äußere Form", „Aufbau", „Spannung", „Höhepunkt", „innere Schlüssigkeit" u. a.) für die Beurteilung eines Textes von Bedeutung sein soll. Sie erklärt sich einmal aus der Fächerung des gesamten Unterrichts, die dem Deutschunterricht die Aufgaben allein der „sprachlichen Bildung" zuschreibt, zum anderen ist sie als Konsequenz der verbreiteten Ideologie der Ideologielosigkeit (d. h. des Postulats der inhaltlichen Wertfreiheit, die als „Objektivität" ausgegeben wird) zu verstehen.

Gegen diese übliche Beurteilungspraxis aber käme es darauf an, den Schülern bei der Artikulation ihrer Erfahrungen, ihrer Ängste und Bedürfnisse behilflich zu sein, um damit die Reflexion auf solche Sozialerfahrungen einzuleiten, die durch das Schreiben eine erste Objektivation erfahren.

Aufgabenstellungen

Aufgabenstellungen sollten einerseits aus dem Lern- und Arbeitsprozeß der Schule selbst erwachsen, wo ihre Notwendigkeit rational begründbar sein muß; andererseits sollten subjekt- und umweltbezogene Bedürfnisse der Schüler zum Anlaß genommen werden. Dabei darf nicht außer Acht gelassen werden, daß die subjektiven Bedürfnisse der Schüler weitgehend nicht spontane, sondern vermittelte (und darum nicht ihre objektiven) sind und möglicherweise gerade Zwänge reproduzieren, die sie zu erkennen lernen sollen.

In der Verwirklichung dieser Aufgaben sind sprachliche Produktion und Reflexion über Sprache aufeinander angewiesen.

Anlässe zum Schreiben entstehen so aus:

·   Realsituationen (Protokoll, Exzerpt, Bericht etc.),

---

1   Ludwig Reiners, Kleine Stilfibel — Der sichere Weg zum guten Deutsch: „Stilverbot Nr. 17: In wenn-Sätzen und anderen Bedingungssätzen kein würde." (dtv 154, S. 55)

– einer Mischung aus Real- und Modellsituationen (Schülerzeitung),
– Spielsituationen.

Zum Problem der Rechtschreibung

Wenn der Deutschunterricht die Aufgabe hat, die sprachliche Kommunikationsfähigkeit der Schüler zu fördern, erscheint das Erlernen der Rechtschreibung demgegenüber als ein sicher wichtiger, aber sekundärer Bereich. Der Stellenwert der Rechtschreibung kann durch folgende Überlegungen beschrieben werden[1]:

– Jede Verschriftlichung stellt im Gegensatz zur gesprochenen Sprache eine konservierende Form von Sprache dar, die stärker norm- und regelgebunden ist und sich langsamer verändert als Sprechsprache.
– Die historische Entwicklung des Schreibens unterlag so vielen Zufälligkeiten, daß eine systematische Behandlung von Rechtschreibung nicht möglich ist.
– Als legitime Funktion von Rechtschreibung kann angesehen werden, Mißverständnisse beim Lesen von Texten zu verhindern. Im Hinblick auf diese Zielsetzung müßten Rechtschreibreformen öffentlich diskutiert werden (z. B. Groß- und Kleinschreibung, Zusammen- und Getrenntschreibung, Schreiben des s-Lautes, Schreibung von Fremdwörtern, Zeichensetzung (Komma), Kennzeichnung langer und kurzer Vokale).
– Demgegenüber stellt die Rechtschreibleistung für die Öffentlichkeit immer noch den gängigsten Maßstab für die Beurteilung des „Bildungsgrades" eines Menschen dar. Verstöße gegen die Rechtschreibnormen führen zu ungerechtfertigten Benachteiligungen:

+ Der Besuch weiterführender Schulen wird erschwert.
+ Die beruflichen und gesellschaftlichen Chancen werden geringer.

Daraus folgt, daß die Überbewertung der Rechtschreibung in *Schule* und *Öffentlichkeit* korrigiert werden muß und daß die Schule die Beherrschung der Rechtschreibung nicht zum Kriterium für Eignungsbeurteilungen und Versetzungen machen darf.

Mangelnde Rechtschreibleistungen in der Schule sind bei genügenden sprachlichen Kommunikationsfähigkeiten kein Grund für die Benachteiligung eines Schülers. Ungeachtet dieser Problematisierung bestehen jedoch in der Öffentlichkeit die traditionellen Ansprüche fort. Es ist deshalb notwendig, daß die Schüler Grundkenntnisse der Rechtschreibung erwerben, um vor ungerechtfertigten Benachteiligungen geschützt zu sein.

Übungen zur Rechtschreibung lassen sich, wie es um die Förderung der sprachlichen Kommunikationsfähigkeit als oberstem Ziel geht, nicht gesondert durchführen, sondern sind in die übrige Arbeit zu integrieren. Durch die Einsicht in die historische Bedingtheit der Orthographie soll der Rechtschreibunterricht den Schüler auch zu einer kritischen Einstellung gegenüber der Rechtschreibung befähigen. [. . .]

2.4 Arbeitsbereich: Umgang mit Texten
  I. Lernzielzusammenhang (Ss. 46–49)

Wenn man davon ausgeht, daß der Deutschunterricht nicht dem Erwerb spezieller literarischer Kenntnisse oder der Einführung in einen nationalen Kanon wertvoller Dichtung dienen soll, dann geht es in diesem Arbeitsbereich darum, den Anspruch und die Bedeutung unterschiedlicher Texte

---

1 Die folgenden Punkte sind in Anlehnung an Bernhard Weisgerbers „Zehn Thesen zum Rechtschreibunterricht in der Grundschule", in: Die Grundschule, 1970/Heft 2, S. 7 ff., formuliert.

im gesellschaftlichen Leben zu bestimmen. Das bedeutet nicht Ausschluß von Literatur, sondern eine Neubestimmung ihres Stellenwertes.

Die Frage: mit welchen Texten müssen sich die Schüler mit Rücksicht auf ihre gegebene und zu erwartende Lebenssituation beschäftigen, und mit welchen sollten sie sich beschäftigen — führt dazu, Texte im Hinblick auf ihre Verwendungszusammenhänge zum Gegenstand von Unterricht zu machen. Das bedeutet: bei der Textauswahl muß zugleich eine kritische Bestimmung der Schülerbedürfnisse stattfinden und geprüft werden, auf welche Weise die Beschäftigung mit einer Textsorte der Emanzipation dienen kann. Im Arbeitsbereich „Umgang mit Texten" sollen die Schüler also lernen, Texte richtig zu rezipieren und zu verwenden. Richtig bedeutet dabei, daß sie erkennen, welche Absicht ein Text verfolgt und auf welche Weise die Absicht im Text gegenwärtig ist. Dazu müssen sie lernen, die in einem Text gegebenen Informationen aufzunehmen und distanziert darzustellen, die Besonderheiten der Textstruktur zu bestimmen und die Intentionen des Textes mit Bezug auf die sprachlichen Mittel konkret zu benennen. Im Verlauf dieses Arbeitsvorgangs kommt es zu einer kritischen Stellungnahme, in welcher die Textbetrachtung in den ökonomischen, politischen, sozialen und kulturellen Ereigniszusammenhang führt, der realen und historischen Hintergrund für den jeweiligen Text darstellt.

Bei dem Versuch, die Intentionen eines Textes zu erschließen und die Offenlegung oder Verschleierung des Gebrauchszusammenhangs als einen Aspekt seines Sinns, seiner Bedeutung, zu begreifen, zeigt sich, daß es unterschiedliche Formen der Einwirkung auf Handeln durch Texte gibt und daß Texte sich nach dem Grad der symbolischen Vermittlung ihrer Handlungsanweisung unterscheiden lassen: von der Direktheit der Kaufanweisung im Werbeslogan bis zu den komplizierten Bewegungen, mit denen bestimmte Formen der l'art pour l'art den Leser von der Erinnerung an die reale Welt befreien wollen.

In diesem Zusammenhang spielt die Unterscheidung von fiktiven und nichtfiktiven Texten, der Gegensatz von Gebrauchstexten und Dichtung traditionell eine Rolle. Aus der Perspektive der bisherigen Zielbestimmung des Arbeitsbereichs kann diese Unterscheidung aber nicht grundlegend für ein Curriculum dieses Bereichs werden. Es geht vielmehr darum, etwa durch die Beschäftigung mit dem gesellschaftlichen Gebrauch, der seit seiner Entstehung von einem poetischen Text gemacht worden ist, den vielschichtigen Verwendungszusammenhang deutlich zu machen, in dem Dichtung steht, und die emanzipatorischen Möglichkeiten eines Textes jeweils zu diskutieren. Eine solche Aufgabenstellung führt sowohl bei historischen wie aktuellen, einfachen wie komplizierten, fiktiven und nichtfiktiven Texten über die Textanalyse in einen Zusammenhang von Rezeption, Wirkung und Geltung.

Der Erwerb von Gattungskategorien, die Erarbeitung einer Typologie, kann nicht Ziel des Unterrichts sein; vielmehr kommt es darauf an zu klären, auf welche Weise die Gattungen wandelbare Muster darstellen, durch welche die Auseinandersetzung mit der Realität festgelegt wird. Entsprechend dem Entwicklungsstand der technischen Medien werden viele Schüler weniger mit gedruckten als über Fernsehen, Radio, Film gesendeten Texten konfrontiert. Das bedeutet, daß der Arbeitsbereich „Umgang mit Texten" die Auseinandersetzung mit den Medien einschließt.

Die folgenden Fragen sollen dem Lehrer eine Hilfe für die Planung und Strukturierung seines Unterrichts bieten. Allerdings würde es dem wichtigen Lernziel, die Schüler zu selbständigem Lernen hinzuführen, widersprechen, wenn der Lehrer diese Fragen direkt im Unterricht stellte.

1. Welche Informationen enthält der Text? [1] Sind sie ihm unmittelbar — durch Entschlüsselung — zu entnehmen?
2. Wann, wo, wie kommen solche Texte vor? Versuche, die Situation so genau wie möglich zu erschließen bzw. zu rekonstruieren.
3. Wodurch unterscheidet sich der eine Text vom anderen? Was sind seine besonderen Strukturmerkmale?
   Das bedeutet: Kategorien zur Beschreibung der Textstruktur und ihrer Eigenart erwerben

---

1 Der Begriff Text bezieht sich nicht nur auf Gedrucktes, sondern auch auf die Produktionen von Fernsehen, Film und Radio.

(Beachtung der semantischen, syntaktischen und pragmatischen Ebene und deren Interdependenz).

Zum Beispiel: Welche Rolle spielen Metaphern (Attribute, Adjektive usw.) bei der Konstituierung des Sinns, der Absicht, des Interesses eines Textes? Zu welchen Bereichen von Realität setzen sie eine Aussage, eine Feststellung in Beziehung (materieller Gehalt einer Metapher und eines Bezugsfeldes, z. B. Natur-Mythologie, Natur-Moral, Technik-Moral, Technik-Mythologie (Tierwelt), Krieg-Naturereignis usw.; „arbeitsame Biene"; „brüllende Maschine" . . .)?

Steht dieses Merkmal in Widerspruch zu anderen Aspekten des Textes, etwa: Metapher contra direkte, theoretische Aussagen über gesellschaftliche Funktion von Technik?

4. An wen richtet sich der Text? Läßt sich die Adressatengruppe genau, nicht genau bestimmen? Wird sie direkt angesprochen, oder muß man sie rekonstruieren? Wie kann man die Adressatengruppe eines Textes rekonstruieren? Was erfährt man aus dem Text? Welche Informationen braucht man noch?

5. Woran (an welchen Merkmalen) kann man erkennen, in welchen Verwendungszusammenhang ein Text gehört?

6. Wie wirken sich traditionelle Gattungsschemata (Superstrukturen) im Text aus (Strukturierung der Fabel, Charakter des Konflikts . . .)? Wird durch Gattungsforderungen der Spielraum der Handlung, der Ausschnitt aus einem fiktiven oder nichtfiktiven gesellschaftlichen Ganzen eingeschränkt?

7. Wie hängt „der Sinn", „die Bedeutung" eines Textes mit der Verwendungssituation zusammen?

8. Wie genau kann man den Zweck eines Textes bestimmen?

9. Was ist unter Absicht eines Textes zu verstehen?
In welchem Sinne ist ein Text Ausdruck kollektiver Interessen und Verhältnisse?

10. Wie steht das, was ein Text durch sich selbst sagt, mit dem, was der Autor zu diesem Problem meint, zusammen?

11. Enthält der Text Informationen über den Autor und dessen gesellschaftliche Situation, Position (biographische Angaben, schichtenspezifischer Kode, Wortschatz . . .)?

12. Welche Fragen legt ein Text nahe?
Welche Rolle spielen diese Fragen im gesellschaftlichen Leben?

13. Von welchen Fragen lenkt der Text ab? (z. B. die Mythologie und Metaphorik in Industrie- und Arbeiterdichtung von der industriellen Kapitalverwertung und Naturbeherrschung; zu verstehen als Reflex der gesellschaftlich vermittelten Beziehung des Arbeiters zu den Maschinen.)

14. Was müßte man wissen, um den Sinn eines Textes besser verstehen bzw. bestimmen zu können?
Was müßte man zusätzlich wissen, beobachten, untersuchen, können, um den Text angemessen zu benutzen? (z. B. Kenntnisse in Textlinguistik, Literaturgeschichte, Allgemeine Geschichtenspezifischer Kode, Wortschatz . . .)?
(. . . von Wirkung und Absicht . . .).

15. Wozu fordert der Text auf – primär zu Handlungen, Gedanken, Verhaltensänderung, Operationen, Empfindungen? Zu welchen Handlungen, Gedanken, Verhaltensänderungen, Operationen, Empfindungen fordert er auf? (Operationen mit den Textelementen? . . .)

16. Hat die Beschäftigung mit dem Text Folgen für mich
a) in der Schule?
b) außerhalb der Schule?

17. Legt er nahe, daß man seinen Sinn und Zweck im Gespräch mit anderen (mit wem? in welchen Situationen? außerhalb der Schule? . . .) zu klären versucht, oder geht es ihm eher darum, einen zu vereinzeln?

18. Wem nützt der Text, in welchen Situationen?
Wem könnte er unter welchen Voraussetzungen schaden? Wieviel Spielraum bietet der Text für die Interpretation?

19. Wer fühlt sich möglicherweise durch den Text herausgefordert, bestätigt, in seinen Interessen geschädigt, gestützt, in seinen Gefühlen verletzt?

20. Wo finde ich Texte, die dem gegebenen ähnlich sind? Läßt sich seine Zugehörigkeit zu einer besonderen Textsorte leicht oder schwer bestimmen? (Trivialliteratur, Wissenschaft, Populärwissenschaft, journalistischer Text, Reportage . . .).
21. Gibt es bestimmte, festgelegte Orte für seine Veröffentlichung (Kommunikationskanal): Zeitungen, Bücher, Hefte, Festschriften, Gesetzbuch, wissenschaftliche Zeitschriften . . . ?
22. Gibt es eine Wissenschaft, Institution, Behörde . . . , die sich im besonderen mit der Auslegung der jeweiligen Textsorte beschäftigt?
23. Welche Situationen und Anlässe sind denkbar, in denen ich selbst einen solchen Text schreiben könnte?

2.5 Arbeitsbereich: Reflexion über Sprache
I. Lernzielzusammenhang (Ss. 65/66)

In diesem Arbeitsbereich sollen Schüler befähigt werden, zu erkennen, daß Sprache in Kommunikations- und Handlungszusammenhängen realisiert wird und diese selbst mitkonstituiert. Sie sollen dadurch befähigt werden, aus der passiv-rezeptiven Rolle dessen, der das unkritisch sprachlich Kodiertes aufnimmt und Sprachmuster affirmativ verwendet, wie er sie vorfindet oder „lernt", in die Rolle dessen zu wechseln, der Ursachen, Mittel und Wirkung sprachlicher Prozesse und ihre wechselseitigen Beziehungen erkennen und entsprechend handeln kann. Sprachanalyse und -reflexion zielen also unter pragmatischem Aspekt immer auf die jeweilige Sprachverwendung in ihren sozialen Zusammenhängen.

Indem die Schüler sprachliche Äußerungen untersuchen, lernen sie die Sprache als Summe „eingefrorener" sozialer Erfahrungen lesen; d. h. sie lernen, die Sprachverwendung ihrer gegenwärtigen Umgebung begreifen und in ihren historischen Vermittlungen kritisch zu analysieren:

— Als Ausübung von Herrschaft, wie sie sie am Sprachverhalten in ihrer engeren Umgebung erfahren, nicht zuletzt im Unterricht;
— als schichtspezifische Sprechweisen, die die formal zugestandenen Sozialchancen einschränken;
— als ideologische Verschleierung in den verschiedensten Bereichen;
— als Manipulation, wie sie in den Massenmedien praktiziert wird.

In der kritischen Auseinandersetzung mit dieser Praxis werden Möglichkeiten humanerer Sprachverwendung sichtbar. Die Schüler sollten lernen, wie die Realisierung solcher Möglichkeiten in der gegenwärtigen Situation eingeleitet werden könnte. In solchen Zusammenhängen könnte Sprache erkannt werden als Mittel

— zur Information, die Alternativen zeigt und dem Informierten Entscheidungsmöglichkeiten offen läßt;
— zur offenen Darlegung von Interessen;
— zum rationalen und kontrollierten Austrag von Konflikten;
— zur Solidarisierung, um Interessen gegen die kritisierte Praxis durchsetzen zu können.

Ausgangspunkt für „Reflexion über Sprache" ist also stets die Spracherfahrung der Schüler. Vor allem Kommunikationskonflikte, das Problem der Sprachnorm und bestehende Kommunikationsgrenzen (Schicht-, Regional-, Fachsprachen) sollten untersucht werden. Dabei sollen die Bedingungen, unter denen kommunikative Prozesse ablaufen, in ihrem soziokulturellen Kontext erkannt werden. Dafür ist die Beschreibung der linguistischen Struktur eine wichtige Voraussetzung, doch bleibt die Systembeschreibung stets im Dienst einer Reflexion von realer Sprachverwendung, d. h. der pragmatische Aspekt steht im Vordergrund.

Es ist nicht Aufgabe des Bereichs „Reflexion über Sprache", eine vollständige Systembeschreibung von Sprache, nach welcher Theorie auch immer, zu liefern. Die Aneignung eines linguistischen Begriffsinstrumentariums und linguistischer Beschreibungsverfahren durch die Schüler ist erforderlich, soweit sie für die Untersuchungen der Sprachverwendungen benötigt werden.

Die Kenntnis linguistischer Verfahren und Ergebnisse ist darüber hinaus Voraussetzung für kontrastiven Sprachunterricht; sie ist unerläßlich für die Analyse von Texten; die im Arbeitsbereich „Sprachliche Übungen" beschriebenen Aufgaben verweisen auf Sprachverwendungssituationen, für die all das gilt, was zum Arbeitsbereich „Reflexion über Sprache" gesagt wurde.

Ob die angeführten Kenntnisse und Fertigkeiten, die in der Sekundarstufe I vermittelt werden, dort besser in einem systematisch aufgebauten Kurs (Kommunikationstheorie, Zeichentheorie, Pragmalinguistik, Grammatik) oder je nach Bedürfnis erworben werden, kann bei dem gegenwärtigen Stand der didaktischen Diskussion nicht entschieden werden.

Dokument 3:

Erlaß des Hessischen Kultusministers betreffend: Erprobung von Rahmenrichtlinien für die Primarstufe und Sekundarstufe I

Erlaß vom 11. 7. 1973 — IV B — 957/530 — (ABl. 1973, S. 908)

Die Diskussion über die Erprobung der Rahmenrichtlinien veranlaßt mich, den gegenwärtigen Stand des Erprobungsverfahrens zusammenfassend darzustellen.

1. Gegenstand des Erprobungsverfahrens

[...]

Da die Erarbeitung neuer Curricula in einem sich ständig erneuernden Verfahren erfolgt, werden die Entwürfe für Rahmenrichtlinien in bestimmten Fällen bereits während der Erprobungsphase fortgeschrieben.

Überarbeitete Fassungen von Entwürfen für Rahmenrichtlinien werden durch eine unter den Titel gesetzte Jahreszahl gekennzeichnet. Textausgaben ohne diese Jahreszahl sind Erstfassungen oder deren unveränderte Nachdrucke.

Das Erprobungsverfahren erstreckt sich zunächst auf die o. a. Entwürfe für Rahmenrichtlinien, auf den Entwurf Sekundarstufe I Deutsch in der demnächst erscheinenden Fassung 1973.

Die Herausgabe neuer oder überarbeiteter Entwürfe, für Rahmenrichtlinien und ihre Einbeziehung in das Erprobungsverfahren werden im Amtsblatt bekanntgemacht.

2. Bereitstellung des Materials

Die Entwürfe von Rahmenrichtlinien für die Primarstufe und die Sekundarstufe I wurden und werden den Schulen zur Unterrichtung, Diskussion und zur freiwilligen Teilerprobung zur Verfügung gestellt. Jeder Lehrer im hessischen Schuldienst hat die Texte der seither erschienenen Rahmenrichtlinienentwürfe erhalten, die für seine Fächer von Bedeutung sind. Außerdem hat jede Schule einen kompletten Satz erhalten. Entsprechend wird bei neuen Entwürfen verfahren.

Soweit aus dienstlichen Gründen weitere Exemplare benötigt werden, werden diese kostenlos abgegeben. Anforderungen sind zu richten an den

Hessischen Kultusminister — Referat I B 4 —
62 Wiesbaden, Luisenplatz 10, Postfach 14.

Der Elternbeirat jeder Schule hat auf Anforderung ebenfalls kostenlos einen vollständigen Satz der Entwürfe von Rahmenrichtlinien erhalten. Besteht der Schulelternbeirat aus 20 oder mehr Mitgliedern, wird ein weiterer vollständiger Satz der Entwürfe von Rahmenrichtlinien kostenlos zur Verfügung gestellt. Entsprechend wird bei neuen Entwürfen verfahren. Weitere Exemplare können gegen Erstattung der Selbstkosten bei der vorstehend genannten Stelle abgerufen werden. Beim

Hessischen Institut für Lehrerfortbildung
– Hauptstelle –
3501 Fuldatal, Reinhardswaldschule

vorliegende Materialien zu einzelnen Unterrichtseinheiten können dort gegen Erstattung der Selbstkosten angefordert werden.

3. Stand und Ziel des Erprobungsverfahrens

Die Ersetzung der zur Zeit geltenden, sachlich z. T. überholten Bildungspläne durch neue Rahmenrichtlinien bedarf der Zustimmung des Landeselternbeirates. Um dem Kultusminister eine abschließende Meinungsbildung zu ermöglichen und um sich selbst Grundlagen für seine Entscheidung nach § 22 des Gesetzes über die Mitbestimmung der Erziehungsberechtigten und den Landesschulbeirat i. d. F. vom 30. 5. 1969 zu verschaffen, kam der Landeselternbeirat mit dem Kultusminister in einer gemeinsamen Beratung vom 6. 5. 1972 überein, „daß dort, wo das Kollegium einer Schule oder auch Lehrer von Fachbereichen sich im Stande fühlten, punktuell Pläne zu erproben, diese geschehen könne". Auch der Hauptpersonalrat der Lehrer hat am 8. 5. 1972 und in der Folgezeit wiederholt erklärt:
„Die Erprobung der Entwürfe der Rahmenrichtlinien sollte von Gesamtkonferenz, Fachkonferenz, Schulleitung und Schulverwaltung intensiv unterstützt werden."
Nach Auswertung der in Erprobung und Diskussion gewonnenen Erfahrungen werde ich über die endgültige Fassung und Einführung von Rahmenrichtlinien entscheiden und die Zustimmung des Landeselternbeirates einholen.

4. Verfahren bei der Erprobung

Die von Landeselternbeirat und Kultusminister vereinbarte Erprobung erfüllt nur dann ihren Zweck, wenn geeignete Schulen in regional und fachlich sinnvoller Auswahl und Streuung daran beteiligt und die dabei gemachten Erfahrungen und Beobachtungen mitgeteilt und ausgewertet werden, so daß sie zur abschließenden Meinungsbildung sowohl des Kultusministers wie des Landeselternbeirates beitragen.

4.1 Auswahl und Feststellung der Erprobungsvorhaben sowie Unterrichtung der Schulaufsicht

Die Erprobung in der jeweiligen Schule kann sich auf eines oder mehrere Fächer erstrecken. Die Absicht zur Einleitung von Erprobungsverfahren ist der Schulaufsicht mitzuteilen. Die Schulaufsichtsbehörden wirken darauf hin, daß eine umfassende und ausgewogene Erprobung erfolgt. Soweit dazu erforderlich regen sie die Einbeziehung bestimmter Fächer oder Lerngebiete, ihren Austausch gegen andere Fächer und Lerngebiete oder besondere Schwerpunkte für einzelne Schulen an. Bei der Planung der Unterrichtsvorhaben müssen die Lernvoraussetzungen der Schüler berücksichtigt werden.
Wenn Lehrer in ihrem Fach mit den Rahmenrichtlinien arbeiten wollen, teilen sie dies der Fachkonferenz mit. Die Fachkonferenz berät über Dauer, Umfang und Schwerpunkte des Erprobungsverfahrens. Um einen Erfahrungsaustausch zu ermöglichen, sollen nicht weniger als zwei Lehrer

in einem Fach mit vergleichbaren Vorhaben derselben Entwürfe arbeiten. Diese Lehrer berichten der Fachkonferenz über den Stand der Unterrichtsvorhaben und die dabei gemachten Erfahrungen.

Die Schulaufsichtsbehörden sind auf dem Dienstweg über Planung, Ausführung und Ergebnis der Erprobungen zu unterrichten.

4.2 Unterrichtung und Beteiligung der Elternvertretung und der Schüler

Art und Umfang der Erprobung sowie die dazu zu verfolgenden Ziele sind mit der Klassenelternschaft, ab Klasse 8 auch mit den Schülern zu erörtern.

Der Schulelternbeirat und der Schülerrat sind schriftlich zu unterrichten. Dabei ist darauf hinzuweisen, daß es sich nicht um individuelle und isolierte Versuche einzelner Schulen, sondern um ein generelles Erprobungsverfahren auf einheitlicher Grundlage mit gleicher Zielrichtung handelt, das dem Kultusminister und dem Landeselternbeirat Grundlagen für die abschließende Entscheidung liefern soll. Die Maßnahme der Erprobung ist im Schulelternbeirat mit dem Ziel der Verständigung zu erörtern. Der Schulleiter kann verlangen, daß der Vorsitzende des Schulelternbeirats eine Sitzung binnen einer Woche einberuft. Widerspricht ein Schulelternbeirat im Einzelfall der beabsichtigten Erprobung, die Grundlagen für die abschließende Meinungsbildung des Landeselternbeirates und des Kultusministers schaffen soll, richtet sich das weitere Verfahren nach den Bestimmungen des Gesetzes über die Mitbestimmung der Erziehungsberechtigten und den Landesschulbeirat i. d. F. vom 30. 5. 1969.

5. Notengebung im Erprobungsverfahren

Werden an einer Schule in einzelnen Klassen Entwürfe für Rahmenrichtlinien in übergreifenden Fachgebieten, wie z. B. Gesellschaftslehre erprobt und in den Zeugnissen als einheitliches Fach benotet, während in den übrigen Klassen nach den noch geltenden Bildungsplänen die einbezogenen Fächer (bei Gesellschaftslehre z. B. Erdkunde, Geschichte, Sozialkunde) getrennt unterrichtet und dementsprechend gesondert benotet werden, ist auf den Zeugnissen zu vermerken, welche Fächer im Rahmen der Erprobung jeweils zusammengefaßt und gemeinsam benotet wurden. Die Zusammenfassung zur Gesamtnote darf den Schülern bei der Versetzungsentscheidung nicht zum Nachteil gereichen.

Wird an einer Schule der Unterricht im Sinne der Rahmenrichtlinien erweitert, in dem z. B. anstelle des Fachs Heimatkunde in der Grundschule (Primarstufe) die Entwürfe für Rahmenrichtlinien Sachunterricht Aspekt Gesellschaftslehre und/oder naturwissenschaftlich-technischer Aspekt erprobt werden, tritt im Zeugnis die Note für Sachunterricht an die Stelle einer Note für Heimatkunde.

6. Berichte und Auswertung der Erfahrungen

6.1 Unterrichtung des Kultusministers und der Schulaufsichtsbehörden

Um eine unverzügliche zentrale Auswertung der Erfahrungen zu ermöglichen, ist mir ein Erfahrungsbericht unmittelbar zuzuleiten, unter gleichzeitiger Übersendung einer Durchschrift an den Regierungspräsidenten auf dem Dienstwege. Abweichende Stellungnahmen der Fachkonferenz oder des Schulleiters sind dem Bericht beizufügen.

6.2 Unterrichtung der Elternvertretung

Die zuständigen Klassenelternschaften und Elternvertretungen sind in geeigneter Form zu unterrichten; bemerkenswerte Ergebnisse sind mit ihnen zu erörtern.

6.3 Termine

Ich bitte, mir Stellungnahme und Diskussionsbeiträge gemäß Erlaß vom 30. 8. 1972, ABl. 1972, S. 189, bis zum Ende des Jahres 1973, Erfahrungsberichte über Erprobungen jeweils nach Ende des Schuljahres, spätestens bis zum 1. 10., vorzulegen.

7. *Bestimmungen für Gesamtschulen*

Da die bisherigen Bildungspläne den Anforderungen der nicht mehr nach Schulformen gegliederten Gesamtschulen nur bedingt entsprechen, bleibt es vordringliche Aufgabe dieser Schulen, die Entwürfe für Rahmenrichtlinien zu erproben.

Mit Zustimmung des Landeselternbeirates werden, außer in bestimmten Fällen, dem Unterricht in nicht mehr nach Schulformen gegliederten Gesamtschulen die Rahmenrichtlinien und damit abgestimmte Handreichungen und Arbeitspapiere zugrunde gelegt (Erl. betr. Rahmenrichtlinien für die pädagogische Entwicklung der hessischen Gesamtschulversuche vom 16. 3. 1972, ABl. 1972, S. 428 ff.; Erl. betr. vorläufige Regelung der Abschlüsse der Klassen 9 und 10 an Gesamtschulen nach § 69 SchVG, ABl. 1973, S. 588 ff.). Ich mache darauf aufmerksam, daß sich diese Sonderregelungen für Gesamtschulen jeweils auf die Entwürfe für Rahmenrichtlinien beziehen, die an der jeweiligen Gesamtschule im Sinne dieses Erlasses erprobt werden.

8. Von vorstehenden Regelungen hat der Landeselternbeirat zustimmend Kenntnis genommen.

II. Stellungnahmen der Parteien

An Stellungnahmen der einzelnen Parteien liegt ein sehr umfangreiches Materialkonvolut vor — angefangen von Flugblättern, Broschüren, Resolutionen, Presseerklärungen, Tagungsprotokollen bis zu Äußerungen bekannter Parteivertreter in Presse, Rundfunk und Fernsehen sowie Erklärungen verschiedener Sozial-, Berufs- und Interessengruppen, die sich als einzelnen Parteien nahestehend zu erkennen geben.

Wir glauben, daß wir dem Anspruch einer ausgewogenen Dokumentation der einzelnen Parteiauffassungen dadurch am ehesten gerecht werden, daß wir uns — mit wenigen Ausnahmen (vgl. Dok. 9 und 12) — auf offizielle Äußerungen beschränken, wie sie durch die Ministererlasse (vgl. Dok. 1 und 3), die Anträge der CDU- und der FDP-Fraktion im Hessischen Landtag sowie deren Begründung und Zurückweisung — dokumentiert durch die Landtagsprotokolle — gegeben sind.

Nach Möglichkeit und Notwendigkeit haben wir die Dokumente um die nicht zu den Rahmenrichtlinien Deutsch direkt gemachten Äußerungen gekürzt. Die Aufnahme der Passage aus der CDU-Broschüre „Marx statt Rechtschreibung" zu den RRD (vgl. Dok. 6) glauben wir dadurch gerechtfertigt, daß der dort gewählte Stil politischer Auseinandersetzung einer Dokumentation würdig ist.

Den Abdruck des „ZEIT"-Aufsatzes von Werner Brans, FDP (vgl. Dok. 9) halten wir deshalb für notwendig, weil er Unterschiede in der Argumentation zu der Landtagsrede der FDP-Abgeordneten Dr. Engel, die die Anfrage der FDP begründete, aufzeigt.

110

Der Artikel aus der der DKP nahestehenden UZ (vgl. Dok. 12) soll eine Minderheitenposition aus dem Bereich der Parteien dokumentieren.

Dokument 4:

Antrag der Fraktion der CDU betreffend Zurückziehung der „Rahmenrichtlinien"

(Abgedruckt in der CDU-Broschüre „Marx statt Rechtschreibung", hrsg. vom CDU-Landesverband Hessen, S. 5/6. Der Antrag wurde als Drucksache 7/2983 in der 60. Sitzung der 7. Wahlperiode des Hessischen Landtages am 29. 3. 1973 verhandelt.)

Der Landtag wolle beschließen:
Die Landesregierung wird ersucht,
1. die vom Hessischen Kultusminister auf dem Erlaßwege zur vorläufigen Erprobung in den öffentlichen Schulen freigegebenen Rahmenrichtlinien – insbesondere für die Fächer Deutsch und Gesellschaftslehre – der Sekundarstufe I unverzüglich zurückzuziehen;
2. für die Erarbeitung neuer Bildungspläne Sorge zu tragen, die der Hessischen Verfassung und dem Grundgesetz gerecht werden.
Der Antrag soll im Plenum behandelt werden.

Erläuterungen:

Mit den Rahmenrichtlinien hat sich der Hessische Kultusminister an die Spitze einer Bewegung gesetzt, die eine inhaltliche Verpflichtung des Schulwesens auf die neomarxistischen Theorien der „Neuen Linken" anstrebt. Insbesondere die Richtlinien für das Fach Deutsch und das neue Fach Gesellschaftslehre in der Sekundarstufe I müssen als Entwürfe zum Mißbrauch der Schule für den Klassenkampf und eine Erziehung zur Intoleranz zurückgewiesen werden.
Die Rahmenrichtlinien für das Fach Deutsch sind abzulehnen, weil sie u. a.

statt Toleranz Konflikt predigen,
statt Kenntnissen und Fertigkeiten Verhaltensänderung wünschen,
die Hochsprache als Klassensprache ablehnen und freie schöpferische Tätigkeit uminterpretieren als Bereitschaft zu abweichendem Verhalten, Verweigerung und Widerstand.

Noch einschneidender sind die Rahmenrichtlinien für das Fach Gesellschaftslehre, das eine Zusammenfassung der bisherigen Schulfächer Geschichte, Sozialkunde und Erdkunde bedeuten soll, in Wirklichkeit aber das Bildungswissen der Geschichte und Erdkunde austilgt. Die Rahmenrichtlinien sind aus der marxistischen Zwangsvorstellung einer Konfliktstrategie entwickelt worden; sie wollen dem Schüler „vorwiegend negative Erfahrungen" aus unserer Gesellschaft vermitteln wie „individuelle Ohnmacht, Angst, Aggression, Frustration, soziale Ungleichheit und Ungerechtigkeit"; sie zielen auf einen massiven Eingriff in das Verhältnis von Eltern und Kindern und bauen ein Feindbild von der Familie auf. Die Institutionen des demokratischen Staates lassen sie völlig außer acht.
Die Kommissionen, die die Rahmenrichtlinien im Auftrag des Kultusministers verfaßt haben, sind nach völlig undurchsichtigen Auswahlgesichtspunkten zusammengesetzt worden. Die zuständigen Fachverbände der Lehrer wurden offensichtlich ebenso bewußt ausgeschaltet wie die zuständigen Fachvertreter der Universitäten. Auch Vertreter der Elternschaft sind erst im letzten

Stadium informiert worden. Dies alles geschah unter dem Anspruch einer Partei, die „mehr Demokratie" und „mehr Transparenz in den Entscheidungsprozessen" zu verwirklichen vorgibt. Dieses undurchsichtige Verfahren muß zurückgewiesen werden. Die Bestimmung der schulischen Bildungsinhalte, die die ganze Entwicklung unseres geistigen Lebens prägen, kann in legitimer Weise nur bei einer breiten Beteiligung der Betroffenen erfolgen.

Die Rahmenrichtlinien sind in der vorliegenden Form unzulässig und widerrechtlich. Sie müssen völlig neu bearbeitet werden. Dabei sind neben fachlichen folgende politische Gesichtspunkte zu berücksichtigen:

die Sicherung der freien Entfaltung der Persönlichkeit;
die Verpflichtung des einzelnen gegenüber Staat und Gesellschaft;
die Orientierung der schulischen Bildung und Erziehung an dem gemeinsamen Auftrag, den Elternhaus und Schule wahrzunehmen haben.

Dr. Hans Wagner	Bernhard Sälzer	Wolf von Zworowsky
Vorsitzender der CDU-Landtags-fraktion	Kulturpolitischer Sprecher der CDU-Landtagsfraktion	Vorsitzender des Kulturpolitischen Ausschusses der CDU-Hessen

Dokument 5:

Aus: Protokoll des Hessischen Landtags – 7. Wahlperiode – 60. Sitzung – 29. 3. 1973 (S. 3264–3269)

Begründung des CDU-Antrags betreffend Zurückziehung der „Rahmenrichtlinien" durch den Abgeordneten Sälzer.

Herr Präsident, meine sehr verehrten Damen und Herren! Das Festlegen von Bildungsinhalten und Bildungszielen der Schulen ist im Grunde genommen die Entscheidung über die zukünftige Entwicklung unserer Gesellschaft, vor allem dann, wenn Schule, wie bei uns, praktisch Staatsmonopol ist. Wir alle sollten wissen, daß in der jüngsten Geschichte auf deutschem Boden zwei Diktaturen ihren Machtanspruch und ihr inhumanes Regime durch politisch einseitige Indoktrination und Manipulation von Bildungseinrichtungen festigen konnten. Schule wurde während der Nazizeit und wird heute noch in der sogenannten DDR zur Schulung im Sinne bewußt einseitiger und dem jeweiligen Parteiinteresse untergeordneter Bildungsziele denaturiert. Jede Diskussion um die Neufestsetzung von Bildungsinhalten und Bildungszielen kann daher nicht als irgendein Tagesordnungspunkt unter vielen angesehen werden. Die Diskussion um die Rahmenrichtlinien muß vielmehr das zentrale Thema der landespolitischen Auseinandersetzung überhaupt sein.

(Sehr richtig! bei der CDU.)

Darüber hinaus machen die zur Diskussion gestellten Rahmenrichtlinien wie kein anderes Dokument deutlich, was die gewollten oder nicht gewollten Absichten eines Kultusministers und damit auch einer Landesregierung sind.

Ich will einleitend die Absichten der Landesregierung am Beispiel der Rahmenrichtlinien „Gesellschaftslehre" untersuchen und hierzu folgende Betrachtungen vorausschicken. Die Rahmenrichtlinien und ihre Wirkung sind nach Auffassung der CDU in drei Stufen zu sehen. Im allgemeinen Teil A werden die politischen Absichten noch versteckt dargestellt. Einseitige Aussagen werden im Sinne pluralistischer Darstellungen relativiert. Deutlicher wird der unterrichts-

112

praktische Teil B. Hier ist die Einseitigkeit nicht mehr zu leugnen. Diese Einseitigkeit möchte ich zunächst eingangs an zwei Beispielen darstellen. Zunächst die Literaturauswahl: Heinrich Manns „Der Untertan" ist für den Unterricht der Zehnjährigen vorgesehen. Der Schülerladen „Rote Freiheit" fehlt ebensowenig wie der „Schülerkreuzzug" und Peter Brückners „Schülerliebe".

(Milde [CDU]: Den Herrn Minister interessiert das gar nicht!)

Natürlich werden auch die Jungsozialisten – als einziger politischer Jugendverband versteht sich – nicht vergessen mit ihrem Arbeitsprogramm für Kommunalpolitik. Vergeblich sucht man nach Autoren wie Popper, Scheuch oder Hennis.

Ein Zweites ist die Darstellung von Wirtschaftsfragen. Wo erfährt der Schüler in den Rahmenrichtlinien eine systematische Darstellung dessen, was die Grundlagen unserer so erfolgreichen Wirtschaftsordnung sind? Wo erfährt er, daß jeder soziale Fortschritt im Inneren und im Äußeren nur durch entsprechende Wirtschaftskraft möglich ist? Begriffe wie Geldwert, Inflation, Konjunktur, Brutto- und Nettosozialprodukt, Volkseinkommen, Abschreibung usw. müssen systematisch aufbereitet sein, damit eine so komplexe Wirtschaftsordnung, wie sie die soziale Marktwirtschaft nun einmal darstellt, verstanden werden kann. Es versteht sich am Rande, daß die Rezession 1966 im Sinne der SPD-Wahlpropaganda erläutert wird, während natürlich die Inflation 1971/72 und wohl vermutlich auch noch folgende verschwiegen werden.

(Beifall bei der CDU.)

Für den Deutschen Gewerkschaftsbund wird immer wieder einseitig Reklame gemacht, wozu ich z. B. auf S. 140 mit Erlaubnis des Herrn Präsidenten zitieren darf:

Eine Aufgabe des Unterrichts muß es jedoch sein, die Bedingungen und die Folge von Vorurteilen der Schüler gegenüber organisierten Formen der Wahrnehmung wirtschaftlicher Interessen bewußt zu machen.

So weit, so gut. Und dann heißt es weiter:

Hierher gehört vor allem die Einstellung gegenüber den Gewerkschaften und ihrer Rolle als Vertreterin der Arbeitnehmerinteressen.

(Clauss [SPD]: Den Gewerkschaften!)

Also kein Wort von anderen Organisationen, wie z. B. Beamtenbund, Arbeitgeberverbände und ähnliches.

Um dies in aller Deutlichkeit zu sagen: die CDU-Fraktion und die CDU insgesamt haben sich immer eindeutig zu der Notwendigkeit und der Arbeitsbreite der Gewerkschaften bekannt. Aber im Sinne einer Pluralität ist es nun einmal zwingend notwendig, daß hier nicht die Interessenvertreter nur einer Richtung und einer Seite genannt werden, sondern im Unterricht muß alles gebracht werden.

Dafür liest man dann in den Rahmenrichtlinien auf Seite 175 von der – wörtliches Zitat – „uneingeschränkten Entscheidungsgewalt der Unternehmer". Aber wiederum gibt es keinen Hinweis auf die Unmenschlichkeit eines staatlichen Monopolkapitalismus, wie er in den sozialistischen Staaten des Ostens praktiziert wird.

(Beifall bei der CDU.)

Überhaupt werden die Leute der Wirtschaft als Feindbild aufgebaut. Ihnen wird sehr viel Aufmerksamkeit gewidmet. Ich darf auf die Seiten 123, 196 und 209 verweisen. Das läuft dann letzten Endes auf die einfache Formel hinaus: Alle Mißstände in unserem Staat haben die Leute der Wirtschaft zu verantworten; denn ihr persönliches Interesse dirigiert alle öffentlichen Entscheidungen. Das hatten wir doch schon einmal! Wenn Sie sich zurückerinnern: im 19. Jahrhundert war der Franzose der Erbfeind, und zur Zeit der Nazis waren es die Juden.

Besonders gefährlich, meine Damen und Herren, werden die Rahmenrichtlinien aber durch die dritte Stufe, nämlich in der Verzahnung mit Lehrerbildung und Lehrerfortbildung. Ist durch die unterrichtspraktischen Hinweise die politisch einseitige Ausrichtung bereits vorgezeichnet, durch die Lehrerbildung wird sie zur schulischen Wirklichkeit.

Wir kennen die Strategiepapiere der Jungsozialisten hierzu, und wir können alle nachlesen, was Professor Gamm zu diesem Problem in seiner „Einführung in die Erziehungswissenschaften" schreibt, immerhin einer der Pädagogen, der eine ganz zentrale Position in der hessischen Lehrerbildung hat. Ich darf mit Genehmigung des Herrn Präsidenten aus dem genannten Papier zitieren; dort steht:

Sozialistische Erziehung im Kapitalismus wird vornehmlich durch die Verbindung zweier Größen ermöglicht: Organisation gesellschaftsbezogener Lernarbeit, Interpretation aller anfallenden Daten vom marxistischen Standpunkt aus; ihr liegt das Prinzip der Parteilichkeit zugrunde.

Etwas deutlicher wird Gamm im folgenden:

Zentrales Lehrstück sozialistischer Pädagogik ist der Klassenkampf.

Und ganz klar, damit es jeder versteht, in Punkt 9:

Der akademischen Lehrerbildung kommt hervorragende Bedeutung zu . . . Jeder Lehrer, der für den Sozialismus gewonnen werden kann, eröffnet multiplikatorische Wirkungsmöglichkeiten.

(Hört, hört! bei der CDU. – Dr. Schwarz-Schilling [CDU]: Das ist die neue Sache! – Dr. Wagner [CDU]: Das haben wir schon einmal gehabt!)

– Meine Damen und Herren, ich darf nur an die Diskussion von gestern erinnern.

Die Rahmenrichtlinien „Gesellschaftslehre" im Zusammenhang mit der Lehrerbildung und der Strategie der Linken – beides kennt der Kultusminister – bedeuten mittelfristig das Ende unseres freiheitlichen sozialen und demokratischen Rechtsstaates.

(Beifall bei der CDU.)

Und Sie, Herr Kultusminister, ebnen zumindest unbewußt hierzu den Boden.

Dies ist ein schwerer Vorwurf. Aber all das habe ich mir nicht aus den Fingern gesogen. Die Systemüberwinder haben es Wort für Wort niedergeschrieben; jedermann kann es nachlesen. Auch hier haben wir eine historische Parallele. Hatte nicht Hitler auch all das, was er später praktizierte, Wort für Wort niedergeschrieben?

(Sehr richtig! bei der CDU.)

Geglaubt wurde es ihm erst, als die Grausamkeit Wirklichkeit wurde und es für Demokraten zu spät war.

Die Rahmenrichtlinien müssen in einem weit gespannten politischen und historischen Zusammenhang gesehen werden. Wenn sie nicht vom Tisch kommen, werden wir nach meiner festen Überzeugung folgendes erleben: Die Geschichtsschreibung – falls es so etwas dann überhaupt noch gibt – wird Ende unseres Jahrtausends fragen: Wieso war es eigentlich möglich, daß ein Staat, der soviel innere Freiheit garantierte, ein nie gekanntes Maß an individuellem und öffentlichem Wohlstand hatte und sich durch große Gerechtigkeit auszeichnete, in den sechziger Jahren vorhanden war, aber 1990 nicht mehr festgestellt werden kann? Eine der Antworten wäre dann zweifellos: weil unter anderem das unheilvolle Zusammenwirken eines von Hessen Süd gesteuerten Kultusministers, einer sozialistisch indoktrinierten Lehrerbildung mit manipulierbaren Bildungsinhalten, wie sie die Rahmenrichtlinien festlegen, zu konstatieren war.

Bevor ich zu einer weiteren Würdigung der Rahmenrichtlinien „Gesellschaftslehre" komme, muß ich noch vier Bereiche untersuchen:

Erstens die Notwendigkeit, neue Bildungsinhalte festzulegen,
zweitens die Legitimation der Rahmenrichtlinien überhaupt,
drittens das Menschenbild, das den Rahmenrichtlinien zugrunde liegt,
viertens die Möglichkeit, die Rahmenrichtlinien in der vorliegenden Form überhaupt zur Diskussion und dann zur partiellen Erprobung zuzulassen.

Um keine Mißverständnisse aufkommen zu lassen, stelle ich für die CDU fest:

Erstens. Die Neufassung der Bildungspläne aus dem Jahre 1957 ist für uns unbedingt erforderlich, da die geltenden inhaltlich und methodisch-didaktisch veraltet sind.

Zweitens. Die Orientierung neuer Bildungspläne bzw. Rahmenrichtlinien an Schulstufen — statt an Schultypen — wird von der CDU grundsätzlich befürwortet. Den Schultypen und der unterschiedlichen Lernfähigkeit der Schüler ist jedoch besser als in den vorliegenden Rahmenrichtlinien durch differenzierte Angebote und Forderungen Rechnung zu tragen. Aber, meine Damen und Herren, um das in aller Deutlichkeit zu sagen: die Alternative zu Hunger darf niemals Zyankali sein; und das sind die Rahmenrichtlinien.

(Beifall bei der CDU.)

Zur Legitimation von Rahmenrichtlinien sagt der Strukturplan des Deutschen Bildungsrates auf Seite 66 — ich darf mit Erlaubnis des Präsidenten zitieren —:

Für jedwede Lernzielbestimmung und Curriculumentwicklung kann gelten, daß verschiedene Personengruppen zusammenarbeiten müssen, von denen die einen unmittelbar mit der Arbeit in bestehenden Fächern und Lerngebieten zu tun haben, während andere von jeder Fixierung an bestehende Fächer, Schulstrukturen, Unterrichtsanteile oder Lehrorganisationen frei sein sollten. Zu diesen Personengruppen gehören darum Experten der Praxis in Schule und außerschulischer Ausbildung, Experten der Fachdisziplinen und Sachgebiete sowie Experten, welche die Probleme der Lernprozesse unter übergreifenden anthropologischen, soziologischen, ökonomischen, historischen und ethischen Aspekten bearbeiten.

Wir müssen also zunächst fragen: Welche legitimierten Vertreter aus Wissenschaft, Schulpraxis und Organen der Gesellschaft verschiedener Richtungen haben an den Entscheidungsprozessen verantwortlich teilgenommen, und wie ist der Konsens in Form der hier gedruckten Rahmenrichtlinien zustande gekommen?

Diese Frage legt ein Fundamentaldilemma der Rahmenrichtlinien offen: In Hessen wurden die Autoren bewußt einseitig ohne Beteiligung der Fachverbände ausgewählt, und dies wird von den Verantwortlichen auch noch offen zugegeben. Das heißt, die Legitimation für die vorliegenden Rahmenrichtlinien ist schon durch die Autorenauswahl nicht gegeben.

Zum Problemkreis Legitimation gehört aber auch noch die Frage: Wie können in einer freiheitlichen Gesellschaftsordnung oberste Lernziele überhaupt festgelegt werden? Darf das ein Kultusminister, darf das ein Parlament? Wie können oder müssen solche Lernziele überhaupt aussehen?

Im vorliegenden Fall wird als oberstes Lernziel die Selbst- und Mitbestimmung, die Emanzipation genannt. Keiner — und schon gar nicht die CDU — wird sich gegen mehr Selbst- und Mitbestimmung aussprechen.

(Minister Prof. von Friedeburg: Hört, hört! — Zuruf von der SPD: Das ist aber neu!)

– Ich bin gern bereit, meine Herren Kollegen von der SPD-Fraktion, Ihnen einmal ein Privatissimum zu geben. Ich habe das Gefühl, Sie haben hier noch einen ganz erheblichen Informationsrückstand.

(Beifall bei der CDU.)

Oder Sie malen sich die CDU so aus, wie Sie sie gerne hätten, damit Sie die stille Hoffnung haben können, mit Ihrer unsachgemäßen Politik auch langfristig weiterzukommen.

(Erneuter Beifall bei der CDU.)

Was ist denn hier unter Emanzipation gemeint? Wir kennen doch alle den Trick der Linken, neue schillernde Begriffe zu erfinden und sie dann wechselweise mit entsprechenden Inhalten zu belegen.
Ist dies vielleicht der Emanzipationsbegriff der Frankfurter Schule, der sich ja der Kultusminister in ganz besonderer Weise verbunden weiß? Im List-Taschenbuch, Band 1661, Seite 149, lesen wir, und ich zitiere wörtlich:

Emanzipatorische Erziehung ist kein pädagogischer Begriff, sondern die sozialwissenschaftlich fundierte Theorie und Praxis des politischen Kampfes.

(Hört, hört! bei der CDU.)

Ein angehender hessischer Lehrer schreibt in einer Seminararbeit zum Problem wie folgt:

Ein Unterricht, der diese gesellschaftlichen Bedingungen, das heißt den Klassenantagonismus zwischen Besitzern von Produktionsmitteln und Lohnabhängigen, nicht reflektiert, kann seinem Anspruch, emanzipatorischer Unterricht zu sein, nicht gerecht werden.

Die neuen Rahmenrichtlinien sind in der gleichen Seminararbeit durchaus verstanden, wenn es heißt:

Konfrontation idealer Begriffe (Freiheit, Gerechtigkeit, Gleichheit, Chancengleichheit etc.) mit der Realität. Dabei muß jedoch deutlich werden, daß die Diskrepanz in dieser Gesellschaft nicht aufzuheben ist, sondern in ihr selbst angelegt ist.

Ende des Zitates unseres neuen künftigen Junglehrers. [...]

Meine Damen und Herren, was ich soeben als Interpretation des Begriffes Selbst- und Mitbestimmung zitiert habe, kann nach Auffassung der CDU auf gar keinen Fall oberstes Lernziel für unsere Schulen sein.
Die Frage nach dem Menschenbild, das den Rahmenrichtlinien zugrunde liegt, ist deswegen von zentraler Bedeutung, weil Politik letzten Endes von Menschen für Menschen gemacht wird. Das Menschenbild, mit dem wir es hier zu tun haben, ist das der sogenannten Neuen Linken,

(Dr. Wagner [CDU]: Allerdings!)

das ich wie folgt skizzieren möchte:

Erstens. Der Mensch ist von Natur aus gut. Die natürliche Güte des Menschen soll durch den Sozialismus wiederhergestellt werden.
Zweitens. Jeder Mensch ist von Natur aus in höchstem Maße bildbar. Nicht die Veranlagung hindert ihn daran, in seiner Bildung voranzukommen, sondern ausschließlich milieubedingte Schranken. Hierbei wird die naive Vorstellung zugrunde gelegt, daß das Milieu beliebig veränder-

bar ist. Dies führt dazu, daß es keine erbbiologische Begabung mehr gibt. Jeder kann, mit anderen Worten, zu jeder Zeit alles lernen. Ich verweise auf die Rahmenrichtlinien S. 10, 42, 43, 44 ff.

Drittens, und das ist das Gefährliche: Der größte Teil der Menschen ist nach Auffassung dieser Leute unfähig, selbst zu erkennen, was richtig und falsch, wahr und gut ist, weil die ursprünglich gute Natur durch die Milieubedingungen verdorben worden ist. Aber eine elitäre Minderheit weiß ganz genau, was gut und wahr ist, und sie zwingt uns das, was sie glaubt, erkannt zu haben, ohne Rücksicht auf.

(Beifall bei der CDU.)

Meine Damen und Herren, zu dieser elitären Minderheit, die in der Gewißheit lebt, die absolute Wahrheit zu kennen, gehören die Autoren der Rahmenrichtlinien, und mit Sicherheit versteht sich der Kultusminister auch in diesem Sinne.

Auf ein Weiteres muß in diesem Zusammenhang hingewiesen werden. Die Begriffsverengung der Rahmenrichtlinien bedingt zwangsläufig auch eine Bewußtseinsverengung mit einer ungeheuren Fülle von negativen Folgeerscheinungen für den einzelnen Menschen.

Wenn man für Ungleichheiten in der Gesellschaft nur die Worte „privilegiert" oder „unterprivilegiert" kennt, dann muß z. B. der Kranke immer unterprivilegiert und der Arzt immer privilegiert genannt werden. Wenn man ungleiche Verhältnisse auf den einzigen Gegensatz „Ausbeuter" und „Ausgebeutete" bringt, dann wird der Lehrer zwangsläufig zum Ausbeuter und der Schüler zum Ausgebeuteten. Heißt das einzige Begriffspaar „Herrscher" und „Unterdrückter", dann werden Eltern immer zu Herrschenden und Kinder zu Unterdrückten. Die Rahmenrichtlinien bauen dann auch ganz munter – im Gegensatz zum Verfassungsauftrag – das Elternhaus als Feindbild auf.

Meine Damen und Herren, Begriffsarmut bedingt letztlich Armut des Denkens, Armut der Wahrnehmung, Armut des Empfindens, Armut der Regungen, Armut des Verhaltens und damit letztlich Armut für unser menschliches Dasein schlechthin.

(Beifall bei der CDU. – Dr. Wagner [CDU]: Und mit *dem* Menschen kann man dann alles machen!)

Und dieser Mensch ist natürlich, weil in einfache Schubladen steckbar, beliebig manipulierbar.

(Erneuter Beifall bei der CDU.)

Professor Werner Nicklis schreibt in einem Gutachten zu den hessischen Rahmenrichtlinien folgendes – ich darf mit Genehmigung des Präsidenten wörtlich zitieren –:

Wenn dieses Programm der Rahmenrichtlinien erfolgreich wird, wird es kein humanes Leben, sondern nur noch „die" Gesellschaft geben, die gegebenenfalls für jede Scheußlichkeit und Gemeinheit in Vergangenheit, Gegenwart und Zukunft verantwortlich gemacht werden kann. Wie soll dann noch die in den Rahmenrichtlinien so groß geschriebene „Selbstbestimmung" . . . möglich sein, wenn Schuld, Versagen und damit die Verantwortung aus der Welt hinaussoziologisiert werden? Mit welcher primitiven Sozialethik haben wir es hier überhaupt zu tun?

Und weiter stellt Nicklis fest:

Wie kann man noch pädagogisch verantwortlich Wege empfehlen, die andernorts – unter vergleichbaren Bedingungen – erzieherische Sackgassen geworden sind? Muß man da nicht mutmaßen, daß die Rahmenrichtlinien-Autoren zu Erziehungsfragen überhaupt ein gebrochenes Verhältnis haben?

(Beifall bei der CDU.)

Meine Damen und Herren, die immer wieder versprochene rosarote Zukunft wird Utopie bleiben;

denn politische Systeme kann man nur an ihrer Wirkung in der Praxis messen und nicht an ihrer intellektuellen Faszination.

Es muß nun die Frage beantwortet werden, ob die Rahmenrichtlinien „Gesellschaftslehre" überhaupt zur Diskussion zugelassen werden können. Ich muß dies für die CDU-Fraktion aus vier Gründen verneinen: Erstens habe ich nachgewiesen, daß die Legitimation fehlt. Das Koordinatensystem der Diskussion wird hier so weit nach links verschoben, daß die Frankfurter Zustände – nämlich Rudi Arndt eines Tages als Rechtsaußen erleben zu müssen – für diese Diskussion schon impliziert sind.

(Beifall bei der CDU.)

Zweitens. Diesem Kultusminister fehlt jede Glaubwürdigkeit, daß er es mit der Diskussion tatsächlich ernst meint.

(Erneuter Beifall bei der CDU.)

Denn erinnern wir uns doch daran: Die integrierte Gesamtschule befindet sich ja nach § 69 auch immer noch in der Erprobung. Trotz aller Rückschläge hält aber dieser Kultusminister beharrlich an seinem Ziel fest, sie zur Regelschule zu machen. Hier wird Diskussionsbereitschaft vorgetäuscht; in Wirklichkeit ist die politische Absicht bereits zu Beginn programmiert.

(Beifall bei der CDU.)

Wer garantiert uns denn, meine Damen und Herren, daß das gleiche mit den Rahmenrichtlinien nicht passiert? Das gilt vor allen Dingen dann, wenn man weiß, daß der Kultusminister bereits mit Erlaß vom 1. Dezember 1972 festgelegt hat, daß der neue Schulbuchkatalog sich ausschließlich an den neuen Rahmenrichtlinien zu orientieren hat

(Hört, hört! bei der CDU.)

und daß Schulbücher, die es vorher gab, jetzt nicht mehr neu bestellt werden können. Das ist nachzulesen und zu überprüfen. Wir wollen gar nicht von den Lehrerfortbildungsseminaren an der Reinhardswaldschule sprechen, die das gleiche belegen.

Drittens setzen die Rahmenrichtlinien expressis verbis die integrierte Gesamtschule als beschlossene Sache bereits voraus.

Viertens – und das ist das politisch Gefährliche – haben die Rahmenrichtlinien schon jetzt meßbare Konsequenzen in der Wirklichkeit, bevor sie zur Erprobung überhaupt freigegeben sind. Ich darf nur an die Diskussion und die Entwicklung in Dietzenbach erinnern. Die Rädelsführer dieser Entwicklung beziehen sich immer wieder auf die Rahmenrichtlinien, und sie können das zu Recht, wenn das auch immer wieder vom Kultusminister bestritten wird.

Der Stein des Anstoßes war ja die Aufnahme der Leninschen Forderung „Sexualisierung in allen Bereichen", der Stein des Anstoßes war in Dietzenbach zunächst der Sexualkundeunterricht. Hier haben sich die Lehrer an keine anderen Materialhinweise gehalten, als sie in den Rahmenrichtlinien angegeben sind, nämlich z. B. an den Schülerladen „Rote Freiheit", indem sie folgendes Unterrichtsmaterial entnommen haben – und ich zitiere wörtlich –:

Weiber im Laden zu haben, fanden alle gut. Lutz meinte, Blonde mit solchen (zeigt überdimensionale) Titten, die sich alles gefallen lassen ... Man müsse sie nackend ausziehen, seine Gurke herausholen und immer unten durch ... Vergleichend finden alle, daß ficken besser ist als küssen.

(Zurufe von der CDU.)

– Meine Damen und Herren, ich sage das in aller Offenheit, weil ich der Meinung bin: Das, was unseren Kindern im Schulunterricht zugemutet wird, das darf auch hier im Parlament in aller Offenheit ausgesprochen werden.

(Zurufe und lebhafter Beifall bei der CDU.)

Meine Damen und Herren, auch das folgende Liedchen – Kollege Schäfer, Sie kennen es ja – ist als Unterrichtsmaterial für die Zehn- bis Zwölfjährigen durch die Rahmenrichtlinien gedeckt; ich singe es nicht, wie es die Kinder getan haben, ich trage es vor:

Auf der grünen Wiese liegt der Theodor,
neben ihm die Liese fummelt am Motor;
fummelt am Vergaser, fummelt am Magnet,
bis der rote Zünder kerzengrade steht.
Liese schiebt den Gang rein, Theodor gibt Gas:
Dreimal rauf und runter, hei, wie macht das Spaß!

(Pfui-Rufe von der CDU. – Zurufe von der CDU: Sauerei! – Empörend ist das!)

– Und das für unsere Zehn- und Zwölfjährigen.

(Dr. Wagner [CDU]: Eine Sauerei ohnegleichen!)

Zusammenfassend, meine Damen und Herren, muß ich feststellen: Die Rahmenrichtlinien, „Gesellschaftslehre" sind als Diskussionsgrundlage illegitim, das heißt, sie müssen zurückgezogen werden. [...]
Herr Staatsminister, wir haben es in den letzten Wochen und Monaten verfolgen können: Sie sind sowieso beim Kofferpacken. Legen Sie die Rahmenrichtlinien für Gesellschaftslehre als Allererstes in diesen Koffer,

(Beifall bei der CDU.)

und schaffen Sie, Herr Kultusminister, dieses für unsere Jugend so zerstörische Werk möglichst schnell und weit über die Landesgrenzen!

(Anhaltender starker Beifall bei der CDU.)

Dokument 6:

Rahmenrichtlinien Deutsch

Aus der CDU-Broschüre „Marx statt Rechtschreibung", herausgegeben vom CDU-Landesverband Hessen. Diese Broschüre nimmt zu den Rahmenrichtlinien „Gesellschaftslehre" und „Deutsch" Stellung. Wir geben hier die Ausführungen zu den RRD wieder (S. 23–28).

Die Rahmenrichtlinien für das Fach Deutsch sind ein Seitenstück der Rahmenrichtlinien für Gesellschaftslehre. Das Fach Deutsch schrumpft nach diesem Konzept zu einem Hilfsfach der gesellschaftspolitischen Bewußtseinsbildung zusammen. Wie die Gesellschaft in den Augen der Richtlinienverfasser aussieht, hat der Sprachwissenschaftler Werner Nicklis treffend beschrieben:

„Das Gesellschaftsbild der Rahmenrichtlinien ist durch die Begriffe Konflikt, Herrschaft, Interesse, Bedürfnisse und ihre semantischen Nachbarn bestimmt (Vorwort, S. 8, 13, 15, 65, 71, sonst häufig verstreut als adjektivische oder appositionelle Wendungen). In der Gesellschaft, wie sie sich die Autoren vorstellen, lesen und schreiben die Menschen nur auf einem finsteren Hintergrund: Sie wissen eigentlich nicht, was sie sprechen und schreiben, lesen; und was da gerade gesprochen, gelesen und geschrieben wird, hat immer eine Verschleierungsfunktion, wo Menschen miteinander kommunizieren, besteht immer ein unter- und hintergründiger Ideologieverdacht, der „rational" mit der immer zu stellenden Frage zu entlarven ist: Wer verschleiert (sprachlich) auf irgendwelche Weise irgendwem seine hinterhältigen Interessen, die der Realisierung der Artikel 3 und 20 Grundgesetz entgegenstehen? (s. S. 8) Entsprechend ist das Entschleierungs- und Entlarvungspathos der Autoren (S. 7, 13, 34, 65, 67 und passim), das über die (selbstverständlich) ‚erweiterten Erkenntnisse der Sozialwissenschaften' (S. 5) immer zum ‚ideologischen Kern (des Textes)' (S. 51) vorstößt."

Hierzu ein Beispiel:

„Indem die Schüler sprachliche Äußerungen untersuchen, lernen sie die Sprache als Summe ‚eingefrorener' sozialer Erfahrungen lesen; d. h. sie lernen, die Sprachverwendung ihrer gegenwärtigen Umgebung begreifen und in ihren historischen Vermittlungen kritisch zu analysieren:

- als Ausübung von Herrschaft, wie sie sie am Sprachverhalten in ihrer engeren Umgebung erfahren, nicht zuletzt im Unterricht;
- als schichtspezifische Sprechweisen, die die formal zugestandenen Sozialchancen einschränken;
- als ideologische Verschleierung in den verschiedensten Bereichen;
- als Manipulation, wie sie in den Massenmedien praktiziert wird." (S. 65)

Konfliktideologie

Vor diesem Hintergrund feiert die Konfliktideologie Triumphe. Denn Konflikte und Interessengegensätze bestehen nach dieser Vorstellung überall, und entlarvte und nichtentlarvte Herrschaftsinteressen lauern an allen Orten. Wo sie nicht erkannt sind, müssen sie „thematisiert" und „problematisiert" werden. Wer es nicht tut, ist ein gesellschaftswissenschaftlicher Banause und lebt in einer eingebildeten „heilen Welt" oder in der Sprache unserer Rahmenrichtlinienverfasser in der „Ideologie der Ideologielosigkeit" (S. 23). Diese hat angeblich mit ihrem Harmoniestreben bisher die Schule beherrscht und gewissermaßen ganze Generationen daran gehindert, ein revolutionäres Bewußtsein zu entwickeln oder, um es wieder in der gestelzten Sprache der Ministergehilfen zu sagen, „Gegenentwürfe (zum Bestehenden) bewußt anzuzielen" (S. 33).
    Was die Schüler, wenn sie das Opfer dieser Richtlinien werden, „anzielen" sollen, wird überdeutlich: Zunächst müssen sie ausgiebig Konfliktbewußtsein pflegen und feststellen,

„daß hinter bestimmten unter dem Anschein der Objektivität vorgebrachten Forderungen Interessen einzelner Gesprächsteilnehmer stehen können, die der Durchsetzung der Interessen anderer schaden, z. B. . . .

hinter der Forderung, emotionale und rationale Elemente zu trennen, ohne daß diese Unterscheidung auf die jeweilige Situation und Funktion der Kommunikation bezogen wird." (S. 13 f.)

Anscheinend sollen die Schüler also lernen, daß ein an Fairness und an die Regeln der Vernunft gebundenes Gespräch weniger wichtig ist als das Sich-Durchsetzen. Rationalität galt bisher immer noch als eine Grundlage jeden niveauvollen Gesprächs. Für die Rahmenrichtlinienverfasser scheint aber weder Fairness nach Rationalität ein Leitbild des Unterrichts zu sein. Ihr verräterisches Wort „Durchsetzung" muß im Zusammenhang mit der „bewußten Parteinahme" gesehen werden, die sie zum Erziehungsziel erklären (S. 8).

Diese Katze haben sie schon in der Einleitung aus dem Sack gelassen. Da wird gefordert, daß die sprachliche Kommunikationsfähigkeit der Schüler auf „die Analyse der gesellschaftlichen Situation der Bundesrepublik" ausgerichtet sein und „gesellschaftliche Unterschiede, Gegensätze und Widersprüche" aufdecken solle. Das ist eine logisch nicht begründete und wohl auch nicht begründbare Einengung der Aufgaben des Faches Deutsch, die dann in dem Satz gipfelt:

„Damit wird die notwendige Voraussetzung einer bewußten und verantwortlichen Parteinahme für diese Entwicklungsziele geschaffen." (S. 8)

Die Parteilichkeit als Bildungsprinzip ist ein unumgängliches Gebot der Diktatur jenseits der Zonengrenze, als Gegenstand einer ministeriellen Verordnung im westlichen Pluralismus ist sie neu. Ein Ausrutscher? – sicher nicht. Das Thema der Interessenkonflikte ist für diese Rahmenrichtlinien eines der entscheidenden. Es zieht sich durch den ganzen Text hindurch (S. 10, 11, 13, 48, 49, 65), z. B. mit der Frage, die sich ein Schüler zu stellen hat:

„Wem nützt dieser Text, in welchen Situationen?" (S. 49)

oder mit dem Hinweis, daß die Sprache als Mittel „zur Solidarisierung, um Interessen gegen die kritisierte Praxis durchsetzen zu können", betrachtet werden kann.

Methoden der Demagogie

Die Ideologen des Herrschaftsabbaues fassen es also nicht mehr als Aufgabe der Erzieher auf, den Schülern einen „herrschaftsfreien" Raum zu sichern, aus dem jede Unfairness und aus dem aggressive Taktiken des Sich-Durchsetzens verbannt sind, im Gegenteil: In den „Vorschlägen für die Zuweisung ‚kleinerer Unterrichtseinheiten' zu den Klassenstufen" heißt es u. a.:

„In diesem Zusammenhang sollen die Schüler lernen, . . . auch affektbestimmtes Sprechen als Mittel einzusetzen." (S. 14)

Was heißt das? Schüler, zehn- bis sechzehnjährige, sollen lernen, gefühlsbetontes Sprechen als künstlich gemachten Affekt bewußt, kalt und planvoll einzusetzen. Also Erziehung zu einer berechnenden Taktik gegenüber den Mitmenschen, Tricks der politischen Debattentechnik als neue Form der Spracherziehung! An dieser Stelle entlarvt sich die Methodenlehre der Demagogie.

So zerstört man Demokratie von Grund auf und beruft sich dabei auf die Verfassung, die angeblich der Leitstern dieser Rahmenrichtlinien ist (S. 8). In diesen Zusammenhang gehören „kleinere Unterrichtseinheiten" wie diese für das 5./6. Schuljahr:

„Werbung für eine gewünschte Veränderung der Schule (z. B. durch Wandzeitung)"

oder

„Reflexion auf die Lernprozesse im Bereich ‚mündlicher Kommunikation' (z. B. Hat die Schule die Schüler auf die Austragung von Konflikten vorbereitet?)" für das 9./10. Schuljahr (S. 15) lernen, in welchen Verwendungszusammenhängen agitiert wird und warum und von welchen Gruppen Agitation diskriminiert wird." (S. 74)

Es ist interessant, daß hier nicht gefragt wird, ob die Argumente stimmen, was doch bei „Agitation" die dringlichste Frage wäre, da Agitation nie frei von Gefühlsmomenten ist, auch von Gefühlsmomenten, die bewußt „eingesetzt" werden (s. o.), um einen Mobilisierungseffekt zu erzielen. Es wird nur gefragt, von welchen Gruppen Agitation abgelehnt wird, wofür die diskriminierende Vokabel „diskriminiert" verwendet wird, damit gleich klar gestellt ist, daß die Richtung stimmt. Als Materialangabe: Flugblätter und Streikaufrufe.

Der kritische Leser fragt sich auch, warum eigentlich nur von Gruppen die Rede ist. Es könnte doch auch sein, daß ein „Einzelner" und keine Gruppen gegen Agitation ist. Aber das ist im Zusammenhang der Rahmenrichtlinien eine törichte Frage, denn diese Richtlinien kennen eben kein Individuum mehr, sondern nur noch Gruppen, die mit ihrer Interessendurchsetzung beschäftigt sind.

Toleranz?

In dieser Sicht ist für Toleranz kein Platz. Daß es ein menschliches Harmoniestreben gibt, daß es nicht nur die Solidarisierung von Gruppen gibt, sondern eine wertbestimmte Solidarität des Volkes und der Gesellschaft, die den Schutz von Minderheiten miteinschließt — das ist unseren Rahmenrichtlinien-Verfassern offensichtlich verborgen geblieben. Sie setzen „partnerschaftliche Toleranz" ironisch in Anführungsstriche und nehmen keine Rücksicht auf die hessische Verfassung, in der es heißt:

> „Grundsatz eines jeden Unterrichts muß die Duldsamkeit sein. Der Lehrer hat in jedem Fach auf die religiösen und weltanschaulichen Empfindungen aller Schüler Rücksicht zu nehmen und die religiösen und weltanschaulichen Auffassungen sachlich darzulegen.
>
> Ziel der Erziehung ist es, den jungen Menschen zur sittlichen Persönlichkeit zu bilden, seine berufliche Tüchtigkeit und die politische Verantwortung vorzubereiten zum selbständigen und verantwortlichen Dienst am Volk und der Menschheit durch Ehrfurcht und Nächstenliebe, Achtung und Duldsamkeit, Rechtlichkeit und Wahrhaftigkeit." (aus Artikel 56)

Das alles trifft nicht mehr auf jene krampfhafte Politisierung des Unterrichts zu, wie sie aus beinahe jeder Seite der Rahmenrichtlinien hervorgeht, etwa in der Formulierung:

> „Auch Interaktion in einer Klasse muß als macht- bzw. interessenbestimmte Kommunikation begriffen werden." (S. 16)

Muß – Woher kommt dieses Dogma? Es stammt aus dem Anspruch der Verkündigung letzter Schlüsse der Wissenschaft. Aber die wissenschaftlichen Belege dafür fehlen. In der Einleitung wird zwar eine „Dokumentation" der wissenschaftlichen Grundlagen angekündigt, aber wenn man in dem entsprechenden Kapitel nachschlägt, findet man nichts dergleichen.

Es bleibt ein scheinwissenschaftlicher Prestigeanspruch, der mit geschraubten Sprachgebärden bei den fachlich nicht eingeführten Zeitgenossen Eindruck machen will. Aber dieses Imponiergehabe hält keiner logischen Kritik stand. Was soll z. B. die folgende Definition:

> „ ‚Richtiges Sprechen' muß demgegenüber (gegenüber einem gesellschaftspolitisch unreflektierten Sprachgebrauch) verstanden werden als eine Strategie zur Wahrnehmung solcher Interessen, die den Entwicklungszielen und Erfordernissen einer demokratischen Gesellschaft angemessen sind." (S. 10)

Weder Luther noch Goethe haben solche „Strategien" betrieben. Haben sie also das „richtige Sprechen" nicht beherrscht? Es handelt sich hier ebenso um eine Willkürdefinition wie die Behauptung, daß Schreiben eine „kritische Öffentlichkeit" (S. 19) herzustellen habe. In dengleichen Zusammenhang der geistigen Willkürakte ist die kryptomarxistische Definition einzuordnen, wonach die Kreativität (warum bleibt man nicht bescheidener bei der „schöpferischen Begabung"?) als symbolische Befreiung von Herrschaftszwängen und als „Bereitschaft zum abweichenden Verhalten" aufgefaßt werden soll.

Abbau der Hochsprache

Auch sonst werden ohne Rücksicht auf logische Ableitung Kapriolen geschlagen. Die Kampfansage gegen die Beherrschung der „Kulturtechniken" wie Rechtschreibung (S. 24) und den Gebrauch der Hochsprache gehen ebenfalls auf krypto-marxistische Begründungen zurück. Einerseits soll die Spracherziehung der Schule „die planvolle Übung im mündlichen (schriftlichen) Gebrauch der Sprache" enthalten (S. 10, 18), andererseits wird zum Abbau der Hochsprache aufgerufen,

> „weil sie bei der Schichtung der Gesellschaft als Mittel zur Stabilisierung dieser Schichtung benutzt worden ist" (S. 6 f.).
> „sie deckt damit bestehende Unterschiede, Gegensätze, Widersprüche, die sich ja auch in der Sprache äußern, zu. Für eine Kommunikationsdidaktik werden aber gerade solche Unterschiede, Widersprüche und Gegensätze wichtig. Die Kommunikationssituation der gegenwärtigen Gesellschaft wird – soweit dies für den Deutschunterricht unmittelbar bedeutsam ist – durch folgende Merkmale charakterisiert:
> — Schichtenspezifische Sprachverwendungen markieren Kommunikationsgrenzen innerhalb dieser Gesellschaft.
> — ‚Hochsprachliche' Sprachverwendung ist eine, wenn auch sicher nicht die wichtigste Voraussetzung für den Zugang zu den als erstrebenswert angesehenen Positionen in dieser Gesellschaft.
> — Die Interpretationsmuster für die Deutung öffentlicher und privater Erfahrungen, die durch die Sprache der Massenkommunikationsmittel nahegelegt, bestätigt oder auch initiiert werden, verdecken weithin die realen Kommunikationsgrenzen und verhindern die Einsicht in deren Ursachen.
> Folglich kann die Aufgabe der Schule, die sprachliche Kommunikationsfähigkeit der Schüler zu differenzieren und sie zum „richtigen" Sprachverhalten anzuleiten, nicht als Einübung in die „Hochsprache" verstanden werden." (S. 7)

Mit anderen Worten: Wenn die bürgerliche Kultur vernichtet werden soll, muß zunächst ihre sprachliche Kultur zerstört werden. Dazu verhilft auf der einen Seite der Jargon, auf der anderen das Soziologenchinesisch der neuen Gegenaufklärer, die damit ihre Sprache als neue „Herrschaftssprache" etablieren. Die Antwort auf die Frage, wie auf diese Weise die Chancengleichheit verwirklicht werden soll, sind uns die Rahmenrichtlinienverfasser schuldig geblieben. Eine Untersuchung dieser Frage wäre auch zu peinlich. Sie würde klarstellen, daß die von Hause aus im Gebrauch der Sprache Benachteiligten im Konzept der Rahmenrichtlinien noch weiter benachteiligt würden, weil ihnen die Mittel vorenthalten werden sollen, die eine kulturelle Teilhabe erst möglich machen.

Dokument 7:

Große Anfrage der Fraktion der F.D.P. betreffend Rahmenrichtlinien Sekundar-stufe I – Deutsch – des Hessischen Kultusministers vom Jahre 1972. – Drucksa-che 7/2858

Unter den zur Zeit den Schulen zur Erprobung übergebenen, stufenbezogenen Rahmenrichtlinien für den Unterricht in der Sekundarstufe I stoßen die Richtlinien für das Fach Deutsch auf beträchtlichen Widerstand bei zahlreichen Kollegien und scheinen Anlaß zu einer allgemeinen Verunsicherung zu geben. Gerade aus den Deutschfachschaften solcher Schulen, die an der Reali-sierung der 1969 revidierten Bildungspläne konstruktiv und engagiert mitgearbeitet haben, wird Kritik, Ablehnung oder Resignation laut. Es ist zu begrüßen, daß diese Richtlinien zunächst noch keinen verbindlichen Charakter haben, sondern zur Diskussion gestellt werden. Es muß jedoch gefragt werden, ob sie in allen Fällen diskussionswürdig sind.

Wir fragen die Landesregierung:

1. Wer hat die in den Richtlinien aufgeführte Autorengruppe mit ihrer Aufgabe betraut, nach welchen Gesichtspunkten wurde sie ausgewählt, und welche für das Schulwesen verantwort-lichen Kräfte haben bei dieser Auswahl mitgewirkt?
2. Was hat die Landesregierung veranlaßt, von der Autorengruppe ein völlig neues Konzept für die Gestaltung des Deutschunterrichts in der Sekundarstufe I zu verlangen, nachdem erst im Jahre 1969 Vorschläge zur Umgestaltung des Unterrichts in der deutschen Sprache in den Schulen Hessens zur Erprobung eingeführt wurden?
3. Hält die Landesregierung die allgemeine Lernzielbeschreibung der Autorengruppe für voll-ständig und damit für brauchbar im Sinne von Rahmenrichtlinien, teilt sie vor allem die Auf-fassung, daß die Sprachwissenschaft ein Teil der Sozialwissenschaften sei und daß das Sprach-verhalten von Schülern als ein Bestandteil privater und öffentlicher Konflikte zu interpretie-ren sei?
4. Ist sie mit den Autoren der Auffassung,

   daß die Normen und Wertvorstellungen der heute gesprochenen hochdeutschen Umgangs-sprache nicht [mit] den Normen des Grundgesetzes Art. 3 und 20 übereinstimmen,

   daß „mit der unreflektierten Einübung in die Normen der ‚Hochsprache' die meisten Schüler von ihren Herkunftsgruppen entfremdet werden",

   daß den meisten Schülern „die Wahrnehmung und Versprachlichung ihrer Sozialerfahrung und Interessen erschwert wird",

   daß „ihnen die Möglichkeit genommen wird, an die eigenen Erfahrungen anknüpfend soziale Ungleichheiten zu erkennen, sie auszusprechen und damit kommunizierbar zu machen"?
5. Sieht sich die Landesregierung in der Lage, die Entwicklungsziele zu beschreiben, für die be-wußt und verantwortlich Partei zu nehmen die Schüler erzogen werden sollen?
6. Nach welchen Sprachnormen sollen die Schüler unterwiesen werden, wenn die heute vorherr-schenden Sprachnormen als solche abzulehnen sind, ihre Einübung demgemäß lediglich er-laubt, aber nicht geboten sein soll?
7. Teilt die Landesregierung die Auffassung, daß „die Aufgabe der Schule, die Schüler zum ‚rich-tigen' Sprachverhalten anzuleiten, nicht als Einübung in die ‚Hochsprache' verstanden werden kann", (SID 72 S. 7),

   a) weil die „Hochsprache" als verbindliche Sprache . . . als Mittel zur Stabilisierung der Schich-ten der Gesellschaft benutzt worden ist . . . ,
   b) weil die Aufgabe, durch Vermittlung der „Hochsprache" überregionale Kommunikation zu sichern, sich durch die Verbreitung der Massenmedien „nicht, oder nur in sehr abgeschwäch-ter Form stellt"?

8. Wie beurteilt die Landesregierung die generelle Ablehnung der heute üblichen Sprachbücher durch die Autoren der Rahmenrichtlinien, welche Auswirkungen hat diese Beurteilung hinsichtlich des Einsatzes der in den Schulen vorhandenen Sprachlehrbücher im Unterricht, welche neuen Sprachbücher müßten von der Landesregierung in Auftrag gegeben werden, damit den Intentionen der Autoren entsprochen werden könnte, mit welchen Kosten wäre die Einführung neuer Sprachbücher im Sinne der Autoren verbunden?

9. Teilt die Landesregierung die Auffassung der Autoren, daß die Mehrzahl der Menschen nicht genügend motiviert ist, sich schriftlich auszudrücken, weil sie nicht die Möglichkeit hat, ihre schriftlichen Mitteilungen zu veröffentlichen, da „die Verfügungsgewalt über die dazu notwendigen Medien in den Händen weniger liegt", teilt die Landesregierung also die Auffassung, daß dem Gebot der Meinungsfreiheit, Art. 5 Grundgesetz, in unserer Umwelt, das heißt auch in unseren Schulen, nicht entsprochen wird,

teilt sie weiter die Auffassung, daß „Schreiben" lediglich der Herstellung von „kritischer Öffentlichkeit" dient,

und trifft es ihrer Ansicht nach zu, daß „humanere Kommunikationsbedingungen" identisch sind mit humaneren Bedingungen sprachlichen Austauschs?

10. Teilt die Landesregierung die Auffassung, daß (S. 22) die Anforderung eines „guten Deutsch" letztlich dazu dient, „freie Entfaltungsmöglichkeiten des Einzelnen unnötig einzuschränken, die Verschiedenheit von Erfahrungen über Sprachregelungen zu normieren und Spontanität abzubauen". „Denn die verwendeten Normkriterien sind schichtspezifisch bestimmt (Mittelstandssprache). . . . An ihnen festzuhalten heißt also, unnötigen Zwang auszuüben".

11. Teilt die Landesregierung die Ansicht der Autoren, daß korrekte Rechtschreibung kein Beurteilungsmaßstab mehr sein sollte?

12. Stimmt die Landesregierung mit den Autoren darin überein, daß die schriftliche Gestaltung selbständig entwickelter Vorstellungen (kreatives Schreiben) nichts anderes sein kann als eine Bemühung, „die Realität gezielt außer Kraft zu setzen", die sich dem Schüler unter anderem als Herrschaftszwang darstellt?

13. Hält die Landesregierung die Rahmenrichtlinien für geeignet, danach Beurteilungskriterien zu gewinnen, die es erlauben, Schüler in einem Gesamtschulsystem Leistungsgruppen zuzuordnen, sie zu versetzen und ihnen ein Abgangszeugnis auszustellen, dessen Bewertungsmaßstäbe mit den Bewertungsmaßstäben anderer Lehrer und anderer Schulen übereinstimmen?

14. Welche Konsequenzen für die Gestaltung des Deutschunterrichts müßten sich nach Ansicht der Landesregierung aus den Rahmenrichtlinien ergeben im Hinblick

a) auf die Anschaffung von Lehr- und Lernmitteln für den Deutschunterricht in der Sekundarstufe I,
b) auf die Unterrichtsorganisation,
c) auf die Ausbildung der Lehrkräfte?

15. Teilt die Landesregierung unsere Auffassung, daß der Diskussionsstand der Verfasser dieser Richtlinien sich noch in einem Stadium zu befinden scheint, das es nicht gestattet, sowohl Lehrer als auch Schüler an einem Lernprozeß beteiligen zu wollen, der zu Unsicherheit und Willkür führen *muß*, und daß es unter diesen Umständen besser wäre, die Bildungspläne von 1969 auf einer breiteren, weniger ideologisch einseitig ausgerichteten Basis weiterzuentwickeln?

Wiesbaden, den 31. Januar 1973   Der Fraktionsvorsitzende: *Stein*

Dokument 8:

Aus: Protokoll des Hessischen Landtags − 7. Wahlperiode − 60. Sitzung −
29. 3. 1973. (S. 3269−3272)

Begründung der Großen Anfrage der Fraktion der F.D.P. betreffend Rahmenrichtlinien Sekundarstufe I − Deutsch − durch die Abgeordnete Dr. Engel

Herr Präsident, meine Herren, meine Damen! Das weit über Hessen hinausreichende Interesse an
der Auseinandersetzung, die heute hier geführt wird und die sich an der künftigen Gestaltung des
Deutschunterrichts entzündet hat, zeigt, daß es sich dabei um eine zentrale Frage unseres demokratischen Selbstverständnisses handelt. Als wir die Rahmenrichtlinien für das Fach Deutsch in
die Hand bekamen − leider erst auf Anforderung und nachdem sie an die Schulen zur Erprobung
gegangen waren −,

(Hört, hört! bei der CDU.)

erkannten wir das sehr deutlich. Darum haben wir im vollen Bewußtsein der Brisanz den Anstoß
zu der breiten Diskussion in der Öffentlichkeit gegeben. Die spontane und heftige Reaktion auf
unsere Große Anfrage hat zunächst eines deutlich gemacht: wie schnell die schrecklichen Verein-
facher auf den Plan treten und wie schwierig es ist, über eine komplizierte Materie ein sachliches
Gespräch zu führen. Schlagworte verstellen das Denken und verhindern die Kommunikation, die
Verständigung, von der in den Rahmenrichtlinien so häufig zu Recht die Rede ist.
    Die Vereinfachung sieht so aus: Wer für die Rahmenrichtlinien ist, ist für eine fortschrittliche
Bildungspolitik, ist für mehr Gerechtigkeit in unserer Gesellschaft, ist für mehr Demokratie, ist
progressiv.

(Zuruf von der SPD: So ist es!)

Wer gegen die Rahmenrichtlinien ist, ist für die Beibehaltung überkommener Strukturen, unterstützt die Mächtigen oder Herrschenden, zementiert ungerechte Privilegien, ist reaktionär. [...]
    Nun zu unserer Auffassung zu den Rahmenrichtlinien Deutsch: Wir stehen vorbehaltlos hin-
ter der Absicht des Kultusministers, durch eine gründliche Revision der Ziele und der Methoden
der Lehr- und Lerninhalte unserer Schulen die längst fällige innere Schulreform einzuleiten. Wir
bejahen den Ansatz, endlich von einer quantitativen Schulreform zu einer qualitativen zu kommen, indem die schulformbezogenen Bildungspläne durch schulstufenbezogene abgelöst werden
und damit überhaupt erst der Weg zur integrierten Gesamtschule wirklich begehbar wird.

(Zuruf von der F.D.P.: Sehr gut!)

Wir bejahen ebenfalls die lernzielorientierte Bestimmung der Lernmethoden und -inhalte. Wir be-
trachten es als einen Erfolg der Rahmenrichtlinien, das Problembewußtsein über diese Fragen in
eine so breite Öffentlichkeit getragen zu haben.
    Unsere grundsätzliche Kritik − die ist auch durch die Beantwortung unserer großen Anfrage
nicht ausgeräumt worden − richtet sich gegen zweierlei.
    Erstens. Wir kritisieren, daß Leute, die selbst ein derart gebrochenes Verhältnis zur Sprache
haben, das dadurch zum Ausdruck kommt, daß sie ihre Absichten nur durch ausführliche Kommentare deutlich machen können − und dann doch einmal befriedigend, wie z. B. das im
jüngsten „Spiegel" veröffentlichte Gespräch mit den Autoren einer breiten Öffentlichkeit sehr
deutlich gemacht hat −, darüber zu befinden haben sollen, wie Sprache zu vermitteln ist und
welchen Stellenwert sie im Gefüge menschlichen Miteinanderlebens besitzt.

(Beifall bei F.D.P. und CDU.)

126

Zweitens richtet sich unsere Kritik gegen die enge Verknüpfung der Lernziele mit einer gesellschaftspolitisch einseitigen Analyse unserer Gesellschaft und der daraus abgeleiteten Bestimmung der Funktion der Sprache und der Auffassung über Sprache überhaupt. Wir sind der Meinung – und wir bedauern das außerordentlich –, daß diese beiden Gegebenheiten eine negative Auswirkung auf die Curriculumreform in der Umsetzung in die Praxis haben werden: 1. weil sie sie verzögern, 2. weil die zahlreichen Widersprüchlichkeiten in diesem Papier sowohl dem Dilettantismus als auch jeder Art von Mißbrauchsmöglichkeit Tür und Tor öffnen.

(Sehr richtig! bei der F.D.P.)

Zunächst zur Sprache der Rahmenrichtlinien selbst. Sie ist entlarvend inhuman, respektive sie enthüllt einen erschreckenden Mangel an Wirklichkeitsbezug und Verständnisbereitschaft, d. h. Kommunikationsfähigkeit. Statt Kommunikation hat sie Verwirrung gestiftet. Es gehört ja wohl ein beträchtliches Ausmaß von elitärem Hochmut dazu, die Tatsache, daß so viele Mißverständnisse entstehen konnten – wenn es Mißverständnisse sind –, auf „das deprimierend schlechte Fachwissen ihrer Kritiker" zurückzuführen.

(Beifall bei F.D.P. und CDU.)

Die Rücksichtslosigkeit gegenüber den Menschen, für deren praktische Arbeit sie die Grundlage liefern soll, und die Nichtachtung gegenüber der Bevölkerung, die sie verstehen soll, läßt sich nur aus der ideologischen Grundposition der Verfasser erklären.

(Beifall bei F.D.P. und CDU.)

Sie befassen sich nur mit dem Menschen als gesellschaftlichem Wesen, und sie vergessen darüber ihr Gegenüber aus Fleisch und Blut mit all seinen Bedingtheiten und Voraussetzungen.

(Beifall bei F.D.P. und CDU.)

Diese Einstellung wird auch an einer zentralen Aussage in der einführenden Lernzielbeschreibung deutlich. Hier wird das bisher als wesentlich für eine fortschrittliche Bildungspolitik angesehene Prinzip der kompensatorischen Erziehung kurzerhand als „unzulänglich" erklärt,

(Zuruf von der F.D.P.: Unverschämtheit!)

nämlich die Auffassung, daß der Deutschunterricht durch besondere Fördermaßnahmen die unterschiedlichen sprachlichen Ausgangslagen der Schüler auszugleichen habe, und zwar so, daß die der „Hochsprache" ferner stehenden Schüler an diese besser und effektiver herangeführt werden müßten. So stand es in den Bildungsplänen 1969.

Nicht auf Grund der Erfahrungen der Praktiker, sondern als Folge der didaktischen Diskussion wird dieses Ziel in diesem Papier nunmehr in Frage gestellt. Das ist ein Schlag ins Gesicht aller Praktiker, die mit Überzeugung und Erfolg nach diesem Prinzip verfahren. Wenn dahinter die an sich begrüßenswerte Absicht steht, die Schulpraxis an den Stand der Wissenschaft heranzuführen, so erscheint das sehr fragwürdig in bezug auf eine Wissenschaft, die selbst vollkommen im Fluß ist, deren verschiedene Schulen sich aufs Messer bekämpfen und die sowohl theoretisch als auch empirisch innerhalb eines Jahrzehnts ihren Ansatz grundlegend geändert hat.

(Sehr richtig! bei der F.D.P.)

Kein Wunder, wenn hier Mißverständnisse, Mißtrauen und Widerstände aufbrechen.

Das Mißtrauen richtet sich aber auch gegen die zahlreichen widersprüchlichen und schwer verständlichen Aussagen in dem Papier. Ich will mir ersparen, Beispiele zu geben, da Zitate allzuleicht in den Geruch der Manipulation kommen. Jedenfalls kann man sich nicht wundern, daß die Kritiker den Verfassern vorwerfen, die Schwerfälligkeit des Ausdrucks enthülle entweder eine Ungenauigkeit des Denkens, die auf der den Verfassern selbst in diesem Ausmaß nicht bewußten Ideologie beruhe, oder es handele sich um Vernebelungstaktik. Der dritte Schluß könnte sein, daß sich die Widersprüche darauf zurückführen ließen, daß die Verfasser selbst nicht zu einem Consensus gekommen sind.

Eines jedenfalls sehen wir damit bestätigt, nämlich unsere Auffassung, daß die Rahmenrichtlinien in ihrer jetzt vorliegenden Fassung schon auf Grund ihrer Sprache nicht als Grundlage für eine Erprobung an den Schulen dienen können. [...]

Unser zweiter grundsätzlicher Einwand richtet sich dagegen, das Fach Deutsch lediglich als Teilbereich der Gesellschaftslehre zu sehen. Zunächst muß ich wieder ausdrücklich sagen, was wir nicht meinen, um den Vereinfachern möglichst wenig Stoff zu geben. Wir meinen nicht, daß man den gesellschaftspolitischen Aspekt der Sprache aus dem Deutschunterricht weglassen könnte oder sollte. Im Gegenteil, wir stimmen mit dem Kultusminister darin überein, daß unterschiedliches Sprachverhalten der Schüler Spiegel unterschiedlicher gesellschaftlicher Gruppierungen ist, deren Interessenlagen gegensätzlich sein können und sind. Wir finden es richtig, daß die Schule nicht eine totale Harmonie vorspiegelt, sondern bestehende Konflikte bewußt macht, auch und gerade durch das Mittel der Spracherziehung.

Wir stimmen auch darin mit den Verfassern überein, daß die Schule bisher das verschiedene sprachliche Ausgangsniveau der Schüler oft zuwenig berücksichtigt hat. Wir wissen, daß „Unterschichtkinder" nicht selten entmutigt worden sind bis zur Sprachlosigkeit, weil sie für etwas mit schlechten Noten bestraft worden sind, für das sie nichts können, nämlich für ihr mitgebrachtes Sprachverhalten. Natürlich ist die „unreflektierte Einübung in die Normen der Hochsprache" eine schlechte Sache. Wir kritisieren hart, daß es zweifellos auch heute noch Lehrer gibt, die auf diese Weise einer großen Zahl von Kindern die Freude am Lernen nehmen und damit ihre Entfaltungsmöglichkeiten entscheidend behindern. Das ist ein pädagogisches Problem. Man kann sich nur wundern, daß es nicht längst zum ABC der Lehrerausbildung gehört, daß ein Kind nicht wegen seines sprachlichen Ausgangsverhaltens diffamiert werden darf.

(Beifall bei der F.D.P.)

Für eine große Zahl von Lehrern gehört das bereits zu den selbstverständlichen Voraussetzungen ihres Unterrichts, glücklicherweise. Es ist ein Verdienst der Rahmenrichtlinien, wenn dieses Problem durch diese Diskussion in das Bewußtsein aller Lehrer gehoben wird.

Richtig ist auch, daß die „Unterschichtsprache" Ausdrucksmöglichkeiten besitzt, die farbiger, drastischer, anschaulicher sind und damit einen direkteren Bezug zur Wirklichkeit ausdrücken und vermitteln können als die abstraktere Sprache der Mittelschicht, so daß auch die Folgerung richtig ist, daß das Mittelschichtkind durch die Einübung in diesen „Kode" eine Dimension hinzugewinnen kann. (Dies allerdings geschieht immer schon sehr schnell und mühelos auf dem Schulhof.)

Der Schluß, den die Rahmenrichtlinien aus diesen Tatbeständen ziehen, erscheint uns allerdings als Kurzschluß, und davon distanzieren wir uns mit aller Entschiedenheit. Die Erkenntnis nämlich, daß für viele Kinder das Erlernen der herrschenden Sprachnorm eine große Schwierigkeit bedeutet und sie dadurch gegenüber ihren Altersgenossen benachteiligt sind, die von Haus aus in der Hochsprache sprechen und darin denken gelernt haben, veranlaßt die Verfasser, diese Norm für willkürlich und letztlich überflüssig zu erklären. Schlimmer noch: normgerechtes Sprechen gleich „Hochsprache" wird hier diffamiert – so neulich in der „Zeit" – als Luxus einiger weniger, die sie als Disziplinierungsinstrument benutzen,

(Hört, hört! bei der F.D.P.)

um die bestehenden gesellschaftlichen Abhängigkeitsverhältnisse fortzusetzen.

(Sehr gut! bei der SPD.)

Diese Definition der Hochsprache verrät die ideologische Blickverengung der Verfasser, die ihnen nicht erlaubt zuzugeben, daß die „elaborierte Sprache" eine höher entwickelte Sprachmöglichkeit bezeichnet, weil sie differenzierteres Denken erlaubt. „Die Sprache ist der Seismograph für die Qualität des Denkens." Dieser Satz stammt von Willy Brandt. Er sollte den Verfassern der Rahmenrichtlinien zu denken geben, wenn sie die Auffassung vertreten, daß „die Aufgabe der Schule, die sprachliche Kommunikationsfähigkeit der Schüler zu differenzieren und sie zum ,richtigen' Sprachverhalten anzuleiten, nicht als Einübung in die Hochsprache verstanden werden kann."

Das einseitig fixierte Lernziel des Deutschunterrichts, Sprachnormenkonflikte als Ausdruck grundlegender gesellschaftlicher Konflikte zu verstehen und zu behandeln, übersieht, daß das Sprachverhalten der Schüler unendlich viel mehr ausdrückt als nur gesellschaftlich bedingte Konflikte. Genauso wie das Kind mehr ist als Produkt oder Objekt gesellschaftlicher Bezüge – nämlich Individuum –, ist auch die Sprache mehr als „Konstrukt" willkürlich gesetzter Normen.

(Beifall bei F.D.P. und CDU.)

Sowohl das Individuum als auch die Sprache haben ihre Eigengesetzlichkeit, die zu achten und zu entwickeln für uns Ausdruck der Freiheit ist. Die Sprache lediglich auf ihre Verwendungssituation hin gelten zu lassen, erscheint uns genauso gefährlich wie die Reduzierung des Individuums auf seine Verwendbarkeit in unserer Gesellschaft.

(Beifall bei F.D.P. und CDU.)

Unsere Gesellschaft wird aus dem Blickwinkel der Verfasser der Rahmenrichtlinien eindeutig negativ gewertet. Grundvoraussetzungen, aus denen die Demokratie nach der Auffassung der Mehrheit der Bürger dieses Landes lebt, nämlich Toleranz, Consensus, Kompromißbereitschaft, werden nicht angesprochen. Infolgedessen wird auch keine Möglichkeit aufgezeigt, sich mit ihr zu identifizieren. Wir erfahren lediglich, daß die Hochsprache Normen und Wertvorstellungen vermittelt, die nicht mit den gesellschaftlichen Entwicklungszielen des Grundgesetzes identisch sein sollen. Jedenfalls wird daraus eine Konfliktstrategie abgeleitet, mit der den Schülern ihre „Interessen", die auch nicht näher definiert sind, bewußt gemacht werden sollen und die sich offensichtlich gegen die „Herrschenden" – wer auch immer darunter zu verstehen ist – richtet.

Abgesehen von der Frage, ob diese Analyse der Überzeugung der Mehrheit unserer Bevölkerung entspricht, sehen wir in der Lernzielbeschreibung, aus der wir nur die Aufforderung zum permanenten Konflikt entnehmen können, eine Überforderung der kindlichen Belastbarkeit.

Zudem: Kritikfähigkeit, das heißt konstruktives Denken, kann nicht aus der bloßen Negation entwickelt werden.

(Beifall bei F.D.P. und CDU.)

Das Kind braucht einen Vertrauensgrund, auf dem seine geistigen und seelischen Kräfte sich entfalten können. Eine einseitige Beeinflussung der Kinder in Richtung Konfrontation und Konflikt, ohne gleichzeitig die Spielregeln anzugeben, mit denen Konflikte in einer Demokratie durch einen Consensus gelöst werden können, wird notgedrungen zu einer allgemeinen Verunsicherung und von da aus zu Aggressivität führen, die mit Emanzipation nichts zu tun hat.

(Beifall bei F.D.P. und CDU.)

Sogar Phantasie und Kreativität, denen in den Bildungsplänen von 1969 noch ein hoher individueller emanzipatorischer Wert zugemessen wurde, werden nunmehr lediglich als Chance der Gesellschaftsveränderung gesehen.

Wir streiten nicht ab, daß die Ausführungen des Herrn Kultusministers manche bisher bestehende Befürchtung tatsächlich als Mißverständnis ausgewiesen haben. Wir sind auch der Meinung, daß in seinen Ausführungen die vielen positiven Ansätze, die einen echten Fortschritt emanzipatorischer Bildungspolitik darstellen, deutlich wurden. Dennoch müssen wir auf Grund der hier aufgezeigten grundsätzlichen Einwände, a) der Mißverständlichkeit der Sprache, b) der ideologischen Einseitigkeit der Pläne, unsere Auffassung aufrechterhalten, daß die Rahmenrichtlinien für das Fach Deutsch durch einen neuen und besseren Entwurf ersetzt werden müssen. Zum augenblicklichen Stand erheben wir eine Forderung als unabdingbar: Wir wünschen von seiten des Kultusministers eine klare Definition dessen, was unter Erprobung zu verstehen ist. Die bisherige Praxis zeigt, daß nicht nur jede Schule, sondern auch jeder Lehrer seine eigene Interpretation dazu hat und gegebenenfalls anwendet. Wir brauchen eine präzise Regelung, wie hier zu verfahren ist, um Willkür und Unsicherheit, die durch dieses Papier entstanden sind, zu beenden und den Weg für eine vernünftige Reform freizumachen.

(Beifall der F.D.P. und CDU.)

Dokument 9:

Werner Brans: Ein falscher Ansatz

Aus: „Die ZEIT", Nr. 12, vom 16. März 1973

Es scheint, daß wir es verlernt haben, uns über den Begriff der Sprache und demzufolge über die Aufgaben und Ziele des Sprachunterrichts zu verständigen. Diesen Eindruck jedenfalls muß man haben, wenn man sich mit den Rahmenrichtlinien des Hessischen Kultusministers für den Deutschunterricht in der Sekundarstufe I auseinandersetzt, die im vergangenen Jahr vorgelegt wurden und die sich nach einer Zeit der Prüfung und Erörterung in Kreisen von Lehrern, Eltern und schulpolitisch Interessierten als ein Ärgernis erwiesen haben. Sie sind zur Diskussion gestellt, werden von ihren Kritikern jedoch nicht für diskussionswürdig gehalten.

*

Eine wesentliche Funktion der Sprache ist die Benennung der Dinge, welche die Welt des Menschen darstellen. Die Benennung dient zugleich der Unterscheidung und ist damit eine Vorbedingung der Erkenntnis und des Verständnisses von Zusammenhängen. Sprachliches Ergebnis der Erkenntnis von Zusammenhängen sind Urteil und Wertung.

Durch Sprache wird nicht nur Empfundenes, Erlebtes, Erkanntes mitgeteilt; Sprache will unter bestimmten Bedingungen auch Veränderungen bewirken; man fragt, bittet, überredet, überzeugt, befiehlt. Daß wir nicht mehr in der Wildnis leben, sondern in einer vom Menschen kultivierten und zerstörten, aufgebauten und ausgebeuteten Welt, ist das Ergebnis einer durch Sprache hergestellten Übereinstimmung der Willensentscheidungen von mehreren und kann selbstverständlich das Ergebnis einer nicht zuletzt durch Sprache ausgeübten Herrschaft von Menschen über Menschen sein.

Sprache hat emanzipatorischen Charakter: Wer die Dinge der Umwelt zu benennen versteht, befreit sich von der Furcht vor dem Unbekannten. Wer Zusammenhänge erkennen, also urteilen lernt, befreit sich häufig genug von sogenannten Sachzwängen oder aus Verhältnissen, die er aus Unkenntnis als gottgewollt oder naturgegeben ansehen mußte. Und wer durch das Mittel der Sprache Veränderung bewirkt, erreicht den höchsten Grad an Freiheit und Selbstbestimmung, der zugleich des höchsten Maßes an Verantwortung bedarf.

*

Bereits eine derartig verkürzte Begriffsbestimmung von Sprache, die ihrer Unvollständigkeit wegen wissenschaftlich unzulänglich bleiben muß, genügt, um die Komplexität des Begriffs der Sprache und demgemäß die Vielgestaltigkeit der Aufgaben des Sprachunterrichts nachzuweisen.

Sprachunterricht, der unter anderem dazu führen soll, Menschen zu befähigen, sich in der Welt, in der sie leben, zurechtzufinden, wird auf die Entwicklung eines möglichst umfangreichen passiven und aktiven Wortschatzes Wert legen; er wird eine Sprachstruktur zu vermitteln suchen, die dem Schwierigkeitsgrad der sprachlich zu bewältigenden Lebensbedingungen gerecht wird und die damit ein Denkvermögen entwickelt, das es erlaubt, unserer Probleme Herr zu werden; er wird auf ein Höchstmaß an Konsens unter den Menschen im gleichen Sprachraum abzielen, und das kann nur durch den Abbau schichtenspezifischer und landschaftsbedingter Sprachbarrieren geschehen; er wird Formen mündlicher und schriftlicher sprachlicher Gestaltung einzuüben versuchen, deren Beherrschung sich als nützlich erwiesen hat; er wird im Interesse eines Höchstmaßes an Verständigungsfähigkeit auf einen Kanon von Grundregeln nicht verzichten können, wozu übrigens auch die Rechtschreibung gehört (reformiert oder nicht reformiert, Groß- oder Kleinschreibung — zur Vermeidung von Mißverständnissen kommt es auf ein Mindestmaß an Einheitlichkeit an).

*

Ob die Behandlung von Literatur im Sprachunterricht verbindlich gemacht werden soll, dürfte eigentlich keine Frage sein. Diskutieren sollte man allerdings darüber, welche Literatur sich für den Unterricht in besonderer Weise eignet. Es geht sicher nicht an, wie immer als „zureichend" definierte Kenntnisse der Nationalliteratur zum Nachweis des Erfolges im Sprachunterricht zu machen. Aber zur Fähigkeit im Umgang mit Literatur zu erziehen, sollte eines der Lernziele sein.

Literatur ist Deskription der Bedingungen, unter denen wir leben. Sie hat häufig Aufforderungscharakter, indem sie Verhältnisse als veränderbar darstellt. Sie kann — wenn man diesen Begriff nur zeitgemäß verstehen will — durchaus vorbildlich sein. Dabei muß es sich bei der Behandlung im Unterricht keineswegs immer um vorbildliche Literatur handeln. Auch Schund kommt in Frage, Mißlungenes, Kolportage. Desgleichen Zeitungen, Pamphlete, Fernseh- und Rundfunksendungen, Bildserien. Ziel muß es sein, an allen Beispielen Kritikfähigkeit zu schulen, sich ein Urteil zu bilden, Spreu vom Weizen zu trennen.

*

Selbstverständlichkeiten? — Weit gefehlt!

Die hessischen Rahmenrichtlinien für den Deutschunterricht gehen von einem in unzulässiger Weise eingeengten Begriff von Sprache und demzufolge von einem einseitigen Ziel des Sprachunterrichts aus. Sprachwissenschaft wird ausdrücklich und ausschließlich als ein Teil der Sozialwissenschaft verstanden. Es wird die Behauptung aufgestellt, daß mit der „unreflektierten Einübung in die Normen der Hochsprache" die meisten Schüler von ihrer Herkunftsgruppe entfremdet würden. (Was übrigens durchaus der Fall sein kann, jedoch sicher nicht zur Folge haben darf, auf die Vermittlung der Hochsprache zu verzichten, denn wie sonst sollte sprachliche Bewältigung der Probleme unserer Zeit möglich sein, wenn nicht in den Sprach- und Denkkategorien einer halbwegs verbindlichen Sprachstruktur?)

Es wird weiter die Behauptung aufgestellt, daß durch die Einübung der Hochsprache Schülern die Möglichkeit genommen werde, „an die eigenen Erfahrungen anknüpfend soziale Ungerechtigkeit zu erkennen, sie auszusprechen und damit kommunizierbar zu machen". (Was einerseits objektiv falsch ist, andererseits zeigt, woher der Wind weht: Man muß das richtige Klassenbewußtsein behalten! Als ob es — wenn man schon klassenkämpferisch argumentieren will — nicht darauf ankäme, durch Reflexion über die eigene Lage in Kategorien einer Sprache, die ein solches Nachdenken erst erlaubt, überhaupt zum richtigen Klassenbewußtsein zu finden! Soll etwa der Schuster sprachlich bei seinen Leisten bleiben, um das Fußvolk der industriellen Reservearmee zu vergrößern? Das hieße denn doch sogar Marx mit den Richtlinien ausschütten!)

Die Autoren kreisen um ihren falschen Ansatz: Sie setzen einen wichtigen Teil neuzeitlichen Sprachverständnisses und neuzeitlicher Sprachvermittlung absolut — die Reflexion über Sprache. Durch diese Vortäuschung, daß der Teil das Ganze sei, machen sie sich einer unsozialen, unliberalen, undemokratischen und unwissenschaftlichen Haltung schuldig.

*

131

Es erübrigt sich wohl hinzuzufügen, daß sie in einer Zeit, in der es mehr denn je auf Chancenausgleich und möglichst objektivierte Leistungsmessung ankommt, keinen einzigen Gedanken an Kriterien der Qualifikation verschwenden. Sie versäumen es, obwohl sie ausdrücklich Rahmenpläne für die Gesamtschule verfassen, die Leistungsdifferenzierung in diesem Schulsystem auch nur zu erwähnen, geschweige denn, sie zu berücksichtigen. Sie verweisen auf Lernmaterial, das es nicht gibt und von dem sie wissen, daß es bei der geltenden Handhabung der Lernmittelfreiheit auch nicht verschafft werden kann. Welche Literatur im Unterricht zu behandeln wäre und was mit Literatur erreicht werden kann, bleibt im Nebel. Rechtschreibung wird nicht mehr geübt, und wenn sie geübt wird, nicht mehr bewertet.

*

Im Mittelalter war selbst die allumfassende Wissenschaft der Philosophie die Magd der Theologie. Müssen heute alle Wissenschaften Knechte einer allumfassenden, allein seligmachenden, stupiden, undifferenzierten Gesellschaftslehre werden?

Dokument 10:

Aus: Protokoll des Hessischen Landtags – 7. Wahlperiode – 60. Sitzung –
29. 3. 1973 (S. 3272–3282)

Erwiderung des Hessischen Kultusministers auf den Antrag der CDU und dessen Begründung durch den Abgeordneten Sälzer sowie auf die Große Anfrage der F.D.P. und deren Begründung durch die Abgeordnete Dr. Engel.

Aus Raumgründen mußte diese Rede um die Ausführungen des Kultusministers zu den Rahmenrichtlinien Gesellschaftslehre gekürzt werden.

Herr Präsident, meine sehr verehrten Damen und Herren! Mit dieser Debatte tritt der Hessische Landtag in eine weit über die Grenzen des Landes hinausgreifende Diskussion über die inhaltliche Bildungsreform ein, eine Diskussion, wie sie in dieser Breite in der Bundesrepublik bisher noch niemals geführt worden ist. Fragen der Organisationsreform von Schulen und Hochschulen haben bisher die Debatten und den Streit wesentlich in Anspruch genommen. Daß es dahinter und durch die Organisationsreform hindurch um die Reform der Inhalte des Lehrens und Lernens geht, ist zwar von jedem immer wieder gesagt worden, der sich für organisatorische Veränderungen einsetzte, ist aber – wenn Sie an die Studienreform in den Universitäten und an die Bildungsreform in den Schulen denken – zumeist zu kurz gekommen.

Hessen hat als erstes Bundesland die inhaltliche Schulreform so ernst genommen, daß in den letzten zwei Jahren neue Rahmenrichtlinien für fast alle Klassen, Stufen und Schulformen entstanden sind, über die nun zu diskutieren ist, weil die Landesregierung die Auffassung vertritt, daß nicht von der Verwaltung her neue Lehrpläne verordnet werden sollten – wie das in aller Vergangenheit der Fall war –, sondern daß vielmehr ein solches neues Inhaltliches im Lehren und Lernen von allen mit diskutiert werden soll, also nicht nur von jenen, die in den Schulen als Schüler und Lehrer unmittelbar betroffen sind sowie den Eltern, sondern von allen Bürgern dieses Landes.

Daß man diese Diskussion auf sehr verschiedene Weise führen kann, haben wir in den vergangenen Wochen erlebt. Gleich zu Beginn der Debatte dieses Hauses ist uns ebenfalls vorgeführt worden, wie man sie einmal – so Herr Sälzer von der CDU – an Reizworten aufhängen, mit Begriffen wie Nestbeschmutzer und anderen in eine Ecke stellen kann, in der im Grunde doch nur wieder eine Wahlkampfauseinandersetzung geführt werden soll. Wir haben zugleich erlebt, wie mit großem Ernst und mit großem Sachverstand Positionen vorgeführt werden können, die ich zwar vielfach nicht teile, aber die einen wichtigen Beitrag zur Verbesserung dessen, was wir als Diskussionsentwurf vorgelegt haben, darstellen. Der Unterschied zwischen diesen beiden Beiträgen bestimmt die Diskussion auch im Lande und in den anderen Bundesländern. Wir haben auf der einen Seite eine sehr zugespitzte, man nennt das heute, glaube ich, ideologische Diskussion, ohne daß die, die dieses Wort gebrauchen, zumeist wissen, was eigentlich der Begriff Ideologie meint – – – [. . .]

Als ich mein Amt antrat, gab es keinen Lehrerverband und keine Elternvertretung, die nicht zu mir kamen und dringend forderten, daß das, was für die meisten Schulen als Lehrplan aus dem Jahre 1957 in den Schulen noch gilt, endlich verbessert und überholt werden sollte durch neue Lehrpläne. Ich habe den Eindruck, Herr Buss, daß wir uns in diesem Punkt alle einig sind.

(Zurufe von der CDU: Vollkommen!)

Verschiedene Ansätze der Curriculum-Reform – so nennt man es mit dem technischen Ausdruck –, also der Reform der Lehrpläne, aber auch der Art und Weise des Lehrens und Lernens, waren in Hessen vorzufinden, so die große Curriculum-Kommission, die vor allem von Frau Kollegin Hamm-Brücher ins Leben gerufen worden war mit Herrn Klafki in der Leitung, dann Expertengruppen, die neue Lehrpläne für die Gesamtschulen erarbeiteten, und eine Reihe von Gruppen, die gymnasiale Schulpläne verbesserten. Zu ihnen gehört jene, die die Deutsch-Pläne für die Gymnasien in den Jahren 1965 bis 1969 erarbeitet hatten, so daß sie ab 1969 in die Schulen zur Erprobung gegeben werden konnten. Wenn man sich die Mitglieder dieser Gruppe, die die Deutsch-Pläne damals für die Gymnasien erarbeitete, und vor allem deren Leiter, den jetzigen Professor Ivo, ansieht, dann ist eine erstaunliche Kontinuität auch der Personen, die an dieser Arbeit mitwirken, festzustellen.

(Dr. Brans [F.D.P.]: Das ist aber auch alles!)

– Was „alles" ist, Herr Brans, werden wir auch noch feststellen.
Nur eines konnte man nicht tun. Man konnte nicht so tun, als wäre es im Jahre 1970 noch möglich, Lehrpläne für die einzelnen Schulformen im Lande entwickeln zu wollen, also so, wie es bisher immer geschehen war und auch noch in den von Ihnen gepriesenen Deutsch-Plänen, daß man nämlich getrennte Lehrpläne für die Gymnasien, getrennte Lehrpläne für die Mittelschulen und getrennte Lehrpläne für die Hauptschulen neu entwerfen sollte. Man konnte nicht so tun, als wenn man Stoffkataloge nur neu zusammenzustellen brauchte, sondern man mußte darauf eingehen, daß der Gang der Wissenschaft und der bildungspolitischen Erkenntnisse uns zwingend vorschrieb, den Versuch zu machen, lernzielorientierte Rahmenrichtlinien und stufenbezogene, also die Schulformen übergreifende Lehrpläne zu entwickeln. Denn alle Kultusminister der Bundesrepublik haben sich gemeinsam zu den folgenden Sätzen bekannt, die im Gesamtbildungsplan der Bund-Länder-Bildungskommission enthalten sind. Die Ziele für die Mittelstufen in der Schule lauten:

– Sicherung einer allgemeinen wissenschaftsorientierten Grundbildung für alle.
– Vermeidung vorzeitiger Festlegung auf bestimmte Bildungsgänge.
– Berücksichtigung der Neigung und Befähigung des einzelnen durch eine zunehmende Wahl und Leistungsdifferenzierung unter Beibehaltung eines verpflichtenden Kernbereiches gemeinsamer Inhalte.

Was, Herr Schwarz-Schilling, ist daran nun anders gegenüber dem vorherigen? Lassen Sie mich Ihnen das mit einem Zitat klarmachen. Im Jahre 1955 schrieb der Frankfurter Religionspädagoge Heinrich Weinstock in seinem Buch „Realer Humanismus":

Dreierlei Menschen braucht die Maschine, den, der sie bedient und in Gang hält, den, der sie repariert und verbessert, schließlich den, der sie erfindet und konstruiert. Hieraus ergibt sich: Die richtige Ordnung der modernen Arbeitswelt gliedert sich in drei Hauptschichten: die große Masse der Ausführenden, die kleine Gruppe der Entwerfenden und dazwischen die Schicht, die unter den beiden anderen vermittelt. Das heißt: Die einen müssen anordnen und verordnen, die anderen müssen die Ordnungsgedanken ausführen. Aber damit das ordentlich geschieht, muß eine dritte Gruppe den Übergang von den Gedanken zur Tat, von der Theorie zur Praxis vermitteln.

Und er folgert daraus:

Offenbar verlangt die Maschine eine dreigliedrige Schule: eine Bildungsstätte für die ausführenden, also zuverlässig antwortenden Arbeiter, ein Schulgebilde für die verantwortlichen Vermittler und endlich ein solches für die Frager, die sogenannten theoretisch Begabten.

Ich sage nur ganz beiläufig, daß zu derselben Zeit, als er das schrieb, ich mit industrie-soziologischen Studien in Walzwerken beschäftigt war, in Mittel- und Feinwalzblechstraßen, an denen angelernte Arbeiter

(Borsche [CDU]: An Blechen sind Sie wohl sehr interessiert!)

ihre Arbeitsleistungen verbesserten, weil sie in der Lage waren, die Störungen an den Maschinen selbst mit zu beheben. Mit anderen Worten: Unhaltbar geworden ist zu glauben, man könne – jetzt allein unter ökonomischen, also wirtschaftlichen und technologischen Bedingungen – die Bevölkerung in solche Gruppen einteilen und von daher Unterrichtslehrpläne entwerfen, in denen so unterschieden wird. [...]

Ich glaube nicht, daß ich in diesem Hause noch eingehend erklären muß, daß lernzielorientierte Rahmenrichtlinien gegenüber den bloßen Stoffkatalogen sehr viel mühsamer zu formulieren sind. Es ist eben verhältnismäßig einfach, das können Sie der Literatur und den Zeitungen entnehmen, sich hinzustellen und eine kleine Präambel zu entwerfen und solch allgemeine Programme, von denen die Rede war. Sie sehen das, wenn Sie die Lernziele selbst beschreiben und analysieren wollen und mit den übergeordneten Lernzielen „Selbstbestimmung und Mitbestimmung" beginnen, von denen ich doch glaube, daß sich auch die Christlich-Demokratische Union nach einigem Nachdenken zu ihnen bekennen wird.

(Bohl [CDU]: Das hat Herr Sälzer schon gesagt!)

Solche lernzielorientierten Pläne haben gegenüber den reinen Stoffkatalogen allemal den Vorteil, daß man feststellen kann, was man erreichen will. Stoffkataloge haben – ich erinnere Sie an die berühmten linken Nebenflüsse des Rheins oder irgendwelche anderen Ansammlungen von Bergeshöhen oder Hauptstädten – immer das Problem gehabt, daß sie, selbstverständlich, irgendwelche Ziele, irgendwelche Werte im Auge haben, sonst hätte man ja nicht die linken Nebenflüsse, sondern die rechten Nebenflüsse des Rheins auswendig lernen können,

(Milde [CDU]: Wir haben sie von beiden Seiten lernen müssen!)

aber diese Ziele wurden nicht so offenbar.

(Unruhe bei der CDU. – Glockenzeichen des Präsidenten.)

Ich meine, daß eine der hervorragendsten Eigenschaften der von uns vorgelegten Rahmenlehrpläne die ist – ich werde Ihnen das noch an einer Reihe von Stellen belegen –, daß sie es erlauben, ihre Prämissen zu diskutieren, weil sie offengelegt werden. Hier wird nichts verschleiert, hier wird nichts vernebelt,

(Lachen bei der CDU.)

sondern die Prämissen dieser Rahmenlehrpläne sind diskutierbar.

Offensichtlich hat dieser eben von mir bezeichnete Ansatz in der Fachwissenschaft erhebliche Resonanz gefunden. So will ich mich jetzt zunächst den Rahmenlehrplänen Deutsch zuwenden. In einer Erklärung sahen Fachvertreter der Literaturwissenschaft, Linguistik und Didaktik hessischer Universitäten schon allein in der Tatsache, „daß neue Rahmenrichtlinien in den Schulen und in der Öffentlichkeit zur Diskussion und Korrektur vorgelegt werden, einen entscheidenden Fortschritt gegenüber der bisher allgemein üblichen Erstellung von Lehrplänen". Es ist hervorzuheben, daß die Verfasser der Rahmenrichtlinien – so lautet es in dieser Erklärung weiter – und vielleicht hören Sie jetzt wieder einen Augenblick zu – – – [...]
Es ist hervorzuheben,

– so heißt es in der Stellungnahme der Fachvertreter –

daß die Verfasser der Rahmenrichtlinien wichtige Erkenntnisse der Sozialisationsforschung, Linguistik und Literaturwissenschaft auf ihre didaktische und gesellschaftspolitische Relevanz hin analysiert und geprüft haben.

(Zuruf von der CDU: Lassen wir das!)

Insbesondere ist zu begrüßen, daß die Autoren das allgemeine Lernziel der Förderung der sprachlichen Kommunikationsfähigkeit

– es wird in den Rahmenrichtlinien Deutsch als oberstes Lernziel abgeleitet, oder sage ich besser: aus den Hauptlernzielen Selbstbestimmung und Mitbestimmung interpretiert –

zum Ausgangspunkt für die Ableitung spezieller Lernziele gemacht haben.

Im Gegensatz zu bisherigen Lehrplänen wird zum erstenmal zum Problem hochsprachlicher Normen in bezug auf das schichtenspezifische Sprachverhalten der Schüler Stellung bezogen. Wichtig erscheint in diesem Zusammenhang auch, daß die Verfasser die Überbewertung der Rechtschreibung in Schule und Öffentlichkeit in Frage stellen und sich für deren Reform einsetzen.

Die Reflexion der Verfasser auf die gesellschaftlich-politische Verantwortung des Deutschunterrichts hat darüber hinaus zur Folge, daß im Arbeitsbereich Literatur poetische Texte wie Gebrauchstexte in ihrer gesellschaftlichen Vermittlung zum Gegenstand des Unterrichts werden.

Ist dieses – lassen Sie mich jetzt auf ein paar Beispiele eingehen – alles so neu? Nein, es ist uralt. Vor mir liegt ein Text von Jakob Grimm,

(Zuruf von der CDU.)

um einmal ganz unverfängliche Zeugen aus einer großen Ahnenreihe hessischer Geschichte zu zitieren.

(Zuruf von der CDU: Jetzt kommt noch der Duden!)

Dieser Text ist überschrieben: „Über das Pedantische in der deutschen Sprache". Da schreibt Jakob Grimm – er hat dies in einer Vorlesung am 21. Oktober 1847 gesagt –:

Mich schmerzt es tief, gefunden zu haben, daß kein volk unter allen, die mir bekannt sind, heute seine sprache so barbarisch schreibt, wie das deutsche, und wem es vielleicht gelänge, den eindruck zu schwächen, den meine vorausgehenden bemerkungen hinterlassen haben, das müßte er dennoch einräumen, daß unsere schreibung von ihrer pedanterei gar nicht sich erholen könne.

Dieser Text, meine Damen und Herren, wie andere auch, die mir von den Brüdern Grimm vorliegen, ist in gemäßigter Kleinschreibung geschrieben – im Jahre 1847. Wenn es uns manchmal so vorkommt, daß heute die Jugend mit ihren langen Haaren in der Gesellschaft doch ganz aus der Rolle falle, dann ist ebenso an die langen Haare zu erinnern, die damals die Brüder Grimm und überhaupt die Erwachsenen in der Mitte des 19. Jahrhunderts getragen haben.

(Beifall bei der SPD.)

Den gleichverwerflichen mißbrauch

– so sagt er zu diesem Thema –

großer buchstaben für das substantivum, der unserer pedantischen unart gipfel heißen kann, habe ich und die mir darin beipflichten abgeschüttelt, zu welchem entschluß nur die zuversicht gehört,

– und hören Sie gut zu –

daß ein geringer anfang fortschritten bahn brechen müsse.

Meine sehr verehrten Damen und Herren, ich glaube, wir sollten uns sehr wohl – ich komme im Zusammenhang mit der Erörterung der Bedeutung von Geschichte für unseren Schulunterricht darauf zurück – gerade der historischen Anstöße und Anlässe von Schulreformen immer wieder erinnern. Wir finden in unserem eigenen Lande und bei denen, die dafür besonders berühmt geworden sind, genug Anlaß und Anstoß, um uns unserer Versäumnisse immer wieder zu erinnern, nämlich inhaltliche Schulreformen so langsam, so spät und so mühsam erst angefaßt zu haben.

Damit bin ich bei der Frage, die von beiden Vorrednern behandelt worden ist, wie es denn um die sogenannte Hochsprache steht. Meine sehr verehrten Damen und Herren, auch wenn dies wahrscheinlich von Herrn Sälzer wieder als ein Beitrag der Beschmutzung des eigenen Nestes verstanden wird,

(Sälzer [CDU]: Das ist Ihre Formulierung, Herr Minister! Das ist Ihre typische Rabulistik! – Zuruf von der CDU: Das ist seine Art der Hochsprache!)

so möchte ich doch nachdrücklich sagen, daß es sich lohnt, Herr Sälzer, darüber nachzudenken, was gegenwärtig alles unter dem Begriff „hochdeutsch" subsumiert wird.

Schauen Sie, das Problem im Unterricht besteht doch darin, daß auch ein Text wie der folgende darunter fallen kann, den ich hier zitieren möchte – ich habe absichtlich einen aus dem hessischen Kultusministerium genommen –:

Inwieweit die von den Schulträgern nach dem Finanzausgleichsgesetz für die als Kreisbildstellenleiter verwendeten Lehrkräfte zu leistenden Lehrstellenbeiträge zu den Kosten der Kreisbildstellen zu rechnen sind, bestimmen die Träger der Kreisbildstellen mit den zu beteiligenden Schulträgern im Wege der Vereinbarung.

(Zuruf von der CDU: Ja, das ist typisch!)

Hessisches Kultusministerium, 1958!

(Zuruf von der CDU: Wie würde das denn heute lauten? – Roth [CDU]: Heute würde es klein geschrieben! – Heiterkeit bei der CDU.)

— Herr Kollege Roth, ich glaube, Sie werden doch wohl meinen reformerischen Impetus nicht so unterschätzen, daß es mir nur darum ginge, solches klein zu schreiben,

(Beifall bei der SPD.)

sondern solches im Inhalt zu verändern.

(Milde [CDU]: Ist „Impetus" jetzt Hochsprache, oder was ist das?)

Gesagt wurde: Die Hochsprache ist doch die Sprache der Wissenschaft; sie ist doch differenziert; es muß doch jemand am elaborierten Sprachkode teilhaben, wenn er Wissenschaft betreiben will. Das ist richtig. Er muß daran teilhaben, wenn er Wissenschaft betreiben will.

(Frau Dr. Engel [F.D.P.]: Aber nicht an dieser Sprache!)

— Nein, sondern an der Sprache der Wissenschaft. Ich zitiere ein Beispiel:

Der CO-Gaswechsel der Opuntie erhöht sich nach der Wiederbefeuchtung des Bodens schnell. Dabei zeigt sich nicht nur die Atmung von Boden-Wurzel und Sproß gefördert, sondern auch die CO-Dunkelfixierung und die apparente Assimilation im Licht. Die Steigerung der CO-Abgaben des durchwurzelten Bodens tritt jeweils innerhalb von wenigen Minuten in Erscheinung, während der CO-Verbrauch bei Assimilation und Dunkelfixierung, der offenbar einer gewissen Rhythmik unterliegt, etwas verzögert beeinflußt wird.

Ich höre hier auf,

(Beifall bei der CDU. – Dr. Schwarz-Schilling [CDU]: Hören Sie auf!)

weil Sie ja schnell gemerkt haben, worauf es mir hier ankommt: daß nämlich die Sprache der Wissenschaften für fast alle anderen, die diese Wissenschaften nicht studiert haben, unverständlich geworden ist. Es gibt in den Vereinigten Staaten in jedem Jahr einen besonderen Buchpreis, der sehr begehrt ist. Er wird dem Wissenschaftler verliehen, der ein Fachbuch in der verständlichsten Sprache für die anderen schreibt. Das wäre eine sehr nachahmenswerte Anregung.

(Milde [CDU]: Hätten Sie die Hoffnung, daß Ihre Antwort auf die Große Anfrage diesen großen Preis bekommen hätte?)

Das heißt mit anderen Worten: wir müssen doch offensichtlich das Thema und die Probleme, die ich hier bezeichnen will, ernst nehmen. Wir können uns doch nicht, wenn wir auf die Rahmenrichtlinien schauen, darauf beschränken, zu sagen – ich zitiere –:

Noch überwältigender ist ihre esoterische Sprache, deren Geheimnischarakter ihnen überhaupt nicht zum Bewußtsein kommt, da sie meist nur mit ihresgleichen zu tun haben.

Dies ist nun nicht, Herr Sälzer, auf die Autoren der Rahmenrichtlinien gemünzt worden, sondern auf die hessischen Landtagsabgeordneten, und zwar in einer Untersuchung, die Gabriele Strecker über den Hessischen Landtag als Beispiel für den deutschen Nachkriegsparlamentarismus angestellt hat.

Meine Damen und Herren, das ist, so meine ich, Anlaß genug, darüber nachzudenken, was für die Reform der Inhalte des Lernens und Lehrens Anschluß an Wissenschaft bedeutet. Man kann es sich, das ist mein Argument, nicht so einfach machen – darauf komme ich gleich noch einmal sehr nachdrücklich zurück –, als gäbe es *die* Hochsprache als etwas, was absolut und selbstverständlich ist. Zu dieser Hochsprache haben ein paar Kinder deshalb Zugang, weil ihre Eltern sie schon sprechen, weil die Bücherwände in ihren Wohnungen ihnen das schon nahelegen. Die anderen aber haben Schwierigkeiten. Auf den entwicklungspsychologischen Gesichtspunkt gehe ich gleich noch ein. Mir liegt zunächst – um diesen Gedankengang abzuschließen – daran, Hugo Steger, einen Altgermanisten aus Freiburg, zu zitieren, der die Hochsprache als Standardsprache bezeichnet

(Zuruf Dr. Brans [F.D.P.].)

und ihre Funktion folgendermaßen bestimmt:

> Die deutsche Standardsprache, das Hochdeutsche, stellt eine verhältnismäßig junge Variante des Deutschen dar; sie erfüllt die Funktion einer überregionalen Verkehrssprache und kann sozial gesehen

– und jetzt bitte ich Sie, aufzumerken –

> als Dialekt der Gebildeten bezeichnet werden.

Ich komme darauf, weil offensichtlich der Begriff Dialekt in den Rahmenplänen großen Mißverständnissen unterlegen ist – nicht bei Ihnen, Frau Dr. Engel; Sie sind ja doch Fachwissenschaftler. Aber in einer breiteren Öffentlichkeit habe ich immer wieder beobachten müssen, daß das, was in den Rahmenrichtlinien als Dialekt bezeichnet wird, in einem – so gebe ich sofort zu – sehr einsichtigen Sinne als das verstanden wurde, was man üblicherweise mit Dialekt bezeichnen wird.

Dies hier ist ein Terminus technicus, ein wissenschaftlicher Ausdruck für verschiedene Arten von Sprachen. Worauf es in der Schule ankommt, ist, daß, wenn sich Menschen in verschiedenen Dialekten dieser Art – ich sage es einfacher: in verschiedenen Sprachen – miteinander unterhalten, was in der Regel der Fall ist, man in informellen Beziehungen nicht dieselbe Sprache spricht wie in formellen Beziehungen, daß also dann Schüler und Kinder, die Sprache lernen wollen, nämlich sprachliche Kommunikationsfähigkeit, in diesen Fragen und Problemen eingeführt und nicht draußen gehalten werden. Dies hat auch eine eminent didaktische Folgerung: Wenn das Problem der Sprachnormen, das ich hier diskutiert habe, so ist, dann ist es auch vor allem ein Problem der Bewertung im Deutschunterricht.

Erlauben Sie mir, Ihnen einige Zeilen eines Aufsatzes vorzulesen. Dies ist der Aufsatz eines Mädchens, zehn Jahre alt, im vierten Schuljahr. Der Aufsatz heißt: Auf dem Kirschbaum. Ich zitiere:

> Bevor in der Keplerstraße der leere Platz bebaut wurde, stand da ein schöner, großer Kirschbaum, auf dem schöne Kirschen hingen. Meine Freundin und ich kletterten oft darauf herum, und wir setzten uns auf die Äste. Einmal glotzte die alte Schrulle von der anderen Straßenseite aus dem Fenster und fing an zu prudeln. Wir taten so, als wenn wir sie nicht hörten, aßen eifrig Kirschen und erzählten uns allerlei Sachen. Als es der alten Krücke zu bunt wurde, machte sie das Fenster zu und zog die Gardine vor. Als wir am Abend heimgingen, machten wir uns schon Pläne für den nächsten Tag. Leider konnten wir am nächsten Tag keine Kirschen mehr essen; denn einige Arbeiter baggerten fleißig ein Loch aus.

Ein beliebiger Schulaufsatz, unter Zehntausenden herauszugreifen! Was macht ihn interessant? Er ist zum Gegenstand einer wissenschaftlichen Untersuchung über vergleichende Beurteilung von Deutschaufsätzen genommen worden. Dieser Aufsatz – ich entnehme das Beispiel dem Funkkolleg Sprache – ist von denen, die zu Untersuchungszwecken gebeten worden sind, ihn zu zensieren, sechsmal mit Gut, fünfmal mit Befriedigend, sechsmal mit Ausreichend und zweimal mit Mangelhaft bewertet worden, wobei uns noch mehr als die ganze Breite des Urteilsspektrums, das sich hier auf einen einzigen Aufsatz anwenden läßt, in unserem Zusammenhang folgendes interessiert: Unter den Begründungen für die besonders gute Beurteilung finde ich:

Originelle Sprache: glotzte, Schrulle, prudeln.

Auf der Gegenseite, nämlich bei den Mangelhaft-Zensuren, steht:

Schimpfliche Ausdrücke, Gossensprache.

Das ist das Problem, um das es mir hier geht!

(Beifall bei der SPD.)

Diesem Problem – ich muß es sehr ernst und eindringlich sagen – werden wir nicht dadurch gerecht, daß wir uns die Hochsprache als etwas Absolutes vorstellen, um dann – und nun darf ich noch einmal Konrad Duden zitieren; Sie haben ihn schon in der schriftlichen Antwort vor sich; das Zitat ist nur ganz kurz – einfach festzustellen:

Über neun Zehntel unseres Volkes haben sie

– das bezieht sich jetzt wieder mehr auf die Rechtschreibung –

entweder nie sicher erlernt oder doch bald nach der Schule wieder vergessen. Dadurch wird die soziale Kluft zwischen den sogenannten Gebildeten und Ungebildeten künstlich vertieft, die Ausbreitung der deutschen Sprache erschwert. [...]

– Und damit sind wir jetzt mitten in der Auseinandersetzung zwischen uns, Frau Dr. Engel, um das, was kompensatorische Erziehung genannt worden ist. Sie haben in einem Zitat aus den Deutschplänen von 1969 unter großem Beifall erklärt, daß wir gegen die Erfahrungen der Praktiker offensichtlich davon ablassen wollten, kompensatorischen Unterricht weiterzuentwickeln. Sie würden diese Position nie einnehmen, aber Sie werden mir zugeben, daß die Schelskysche eine solche extrem kompensatorische Lösung ist, indem ich beispielsweise in einem Arbeiterkinder-Internat alles gleichsam zur Verfügung stelle, um den Mangel und das Defizit aufzuheben.

Wir haben nun in den vergangenen zehn Jahren gelernt, daß das, was als Kompensationstheorie des Unterrichts Ende der fünfziger und Anfang der sechziger Jahre sehr en vogue war, erheblich weiterentwickelt werden muß; daß man nicht einfach Sprachbarrieren oder Mängel und Defizite bestimmter Schichten feststellen kann und sich nur fragen muß: Wie kommen diese Kinder in den Besitz des Besseren? Das heißt, daß man die Mittelstandseinrichtung Schule mit dem Lehrer, der dort spricht und der für diese Kinder eine andere Welt darstellt, nur unter dem Gesichtspunkt sieht: Wie bekomme ich die Kinder da möglichst schnell hinein und schneide sie ab von ihrem bisherigen Milieu? Demgegenüber sind eine verfeinerte und weiter zu entwickelnde Didaktik und damit auch entsprechende Rahmenlehrpläne erforderlich, die genau die Möglichkeit des Anknüpfens an die Erfahrungen, die man aus dem Elternhaus mitbringt, und die Weiterentwicklung dieser Erfahrungen in der Erschließung neuer Welten, wie sie die Schule gerade für diese Kinder bringt, berücksichtigen. Das ist das eigentliche Problem, das gelöst werden muß. Denn nicht nur sollen diese Kinder zu Hause weiter in der Lage sein, sich zu unterhalten – um nicht wieder „kommunizieren" zu sagen –, nicht nur werden sie in ihrem weiteren Leben auch immer mehrere Sprachen sprechen; ich glaube, ich kann niemanden ausschließen, der nicht mehrere Sprachen in seinem Leben spricht. Hier darf ich auf einen der hervorragendsten Forscher zurückgreifen, der sich in Deutschland dieser Fragen angenommen hat, nämlich auf Professor Ulrich Oevermann. [...]

Herr Oevermann hat den wichtigsten Beitrag zu dem Gutachten des Bildungsrates über Begabung und Lernen geschrieben – die Bewertung stammt von mir – und weist dort in seinen Schlußfolgerungen auf folgendes hin; jetzt muß ich Sie bitten, noch für einen Augenblick einen Satz in der Fachsprache anzuhören; ich werde mich bemühen, ihn gleich an den bestimmten Punkten zu übersetzen:

Die sprachlichen Fähigkeiten der Unterschichtenkinder unterschätzen deren allgemeines intellektuelles Leistungsniveau. In Zukunft muß eine begleitende, erziehungs-psychologische Forschung die spezifischen Formen des intelligenten Verhaltens die-ser Kinder außerhalb der sprachlichen Sphäre identifizieren.

Das bedeutet: Wenn man Intelligenz nur über Sprache abbildet — und auch die meisten Intelligenztests sind dabei nicht auszunehmen —, dann erhält man ein ganz falsches Bild von den intellektuellen Begabungsmöglichkeiten und Entfaltungsmöglichkeiten dieser Kinder. Ich glaube, über den Punkt sind wir uns rasch einig. Die Methoden der Montessori-Schulen können wertvolle Hinweise leisten, wie überhaupt eine ganze Reihe der Ansätze, die wir weiterentwickeln, in privaten Schulen, wie beispielsweise der Odenwaldschule, schon sehr weit entwickelt sind, worauf an dieser Stelle immer dann hingewiesen worden ist, wenn man private Schulen nicht als eine von der Vergangenheit weitergeführte Art anderer Ersatzschulen, sondern als Schulen auffaßte, in denen Mut zum Experiment, Mut auch zum Risiko um der Weiterentwicklung des Lernens und Lehrens willen vorhanden ist und nicht von vornherein alles abgeschlossen und abgeschnitten wird mit dem einen Satz: Unsere Kinder sind doch keine Versuchskaninchen. Wenn die Montessori-Bewegung oder die Odenwaldschule sich dies immer vorgehalten hätten — nichts wäre an produktiver Leistung aus ihren Schulen gekommen.

(Milde [CDU]: Selbst Cohn-Bendit nicht!)

— Auf der Odenwaldschule, lieber Herr Milde, sind meist Kinder aus bürgerlichen Kreisen.
Nun kommt, Herr Milde, der entscheidende Satz:

> Die schulische Förderung dieser Fähigkeiten darf nicht von Beginn an an die kommunikativen Muster des „elaborierten Kode" gebunden werden.

Also auf deutsch: Sie darf nicht von vornherein nur an das Hochdeutsch gebunden werden.

(Zuruf von der CDU.)

— Einverstanden? Gut.

> Der Lehrer muß zunächst auf die typische Sprache der Unterschichtkinder eingehen und sie als Kommunikationsmittel akzeptieren.

Nun noch einmal ein sehr entscheidender Satz:

> Die negative Sanktionierung

— das ist wieder ein schrecklicher Begriff; das heißt, daß die Kinder lernen, daß sie sich in einer anderen Sprache auch unterhalten können müssen und, wenn sie das nicht lernen, das Lernziel nicht erreichen und daher kein Lob, sondern einen Tadel bekommen, um mich einmal ganz altertümlich auszudrücken —

> der „restringierten" Sprachformen

— das ist der Gegenbegriff zu dem elaborierten Kode, also die Sprache der Unterschichten —

(Milde [CDU]: Noch können wir folgen! — Heiterkeit bei der CDU.)

— Noch? Gut, dann passen Sie weiter scharf auf! —

> darf der negativen affektiv-motivationalen Konsequenzen wegen nicht vom Lehrer ausgehen.

140

(Sprenger [SPD]: Muß das sein? – Bohl [CDU]: Das ist schon schwieriger!)

Haben Sie den entscheidenden Punkt gesehen? Ich darf es einmal ganz einfach sagen: Das Kind spricht in seiner Sprache; es lernt jetzt, in die durchaus verschiedenen Arten von Hochsprache hineinzukommen. Jetzt darf der Lehrer nicht einfach nur verbieten und strafen.

(Milde [CDU]: Das macht nie ein vernünftiger Lehrer! Darum geht es nicht! Reden Sie doch einmal über die Rahmenrichtlinien!)

– Herr Milde, ich glaube, daß Sei nicht den Kontakt mit Schulen haben, den ich von Amts wegen haben muß.

(Lachen bei der CDU.)

Das Lernen muß sich allmählich aus der Erfahrung mit dem Erfolg oder Mißerfolg von Problemlösungen selbst ergeben.

Ich meine, daß dies – und nicht mehr kann es sein – ein didaktisches Programm ist, nicht bereits eine ausgeführte Didaktik. Ich meine nur, daß es alle die, die meinen, man käme mit einer einfachen Kompensationstheorie so aus, nachdenklich machen sollte.

Ich fasse zusammen im Hinblick auf die Behandlung der Rahmenrichtlinien Deutsch in dem Beitrag aus einem offenen Brief, den ich von Fachwissenschaftlern nicht allein aus Hessen, sondern aus der ganzen Bundesrepublik erhalten habe und unter dem Namen der bekanntesten deutschen Literaturwissenschaftler und Didaktiker stehen. Dort heißt es am Ende:

> Die neuen hessischen Rahmenrichtlinien für das Fach Deutsch gehen über die bloß *fach*didaktische Aufarbeitung der wissenschaftlichen Forschung hinaus: sie versuchen – gewiß noch vorläufig und im Detail unvollkommen –; generelle erziehungswissenschaftliche Probleme dem aktuellen Forschungsstand adäquat zu formulieren. Dies betrifft insbesondere
> – die Ablehnung einer antiquierten Entwicklungspsychologie, die bestimmte Altersstufen quasi naturnotwendig bestimmten Apperzeptionsformen und Verhaltensweisen zuordnet,

– Apperzeptionsformen sind die Formen der Auffassung von etwas

> – ohne die Einwirkungen verschiedener Lern- und Sozialisationsprozesse zu reflektieren;
> – die Notwendigkeit von kritischer Reflexion auf die Rolle des Lehrers selbst;
> – die Bestimmung der Lernprozesse in Abhängigkeit von Gruppensituationen und Gruppenprozessen;
> – die Organisation schulischen Lernens im Projektunterricht, dessen wesentliches Ziel die Aufhebung isolierten Gegenstandslernens ist.

Kritische Fragen, die an die Entwicklung der Rahmenrichtlinien zu stellen sind, werden in der fachwissenschaftlichen Diskussion auch in allen Beiträgen gestellt. Worauf es mir ankommt, ist, nachdrücklich klarzumachen – nun zitiere ich wieder die Äußerung der Fachwissenschaftler –:

> Diese kritischen Fragen mögen darauf hinweisen, daß die Rahmenrichtlinien als Beginn und Bestandteil einer fortzuführenden, einer permanenten Bildungsplanrevision anzusehen sind, in der etwa auch die skizzierten Problempunkte geklärt werden könnten. Als Anstoß zu einer derartigen Curriculumrevision aber sind die vorgelegten Richtlinien insbesondere in ihrer fachwissenschaftlichen, erziehungswissenschaftlichen und didaktischen Fundierung durchaus neuartig und

(Dr. Wagner [CDU]: Das sicher!)

– Herr Wagner –

      zukunftsweisend.

Das ist das entscheidende Moment.

(Beifall bei der SPD. – Dr. Wagner [CDU]: Welche Zukunft meinen Sie?)

Die Kritik, die sich, was das Fach Deutsch angeht, an die Rahmenrichtlinien angeschlossen hat, ähnelt – das bitte ich Sie, einmal zu überprüfen, Frau Dr. Engel – für mich, der ich sie mir zusammengestellt habe, ziemlich exakt der Kritik, die im Jahre 1969 an dem von Ihnen jetzt als so vorbildlich ausgewiesenen Plan für das Deutsch an Gymnasien geübt wurde. Es gibt kein Argument, das in der augenblicklichen Diskussion kritisch vorgebracht wird – keines! –, das nicht 1969 gegen jene neuen Pläne für Deutsch an den Gymnasien vorgebracht worden ist, die jetzt von Ihnen als besonders vorbildlich hingestellt werden. Das geht von dem Ideologieverdacht und der Einseitigkeit über die Fragen der geringen Praktikabilität, über die Fragen der Rechtschreibung bis vor allem zu dem Vorwurf, daß damit die Gesellschaft aus ihren Angeln gehoben werden soll. [...]

Es folgen nun Ausführungen zu den RR Gesellschaftslehre – Sekundarstufe I. Abschließend macht dann der Kultusminister nochmals die Intentionen der RR deutlich:

Das ist die Absicht der Landesregierung, ihre Prämissen offenzulegen, ein Rahmenwerk für die innere Schulreform in der Öffentlichkeit zur Diskussion zu stellen und diese Diskussion als offene Diskussion zu führen. Wir werden den Ertrag der Diskussion nicht erst an irgendeinem Sanktnimmerleinstag, sondern konkret, sowie er faßbar wird – es ist ganz offensichtlich, daß er bei der Diskussion um die Rahmenrichtlinien Deutsch schneller faßbar ist als beispielsweise bei der Diskussion um die Rahmenrichtlinien Biologie oder Physik –, in unsere laufende Fortschreibung der Pläne aufnehmen und dabei Kritik nicht als etwas meinen – wie es das Vorurteil der Christlich-Demokratischen Union so sieht; ich finde doch, man sollte mit nichts vorsichtiger sein als mit der Auswahl seiner Vorurteile –,

(Beifall bei der SPD.)

das abzuwehren und abzuweisen sei, sondern um zu lernen.

Ich weiß, es gehört neben Sachverstand eine ganze Menge Risikobereitschaft dazu, solches in Anspruch und in Angriff zu nehmen, wie wir es mit der Lehrplanrevision im Lande Hessen getan haben. Ich weiß, daß es dafür kein Beispiel in irgendeinem anderen Bundesland gibt. Ich meine aber, daß es unsere – früher hätte man gesagt: verdammte Pflicht und Schuldigkeit;

(Zurufe von der CDU.)

jetzt muß man es in den weiterentwickelten Worten sagen – Verpflichtung ist, das auch auf uns zu nehmen und, wenn man es für richtig hält, so zu diskutieren, daß sehr viele Mißverständnisse und sehr viel Verleumdung sich verbinden mit dem, was an positiven Inhalten der Kritik vorhanden ist. Mit positiven Inhalten meine ich nicht irgendeine blanke Zustimmung, sondern ich meine im Gegenteil eine produktive Kritik, die ansetzt und zeigt, was verbessert werden muß. Ich glaube, daß das Ergebnis zu einer inhaltlichen Schulreform in Hessen führen wird, die nach wie vor den Ruf dieses Landes in der Entwicklung seiner Bildung rechtfertigt.

(Starker Beifall bei der SPD.)

Dokument 11:

Aus: Protokoll des Hessischen Landtags – 7. Wahlperiode – 60. Sitzung –
29. 3. 1973 (S. 3282–3289)

Auszüge aus der Rede des Abgeordneten Görlach (SPD)

Görlach hebt zunächst das demokratische Verfahren hervor, das dadurch von der Landesregierung praktiziert wurde, daß sie die Richtlinien öffentlich zur Diskussion stellte. Er wirft der CDU vor, bewußt bösartig die Rahmenrichtlinienkonzeption

a) in die Nähe von Hitlers „Mein Kampf" zu rücken, sie
b) als sozialistisch im Sinne der „bürokratisch-zentralistischen Systeme(n) des Ostens" zu diffamieren und
c) ihre Kritik nicht zu differenzieren.

Er hebt den bewußt offenen, d. h. nach fortschreitender wissenschaftlicher Erkenntnis zu vervollkommnenden Stand der Aussagen der RR hervor. Die CDU betreibe „Verrat an ihrer eigenen intellektuellen Redlichkeit". Dann fährt er fort:

Lassen Sie uns aber trotzdem den Versuch machen, Punkt für Punkt, soweit das im Rahmen dieser Debatte möglich ist, uns wirklich um das zu kümmern, was das Grundanliegen dieser Autoren der Richtlinien ist. Ich sage vorweg, daß in der weiteren Diskussion auch von meiner Partei, von unseren Kulturpolitikern, die Formulierungen und Aussagen keineswegs einfach kritiklos so akzeptiert werden, wie sie dort stehen. Aber es ist im Unterschied zur CDU eine ganz andere Dimension, wenn wir versuchen, konstruktive Kritik an diesen Richtlinien zu betreiben.

Nun zunächst zu den Richtlinien für Deutsch. Es wurde bisher in der Diskussion so getan, als sei das, was bisher im Deutschunterricht geschehen sei, zwar nicht der Stein der Weisen, aber doch etwas, das, wenn man es nur geringfügig verbesserte, genau das Richtige sei, was in diesem Unterrichtsfach geschehen solle.

(Frau Dr. Engel [F.D.P.]: Nein!)

– Ich habe Sie auch nicht angesprochen, Frau Dr. Engel.

(Zuruf von der CDU: Brauchen Sie auch nicht mit jedem Landtagsabgeordneten zu reden? – Weitere Zurufe von der CDU.)

Tatsache ist aber – und das können auch Sie nicht wegdiskutieren –, daß das, was bisher im Deutschunterricht in den Schulen mit der deutschen Sprache geschehen ist, in der Tat dazu führte, daß eine schichtenspezifische Selektion betrieben worden ist. Es muß im Deutschunterricht – wie das die Richtlinien deutlich sagen – an das sprachliche Ausgangsverhalten der Schüler angeknüpft werden. Welchen Streit kann es darüber geben?

Durch Angebote an die Schüler muß ihre Sozialerfahrung im Unterricht nutzbar gemacht werden. Sie müssen diese Sozialerfahrung mit der Sprache, die sie mitbringen, artikulieren. Man kann sie nur stufenweise im Rahmen ihrer sprachlichen Möglichkeiten an ein differenzierteres Sprechen heranführen. Das muß zwangsläufig zur Folge haben, daß der Stellenwert von Rechtschreibung, Hochsprache und in einem gewissen Umfang auch von Grammatik sich bei der Beurteilung dieser Schüler verändern muß. Daraus aber abzulesen, als solle die Rechtschreibung, die Grammatik und die Hochsprache, die sich immer in einem fließenden Band bewegen wird und nicht als solche festgeschrieben ist, abgeschafft werden, ist eine unredliche Unterstellung.

Ich sagte vorhin scherzhafterweise, daß ich mich selbst als Sprößling aus der Unterschicht betrachte. Vielen aus allen Parteien wird es so gehen, daß sie, wenn man diese soziologischen Termini gebraucht, bei ihrer Herkunftsprüfung sagen müssen: Gut, wenn wir schon so einteilen, kommen wir wohl auch daher. Das mag für CDU und SPD, vielleicht sogar für Liberale ähnlich gelten.

143

(Starke Heiterkeit. – Zurufe von der F.D.P.)

– Nun, ja, ich lege die bisherige soziologische Struktur der Parteien hier zu Grunde. Gestatten Sie mir das. Sie werden da nur schwer widersprechen können, wenn Sie die F.D.P. der Vergangenheit analysieren, daß hier die Struktur der Unionschristen sogar mehr in Richtung Volkspartei anzulegen ist als die der Liberalen. Aber das betrifft hoffentlich nur die vergangenen Zeiten.

(Heiterkeit bei der CDU.)

Ich will nur deutlich machen – – –

(Krüger [F.D.P.]: Bei Euch werden doch alle gleich verbeamtet! – Erneute Heiterkeit bei der CDU.)

Ich will versuchen, an einigen Beispielen von Abgeordneten, die hier im Parlament sitzen – das mag, wie ich schon sagte, parteiübergreifend sein –, deutlich zu machen, was ich damit meine, damit nicht der Eindruck entsteht, daß hier Widersprüche zwischen meinen Ausführungen und den Erklärungen des Ministers bestünden. Es geht also um die Frage, warum manche überhaupt in die Lage gekommen sind, an einem Pult in einem Parlament zu stehen und frei zu reden, obwohl sie doch „arme Unterschichtenkinder" sind, im wahrsten Sinne des Wortes.
     Ich möchte Ihnen folgendes sagen, meine Damen und Herren von der CDU, auch von der F.D.P.: Bei mir ist es nicht deswegen möglich geworden, hier – nicht in der reinen Hochsprache, aber doch wenigstens in einer elaborierten Sprache – Dinge zu vertreten, weil etwa das Schulsystem so gut funktioniert hätte. Mir ist dies – das ist meine feste Überzeugung – nur durch eine politische Jugendarbeit, die erst im Anschluß an die schulische Bildung erfolgte, nämlich durch die aktive Jugendarbeit im Bereich der Gewerkschaften, möglich geworden, und zwar nicht deshalb, weil die mit uns Hochsprache geübt hätten, nicht deshalb, weil die aus einer Ersatzvorstellung heraus gesagt hätten: Jetzt müssen wir denen alles Mögliche beibringen, damit unsere armen Proleten sich mit den hochintelligenten Arbeitgebern oder den Gebildeten von den Universitäten auseinandersetzen können. Es ist vielmehr deshalb möglich geworden, weil wir ganz punktuell im Zusammenhang mit den Problemen, die uns als Lehrlinge und junge Menschen im Betrieb drückten, Konflikte austragen mußten und man uns das Rüstzeug dazu gegeben hat, diese Konflikte auch sprachlich auszudrücken. Durch diese bildungspolitischen Bemühungen ist ein Großteil der Abgeordneten – und ich möchte hoffen, auch nach dieser Seite des Hauses zeigen zu dürfen – in die Lage versetzt worden, sich verständlich zu machen, auch bei relativ komplizierten Sachverhalten, wie es die zur Zeit diskutierten Richtlinien sind.

(Beifall bei der SPD. – Dr. Schwarz-Schilling [CDU]: Was wollen Sie damit sagen?)

– Kollege Dr. Schwarz-Schilling, Sie fragen mich eben, was ich damit sagen will. Deutlicher kann es nicht werden, wo die Grenzen zwischen diesen beiden Parteien hier im Hause verlaufen!

(Beifall bei der SPD. – Karl-Heinz Koch [CDU]: Erklären Sie einmal die Grenze! – Krüger [F.D.P.]: Aber, Herr Professor von Görlach! – Heiterkeit und weitere Zurufe. – Glockenzeichen des Präsidenten.)

[...]

Daß in den Rahmenrichtlinien in diesem Zusammenhang – gerade in den Rahmenrichtlinien für Deutsch – natürlich bei den sprachlichen Übungen darauf hingewiesen wird, daß das Lernen und das Experimentieren und das Umgehen mit der Sprache einen beachtlichen Stellenwert hat, ist selbstverständlich und erklärt sich aus ihrem Anspruch heraus. Daß damit auch ein Nachdenken über die Funktion der gelernten Sprache, die man mitbringt, und über die Funktion der Sprache, die man in der Schule erlernen soll, verbunden sein muß, ist ebenfalls richtig. An diesem Punkt wird deutlich, warum man die beiden Rahmenrichtlinien für Deutsch und für Gesellschaftslehre nicht getrennt in der Diskussion behandeln kann, warum Deutsch und Gesellschaftslehre hier fließend ineinander übergehen.

Als Mangel wurde angeführt, daß vor allen Dingen bei den Materialhinweisen für Deutsch — und hier kann es sich im wesentlichen nur um Texte handeln — die Literatur zu kurz komme. Ich gehe ein Stück auf diesem Wege mit: Natürlich muß bei praktischen Materialsammlungen und bei den Hinweisen darauf die Literatur stärker, als es in diesen Richtlinien der Fall ist, mit einbezogen werden. Aber ich nehme an, daß dies ein Mangel hinsichtlich der Vollständigkeit dieses Planes ist. Aus dieser Tatsache darf jedoch nicht abgeleitet werden, daß dies eine Absicht des Planes sei, etwa nicht mehr über Literatur zu reden. Unbestritten ist natürlich, daß die Literatur, die im Deutschunterricht verwendet wird, nicht nur als reine „Bildung des hohen Geistes" gelehrt wird; man muß sie selbstverständlich im Unterricht unter gesellschaftspolitischen Gesichtspunkten diskutieren.

Wenn ich unsere großen Geister unter den Dichtern — von Goethe über Schiller bis hin zu den neueren — richtig verstanden habe, dann bin ich der Meinung, daß diese sich nie selbst nur als die wohlbezahlten und gesellschaftlich gutsituierten Schreiberlinge der Nation empfanden; sie haben mit dem, was sie ausgesagt haben, selbstverständlich auch gesellschaftskritische Aussagen gemacht und dies auch so gemeint. Darüber dürfte es doch wohl keinen Streit geben!

(Beifall bei SPD und F.D.P. — Zurufe von der CDU.)

Unstrittig ist für mich, daß die Richtlinien für Deutsch den didaktischen Anforderungen, die damit gleichzeitig gestellt werden, noch nicht gerecht werden. Didaktische Generalanweisungen, wie: Der Schüler müsse durch die langsame Erkenntnis, daß er bestimmte Sachverhalte und Prozesse nur in einer etwas differenzierteren Sprache ausdrücken könne, sich praktisch selbsttätig motivieren, damit er differenzierter spreche, sind zwar richtig; nur helfen sie mir in der praktischen Alltagsarbeit als didaktische Anweisung nicht sehr weit. Hier gilt es in der Tat, weiterzuarbeiten. Hier fängt die Arbeit auf der Basis dieser Richtlinien nach meiner Meinung erst richtig an.

Undifferenziert — und auch den Anspruch einer wirklichen Kritik nicht rechtfertigend — sind die Anwürfe, die dahin gehen, Rechtschreibung spiele nun überhaupt keine Rolle mehr, darum gehe es gar nicht mehr, die Schüler könnten nun schreiben, wie sie wollten.

(Milde [CDU]: Das hat in diesem Haus aber überhaupt kein Mensch gesagt!)

— Wenn wir uns gegenseitig auf genaue Formulierungen festlegen, wird es peinlich. Sie werden nicht widersprechen, daß die Tendenz Ihrer Argumentation heute in diesem Haus und in dem, was Sie vor dieser Plenardebatte gesagt haben, in diese Richtung geht — auch dann, wenn Sie es heute hier nicht wahrhaben wollen, wider besseres Wissen.

(Milde [CDU]: Aber Herr Görlach!)

Der Herr Minister hat in seiner Rede zu diesem Problem der Rechtschreibung ja bereits auch Herrn Duden und die Brüder Grimm zitiert. Er hat allerdings das Duden-Zitat nicht vollständig wiedergegeben.

(Milde [CDU]: Jetzt kann er nicht einmal zitieren!)

— Sicherlich nicht mit böser Absicht, sondern vielleicht um mir noch etwas übrigzulassen, Herr Milde; in dem Fall wäre ich ihm dankbar.

(Milde [CDU]: Das scheint die vorprogrammierte Arbeitsteilung zu sein!)

Den größeren Teil dieses nicht uninteressanten Zitats möchte ich mit Genehmigung des Herrn Präsidenten jetzt vorbringen:

Die bisherige deutsche Rechtschreibung schädigt durch nutzlose Gedächtnisbelastung und die dadurch bewirkte Überbürdung die geistige und leibliche Gesundheit unserer Jugend. Indem sie der Schule die kostbare Zeit, dem Kind die Lust und Freude am Lernen raubt, ist sie der schlimmste Hemmschuh unserer Volksbildung.

(Stöckl [SPD]: So ist es!)

Sie wirkt verdummend, indem sie unter großer Kraftvergeudung Verstand und Gedächtnis zu gegenseitigem Kampf zwingt.

[...]

Trotz aller aufgewandten Mühe – sie heißt mit Recht das „Schulmeisterkreuz" – gelingt es der Schule doch nicht, sie dem größten Teil unserer Jugend für das spätere Leben einzuprägen.

Es muß noch darauf hingewiesen werden, daß diese Ausführungen von Konrad Duden 1908 in einer Abhandlung über Rechtschreibung gemacht wurden.

(von Zworowsky [CDU]: Mittlerweile haben wir einiges dazugelernt!)

– Aber sicher haben wir mittlerweile dazugelernt. Ich würde das so relativ undifferenziert heute gar nicht mehr akzeptieren. Nur, daß bereits 1908 dieser Mann dieses Problem im Kern so richtig begriffen und dargestellt hat, sollte uns doch heute zu denken geben, wenn wir teilweise in diesen Rahmenrichtlinien noch hinter dieser Forderung zurückbleiben, so daß doch die Diskussion, die wir heute teilweise über diesen Punkt führen, überflüssig sein sollte. [...]

In der Auseinandersetzung über diese Richtlinien sind hier Zitate en masse geflossen von jener Partei, von dieser Partei. Jeder kann seinen Wissenschaftler hier vorführen, der ihm recht gibt: das ist gar keine Frage. Es wurde auch mit Recht darauf hingewiesen, daß bei der Zerstrittenheit der Wissenschaft und der einzelnen wissenschaftlichen Schulen auf diesem Gebiete das gar nicht schwerfällt. Also sollten wir uns auch da nicht allzuviel Mühe machen, uns gegenseitig mit einem uns jeweils selbst nahestehenden Wissenschaftler zu überzeugen.

Ernst nehmen als Politiker sollten wir natürlich Interpretationen, Kritiken und Stellungnahmen, die gerade aus dem politischen Raum kommen, und da ja die Zeitungen wohl zum politischen Raum gehören, werden Sie wie wir vor vielen Wochen mit viel Interesse das gelesen haben, was die „Frankfurter Allgemeine Zeitung" geschrieben hat. Ich weiß nicht, wo das herkam, daß einige Politiker auch dieses Hauses meinten, daß die Ausführungen der „Frankfurter Allgemeinen Zeitung" ein Verriß der Deutschrichtlinien gewesen seien. Ich möchte mich nur auf die Wiedergabe der Schlußausführungen dieses Artikels beschränken, der so etwa die Konsequenz aus seinen vorausgegangenen Betrachtungen zieht. Er enthält Kritik; ich teile sie nicht ganz, aber ich halte diese abschließende Würdigung des Artikels für diese Richtlinien für äußerst bemerkenswert. Mit Genehmigung darf ich zitieren.

Trotz der notwendigen Einwände sollte man die Rahmenrichtlinien

– hiermit sind die Rahmenrichtlinien für Deutsch gemeint –

als ernsthaften Versuch verstehen, die Ergebnisse der wissenschaftlichen Diskussion der letzten Jahre für den Deutschunterricht fruchtbar zu machen. Daß sich die Deutschdidaktik damit auf ein neues, ungewohntes Feld begibt, merkt man nicht zuletzt an der unbeholfenen Sprache der Rahmenrichtlinien. Hier mangelt es manchmal an Klarheit und Präzision. Der Vorwurf des bloßen Jargons liegt nahe, ist aber nicht berechtigt: man sollte daran denken, daß die deutsche Sprachwissenschaft in den letzten zehn Jahren vollauf damit beschäftigt war, den Vorsprung der englischen und französischen Wissenschaftler von Saussure bis Chomsky aufzuarbeiten.

– Das ist das Entscheidende dieses Artikels, trotz seiner Einwände; er sagt weiter:

Begriffe wie „parole", „Kompetenz", „elaboriert", „kognitiv"

– die uns alle so schwerfallen und die wir erst lernen mußten in der Diskussion, ich gebe das zu –

sind international übliche und ins Deutsche übernommene Begriffe. Da die Linguistik selbst noch ein schwer überschaubares Gewirr von Schulen und Terminologien darstellt, kann man den Rahmenrichtlinien nicht verübeln, daß sie hier und da Unsicherheit zeigen. Verständlich sind die Richtlinien allerdings nur für den,

– und das ist der Punkt, den ich selbst als Kritik an den Deutschrichtlinien zu einem Teil mit trage –

der einen ungefähren Begriff vom augenblicklichen Stand der Diskussion hat. Die Richtlinien rechnen also mit einem Deutschlehrer, der Bernstein und Oevermann (zum Beispiel) kennt. Das ist optimistisch, vielleicht zu optimistisch.

Ich sagte, ich teile nicht alle Punkte dieser Kritik, aber ich halte es für notwendig, daß man sich mit dieser sachlichen Auseinandersetzung in einer Zeitung – mich hat der Artikel überrascht –, die wahrhaft nicht dafür bekannt ist, daß sie die Maßnahmen dieses Ministers und schon gar nicht die einer sozialdemokratischen Regierung mit Wohlwollen überhäuft, beschäftigt.

(Dr. Schwarz-Schilling [CDU]: Das sind die guten Traditionen der bürgerlichen Presse!)

Die Sachlichkeit dieses Artikels ist hervorzuheben, und sie ist ein herzhafter, aber wohltuender Kontrast zu dem, was die Opposition heute morgen durch die Person von Herrn Sälzer hier hat vortragen lassen. [. . .]
Im folgenden geht Görlach auf die RR Gesellschaftslehre ein.

Dokument 12:

Gegen dieses Papier wütet Hessens CDU. Die „Rahmenrichtlinien" und ihre Grenzen
UZ Nr. 52, 22. 6. 1973, S. 17

In Hessen machte sich in letzter Zeit bei Eltern, Lehrern und Schülern Hoffnungslosigkeit und Verbitterung über das Scheitern der Reformansätze im Schulwesen breit. Da legte Kultusminister von Friedeburg der Öffentlichkeit den ersten Versuch vor, die Inhalte der Bildung zu reformieren: die „Rahmenrichtlinien".
Die Richtlinien sollen an die Stelle der alten Lehrpläne von 1957 treten. Die maßlos wütenden Angriffe von Dreggers CDU und die Attacken der F.D.P. richten sich vor allem gegen die Rahmenrichtlinien „Deutsch" und „Gesellschaftslehre für das 5. bis 10. Schuljahr". Worum geht es?
Das traditionelle bürgerliche Schulsystem hat auch die Aufgabe, die Kinder der arbeitenden Bevölkerung im Sinne und im Interesse der herrschenden Klasse zu erziehen. Im Deutschunterricht geschieht das zum Beispiel so: Bei Leseübungen werden konservative Inhalte vermittelt, Grammatikkenntnisse und Rechtschreibfertigkeiten gelten als die wichtigsten Leistungen, denn im Berufsleben bleiben Denken und Diktieren sowieso dem Chef vorbehalten.

Das soll sich mit den Rahmenrichtlinien ändern. Die Autoren stützen sich dabei auf die fortgeschrittenen bürgerlichen Wissenschaften, die die Realität gesellschaftlicher Klassen nicht mehr leugnen können. Konkret haben die Richtlinien folgende zwei Ziele: 1. Sie wollen den Schülern ihre Klassenlage bewußt machen. 2. Sie wollen die Schüler zur Teilnahme an der produktiven Gestaltung der Gesellschaft befähigen, mit dem Ziel, gleiche Chancen zur Selbst- und Mitbestimmung für die Kinder aller sozialen Klassen zu garantieren. Im Deutschunterricht sollen beispielsweise die Schüler miteinander sprechen, sich verständigen, Solidarität üben und ihre eigenen Interessen formulieren lernen.

Diese fortschrittlichen Ansätze in der Revision der Lehrinhalte lassen hoffen, daß die Schüler die Klassenstruktur unserer Gesellschaft erkennen und kritisieren lernen. Für Kommunisten und Sozialisten stellt sich jedoch die Frage, wie aus der schulischen Erkenntnis Praxis im Berufsleben werden kann. Hier haben die Rahmenrichtlinien ihre Grenzen.

Darüber hinaus zeigt sich insbesondere in den Rahmenrichtlinien für Gesellschaftslehre, daß noch viele Kompromisse mit unwissenschaftlichen Theorien gemacht werden. Die ökonomischen Ursachen der Klassenstruktur der Gesellschaft und ihre Konflikte, Fehlentwicklungen und Krisen werden fast gar nicht behandelt. Das Monopolkapital wird nicht als zentraler Gegner ökonomischer und gesellschaftlicher Selbst- und Mitbestimmung genannt.

Die kommenden Monate werden zeigen, ob der sozialdemokratische Kultusminister Hessens gewillt ist, seinen Reformversuch vor weiteren Kompromissen zu bewahren.

III. Stellungnahmen organisierter Interessenvertretung

Die „Erklärung der Hessischen Schülervertretung" (Dok. 13) ist ein Beschluß des Landesvorstandes, den der Landesschülerrat, dem die Schulsprecher aller hessischen Schulen angehören, insofern gebilligt hat, als er auf einer Sitzung am 16. Juni 1973 den Kultusminister auffordert, „die Rahmenrichtlinien mit Beginn des Schuljahres 1973/74 an den hessischen Schulen verbindlich erproben zu lassen".

Positiv zu den RR äußert sich auch der Hessische Jugendring in einer Presseinformation vom 1. Juni 1973.

Eine zurückhaltende, formaljuristische Erklärung des Landeselternbeirates vom 5. April 1973 besagt wenig über die Haltung der organisierten Interessenvertretung der Eltern. Diese wird deutlich in den zahlreichen Pressemitteilungen über Schulelternbeiratsversammlungen, die oft mit Resolutionen endeten, von denen wir eine repräsentative im Wortlaut aufgenommen haben (Dok. 14). Dabei zeigt sich ein noch eindeutigeres Bild wie bei der Lehrerschaft (Dok. 15, 21). Die Interessenvertreter der Eltern von Gymnasiasten werden aktiv und lehnen durchweg die RR ab. Die Eltern von Haupt- und Realschülern schweigen. Unterstützt wird die konservative Elternschaft durch den in der Kritik an den RR wohl aktivsten Verband, den „Hessischen Elternverein", der sich vor allem durch die in seinem Auftrag verfaßten Professoren-Gutachten profiliert hat (vgl. Dok. 23).

Die „vorläufige" Stellungnahme des Hessischen Philologenverbandes (Dok. 15) ist wohl im wesentlichen der Initiative des Vorsitzenden des Pädagogischen Ausschusses dieses Verbandes, Willy Zoche, zuzuschreiben, der bereits im „Mitteilungsblatt" des HPhV vom Januar/Februar 1973 für die innerverbandliche Diskussion „Gesichtspunkte und Fragen" formulierte und der in seiner Eigenschaft als Vorsitzender des Deutschen Lehrerverbandes Hessen (Dachverband für eine Reihe nichtgewerkschaftlich orientierter Lehrerorganisationen) für ein Diskussionsforum in Groß-Gerau (28. Februar 1973) ein Thesenpapier vorlegte, das nun in erweiterter Fassung als vorläufige Stellungnahme des HPhV vorliegt. Zoche teilt dazu einleitend mit, daß bei dieser Stellungnahme „die dem Verband zugegangenen Beurteilungen der RRL durch Fachkonferenzen zahlreicher Gymnasien ebenso Berücksichtigung" gefunden hätten „wie die Arbeitsergebnisse der regionalen Arbeitskreise des HPhV und des Pädagogischen Ausschusses" (Mitteilungen 6/7, 1973, S. 26).

In ähnlicher Weise ablehnend hat sich im ideologischen Umfeld des Philologenverbandes auch die Bundesvereinigung der Oberstudiendirektoren auf ihrer hessischen Landesversammlung vom 28. Februar 1973 in Gießen geäußert. Nach einem Bericht der FAZ vom 1. März 1973 rufen sie Eltern, Lehrer und Schüler dazu auf, mit ihnen gemeinsam dafür zu sorgen, „daß diese Rahmenrichtlinien vom Tisch kommen".

Während die von Arbeitgeberseite publizierte Meinung (Dok. 18) sich einfügt in die offensive Argumentation der Lehrer und Eltern von Gymnasiasten, haben die Verlautbarungen der Gewerkschaften, und zwar sowohl der GEW (Dok. 16) als auch der IG-Metall (Dok. 17) noch sehr stark defensiven Charakter. Sie beziehen zwar deutlich Position zugunsten der RR, reagieren aber in erster Linie auf die Kampagne der Konservativen, die sie in ihrer Heftigkeit offensichtlich überrascht hat. Die angekündigte Broschüre des DGB Hessen, die sich in solidarischer Kritik mit den RR Deutsch und Gesellschaftslehre befassen wird, lag bei Redaktionsschluß dieser Dokumentation noch nicht vor.

Dokument 13:

Hessische Schülervertretung/Landesvorstand – Pressemitteilung Februar 1973
Erklärung der *Hessischen Schülervertretung*

Ebenso, wie das Medium Sprache als politisches, soziales und ästhetisches Instrument zumindest ein, wenn nicht *das* zentrale Moment menschlichen Handelns ist, kommt dem Fach Deutsch und der Handhabung dieses Mediums in der Schule ein zentraler Platz zu. Diese zentrale Bedeutung kommt aber vor allem im Prozeß bildungspolitischer Veränderung, ja gesellschaftlicher Veränderung zum Tragen.

Der Hessische Kultusminister Prof. Dr. Ludwig von Friedeburg hat für dieses Fach neue Rahmenrichtlinien der Öffentlichkeit vorgestellt. Die Hessische Schulreform kann nicht im Stadium einer organisatorischen, modifizierenden Modernisierung stecken bleiben. Um vielmehr dem Anspruch einer emanzipatorischen, neuen Schule zu genügen, muß der Kernbereich schulischen Lebens, nämlich der Unterricht, inhaltlich verändert werden. Mit den neuen Rahmenrichtlinien (RR) unternahm der Kultusminister einen ersten Schritt auf dem Wege einer solchen Curriculumrevision.

Gemäß unserer Verfassung ist die zentralste Prämisse unserer Gesellschaft die „*Demokratie*". Aber die Demokratie ist, und das scheint leider von vielen Kreisen des politischen Lebens immer wieder vergessen zu werden, kein Zustand, sondern ein Prozeß – ein stetiger Prozeß permanenter Veränderung, und nur dieser kann eine Gesellschaft in das Glück hineinführen. Sollte uns nicht gerade dieser Demokratiebegriff von dem des bürgerlichen 19. Jahrhunderts unterscheiden? Dynamik, Veränderung, Bewegung, Erneuerung, Umgestaltung – diese Werte müssen eine Gesellschaft auszeichnen, die lebendig ist. Wir brauchen keine „Pantoffel-Demokratie", keine Gesellschaft, in der der Mensch ruhig in seinem Sessel sitzt, fleißig vor sich hin konsumiert und auf seinen Untergang wartet, nein, wir brauchen eine Gesellschaft, die ihre Konflikte austrägt, die sich verändert.

Bundeskanzler Willy Brandt sagte in seiner Regierungserklärung des Jahres 1969: „Die Schule der Nation ist die Schule". Viele Schüler erschreckten, als die Reaktion aus einigen Reihen des Plenarsaales Gelächter war. Wo anders als in der Schule sollte diese Dynamik, der Wille zur Veränderung und die Erziehung zur Veränderung einen zentralen Platz haben? Für die Vertretung der Hessischen Schüler war es wahrhaft ein „Alarmzeichen", als wir in den Zeitungen lesen konnten, der kulturpolitische Sprecher der CDU-Landtagsfraktion habe davor gewarnt, „Lehrer und Schüler an das Gängelband politisch-weltanschaulicher Prämissen zu legen". Ist denn unser Staat, die Schule, die Gesellschaft, sind das alles Neutra? Sollen wir denn nur noch arbeiten, leisten, konsumieren, nicht mehr leben? Eine demokratische Gesellschaft und Schule zeichnet sich doch gerade dadurch aus, *daß sie „politisch-weltanschauliche Prämissen"* setzt. Es sind dies die Prämissen der Demokratie, der Selbstverwirklichung von Einzelnen und Ganzem, von Emanzipation und Frieden. Man macht es sich wahrlich zu einfach, wenn man, hört man das Wort „politisch", auch Klassenkampf assoziiert. Aber ganz abgesehen vom Problem der Klassenauseinandersetzungen in der Bundesrepublik geht es hier nicht mehr um politische Differenzen, über die man reden kann und dann wieder vergißt – hier geht es um eine ganz gefährliche Entwicklung, die die Schule degradieren will zu einem politisch leeren Raum, zu einem Hochleistungsbetrieb. Aber, und das zu vergessen ist man allzu leicht geneigt, in der Schule herrscht eben nicht nur Hochleistung, sondern auch Hochspannung. Die Aktionen der Frankfurter und Kasseler Schüler haben dies zuletzt gezeigt, die Hessische Schülervertretung hat dies durch ihre schulpolitische Arbeit in den letzten Jahren gezeigt. Aber Hochspannung ist nichts negatives, sondern etwas eminent positives, denn sie erzeugt den Prozeß politischer Dynamik.

Die Schule braucht also die Prämisse der Demokratie, des Friedens. Das wird vielleicht sogar noch jeder akzeptieren. Aber wenn wir sehen, daß in dieser Welt noch kein Friede herrscht, das eine optimale Form von Selbstverwirklichung und Demokratie eben noch nicht erreicht ist, so braucht die Schule und damit auch das Fach Deutsch in seinem Begriff des Mediums Sprache auch und vor allem die Prämisse der Veränderung. Die Zeiten sind vorbei, in der sich Schüler mit der *„Es-ist-doch-alles-in-Ordnung-Prämisse"* begnügten. Es ist eben nicht alles in Ordnung, sondern es stimmt so vieles nicht. Sieht man nach Vietnam, schaut man in die Frankfurter Gastarbeiterquartiere, betrachtet man die ungeheure Zusammenballung wirtschaftlicher und politischer Macht in der Bundesrepublik, betrachtet man den Grundwert unserer Gesellschaft, der offenbar nicht Demokratie, sondern Produktion und Konsum ist, so muß ein ernstzunehmender Mensch doch den Schluß der Veränderung ziehen.

Der Sprache kommt im Prozeß der Veränderung ein wichtiger Platz zu. Es ist der Platz der gesellschaftlichen Kommunikation, der politischen Argumentation, der ästhetischen Produktion des „Schönen" als eines anzustrebenden Raumes für Selbstverwirklichung, also einer Art Projizierung des Anzustrebenden. Johannes R. Becher schreibt, als er von der Funktion des Wortes bei der Verwirklichung des Friedens spricht: „Ertöne, Wort, das gleich zur Tat gerinnt! Das Wort muß wirken! Also laßt uns reden!"

Die Kritik der Landtagsfraktion der F.D.P. an den Rahmenrichtlinien für das Fach Deutsch erscheint der Vertretung der Hessischen Schülerschaft als in diesem Zusammenhang zumindest unverständlich. Diese RR für das Fach Deutsch wollen Sprache als Medium der gesellschaftlichen Kommunikation und damit der Veränderung begreifen. Sie begreifen die Sprache, „das Schreiben als ein Mittel der Selbstreflexion" (Deutsch-RR, S. 20). Sie begreifen die Sprachwissenschaft sehr richtig nicht mehr als eine isolierte Schattenfechterei mit grammatischen und Rechtschreib-Problemchen, sondern als Teil der Sozialwissenschaften, als gesellschaftliche Funktion, als Beitrag zum Prozeß der Dynamik, der Veränderung. Die gesellschaftliche Funktion von Sprache wird doch schon deutlich, sieht man, wie sich das Sprachverhalten schichtenspezifisch ausprägt, was für kolossale Folgen diese sozialbezogene Funktion und Ausdrucksform der Sprache für die Chancenungleichheit in der Schule hat. Sie wird auch deutlich, wenn man die Funktion der Sprache als einen Vermittlungsraum für

Ideologien erkennt, sei es die Ideologie, daß man keine politisch-weltanschaulichen Prämissen setzt oder sei es die Ideologie der gesellschaftlichen Demokratie und Veränderung.

Sprache ist nicht ein Wert für sich. Selbst ihre ästhetische Funktion macht sie zu einem historischen Phänomen. Sprache als ästhetischer Raum, als politisches Instrument und soziales Phänomen muß Zentrum des Deutschunterrichtes werden. Bertolt Brecht sagt in seinen Schriften über Literatur und Kunst, „die Sprache muß gehandhabt werden". Sie muß gehandhabt werden zur Veränderung. Eben dies bekämpft aber eine Kritik, die sagt, ein solches Begreifen der Sprache wie es die Deutsch-RR tun, sei „undemokratisch, unliberal und unsozial". Es wäre interessant, zu erfahren, worauf die F.D.P.-Fraktion ihre Aussage, die RR seien nicht praktikabel, stützt. Es schleicht sich der Verdacht ein, diese Aussage stütze sich nicht auf „induktive Erfahrung", sondern sei vielmehr eine „deduktive Aussage", die im Zusammenhang mit den erhobenen politischen Behauptungen zu sehen ist.

Der Mitautor der RR für das Fach Deutsch und Deutsch-Didaktiker an der Frankfurter Universität, Hubert Ivo, bemerkt sehr richtig, eine Vermittlung der Sprache als ein kommunikatives, veränderndes und daher emanzipatorisches Medium an die Schüler habe schon eine Funktion der Veränderung, betrachtet man, daß in unserer heutigen Gesellschaft das Instrumentarium Sprache als ein solches Medium auf kleinste Bevölkerungsschichten beschränkt ist. Dies Phänomen aber ist nicht ein sprachwissenschaftliches, sondern ein gesellschaftspolitisches, das zeigt, wie es um die Verbreitung der Demokratie in unserer Gesellschaft steht. Der Landesvorstand der Hessischen Schülervertretung hält es daher für falsch, zu behaupten, solche Veränderungsmaßnahmen seien undemokratisch.

Die Vertretung der Hessischen Schülerschaft begrüßt den positiven Ansatz der Deutsch-Rahmenrichtlinien außerordentlich. Er steht hinter einer Umsetzung und Verordnung dieser Pläne als ordentliche Bildungspläne. Er ist nicht bereit zuzusehen, wie ein weiterer Ansatz einer emanzipatorischen Schulreform zerstört werden soll. Nach der bildungspolitischen Stagnation in Hessen, denkt man an die Entwicklung der Unterrichtsversorgung an den Hessen Schulen, an den Personalentwicklungsplan der Landesregierung, an die Lehrerausbildung, die noch immer nicht inhaltlich reformiert wurde und an viele andere Dinge, scheint die bildungspolitische Landschaft langsam rezessiven Charakter anzunehmen. Wir fordern daher die Landesregierung auf, bald die Rahmenrichtlinien als verbindliche Unterrichtspläne einzuführen. Wir fordern die Fraktion der F.D.P. auf, ihre Aussagen zu überdenken, und den Plänen für den Deutschunterricht zuzustimmen. Wir fordern die Fraktion der CDU auf, endlich einen konstruktiven Beitrag für die Schulpolitik zu liefern. Die Jugend und die Schülerschaft kann sie sicherlich nicht damit auf ihre Seite ziehen, daß sie, wenn sie Veränderung hört, antwortet, indem sie vor Klassenkampf warnt.

Dokument 14:

Schulelternbeirat der Helene-Lange-Schule Wiesbaden, Gymnasium, Klasse 8 c

Stellungnahme zu den Rahmenrichtlinien Deutsch SI

Grundsätzlich gelten für die Rahmenrichtlinien Deutsch dieselben Einwände wie für die Rahmenrichtlinien Sekundarstufe I Gesellschaftslehre (vgl. unseren Brief vom 8. März 1973). Einige Punkte, die speziell den Deutschunterricht betreffen, sollen hier noch hervorgehoben werden:

1. Sprache und Gesellschaft

Die Autoren der Rahmenrichtlinien behandeln die Sprache nur unter dem Aspekt der gesellschaftlichen Schichtung. Wenn sie von kommunikativen Strukturen sprechen, so meinen sie von vornherein eine Kommunikation zwischen gesellschaftlich antagonistischen Klassen im Sinne einer marxistischen Gesellschaftskritik. Diese Klassen sind angeblich getrennt durch Sprachbarrieren, ein Terminus, der in den Richtlinien offensichtlich bewußt vermieden wurde, auf dessen Bedeutungsinhalt jedoch um so häufiger Bezug genommen wird. So wird behauptet, „daß die bestehenden Kommunikationsgrenzen Ausdruck gesellschaftlicher Unterschiede, Gegensätze und Widersprüche sind" (S. 8).

Wenn die Autoren von den „erweiterten Erkenntnissen der Sozialwissenschaften, als deren Teil sich die Sprachwissenschaft ausdrücklich versteht" (S. 5), schreiben, so setzen sie als Ausgangspunkt für ihre Richtlinien ein Postulat, gegen das sicher jeder wissenschaftlich orientierte Linguist als Vertreter einer eigenständigen Wissenschaft verwahren dürfte.

Wie verfehlt dieser Ansatz ist, hat sogar Stalin 1950 nach einem mehrere Jahrzehnte währenden Bemühen sowjetischer Sprachwissenschaftler um eine soziologische Begründung der Sprache zugeben müssen. Die Sprache ist vielmehr in erster Linie Werkzeug der Verständigung. Sie soll eine Verbindung zwischen den verschiedenen Individuen schaffen und keine Trennung; und dieser Aspekt ist dem Sprachunterricht in der Schule zugrunde zu legen. Der soziale Aspekt besteht immer nur kraft der Wechselwirkung zwischen sprachlichen und sozialen Strukturen. Dieser Aspekt darf aber keinesfalls als unüberwindlich hingestellt werden.

Es gibt heute nicht nur im Westen (Hayakawa und die Allgemeine Semantik), sondern auch im Osten (A. Schaff) Bemühungen, den Mitteilungscharakter von Sprache zu betonen. Dabei sollen die mit Gefühlen und Vorurteilen belasteten Sprachzeichen einzelner gesellschaftlicher Gruppen ihres antagonistischen Charakters entkleidet und ihr eigentlicher kommunikativer Wert bestimmt werden. Genau das entgegengesetzte Ziel verfolgen aber die Bildungsplaner in Hessen:

Schüler, die die Sekundarstufe I durchlaufen haben, lernen weniger, wie schwierig es ist, komplizierte Sachverhalte oder Gedanken, die mittels Sprachzeichen beschrieben werden, zu verstehen; sie lernen nicht, daß manche Wörter mehrdeutig sind, daß es bestimmte grammatische, stilistische und lexikalische Bedeutungsstrukturen gibt, die geübt werden müssen, um im späteren Berufsleben beherrscht zu werden. Sie lernen in erster Linie, mißtrauisch gegenüber allen sprachlichen Äußerungen zu sein, denn im Grunde wird die Sprache hier als Gegenstand der Manipulation jeweiliger Interessen oder Gesellschaftsschichten hingestellt.

2. Das Verhältnis zur Hochsprache

Das Verhältnis zur Hochsprache wird ebenfalls soziologisch interpretiert. So ist die „Hochsprache bislang stets eine Gruppensprache gewesen, die als verbindliche Sprache durchgesetzt und bei der Schichtung der Gesellschaft als Mittel zur Stabilisierung dieser Schichtung benutzt worden ist" (S. 6). Auf Grund dieser vulgärmaterialistischen Deutung wird die Hochsprache abgewertet, deren „Einübung nur für eine Gruppe von Schülern eine konsequente Weiterentwicklung ihrer Kommunikationsfähigkeit bedeuten würde. Für die weitaus größere Zahl der Schüler würde dies dagegen den Zwang, neue Formen der Verständigung, des Sprach- und Sozialverhaltens zu erlernen", bedeuten (S. 7), u. a. würden die meisten dieser Schüler dadurch von ihren Herkunftsgruppen entfremdet werden.

Dagegen ist einzuwenden, daß überhaupt nicht einzusehen ist, wieso hier eine gesellschaftliche Schichtung als gegeben hingenommen werden soll, wenn das Ziel des Unterrichts doch eine nicht durch Schichten getrennte, „durchlässige" Gesellschaft sein sollte. Man hat den Eindruck, als ob diese Schichtung zum Zwecke eines späteren Klassenkampfes bestehen bleiben sollte! Dazu paßt aber wiederum nicht die auf Seite 9 gegebene Anregung, Schüler in den Stand zu setzen, „im Sinne der etablierten Sprachnormen zu sprechen und zu schreiben", damit sie im späteren Leben nicht benachteiligt sind.

Überlegungen wie die hier angestellten können nur im Elfenbeinturm einer auf amerikanischen Sozialstrukturen beruhenden Soziolinguistik gediehen sein. In den USA sind die verschiedenen Schichten tatsächlich durch große sprachliche Unterschiede gekennzeichnet. In Deutschland jedoch liegen die Dinge ganz anders:

Zum ersten deuten alle Anzeichen darauf hin, daß sich die Hochsprache – dank dem Fernsehen – im ganzen Bundesgebiet, vielleicht sogar im ganzen deutschen Sprachgebiet durchsetzt; zum zweiten gilt die Mundart hier nicht überall als Makel, sondern oft als Vorzug: Wer auf der Frankfurter Buchmesse etwa sächsisch spricht, dokumentiert damit seine Herkunft aus der ehemaligen Metropole des deutschen Buchhandels und genießt ein besonderes Ansehen; und wer bei der Mainzer Fastnacht mitmachen will, muß den dortigen Dialekt beherrschen!

Daß die Hochsprache eine künstliche Sprache ist und nur von ganz wenigen nach allen Regeln der Kunst beherrscht wird, hat noch nie ein Linguist bestritten. Darauf nehmen aber auch die Grammatiken und Wörterbücher Rücksicht. In ihnen gibt es reichlich Hinweise auf landschaftliche Abweichungen vom Gebrauch der Hochsprache, und sie lassen in großem Umfang lokale Varianten zu. So gilt beispielsweise die in Bayern und Österreich übliche Perfektbildung „sie sind gestanden" heute durchaus als hochsprachlich. Anscheinend haben die Autoren der RR alle Versuche um eine vernünftige Anpassung sprachpflegerischer Bemühungen an die tatsächliche Verwendung der deutschen Sprache in den letzten 20 Jahren verschlafen.

Im übrigen muß man sagen, daß hier das Problem der Hochsprache einfach hochgespielt wird! Wieso soll ein Kind, das noch eine, wenn nicht gar zwei oder drei Fremdsprachen lernen soll, nicht eine Variante seiner *Muttersprache* lernen können!

Darüber hinaus wäre es sogar sinnvoll, in den RR Anregungen für das Verständnis der verschiedenen Dialekte zu geben. Das wäre einmal ein Gegengewicht gegen die Verwendung des Dialektes im Fernsehen vorwiegend als Sprache, die der Darstellung primitiver Denkabläufe dient. Zum anderen sollten die Kinder dadurch lernen, abweichende Sprechweisen zu tolerieren und nicht den Menschen nach seiner Sprechweise zu klassifizieren.

3. Toleranz und emotionale Reaktionen

Auf diese Weise könnte man die Schüler auch vom Sprachlichen her mit den Grundgedanken der Toleranz, Verständnis für Menschen anderer Herkunft und anderer Verhaltensweisen und mit Mitgefühl für ihre Probleme bekanntmachen, anstatt auf der Basis sozialer Ungleichheit im Grunde nur Mißtrauen und Aggressionen zu erwecken.

Die Auffassung von Sprache als ein menschentrennendes „Kommunikationsmodell", das in einer antagonistischen Gesellschaft der Durchsetzung von Klassen- und Einzelinteressen dient, geht bis in die Beispiele der RR: Hausbesitzer, Leiter von Jugendheimen und andere Personen bilden soziale Gruppen, deren schriftliche Anordnungen von 10- bis 14jährigen Schülern sozialkritisch untersucht werden sollen. Erstaunlich ist nur, daß der Hausmeister einer Schule hier nicht auch noch als Buhmann aufgebaut wird! Auch die Beispiele für „kreatives Schreiben" (S. 35–37) spiegeln in erschreckender Weise eine Atmosphäre von Brutalität und Aggressivität wider.

Mit dieser kämpferischen Erziehung werden hier alle ethischen Werte negiert, und die Menschen werden zum Objekt materieller Verhältnisse degradiert. Gefühle und Stimmungen sollen bewußt in bestimmte Bahnen gelenkt werden, so daß sie sich als ein Handeln im Sinne einer marxistischen Gesellschaftslehre umsetzen. Diese Dogmatisierung ist ganz entschieden abzulehnen!

4. Literatur

Eine erschreckende Phantasielosigkeit zeigen die Autoren der RR im Hinblick auf die Literatur. Schöne Literatur und Dichtung werden nur gelten gelassen als Ausdruck einer „Auseinandersetzung mit der Realität" (S. 47). In erster Linie kommt es im Literaturunterricht aber darauf an, Texte richtig zu lesen und soweit zu verstehen, wie das im Alter von 10 bis 14 Jahren möglich ist. Zumindest sollte außerdem auch der Versuch gemacht werden, dem Schüler Maßstäbe für ästhetische Kategorien und ethische Wertungen zu setzen. Normalerweise steht dann die Frage, ob die Gefühle, die einen Dichter bewegt haben, und die Aussagen, die er geleistet hat, heute noch in demselben Umfang Geltung haben wie bei dem Entstehen seines Kunstwerkes. Aber man kann nicht einfach darauf verzichten. Werke der Weltliteratur, die sich soziologisch nicht in das Weltbild der Verfasser einordnen lassen, im Unterricht zu behandeln. Es sollte doch in jedem Falle gewährleistet sein, daß die Schüler mit den verschiedensten Ausprägungsformen unseres kulturellen

153

Erbes in Berührung kommen, um sich dann selbst eine eigene Meinung bilden zu können. Aber das soll anscheinend gerade vermieden werden.

5. Schlußfolgerung

Als Eltern lehnen wir diese RR ab und fordern den Herrn Kultusminister auf, neue Richtlinien zu erstellen, die unsere hier erhobenen Einwände berücksichtigen und insbesondere die den RR zugrunde liegende dialektisch-materialistische Basis verlassen. Für Ihre Stellungnahme wären wir dankbar.

Dokument 15:

Vorläufige Stellungnahme zu den Rahmenrichtlinien
(Zwischenbericht über den Diskussionsstand, 30. März 1973)

Hessischer Philologenverband, aus: Mitteilungsblatt HPhV Juni/Juli 1973, S. 27 ff.

A. Grundsätzliche Vorbemerkung

1. Neue Lehrpläne sind dringend erforderlich, weil sich die schulische und gesellschaftliche Situation sowie der wissenschaftliche Erkenntnisstand seit dem Erscheinen der z. Z. geltenden Bildungspläne in mehrfacher Hinsicht verändert haben. Die Erarbeitung neuer, auf die veränderte Unterrichtssituation bezogener Lehrpläne ist deshalb zu begrüßen.
2. Den zur Diskussion, Einarbeitung und Erprobung vorgelegten Rahmenrichtlinien für die einzelnen Fächer und Lernbereiche kann jedoch nicht unterschiedslos und nicht ohne Einschränkungen und Vorbehalte zugestimmt werden.
3. Der Zustimmungsgrad hängt davon ab, wie weit die einzelnen Fach- und Lernbereichspläne dem dreifachen *unabdingbaren* Anspruch auf
   - pädagogische Realisierbarkeit
   - wissenschaftliche Begründbarkeit und
   - politische Legitimierbarkeit
   genügen.

B. Zustimmung finden:

1. Der Übergang von der langfristigen Curriculum-Entwicklung zu dem *pragmatischen Verfahren*, die neuen Lehrpläne kurzfristiger auf dem Weg über Rahmenrichtlinien als 1. Schritt einer „schulnahen Curriculumentwicklung" zu erstellen.
2. *Die drei kennzeichnenden Merkmale:*
   - Lernzielorientierung, sofern den Lernzielen alternativ Lerninhalte, Modelle von Unterrichtsreihen und -projekten und Hinweise auf Lernverfahren und -kontrollen zugeordnet sind.
   - Stufenbezogenheit, sofern innerhalb der Stufen nach Schulformen und Kursstufen, Lernfähigkeit und Schulziel der Schüler differenziert wird.
   - Vorläufigkeit, sofern damit Offenheit für die wissenschaftliche Weiterentwicklung und für den „Rücklauf" aus der reflektierten Unterrichtspraxis gemeint sind.
3. Das Prinzip des *„emanzipatorischen Lernens"*, sofern es die prinzipielle Negation aller geltenden Werte, Normen und Ordnungen ausschließt.

154

4. Die angemessene Berücksichtigung der *politischen* Dimension in allen Lernbereichen.
5. Die Offenheit für die *Erprobung des Projektunterrichts* als Ergänzung zum Lehrgangsunterricht und damit für eine wirksamere Lernmotivation.
6. Die *Zusicherung einer ständigen Diskussions- und Revisionsbereitschaft* und einer kontrollierbaren Auswertung und Verarbeitung aller eingehenden Stellungnahmen.
7. Die *Verlängerung der Vorlaufphase* zur Ermöglichung einer gründlicheren Auseinandersetzung mit den vorgelegten RRL.

C. Einwände

betreffen vorwiegend:

- das Entwicklungsverfahren der RRL
- die Grundkonzeption und Zielperspektive einiger RRL
- die Unterrichtsbrauchbarkeit und
- die Realisierungsmöglichkeiten

und beziehen sich auf:

1. *Das administrative Beauftragungsverfahren,* die Undurchsichtigkeit der Auswahlkriterien bei der Berufung des Personenkreises der Rahmenrichtlinienkommission und die daraus resultierende Gefahr der politischen und didaktischen Einseitigkeit der Fach- und Lernbereichsgruppen, vorwiegend in den Lernbereichen, die von jeher besonders ideologieanfällig waren. Dazu gehören neben Deutsch und Gesellschaftslehre auch Biologie und Kunst / visuelle Kommunikation.
2. *Die Konzentration aller Entscheidungsprozesse* in dem geschlossenen, demokratisch nicht legitimierten Kreis der Mitarbeiter der Rahmenrichtlinienkommission:

   Die gleichen Personengruppen sind zuständig für

   a) die Konzeption und Formulierung der RRL
   b) die Auswertung der Stellungnahmen und
   c) die Umsetzung und Weiterentwicklung im Rahmen der Lehrerfortbildung.

   Die demokratische Legitimation erfordert bei einer so entscheidenden Maßnahme der Schulreform – und damit der Gesellschaftsreform –, wie sie die Einführung neuer Lehrpläne für das gesamte Schulwesen in Hessen darstellt, eine pluralistische Zusammensetzung der Fachgruppen und die Beteiligung der Betroffenen von der Planung über die Ausführung bis zur Revision und Weiterentwicklung.

   Die ersten beiden Phasen sind ohne diese Beteiligung abgeschlossen; umso nachdrücklicher ist die Forderung zu stellen, daß die Berufs- und Fachverbände der Lehrer bei der Auswertung der Stellungnahmen beteiligt werden.
3. *Die Tendenz zur einseitigen Politisierung des Unterrichts.* Ungeteilte Zustimmung findet die Berücksichtigung der gesellschaftlichen und politischen Fragestellung; auf entschiedene Ablehnung stößt dagegen ihre Beantwortung in einigen RRL, weil die darin formulierten Antworten auf ein einseitig soziologisch und ökonomisch orientiertes Welt- und Menschenbild zu zielen scheinen. Damit droht aber die Gefahr, daß der Weg für eine politische Konfessionsschule geebnet werden kann, wie sie heute nicht nur von manchen Gruppierungen innerhalb der „Neuen Linken", sondern auch von neomarxistischen Erziehungswissenschaftlern mit Nachdruck gefordert wird.

   Trotz der verbalen Absicherung solcher Tendenzen durch die wiederholte Berufung auf das Grundgesetz, bleibt das Demokratieverständnis in den politisch besonders relevanten Fächern Deutsch und Gesellschaftslehre so sehr in der Schwebe, daß es eher für „Systemüberwinder" formuliert zu sein scheint als für entschiedene Vertreter der freiheitlichen demokratischen Grundordnung der Bundesrepublik. Das wirft die Frage auf, ob im Geltungsbereich des Grundgesetzes und der Verfassung des Landes Hessen alle Lehrer und Eltern an diese RRL gebunden werden dürfen. Das Beamtengesetz jedenfalls verlangt von jedem Lehrer, „daß er jederzeit für die freiheitliche demokratische Grundordnung im Sinne des Grundgesetzes eintritt". Die Eltern aber weisen mit Recht auf den Artikel 56 der Verfassung des Landes Hessen hin, in dem in Bezug auf die gesetzliche Regelung ihrer Mitbestimmung in der Schule bestimmt wird: „Es (das Gesetz) muß Vorkehrungen dagegen treffen, daß in der Schule die religiösen und weltanschaulichen Grundsätze verletzt werden, nach denen die Erziehungsberechtigten ihre Kinder erzogen haben wollen."

Beide Bestimmungen sowie Geist und Buchstabe des Grundgesetzes stehen einer einseitigen Politisierung des Unterrichts entgegen und verbieten den Mißbrauch von Lehrplänen zur offenen oder verschleierten Durchsetzung von Gruppeninteressen.

4. *Die Besonderheit und Uniformität der „Sprachverwendung".* Die auffällige Ablehnung an den Sprachgebrauch bestimmter linguistischer und soziologischer Schulen, insbesondere an den Stil der „Kritischen Theorie" der Frankfurter Schule, führt nicht nur zu vermeidbaren Verständnis- und Umsetzungsschwierigkeiten, sie leistet vor allem einer willentlichen oder ungewollten Wahrnehmungs- und Bewußtseinsverengung Vorschub. Man muß annehmen, daß den Verfassern der Pläne diese Gefahr bekannt ist, da sie selbst nachdrücklich vor einer „selektiven Realitätswahrnehmung" (S. 118 GL) und vor dem Mißbrauch der Sprache zur Durchsetzung von Gruppeninteressen warnen.

5. *Die Unterrichtsbrauchbarkeit.* Hier betreffen die kritischen Anmerkungen die Fachpläne in unterschiedlicher Stärke und Richtung. Bei den Primarstufenplänen und den mathematisch-naturwissenschaftlichen und fremdsprachlichen Plänen der Sekundarstufe I beziehen sie sich bei grundsätzlicher Zustimmung zur Diskussions- und Erprobungsfähigkeit vorwiegend auf folgende Gesichtspunkte:

— die quantitative und qualitative Überforderung im ganzen oder in einzelnen Gegenstandsbereichen bei gleichzeitiger Simplifizierung anderer Unterrichtsinhalte und -ziele,
— die unzureichende oder fehlende Differenzierung nach Schulformen, Kursstufen und Schulzielen,
— die Diskrepanzen zwischen theoretischem und unterrichtspraktischem Teil,
— die zum Teil forcierten und deplacierten Politisierungsversuche,
— die personellen, unterrichtstechnologischen und räumlichen Realisierungsmöglichkeiten.

Im ganzen aber werden diese Richtlinien unter den o. a. Vorbehalten und nach entsprechenden Änderungen und Ergänzungen als praktikabel beurteilt, zumindest finden sie als Diskussionsgrundlage Zustimmung. In Bezug auf die RRL für die neuen Fremdsprachen kommen dringende Forderungen in der Lehrbuchfrage und zur Ausstattung mit technischen Unterrichtsmitteln hinzu, sowie stärkere Zweifel an der Erreichbarkeit des für Schüler aller Begabungsgrade gemeinsamen Fundamentums auf.

Für die übrigen Fächer liegen noch keine Stellungnahmen oder auch noch keine RRL vor.

Grundsätzlicher Art ist allerdings die Kritik an den RRL für Deutsch und Gesellschaftslehre und gelegentlich auch für Biologie. Wegen der besonderen Bedeutung von Deutsch und Gesellschaftslehre für den Geist und die Zielperspektiven der Schulreform in Hessen werden die kritischen Argumente gegen die RRL für diese beiden Lernbereiche nachfolgend gesondert zusammengefaßt. Die Argumentation bezieht sich nur auf die RRL für die Sekundarstufe I, weil Gesellschaftslehre erst in Klasse 5 einsetzt, die angeordnete Neufassung der erarbeitenden Deutschpläne für die Primarstufe aber noch nicht wieder vorliegt.

D. Kritische Anmerkungen zu den RRL für Deutsch, Sek. I

1. Der gesellschaftspolitische Aspekt wird verabsolutiert und der Lernbereich des Deutschunterrichts dadurch tendenziös verengt:

In den RRL für Deutsch fehlt die Definition des spezifischen Standorts und Stellenwerts des Deutschunterrichts (DU) im gesamten Lehrplangefüge. Das hat dazu geführt, daß der DU weitgehend auf eine bloße Hilfsfunktion für den politischen Unterricht verkürzt zu werden droht.

In allen drei Arbeitsbereichen (sprachliche Übungen, Umgang mit Texten, Reflexion über Sprache) wird ein völlig berechtigter Teilanspruch dadurch ad absurdum geführt, daß die Schüler immer wieder in geradezu aufdringlicher Weise dazu angehalten werden sollen, den Blick darauf zu richten, daß Sprache und Literatur ausschließlich von gesellschaftlichen Bedingungen, Ursachen und Zwecken abhängen und im Dienst von Gruppen-, Macht- und Herrschaftsinteressen mißbraucht werden.

Die Zehn- bis Sechzehnjährigen sollen lernen, in der Familie, in der Schule, in der Arbeitswelt und in der gesamten Öffentlichkeit die angeblich verschleierten Interessen und repressiven Intentionen der „Herrschenden" sprachkritisch zu „entlarven", aufzudecken, zu „decouvrieren", ihre eigenen Interessen aber sprachbewußt durchzusetzen.

Um Mißverständnissen vorzubeugen, sei noch einmal betont: Hier wird nicht – auch nicht unterschwellig – bestritten, daß die soziologische und ideologiekritische Fragestellung in Bezug auf Sprache und Literatur berechtigt und bisher vielfach im Unterricht vernachlässigt worden ist; man wird aber der Bedeutung von Sprache und Literatur für den Menschen und die menschliche Gesellschaft nicht gerecht, wenn man im Unterricht andere Teilaspekte nicht mit dem gleichen Recht zur Geltung kommen läßt, wozu der ethische ebenso gehört wie der ästhetische und der personale. In den RRL kommen diese Aspekte nicht oder kaum zur Geltung. Hier ist zu fragen, warum die folgende Formulierung aus dem „Bildungsplan für das Fach Deutsch an den Gymnasien des Landes Hessen" von 1969 nicht in die RRL übernommen wurde:

„Mit der Aufnahme von Literatur überschreitet der Mensch die Welt des zur unmittelbaren Lebenssicherung Notwendigen. Insofern bringt die Beschäftigung mit Literatur emanzipatorische Möglichkeiten. Mit der Anleitung zu solcher Beschäftigung soll eine ästhetische Sensibilisierung erreicht werden, die zu gesteigerter Wahrnehmungs- und Imaginationskraft befähigt. Das Ausbleiben solcher Sensibilisierung führt nicht nur zur Verarmung der Phantasie, sondern bewirkt darüber hinaus eine indirekte Verstärkung aller auf Anpassung an bestehende gesellschaftliche und kulturelle Verhältnisse drängenden Faktoren. Diese Gedanken legen den Schluß nahe, dem Literaturunterricht weiterhin einen bedeutenden Platz in der Schule zu erhalten." (S. 5)

Daß die in diesem Zusammenhang häufig geäußerte Befürchtung, der DU werde durch Verengung verkümmern, aufkommen muß, liegt an vielen Formulierungen der RRL selbst. Zur Verkümmerung wird es z. B. unvermeidlich führen, wenn für die Textauswahl allein der Gesichtspunkt bestimmend sein soll, „auf welche Weise die Beschäftigung mit einer Textsorte der Emanzipation dienen kann", oder wenn als oberstes Lernziel lapidar formuliert wird: „Der Deutschunterricht hat die Aufgabe, die sprachliche Kommunikationsfähigkeit der Schüler zu fördern." Diese Aufgabe hat er *auch*, aber *nicht nur*. Förderung der sprachlichen Kommunikationsfähigkeit ist eine ebenso anerkannte wie notwendige, aber eben keine hinreichende Bestimmung der Aufgabe des DU. Die hinreichende Bestimmung ist in dem vorgelegten Deutschplan durch die vorgegebene willkürliche Beschränkung auf den gesellschaftspolitischen, soziolinguistischen Teilaspekt behindert worden. Das aber hat zur Vernachlässigung bis zur Ausschaltung anderer, unvertretbarer Lern- und Erziehungsziele und Gegenstandsbereiche des DU geführt, die keineswegs nur aus Tradition, sondern aus Sorge um das humanum, um die Lebensqualität berücksichtigt werden sollten. Dazu gehört u. a. der Umgang mit der Dichtung – nicht nur der entlarvende Umgang mit kritischen Texten. Auch Sprachgeschichte, Stilbildung, darstellendes Spiel – nicht nur decouvrierendes soziologisches Rollenspiel – gehören dazu.

Das alles kommt in den RRL für Deutsch ebenso zu kurz oder in Verruf wie Beiträge zur Persönlichkeitsbildung, die sich mit Begriffen wie Orientierung an kulturellen Werten und Leitbildern, literarische Geschmacks- und Urteilsbildung (ästhetische Sensibilisierung!), Entfaltung von Gemüts- und Einbildungskraft umschreiben lassen. In dieser Hinsicht bedürfen der soziologische Spürsinn und linguistische Scharfsinn, die von den Verfassern mit Recht aufgewertet werden, der humanen Ergänzung in dem angegebenen Sinn. Sonst droht der Deutschunterricht auf die Dauer der große Mehrheit der Kinder und Jugendlichen durch Eintönigkeit zu langweilen und durch „Aufklärung" zu verdummen.

2. *Der Erwerb von Kenntnissen und Fertigkeiten und der Besitz von Wissen und Können werden unterbewertet:*
Mit der gesellschaftspolitischen Einseitigkeit hängt es zusammen, daß die Verfasser der RRL

es offenbar nicht für nötig halten, Kinder und Jugendliche schrittweise zu der Einsicht und Überzeugung hinzuführen, daß zum Urteilen und Mitreden Sachkenntnis und zum Handeln *Können* gehören, und daß beides mit Ausdauer und Mühe erworben werden muß. Es ist zwar zu begrüßen, daß sie die Ausprägung von Verhaltensweisen, die Erziehung zur Handlungsfähigkeit und Veränderungsbereitschaft fordern, auf kritisches Prüfen und „Hinterfragen" Wert legen und dabei von Ansprüchen und Bedürfnissen der Schüler auszugehen fordern. Ohne die komplementäre Erziehung zu sachgerechter Argumentations- und Diskussionsfähigkeit, die ohne lebendiges, verfügbares Wissen und Können nicht erreichbar sind, besteht aber die Gefahr, daß die Zehn- bis Sechzehnjährigen an den für sie selbst und für die Gesellschaft und den Staat, in dem sie leben und mitwirken sollen, verhängnisvollen Irrtum verleitet werden, Kritiksucht sei schon Kritikfähigkeit und unqualifiziertes Mitreden gelte auch im beruflichen und politischen Leben als Mündigkeit.

3. *Die Lernmotivation durch das Negative wird zum vorherrschenden pädagogischen Prinzip erhoben:*
Bei der sprach- und literatursoziologischen Analyse der gesellschaftlichen Verhältnisse, in denen die Schüler leben, wird ihr Blick einseitig auf „Unterschiede, Gegensätze und Widersprüche" sowie auf deren Überwindung durch eine „Strategie der Veränderung" gerichtet. Die „bewußte und verantwortliche Parteinahme für diese Entwicklungsziele" wird aus den angegebenen Prämissen ausdrücklich als Forderung abgeleitet (S. 8).

Niemand bestreitet, daß die Erziehung zu kritischer Wachsamkeit zu den Aufgaben der Schule gehört, sie sollte aber nicht so einseitig durch Negativerfahrungen betrieben werden, wie es durch die RRL nahegelegt wird. Sonst droht die Gefahr der „psychosozialen Vergiftung" (Steinbuch) durch die unterschwellige Fixierung der kindlichen und jugendlichen Wahrnehmungs- und Bewußtseinsstruktur auf Feindbilder von der Familie, der Schule und der gesamten Öffentlichkeit. Die gleiche Gefahr besteht auch, wenn „Kreatives Schreiben" *nur* als die Fähigkeit angesehen wird, „Gegenentwürfe bewußt anzuzielen" und dabei „die Realität der sozialen Beziehungen, . . . der Ordnungsregeln und Herrschaftszwänge gezielt außer Kraft zu setzen", und wenn „die Fähigkeit, ein kritisches Rollenspiel zu fingieren" nur mit der „Bereitschaft zu abweichendem Verhalten" in Verbindung gebracht wird, „wobei das reale abweichende Verhalten auch in Verweigerungen und Widerständen gegen schulische Anforderungen . . . " bestehen soll.

Die Passagen der RRL für Deutsch und vor allem auch für Gesellschaftslehre aber, nach denen Kinder angeleitet werden sollen, ihre Mitmenschen, auch ihre Eltern, kritisch zu begutachten, erinnern in bedrückender Weise an George Orwells Schilderung der Rolle der Kinder unter der Herrschaft des Großen Bruders. Diese Kinder bespitzeln ihre Eltern, denunzieren sie bei der Gesinnungspolizei und ergötzen sich als Zuschauer beim Erhängen von „Verrätern", am „Fertigmachen" von „Gesinnungsverbrechern", wie Andersdenkende genannt werden.

Es ist zu befürchten, daß das pädagogische Prinzip der Negativmotivation in der gegenwärtigen politischen Landschaft der Bundesrepublik von erklärten Gegnern unserer gesellschaftlichen und staatlichen Ordnung zu demagogischen Zwecken mißbraucht wird und daß sich solche Demagogen auf Geist und Buchstaben der RRL berufen können.

4. *Die Befähigung zur Wahrnehmung und Durchsetzung von Interessen wird einseitig betont:*
Interessenwahrnehmung ist für den einzelnen wie für Gruppen in einer offenen Gesellschaft legitim und notwendig. Es heißt aber, Kinder und Jugendliche zwischen 10 und 16 Jahren zu einem selbstsüchtigen Verhalten verleiten, wenn sie im Unterricht immer wieder in einseitiger Weise zur Durchsetzung ihrer Interessen in der Familie, in der Schule und im späteren Berufsleben sowie zur Decouvrierung der eigensüchtigen Interessen und hinterhältigen Absichten anderer angehalten werden.

Darüber kommt die positive Bewertung sozialer Grundfähigkeiten und staatsbürgerlicher Pflichten zu kurz. Kooperations- und Kompromißbereitschaft, Bewährung und Mitarbeit in der Gesellschaft, Verantwortungs- und Leistungswille oder gar Pflichtbewußtsein und Pflichterfüllung treten als Lernziele zurück oder kommen überhaupt nicht vor.

5. *Das Konfliktmodell wird einseitig angewendet:*
Konflikte sind konstitutive Erscheinungsformen der Pluralität in einer offenen Gesellschaft,

und Politik ist in einem freiheitlich demokratischen Staat ein konfliktreicher Prozeß mit Entscheidungscharakter. Ein solcher Staat erfordert zur Sicherung seines Bestehens aber auch den ausgleichenden Kompromiß. Kompromißbereitschaft aber wird in den RRL für Deutsch als harmonistische Denkweise abgewertet, so daß der Plan die Schüler dazu verleiten muß, das „Heil der Gesellschaft" mehr im Aufspüren, Anprangern und Provozieren von Konfliktsituationen zu suchen als es von einer vernünftigen, ausgleichenden Konfliktregelung zu erwarten. Die Schule erscheint deshalb in den RRL als Feld rivalisierender Interessengruppen, wo nach Konflikten gesucht, nicht dagegen nach den *gemeinsamen* Interessen von Schülern, Lehrern und Eltern und nicht nach dem Zweck der Institution Schule gefragt wird, wo es um „Durchsetzung", nicht um Ausgleich von Interessen geht.

Eine derartig forcierte Anwendung des Konfliktmodells bereitet, gewollt oder nicht, den Boden für die „Pädagogik der Parteilichkeit", des Klassenkampfes, wie sie von den Gegnern der „spätbürgerlichen Pädagogik" heute unverhohlen gefordert wird.

6. *Die Abwertung der Hochsprache im Unterricht ist unzeitgemäß und widersprüchlich:*
   Die Decouvrierung der „Hochsprache" als eines Disziplinierungsinstruments zur „Stabilisierung der gesellschaftlichen Schichtung", zur ideologischen Verschleierung von Herrschaftsinteressen, zur Manipulation Abhängiger, zur Entfremdung der Arbeiterkinder von ihrer Herkunftsschicht und mit alledem zur Verhinderung von Chancengleichheit beruht offenbar auf ideologischer Verblendung oder agitatorischer Absicht, die über dem möglichen Mißbrauch der Hochsprache zu solchen in der Tat verwerflichen Zwecken ihren sinnvollen Gebrauch und ihre soziale Leistung übersieht: den Beitrag zur Überwindung von schicht-, mundart- und generationsspezifischen Kommunikationsbarrieren – und damit von Chancenungleichheiten – im gesamten deutschsprachigen Kulturraum. Die mit dieser Hochsprachenideologie zusammenhängende Ablehnung des kompensatorischen Sprachunterrichts in den RRL Deutsch widerspricht übrigens den Aussagen des Kultusministers über die Notwendigkeit kompensatorischer Erziehung zur Erreichung der Chancengleichheit in den „bildungspolitischen informationen" 3/72, S. 44 u. S. 50.

   Die Hochsprachentheorie des Deutschlehrplanes ist zudem in sich widersprüchlich und läßt die Frage unbeantwortet: Wie sollen die Schüler – was gefordert wird – zu „richtigem Sprachverhalten angeleitet" werden, wenn doch „die Einübung der Hochsprache" als Aufgabe der Schule abzulehnen ist – was gleichzeitig gefordert wird?

   Hier wird wie an vielen anderen Stellen der RRL ein allgemeines Darstellungsprinzip sichtbar, extreme Forderungen nämlich verbal wieder einzuschränken oder gar aufzuheben, so daß gegensätzliche Interpretationen und Positionen abgesichert erscheinen, der kritische Leser sich aber fragen muß, ob dabei bessere Einsicht oder vorsichtiges Taktieren, ob das Pluralismusprinzip oder eine Doppelstrategie die Feder geführt hat.

   In einem begrüßenswerten Gegensatz zu der Abwertung der Hochsprache in den RRL für Deutsch steht übrigens die Forderung des Physikplanes nach „Erziehung zu genauem Wortgebrauch" und die der RRL für Mathematik: „Die Schüler sollen . . . zunehmend exakter darstellen und dabei ihre Umgangssprache *präzisieren* lernen". Dieses Verfahren führt in der Zeit der Verwissenschaftlichung aller Lebensbereiche sicherlich eher zur Chancengleichheit. Es nimmt auch den Schülern nicht – wie in den RRL behauptet wird – die Möglichkeit, „an die eigenen Erfahrungen anknüpfend, soziale Ungerechtigkeiten zu erkennen, sie auszusprechen und damit kommunizierbar zu machen". Im Gegenteil, es gibt ihnen erst die Möglichkeit, solche Zusammenhänge begrifflich zu erfassen und solche Verhältnisse durch Sprache verändern zu helfen.

7. *Unfair und unzweckmäßig erscheint es, Reformforderungen mit einem Zerrbild des Bestehenden, hier der gegenwärtigen Praxis des DU, begründen zu wollen:*
   In den RRL wird behauptet, im gegenwärtigen DU würden „spezielle literarische Kenntnisse" gefordert, werde den Schülern ein „nationaler Kanon wertvoller Dichtung" aufgezwungen, würden schriftliche Schülerarbeiten nur nach der Befolgung formaler Vorschriften und nicht vorwiegend nach dem Inhalt bewertet, würden die Unterschicht-Kinder bei der Einübung in die Hochsprache einer pädagogischen Repression ausgesetzt, seien Rechtschreibmängel versetzungsentscheidend. Solche Verkehrtheiten mögen im Einzelfall immer wieder vorkommen,

159

mit und ohne RRL; sie sind aber nicht die Regel. Und von der Regel sollte man ausgehen, nicht vom hochgespielten Einzelfall, wenn man die Notwendigkeit von Reformen überzeugend begründen und die Schulpraktiker dafür gewinnen will, sie in Gang zu setzen.

Auch die Forderung, der Lehrer solle im Unterricht von der Fragehaltung und Interessenlage der Schüler ausgehen, ist spätestens seit Pestalozzi nicht neu und bleibt in der gegenwärtigen Unterrichtspraxis nicht unbeachtet. Was in der Schule wann und wie gelehrt und gelernt werden soll, kann aber nicht nur durch die Wünsche und Interessen der Schüler bestimmt werden. Die Sache kann verlangen, was die Schüler zwar zunächst nicht wünschen, wohl aber brauchen.

8. *Die Unterrichtsbrauchbarkeit wird bezweifelt:* Nach den RRL erscheint zielstrebiger Unterricht nicht organisierbar oder kontrollierbar. Den Lernzielen sind zu wenig geeignete Lerninhalte zugeordnet, und die wenigen angebotenen Beispiele stimmen eher skeptisch, weil sie einerseits Simplifizierungen, andererseits Überforderungen darstellen. Mit der vorgesehenen Eigenproduktion von Unterrichtsmaterialien sind die Lehrer zumeist überfordert, mit der kooperativen, prozeßorientierten Gruppenproduktion aber in Bezug auf Brauchbarkeit und Tendenz wahrscheinlich häufig nicht einverstanden. Ohne hilfreiche Konkretisierung droht die angestrebte Reform des DU zu scheitern, nicht zuletzt an beflissenem Dilettantismus oder strammer Indoktrination.

9. *Fazit:* Der Einführung der RRL für den DU in Sek. I kann so nicht zugestimmt werden, weil die RRL didaktisch und politisch einseitig konzipiert und unterrichtlich zu wenig differenziert und konkretisiert sind.

Es folgen kritische Anmerkungen zu den RR Gesellschaftslehre.

Dokument 16:

Gewerkschaft Erziehung und Wissenschaft / Landesverband Hessen / Pressemitteilung 11. Mai 1973 – Resolution zu den Rahmenrichtlinien

Der Hessische Lehrertag, die Vertreterversammlung der Gewerkschaft Erziehung und Wissenschaft, Landesverband Hessen, begrüßt die Breite, in der in Hessen Lehrer, Schüler und Eltern, Befürworter und Gegner die Rahmenrichtlinien für die hessischen Schulen, insbesondere die für Deutsch und Gesellschaftslehre diskutieren.

Die Teilnehmer der Vertreterversammlung, die aus allen Bereichen des Bildungssystems stammen, sehen in der Einleitung dieser Diskussion durch den Hessischen Kultusminister einen wichtigen Beitrag zur Demokratisierung von Lehrplanentwicklungen. Sie unterstützen nachdrücklich den erstmals in der Bundesrepublik Deutschland unternommenen Versuch, Lehrpläne über einen ständigen Reformprozeß zu erarbeiten und weiterzuentwickeln.

Mit aller Entschiedenheit weisen die Teilnehmer alle Versuche zurück, die angelaufene Diskussion um neue Lerninhalte und Lernziele mit Polemik und Diffamierung zu belasten, wie das u. a. von Seiten der Hess. Arbeitgeber, der Hess. Oberstudiendirektoren und des Hess. Elternvereins in verschiedenen Massenmedien geschehen ist.

Insbesondere fällt dabei auf, daß hier unverhohlen die Interessen des traditionellen Gymnasiums und damit einer bestimmten privilegierten Schicht gleichgesetzt werden mit den Interessen aller Schüler, Eltern und Lehrer. Unter Berufung auf demokratische Grundrechte werden dabei offen Ziele einer reaktionären Bildungspolitik erklärt.

Dabei weist die Vertreterversammlung die zu großen Teilen polemische und unsachliche Kritik der Arbeitgeberverbände und mit ihnen kooperierenden politischen Kreisen scharf zurück. Wer Rahmenrichtlinien brandmarkt, die Einüben in alternatives Denken als Grundlage für die Teilnahme im öffentlichen Leben anstreben, indem er sie als einseitig oder indoktrinär hinstellt, befürchtet entweder die kritische Urteilsfähigkeit mündiger Bürger oder besitzt wenig Vertrauen in die Fähigkeit dieser Gesellschaft, ihre Probleme auf dem Wege der Reform zu lösen.

Die Vertreterversammlung erklärt ausdrücklich, daß sie die Rahmenrichtlinien – einschließlich Deutsch und Gesellschaftslehre – als Grundlage zur inneren Schulreform betrachtet, die in voller Übereinstimmung mit dem Grundgesetz und der Hessischen Verfassung steht.

Die Vertreterversammlung, das höchste Organ der Gewerkschaft Erziehung und Wissenschaft, begrüßt an den Rahmenrichtlinien generell das Prinzip der Stufenbezogenheit und die Aufarbeitung neuester wissenschaftlicher Erkenntnisse. Sie begrüßt darüber hinaus an den bislang vornehmlich diskutierten Entwürfen für Deutsch und Gesellschaftslehre

- die tendenzielle Integration bislang isolierter Fächer und damit die Aufhebung des Tabus, über gesellschaftliche Zusammenhänge nachzudenken,
- die Erziehung zur rationalen Austragung von Konflikten an Stelle von Verschleierung und falscher Harmonisierung,
- das konsequent demokratische Engagement gemäß den Postulaten des Grundgesetzes.

Die Rahmenrichtlinien wollen damit die Entfaltung der Persönlichkeit fördern und Voraussetzungen schaffen für die aktive Teilnahme aller an der Gestaltung und Verwirklichung des sozialen Rechtsstaates. Die Rahmenrichtlinien sind ein erster Schritt, die Kluft zwischen demokratischer Verfassung und Verfassungswirklichkeit, die im Bildungswesen besonders deutlich wird, zu verringern. Dabei ist hervorzuheben, daß endlich auch die Kinder der Arbeitnehmer berücksichtigt wurden, die nicht die Mängel des öffentlichen Schulwesens durch familiäre Erziehung kompensieren können.

An der Einlösung dieser Ziele muß weitergearbeitet werden. Außerdem lassen sich diese Ziele ohne entsprechende personelle und schulorganisatorische Maßnahmen allein durch die Rahmenrichtlinien nicht einlösen.

Weiter ist es dringend erforderlich, Formen schulnaher Lehrerfortbildung zu entwickeln. Die inzwischen angelaufenen Modellversuche werden daher begrüßt. Sie reichen jedoch in ihrer Anzahl für ganz Hessen nicht aus. Die Vertreterversammlung erwartet daher kurzfristige, vorläufige Regelungen für ganz Hessen durch Aufstockung der entsprechenden Mittel im Nachtragshaushalt 1974 und die Absicherung der regionalen Lehrerfortbildung mit dem Haushalt 1975/76.

Völlig unverständlich bleibt die 20 % Haushaltssperre für das Hessische Institut für Lehrerfortbildung. Die Vertreterversammlung erwartet die sofortige Aufhebung dieser Maßnahme.

Es ist weiter erforderlich, daß die Rahmenrichtlinien durch Informationen ergänzt werden, die insbesondere Schülern, Eltern und der bildungspolitisch interessierten Öffentlichkeit Ziele und Grundlagen dieser Rahmenrichtlinien erläutern und vorhandene Mißverständnisse abbauen. Die wissenschaftsorientierte Sprache der Rahmenrichtlinien allein kann diese Aufgabe nicht erfüllen.

Die Weiterentwicklung der Rahmenrichtlinien erfordert deren Diskussion auch in den Bereichen, die in der öffentlichen Auseinandersetzung bislang kaum eine Rolle spielten. Darum fordert die VV alle GEW-Mitglieder in der anstehenden Diskussion der Lehrerschaft auf, sowohl für Deutsch und Gesellschaftslehre als auch für Mathematik, Biologie, Kunsterziehung und den anderen fachspezifischen Entwürfen die bildungspolitischen Grundsätzen der Gewerkschaften, die gleiche Bildungs- und Ausbildungschancen intendieren, zu berücksichtigen und zu prüfen, ob in allen Entwürfen für neue Rahmenrichtlinien an hessischen Schulen

- die Ausgangslage von Schülern unterschiedlicher sozialer Herkunft Berücksichtigung findet und die Organisierung entsprechender Lernprozesse angestrebt wird,
- eine wirkliche Durchlässigkeit für alle Schüler gewährleistet ist,
- die Abschlußqualifikation Schüler in die Lage versetzen, den zu erwartenden Anforderungen in Beruf, Familie und Öffentlichkeit zu entsprechen und als aktive Bürger die Möglichkeiten, Veränderungen im Sinne von mehr Demokratie wahrzunehmen.

Die Weiterentwicklung der Rahmenrichtlinien erfordern aber auch verbunden mit dieser grundsätzlichen Diskussion ihrer Lernziele und demokratischen Legitimation, eine unterrichtspraktische

Erprobung auf breiter Grundlage. Die bisherige Erlaßregelung (30. August 1972, Amtsblatt 72, S. 819 ff.) reicht hierzu nicht aus.

Die VV fordert daher einen neuen Erlaß, der sicherstellt,

— daß alle Rahmenrichtlinien weiter erprobt werden,
— daß es jedem Lehrer und jeder Gruppe von Lehrern freisteht, sich an der Erprobung der Rahmenrichtlinien zu beteiligen und ihren Unterricht auf der Grundlage der neuen Rahmenrichtlinien zu organisieren.

Diese Absicherung erscheint um so dringlicher, als sich in letzter Zeit die Versuche häufen, Lehrer unter Berufung auf eine noch nicht verbindlich gemachte Erprobung der Rahmenrichtlinien an einem Unterricht zu hindern, der bereits seit Jahren und mit Erfolg an dem Diskussionsstand von Fach- und Erziehungswissenschaften orientiert ist.

Sollen die Rahmenrichtlinien entgegen ihrer ausdrücklichen Zielsetzung nicht die formale Handhabe liefern, einen bildungspolitischen Rückschritt einzuleiten, darf ihre Erprobung nicht an die Zustimmung von Gesamt- oder Fachkonferenzen oder Schulelternbeirat gebunden sein.

Die Vertreterversammlung lehnt daher eine Regelung der Erprobung nach dem Modell der Schulversuche ab.

Die Vertreterversammlung fordert:

1. Die Erprobung der Richtlinien an einer Schule setzt im Interesse der Schüler und einer Überprüfung und Auswertung der Erfahrungen voraus, daß mindestens zwei Fachlehrer, die auf einer Jahrgangsstufe unterrichten, zur Erprobung bereit sind.
2. Die Erprobungsabsicht wird der Fachkonferenz mitgeteilt. Die Ergebnisse der Erprobung werden in der Fachkonferenz diskutiert.
3. Die Elternschaft der entsprechenden Klasse wird vor dem Beginn der Erprobung informiert.

Auszunehmen von dieser Regelung sind Gesamtschulen, Förderstufen und Studienseminare.

Für diesen Bereich müssen folgende Regelungen gelten:

1. Die kooperative Unterrichtsplanung in der Gesamtschule (in der Koordinations- und Stufenkonferenz) erfolgt bereits jetzt auf der Grundlage von Lehrplänen, die eine Vorstufe zu den Rahmenrichtlinien darstellen. Für diese Schulform ist daher die Erprobung der Rahmenrichtlinien verbindlich zu machen.
2. Das gleiche gilt aus denselben Gründen für die Förderstufen.
3. Die Studienseminare sind angehalten, sich am jeweiligen didaktischen und erziehungs- und gesellschaftswissenschaftlichen Diskussionsstand zu orientieren. Die Rahmenrichtlinien bilden daher die Grundlage für die Ausbildung in der sogenannten 2. Phase.

Die Vertreterversammlung kann die Sorge nicht teilen, mit einer solchen Regelung werde dem Erprobungsmißbrauch Tor und Tür geöffnet. Das kritische Interesse, mit dem die Öffentlichkeit gerade und oft nur progressive Arbeit im Schulalltag verfolgt, berechtigt zu der Hoffnung, daß ein solcher Mißbrauch, wo er vorkommt, sehr schnell aufgedeckt und abgestellt werden wird.

Die Vertreterversammlung fordert die Öffentlichkeit insbesondere die Presse auf, sich mit ähnlicher Wachsamkeit auch der Fälle anzunehmen, in denen bewußt oder unbewußt gegen das Postulat der Chancengleichheit als Ziel schulischen Lernens verstoßen wird.

Es muß jedoch nochmals betont werden, daß die Grenze der öffentlichen Diskussion dann überschritten ist, wenn sich Kritiker der Rahmenrichtlinien und ihrer Erprobung bewußt oder unbewußt zum Sprachrohr der Kräfte machen, die ihrer Privilegien willen die Weiterentwicklung unserer Gesellschaft im Sinne der sozialen Demokratie verhindern wollen.

Dokument 17:

Vertrauensleute-Konferenz der IG-Metall

Die Vertrauensleute-Konferenz der IG-Metall, Bezirk Frankfurt/M. begrüßt die Rahmenrichtlinien zum Deutsch- und Gesellschaftskundeunterricht, die vom Hessischen Kultusministerium zur Erprobung freigegeben wurden.

In diesen Unterrichtsmaterialien wird der ernstzunehmende Versuch unternommen, die fortschrittliche Schulpolitik in Hessen weiter voranzutreiben.

Besonders wird im Bereich der Richtlinien zum Gesellschaftskundeunterricht das Lernfeld II – Wirtschaft – hervorgehoben.

Die Delegierten vertreten die Auffassung, daß hier die Chance besteht, die Schüler zukünftig besser als bisher auf die gesellschaftlichen Konflikte und damit auf die Arbeitswelt vorzubereiten.

Mit großem Nachdruck weisen die Delegierten alle Versuche der CDU und aller anderen konservativen Kräfte zurück, die diese Rahmenrichtlinien als ungeeignetes Unterrichtsmaterial diffamieren.

Die Delegierten fordern alle Funktionäre der IG Metall auf, im Rahmen ihrer Verpflichtung als Eltern stärker als bisher in den Elternbeiräten und Elternversammlungen aktiv zu werden und besonders diejenigen Lehrer zu unterstützen, die bei der Erprobung dieser Rahmenrichtlinien behindert werden und Angriffen ausgesetzt sind.

In diesem Zusammenhang werden ganz besonders die Versuche der hessischen CDU verurteilt, fortschrittliche Lehrer und andere Staatsbedienstete durch dauernde Diffamierung mit einem Berufsverbot zu bedrohen.

Der letzte Versuch in dieser Reihe ist die kleine Anfrage eines CDU-Abgeordneten, wonach von der Hessischen Landesregierung Auskunft darüber verlangt wird, welche Professoren bei der Ausbildung der beiden fristlos entlassenen Lehrer der Gesamtschule Dietzenbach mitgewirkt haben.

Hier werden den Professoren und den Aufsichtsbehörden Dinge angelastet, die ausschließlich von den beiden Lehramtskandidaten zu verantworten sind.

Aus dieser Aktion läßt sich erkennen, daß es der CDU nicht um die Vorfälle selbst, sondern um die gesamte politische Konzeption geht. Einer solchen Diffamierungskampagne muß mit Entschiedenheit entgegengetreten werden.

Eine Partei, die sich solche Entgleisungen erlaubt, kann nicht erwarten, zukünftig auch nur in Einzelfragen die Unterstützung der Arbeitnehmer zu finden.

Über den DGB ist darauf hinzuwirken, daß die Rahmenrichtlinien in Hessen zu verbindlichen Unterrichtsgrundlagen werden.

Im Saarland und in Rheinland-Pfalz müssen Initiativen ergriffen werden, um auch dort Unterrichtsformen einzuführen, die den Schülern nicht eine heile Welt vorgaukeln, sondern sie schon frühzeitig mit den auf sie zukommenden Problemen in der Berufs- und Arbeitswelt vertraut machen.

Dokument 18:

Jürgen Heinrichsbauer, „Deutschunterricht", aus: Der Arbeitgeber, 5/25, 1973, S. 165

Zugegeben: Deutschunterricht war nicht immer die reine Freude. Oft hing es von der „Qualität" des Lehrers ab, ob Schiller Schrecken oder Goethe Genuß verbreitete. Immerhin lernte der Schüler diejenigen deutschen Dichter kennen, die in allen Feinheiten der Ursprache zu verstehen, z. B.

gegenwärtig allein 112 Studenten der Sorbonne ihr Deutsch perfektionieren; immerhin lernte der Schüler Rechtschreibung, Satzbau, Zeichensetzung, Aufsatzgliederung und dergleichen für die „Qualität des Lebens" wichtige Dinge mehr, die den Schüler, beherrschte er sonst wenig oder nichts, zumindest in den Stand versetzen sollten, seine Muttersprache zu beherrschen.

Das ist vorbei. Bürgerlicher Ballast. Die jetzt als Teil eines Generalangriffs, den Unterricht in wichtigen Fächern zu „verändern", vom Hessischen Kultusminister von Friedeburg veröffentlichten „Rahmenrichtlinien (RR)" für den Deutschunterricht in Sekundarstufe I sollen Lehrer und Schüler Linientreue lehren! Sie gehen davon aus, „daß der Deutschunterricht nicht dem Erwerb spezieller literarischer Kenntnisse oder der Einführung in einen nationalen Kanon wertvoller Dichtung dienen soll" und folgern, daß „die bisher üblichen schriftlichen Übungsformen ... in ihrer strikten, vorwiegend formal und durch die schulische Tradition begründeten Sonderung voneinander aufgegeben werden müssen. Sie unterwerfen den Schüler sinnlosen Zwängen in Form ihrer Regeln ... deren Verwendung von keinen realen Notwendigkeiten bedingt ist".

Ein gewisser Hubert Ivo, Deutsch-Didaktiker an der Universität Frankfurt/M. und Mitautor der RR, wird in seiner „Schlußfolgerung" aus diesem Deutschunterricht auf hessisch deutlich: „Mehr Übungen im Ausfüllen von Formularen und keine Plackerei mehr mit dem Aufsatzschreiben. So lernen die Schüler, was sie wirklich brauchen ... Die RR begnügen sich nicht mehr mit einer solchen Modernisierung. Sie fragen vielmehr, ob im Sinne des obersten Lernziels ‚Verwirklichung von Demokratie in unserer Gesellschaft' die realen Lebenssituationen nicht kritisiert werden müssen und damit nach Wegen zu ihrer Veränderung im Sinne dieses obersten Lernziels gesucht werden muß. ... Die RR gehen davon aus, daß mit Hilfe geschriebener Texte ‚Öffentlichkeit' hergestellt wird, die – nach vorbereitetem Selbstverständnis – ... die Ausübung von Macht kontrollieren soll."

Da sich der Deutschunterricht – laut RR – in Zukunft vorwiegend an „Comics, Tagesschau, Werbespots, Wandzeitungen, Illustrierten, Rockersprache und Drogencode" zu orientieren hat, überrascht es nicht, daß der Rechtschreibung von den RR ein lediglich „sekundärer Bereich" zugewiesen wird: daß ihre „Überbewertung ... korrigiert werden muß und daß die Schule die Beherrschung der Rechtschreibung nicht zum Kriterium für Eignungsbeurteilungen und Versetzungen machen darf".

Wahrscheinlich um reaktionärer Kritik der ewig Gestrigen vorzubeugen, an Hessen-Schulen würden nur Analphabeten produziert, lassen sich die RR zu einer nachgerade konservativen Konzession an die „traditionellen Ansprüche in der Öffentlichkeit" herbei: Da „die Rechtschreibung ... immer noch den gängigsten Maßstab für die Beurteilung des Bildungsgrades eines Menschen darstellt, ... ist es notwendig, daß die Schüler Grundkenntnisse der Rechtschreibung erwerben, um vor ungerechtfertigten Benachteiligungen geschützt zu sein. ... Um aber den Aufwand an Unterrichtszeit und die Gefahren gering zu halten, Rechtschreibefähigkeit zum Kriterium für Schulerfolge werden zu lassen", geben die RR „Empfehlungen", die sich – wie auch anders – gegen das „Rechtschreibmonopol" des „in Privathand" liegenden Duden richten.

Sicher könnte hier mancherlei vereinfacht werden. Wer sich aber durch das gestelzte Rotwelsch dieser 85 RR-Seiten unerträglicher Pseudowissenschaft gequält hat, der erkennt die eigentliche Absicht der RR-Verfasser: Die deutsche Sprache soll nicht von unnötigem Rankenwerk befreit, sie soll zerstört werden! Nach den RR wird übersehen, daß die „reine Ausprägung der deutschen Sprache in der ‚Hochsprache' bislang stets eine Gruppensprache gewesen ist, die als verbindliche Sprache durchgesetzt und bei der Schichtung der Gesellschaft als Mittel zur Stabilisierung dieser Schichtung benutzt worden ist ... sie deckt damit bestehende Unterschiede ... zu. ... Folglich kann die Aufgabe der Schule ... nicht als Einübung in die ‚Hochsprache' verstanden werden ... da mit der unreflektierten Einübung in die Normen der ‚Hochsprache' die meisten Schüler von ihren Herkunftsgruppen entfremdet werden. ... Das macht einen Unterricht erforderlich ... der die ... notwendig auftretenden Sprachnormenkonflikte als Ausdruck grundlegender gesellschaftlicher Konflikte versteht und behandelt." Hierzu noch einmal Herr Ivo: „Es wird notwendig sein, gängige, ‚hochsprachliche' Muster umzuschreiben, um verschleierte Interessen, Machtansprüche, Unterwerfungsforderungen aufzudecken und mit den eigenen Interessen zu konfrontieren." Aus Schillers Wallenstein wird Schülers Wandzeitung! Es ist kein Trost, daß dies nach reinem Schwachsinn klingt! Vielmehr sind diese RR ein weiterer Beweis dafür, daß die Zeit lärmender Demonstrationen zwar vorerst vorbei zu sein scheint, dafür aber die „Basis" mit termitenhafter Emsigkeit um so unauffälliger bemüht ist, das „System" von unten zu „verändern"! Denn: Soll die „Gesellschaft" eingeebnet werden, will man die geltende Ordnung unter dem Vorwand der Verwirklichung des Grundgesetzes ändern, sprich zerstören, muß man den „Herrschenden" vor allem ihre „elitäre" Sprache nehmen. Mehr noch: Mit einem Wust verschleiernder, scheinbar vernünftiger, die Kritik „verunsichernder" Satz-Kaskaden will man die Schüler nicht nur von der deutschen Sprache als „einem geschichtlich gewordenen Gebilde (Brockhaus)", sondern von der Geschichte selbst abschneiden. Das geht so: Die alten Sprachen werden abgebaut; Deutsch, Erdkunde, Geschichte werden zu Hilfsfächern der „Gesellschaftslehre" degradiert, wobei Geschichte nur noch als stillgelegter Steinbruch zugelassen ist, aus dem — je nach Bedarf — lediglich „gesellschaftlich relevante Projekte", wie z. B. die vom Herrn Bundespräsidenten in Mode gebrachten Bauernkriege, herausgebrochen werden. Denken in Zusammenhängen, suchen nach Vergleichen, lernen aus Erfahrungen könnte die Wut auf die „Gesellschaft" bremsen: Überflüssige Relikte überholter Unterrichtsauffassung!

Eine auch nur stellenweise positive Darstellung der geltenden Gesellschaftsordnung findet in den hessischen RR nicht statt. Schlimmer: Die Schüler werden nicht zu loyalen Staatsbürgern in einer Gemeinschaft mit harmonisierenden Spielregeln erzogen, sondern zu ideologisch programmierten Revoluzzern abgerichtet, die Kritik zum alleinigen Maßstab ihrer „Mündigkeit" zu machen haben. Schule wird zur Schulung. Die aristotelische Wertordnung, nach der praktisches „Können" tief unterhalb abstrakter „Bildung" liegt, ist tot! Es lebe die chaotisierende „Reform"-Politik „progressiver" Bildungs-Revolutionäre!

IV. Stellungnahmen von Fachlehrern

In einem Erlaß des Hessischen Kultusministers vom 30. August 1972 (Dok. 1) werden die Lehrer aufgefordert, in Fachkonferenzen die RR zu diskutieren, Teilerprobungen zu koordinieren und die „Abklärung von evtl. Stellungnahmen zu leisten". Bei der Weiterarbeit an den RR sollen diese Stellungnahmen berücksichtigt werden.

Über Lehrer, Schüler und Eltern sind uns eine Reihe von Stellungnahmen bekannt geworden, in denen sich fast ausschließlich Gymnasiallehrer geäußert haben, und zwar mit negativem Grundtenor.

Die Stellungnahmen der Gymnasiallehrer sind u. a. auch angeregt worden vom Hessischen Philologenverband (siehe Vorspann zu III. Stellungnahmen organisierter Interessenvertretung), der mit einem Katalog von „Gesichtspunkten und Fragen" seine Mitglieder aufforderte, sich mit den RR auseinanderzusetzen. Die Ergebnisse wurden nicht nur der Presse übergeben, sondern z. T. sehr gezielt an die verschiedenen politischen Gremien, an Lehrerverbände, an den Landes- und Kreiselternbeirat, an die Schulelternbeiräte und Fachkonferenzen anderer Schulen verschickt. Sie wurden weiter vervielfältigt, erschienen am Schwarzen Brett der Schule und erlangten so einen erheblichen Multiplikationseffekt.

Negativer Grundtenor besagt, daß sich die Fachkonferenzen, wo nicht einstimmig, so mit Mehrheit jeweils gegen die RR ausgesprochen haben. Daß es gelegentlich zu Minderheitsvoten gekommen ist, zeigen die uns bekannt gewordenen Resolutionen, von denen wir eine repräsentative (Dok. 21) aufgenommen haben.

Der außerordentlichen Aktivität der Gymnasien kontrastiert das Schweigen der Grund-, Haupt- und Realschulen.

In welchem Umfang unsere Dokumentation das Meinungsspektrum der hessischen Deutschlehrer widerspiegelt, wird sich erst zeigen, wenn das Kultusministerium in Wiesbaden über Quantität und Tendenz der bei ihm eingegangenen Stellungnahmen berichtet.

Dokument 19:

Main-Taunus-Schule Hofheim / Gymnasium

Stellungnahme der Fachkonferenz Deutsch vom 12. Dezember 1972 zu den Rahmenrichtlinien Deutsch Sekundarstufe I

Seit Beginn des Schuljahres 1969/70 unterrichten wir an unserer Schule nach dem Bildungsplanentwurf für das Fach Deutsch und haben unsere Erfahrungen in einem Bericht vom 10. Juli 1970 an das Kultusministerium zusammengefaßt. Im ganzen haben sich die Lernziele, die zu ihrer Erreichung vorgeschlagenen Stoffe und Methoden sowie die Form der Überprüfung des Gelernten bewährt. Um so mehr sind wir erstaunt, in den neuen Rahmenrichtlinien Deutsch Sekundarstufe I eine ganz andere Konzeption des Deutschunterrichts vorzufinden, die vor allem in bedauerlichem Maße zu einer einseitigen Ideologisierung des Unterrichts führen muß und die Eigenständigkeit des Faches zugunsten einer Integration in den Bereich der Gesellschaftslehre aufgibt.

Die Neigung, jede wissenschaftlich gerade ‚moderne' Richtung unverzüglich in die Schule einzubringen, ist im Sinne einer Aktualisierung des Unterrichts zu begrüßen, darf aber den Schwerpunkt nicht einseitig auf Gebiete verlagern, die für eine gewisse Zeit in ihrer Bedeutung gegenüber anderen Sachrichtungen überschätzt werden. Dies war im Entwurf von 1969 für die Linguistik und ist nach den neuen RRL für Soziologie und Politologie der Fall.

Unsere Einwände beziehen sich vor allem auf folgende Punkte:

1. Das Demokratieverständnis in den RRL Deutsch Sekundarstufe I ist einseitig und dogmatisch festgelegt. Zwar berufen sich die Verfasser mehrfach auf das GG, interpretieren dieses unter dem Gesichtspunkt der „objektiv sozial relevanten Interessen", erläutern diese aber inhaltlich nicht klar genug. So entsteht der Verdacht, als sollte die in der BRD bestehende Form der Demokratie nicht verändert, sondern abgeschafft werden.

Erläuterungen:
1.1 Der Vorwurf „Ideologie der Ideologielosigkeit (RRL, S. 23) zeigt eindeutig den ideologischen Standort der Verfasser und disqualifiziert die politische Forderung nach Emanzipation der Schüler.
1.2 Der DU vermittelt weder „inhaltliche Wertfreiheit" noch Einseitigkeit oder Dogmatismus, sondern die kritische Reflexion des Schülers auf Sachverhalte und Probleme und fordert ihn zu eigener Stellungnahme auf.
1.3 Die „übliche Beurteilungspraxis" bewertet aber nicht Gesinnungen, sondern die Schlüssigkeit der Argumentation und gibt auch dem Recht des Schülers auf Meinungsfreiheit Raum.

2. Die Lernzielzusammenhänge der RRL implizieren eine Anleitung zur permanenten Revolution im Klassenzimmer. Der z. T. berechtigte Vorwurf, im DU nur „konfliktneutrale Inhalte" (RRL, S. 25) behandelt zu haben, darf nicht dazu führen, daß es stattdessen nur noch „auf Austragung von Konflikten etc. ankommt" (RRL, S. 10). Die für Schüler und Lehrer geforderte einseitige Parteinahme widerspricht der im GG garantierten Meinungsfreiheit, verhindert

die Bildung eines „kritischen Bewußtseins" (BP von 1969) und unterstellt bereits das Vorhandensein objektiver politischer Wahrheiten.

Erläuterungen:

2.1 Das permanente Austragen von Konflikten im Unterricht ist pädagogisch und psychologisch nicht zu verantworten. Partnerschaftliche Toleranz und sachangemessenes Sprechen dürfen nicht disqualifiziert werden, da sie den „Entwicklungszielen und Erfordernissen einer demokratischen Gesellschaft angemessen sind". (RRL, S. 10)

2.2 Die Vorschläge für Unterrichtseinheiten (RRL, S. 1?) sind einseitig auf Konfliktsituationen innerhalb von Herrschaftsstrukturen bezogen. Diese Einseitigkeit erlaubt keine Kompromisse – ein wesentlicher Bestandteil jeder demokratischen Lebensform.

3. Der Verzicht auf systematische Erarbeitung verschiedenartiger Bildungsinhalte führt zum Leistungsabbau und verhindert eine Emanzipation, weil die geforderte propädeutisch wissenschaftliche Arbeit (BP von 1969) in der Sekundarstufe II nicht mehr möglich ist.

Erläuterungen:

3.1 Deshalb müssen z. B. die gesellschaftlich bedingten Formen der Sprache durch entsprechende sprachliche Übungen erlernt werden.

3.2 Die systematische Übung verschiedener Darstellungsformen (RRL, S. 21) unterwirft die Schüler keineswegs sinnlosen Zwängen, da die Vermittlung der Einsicht in den Funktionszusammenhang eine pädagogische Selbstverständlichkeit ist. Der behauptete Widerspruch (RRL, S. 21) ist daher nicht gegeben.
Beispiel: In der Unter-Förderstufe (Klassen 5, 6) besteht eine Hauptaufgabe des DUs in der Aufnahme und Verarbeitung des Sprachmaterials.
Das Nachdenken über die Funktion des Geübten im schriftlichen Zusammenhang ist erst dann möglich, wenn Grundlagen für mündliche und schriftliche Kommunikation geschaffen sind, permanente Reflexion auf gesellschaftliche Konfliktsituationen überforderte die Klassen 5 und 6 vollständig.

4. Die verbindlich angegebene Zahl von Projekten ist zu hoch. Die notwendige Motivation des Schülers wird durch häufige Wiederholung gleichartiger Arbeitsverfahren nicht gefördert. Daß formale Lernziele in einem funktionalen Zusammenhang gestellt werden müssen, ist selbstverständlich; doch dürfen sich inhaltliche Lernziele nicht ihrerseits verselbständigen, wie das bei übertriebener Anwendung der Projektmethode geschieht.

5. Die RRL stellen keine Fortentwicklung des BP von 1969 dar, wie das im Anschreiben zu diesem Plan angekündigt war. So fehlt jede Motivation für Orientierung über Literatur, deren hervorragender Stellenwert im BP von 1969, S. 5 und S. 6 progressiv formuliert ist: „Mit der Aufnahme von Literatur überschreitet der Mensch die Welt des zur unmittelbaren Lebenssicherung Notwendigen; insofern birgt Beschäftigung mit Literatur emanzipatorische Möglichkeiten. Mit der Anleitung zu solcher Beschäftigung soll eine ästhetische Sensibilisierung erreicht werden, die zu gesteigerter Wahrnehmungs- und Imaginationskraft befähigt. Das Ausbleiben solcher Sensibilisierung führt nicht nur zur Verarmung der Phantasie, sondern bewirkt darüber hinaus eine indirekte Verstärkung aller auf Anpassung an bestehende gesellschaftlich-kulturelle Verhältnisse drängenden Faktoren. Diese Gedanken legen den Schluß nahe, dem Literaturunterricht weiterhin einen bedeutenden Platz in den Schulen zu erhalten. Angesichts der Reduktion des Deutschunterrichts auf ein vorgefertigtes Schwarz-Weiß-Weltbild scheint die Vernachlässigung des Literaturunterrichts nur konsequent. Denn kritischer Umgang mit Literatur schult das normabweichende Denken und muß als besonders wichtiges Mittel zur Ausbildung analytischer Vernunft und konstruktiver Phantasie gelten. Gerade diese Fähigkeit (und nicht eine weitere Normierung des Denkens) wird aber unseren Schülern zu rationalen und wirklichkeitsbezogenen Konfliktlösungen verhelfen können."
Der auf S. 20 ausgesprochene Ideologievorwurf gegenüber der „freien Phantasie – der für sich schon problematisch sein dürfte, wendet sich, angesichts der Vernachlässigung der Litera-

tur als dem für den Deutschunterricht wichtigsten Rohstoff der Phantasie, gegen die RRL selbst".

Sollten die Rahmenrichtlinien in ihrer endgültigen Fassung nicht geändert werden und unseren Vorstellungen Rechnung tragen, sind wir nicht bereit, ihre Verbindlichkeit anzuerkennen, da sie in der vorliegenden Fassung einmal der im Beamteneid geforderten Unparteilichkeit widersprechen und zum anderen Chancengleichheit nicht fördern, sondern verhindern.

Dokument 20:

Karl-Rehbein-Schule Hanau / Gymnasium

Stellungnahme zu den Rahmenrichtlinien für *Deutsch*

Die Fachkonferenz Deutsch der Karl-Rehbein-Schule hat sich in ihrer Sitzung vom 13. Februar 1973 mit den Rahmenrichtlinien auseinandergesetzt. Sie ist zu folgendem Beschluß gekommen:

(1) Es wird die Initiative des Kultusministeriums begrüßt, die Bildungspläne aus dem Jahre 1956 zu überprüfen und an ihre Stelle neue Richtlinien zu setzen.

(2) Die RRD in der vorliegenden Form werden von der Fachkonferenz als für den Unterricht nicht praktikabel abgelehnt. Viele Gründe sind hierfür maßgebend gewesen. Unter ihnen sollen die wesentlichen mitgeteilt werden. Auf Anforderung kann eine ausführliche Begründung noch nachgereicht werden. Folgende Gründe haben die ablehnende Haltung der Fachkonferenz vorwiegend bestimmt:

a) Die Sprachwissenschaft versteht sich nach den Verfassern der RRD als Teil der Sozialwissenschaft (S. 5). Ähnlich wie im Mittelalter die Theologie, so scheint in der heutigen Zeit die Soziologie zu jenem Überbau für alle Wissenschaften zu werden, der sachlich nicht zu rechtfertigen ist. Es war eine Errungenschaft der Wissenschaften seit dem Humanismus, sich aus der Glaubensfessel der Theologie zu befreien. Diese Freiheit wird erneut bedroht, wenn man die Soziologie an deren Stelle zu setzen versucht. In der Formulierung: „ . . . Die erweiterten Erkenntnisse der Sozialwissenschaften, als deren Teil sich die Sprachwissenschaft *ausdrücklich* versteht . . ." und der Konsequenzen, die sich daraus ergeben, sehen wir eine einseitige Perspektive, die weder fachlich noch pädagogisch gerechtfertigt ist. Gerade im Pluralismus der Auffassungen unserer Tage ist eine solche Einengung des Gesichtsfeldes unrealistisch. Sie führt zu einer ideologischen Belastung des Deutschunterrichts in der Schule. Dies führt zu Vorurteilen, die den Blick für kritisches Verhalten nicht schärfen, sondern gerade das Gegenteil bewirken: Die Schüler werden zu einseitiger Stellungnahme erzogen und damit zu unkritischer Haltung bewogen. Daß sie manipulierbar werden, ist selbstverständlich, jedoch nicht für den, der Kritik nur dann für erlaubt hält, wenn sie sich gegen die bestehende bürgerliche Ordnung richtet und nicht gegen die, die diese in Frage stellen wollen. Die Fachkonferenz schlägt deshalb vor, die RRD auf eine breitere Ausgangsbasis zu stellen, als dies auf Seite 5 durch die eindeutige Festlegung geschieht.

b) Nicht zu akzeptieren sind die Aussagen über die „Hochsprache" und damit verbunden die Aussagen über die Aufgaben des Deutschunterrichts schlechthin. Die Wertung der Hochsprache als einer gruppenspezifischen Sprache, die „als verbindliche Sprache durchgesetzt und bei der Schichtung der Gesellschaft als Mittel zur Stabilisierung dieser Schichtung benutzt worden ist; . . . " (S. 6), versteht sich aus der Grundhaltung der Verfasser der RRD, die eingangs schon erwähnt worden ist.

Folgendes ist dagegen einzuwenden:

ba) Die praktische Pädagogik zeigt, daß verschiedenes Sprachverhalten nebeneinander durchaus üblich ist. Es ist abhängig von bestimmten Sprechsituationen und weitaus weniger abhängig von der Schichtenzugehörigkeit der betreffenden Kinder. Von einer Entfremdung von deren spezifischen Schicht zu sprechen ist absurd, es sei, man will Klassenbewußtsein in den Deutschunterricht hineintragen und damit Konflikte schaffen, die überhaupt nicht vorhanden sind.

bb) Kommunikationsgrenzen werden gerade durch die genormte Hochsprache abgebaut, ja sogar überwunden. Aufgabe des Deutschunterrichtes in der Schule müßte es sein, bereits im Vorschul- und Grundschulalter Sprachbarrieren dadurch zu überwinden, daß frühzeitig ein Einüben in die Hochsprache gewährleistet ist. Eine Entfremdung von der Schicht ist realiter nicht gegeben, da die praktische Erfahrung zeigt, daß ein Nebeneinander von Hoch-, Umgangs- und Gassensprache gemäß der betreffenden Situation, in der sich der Sprecher befindet, durchaus üblich ist.

Wie weit eine solche Wandlungsfähigkeit gegeben ist, ist Sache des Intellekts des Sprechers und nicht nur Sache der sozialen Herkunft. Die Verfasser der RRD sehen *nur* die soziale Herkunft und negieren das geistige Vermögen, das zu einer Sprachleistung notwendig ist. Die Bewertung der Hochsprache, wie sie die Verfasser der RRD sehen, wird als einseitig und unrealistisch entschieden zurückgewiesen.

c) Ein Aufgeben der sprachlichen Norm, wie sie von den Verfassern der RRD propagiert wird, würde jungen Menschen die Möglichkeit verbauen, am geistigen Geschehen vergangener und gegenwärtiger Zeit teilzunehmen. Zur Normierung unserer Sprache im gesamten deutschen Sprachbereich gehört die *Orthographie*. Es ist unverantwortlich, ihr einen so geringen Stellenwert zu geben, wie das die Verfasser der RRD tun. Unbeschadet einer anzustrebenden Rechtschreibereform, die durchaus begrüßt wird, geht es nicht an, das Einüben in die Rechtschreibung zu vernachlässigen. Wollte man konsequent die Rahmenrichtlinien befolgen, würde dies ein Rückschritt in jene Zeit völliger Sprachwirrnis bedeuten. Damit ist dem heranwachsenden Menschen am wenigsten gedient; denn seine Kommunikationsfähigkeit würde erheblich beschränkt. Deshalb sind die Aussagen zur Rechtschreibung in den Rahmenrichtlinien restlos zu streichen.

d) Über den Lernzielzusammenhang heißt es auf Seite 12: U. a. ,, . . . die an der Schule interessierte Öffentlichkeit erwartet vom Unterricht noch immer vornehmlich die Vermittlung von Kenntnissen und Fertigkeiten und ist bislang noch zu wenig eingestellt auf Lernprozesse, die auf Verhaltensänderungen abzielen."

Zunächst müßte klar definiert sein, um welche Verhaltensänderungen es geht. Eine Aussage hierüber fehlt. Dann sollte der Faktor „Wissen" in unserer hochtechnisierten Welt nicht zu gering veranschlagt werden. Ganz im Gegenteil: Erst Kenntnisse lösen Lernprozesse aus, dadurch, daß man die nötigen Fakten in einen logischen Bezug bringt, aus dem sich dann Verhaltensänderungen ergeben können. Die Entscheidung hierzu liegt jedoch bei jedem einzelnen. Man würde dem heranwachsenden Menschen die Freiheit zu einer Entscheidung nehmen, ließe man ihn in Unkenntnis. Der Lernzielzusammenhang muß daher überprüft und neu formuliert werden.

e) Der praktische Teil bringt Vorschläge, die teilweise nicht praktikabel sind. Im einzelnen soll hierauf nicht eingegangen werden. Im Grundsatz gehen diese Vorschläge vom „Projekt" aus. Es soll an Stelle eines historisch bezogenen Unterrichts treten. Damit wird einer Kasuistik das Wort geredet, die jeglichen historischen Bezug vermissen läßt und eine geschichtliche Orientierung junger Menschen unmöglich macht. Die Gefahr besteht, in Verbindung mit der „Gesellschaftslehre" — auf die sich des öfteren bezogen wird — jegliches geschichtliches Bewußtsein abzutöten. Junge Menschen, die geschichtslos aufwachsen, sind aber leichter manipulierbar, weil ihnen die Kenntnisse zu einer kritischen Auseinandersetzung fehlen.

Ergebnis:

Die Rahmenrichtlinien sind einseitig ideologisch festgelegt. Sie sind deshalb für eine pluralistische Gesellschaft unbrauchbar. Sie sind nicht praktikabel, weil sie an der Wirklichkeit nicht orientiert sind, sondern ihnen ein Gesellschaftsbild zu Grunde liegt, das utopisch ist.

169

Deshalb wird gefordert:

Das KM möge Rahmenrichtlinien vorlegen, die einen modernen Deutschunterricht ermöglichen, nicht einseitig sind und der pluralistischen Struktur unserer Gesellschaft Rechnung tragen.

Dokument 21:

Albert-Schweitzer-Schule Kassel / Gymnasium

Stellungnahme zu den Rahmenrichtlinien Deutsch SI — Minderheitsvotum

Die RR sind in ihrer grundsätzlichen Tendenz zu begrüßen als ein konsequenter Schritt in der Fortentwicklung der BP 69 mit dem dort begonnenen Ziel, „das Fach kritisch auf gesellschaftlich vermittelte Aufgaben hin zu öffnen" (BP 69, S. 3). Während im BP 69 dieser Versuch noch weitgehend innerhalb von Arbeitsbereichen mit eigener Gesetzlichkeit unternommen wurde und so zunächst bei klar abgegrenzter, teilweise aber widerspruchsvoller Strukturierung gesellschaftliche Fragestellungen an die einzelnen Arbeitsbereiche herantrug, ordnen die RR die Arbeitsbereiche stärker als Teilfunktion dem Gesamtziel „sprachlicher Kommunikation" zu und weisen damit folgerichtig dem gesellschaftlichen Aspekt die übergeordnete Bedeutung zu (S. 5 „Sprachwissenschaft als Teil der Sozialwissenschaft"). Diese Neubegründung des Faches Deutsch als „Sprachliche Kommunikation" (in der deutschen Sprache unter bestimmten gesellschaftlichen Bedingungen) gibt den Rahmen ab für alle Teilentscheidungen, wobei allerdings die Ausfüllung des Rahmens für die Teilbereiche eingestandenermaßen noch nicht voll zu leisten war („eine Didaktik der sprachlichen Kommunikation steht noch in den Anfängen" (S. 11), so daß die grundsätzliche Klärung des Gesamtziels teilweise auf Kosten eines ausgeführten Bildungsplans geht.
  Der Charakter der Grundsatzklärung mit seiner Neuakzentuierung hat in der Diskussion pauschalen Ideologieverdacht erregt, wo ein dynamisches Demokratieverständnis feste Rollen- (Klassen-, Schichten-)Verteilung infragestellt bzw. zu überwinden versucht, und hat dabei in den kritischen Stellungnahmen selbst Ideologien als absolut gesetzte Normen bloßgelegt („Wissenschaft-Industrie — pädagogischer Eros" s. „Welt" vom 6. 2., kritisches Erfassen gesellschaftlicher Zustände und Konflikte als „negative Darstellung" oder „Vergiftung der Gesellschaft" — CDU-Stellungnahme nach HA 20. 2.). Dabei hat u. U. mißverständliche Darstellung in einigen Partien mit beigetragen. Eine kritische Sichtung nach den wichtigsten Kategorien der Neukonzeption soll positiven Neuansatz und Kritik skizzierend aufzeigen:

1. Sprachbegriff

Der Sprachbegriff ist gegenüber einer verdinglichten Sicht (Sprache als Gebilde, das Selbstwert besitzt, Sprache als losgelöstes Konstrukt im Hinblick auf den idealen Sprecher-Hörer) pragmatisch im Verwendungszusammenhang des Gebrauchs und seinen Bedingungen gesehen (Sprache als soziales Handeln). Das bedeutet, daß dieser Gebrauch nur im Zusammenhang sozialer Beziehungen gesehen und geübt werden und nicht auf irgendeine absolute Norm hin „trainiert" werden kann. Die Konsequenzen für mündliche und schriftliche Übungsformen im Zusammenhang der Sprechsituation sind richtig gesehen (Funktionalität statt Idealtypen auch in schriftlichen Übungsformen). Zu begrüßen ist besonders, daß auch „Kreativität" nicht mehr zwischen genialer „Schöpfung" und Formzwang bisheriger Gestaltungsübungen angesiedelt, sondern auf alternatives Denken und Vorstellen gegenüber realen Situationsbedingungen bezogen ist, die damit als „veränderbar" und nicht schicksalhaft gegeben aufgefaßt werden. Diese Zielsetzung macht ein Umdenken gegenüber bisherigen Normen notwendig, besonders in Rechtschreibung, kompensatorischer Spracherziehung und Stilnormen. Die Tendenz zum Abbau rigider Auslese nach solchen fragwürdigen Normen ist nachdrücklich zu begrüßen, besonders in den Vorschlägen zur

a) *Rechtschreibung* in Verbindung mit überbrückenden Maßnahmen zur Rechtschreibereform und zum Verzicht auf Beurteilung nach Sicherheit in der Rechtschreibung (vgl. schon BP, S. 18) (weithin noch das ausschlaggebende Kriterium für die Auswahl zum Gymnasium!), deren Wert auf die Vermeidung von Mißverständnissen und Erleichterung der Kommunikation beschränkt wird.

b) *Kompensatorische Spracherziehung* geht zu Recht über den formalen Trainingsansatz hinaus. Mißverständlich bleibt die Zielsetzung durch unklare Abgrenzung der Begriffe *Hochsprache – elaborierte Sprache – schichten-spezifische Sprechweise* und ihrer Bedeutung. Es wird mit E. übersehen, daß *Hochsprache* (besser: Standardsprache) historisch einen Fortschritt in der Überwindung von (schichten- und mundartbedingten) Kommunikationsgrenzen bedeutet; richtig ist dagegen, daß sich ein offenes Regulativ inzwischen zu einer Norm „guten Deutschs" verselbständigt hat und in Öffentlichkeit und Schule mehr Offenheit gegenüber Möglichkeiten schichtenspezifischen, umgangssprachlichen, kontextbezogenen Sprachgebrauchs erfordert,

elaborierte Sprache sich notwendig im Zusammenhang mit „Argumentationshandlungen" bildet und von hierher (nicht durch antrainierte Satzmuster) ein Ziel kognitiver Sprachleistung bleiben muß. Der Wert der Fähigkeit zur Distanzierung von der jeweiligen Situation (als Möglichkeit auch ihrer Reflexion und Veränderung) wird nicht genügend gesehen gegenüber strategischen Möglichkeiten zur Verschleierung.

das Belassen in der Sprachnorm der Herkunftsgruppen kein Ziel sein kann, daß also in gewissem Grad „*Entfremdung von den Herkunftsgruppen*" (S. 8) bewältig werden muß, wenn man nicht „Solidarität" als Übereinstimmung in unreflektierten Normen und Tabus auffaßt (und dabei nicht nur bewußte Solidarisierung, sondern auch reale Chancen der Unterprivilegierten verhindert). Ohne Ablösung von vorgegebenen Mustern und Gruppenbindungen ist emanzipatorische Erziehung nicht denkbar.

2. *Kommunikation*

Das zugrundeliegende Kommunikationsmodell geht mit Recht gegen unpolitische Harmonisierungsversuche als Verschleierung von Interessen und Verhinderung ihrer Wahrnehmung an. Insofern ist die Akzentuierung der *Konflikt*-Bewältigung durch Bewußtmachen bestehender gesellschaftlicher Konflikte (auch im Unterricht und in der Schule) zu unterstützen (S. 11). Dabei bleibt unklar bzw. mißverständlich

a) das Verhältnis subjektiver und objektiver Bedürfnisse in den Konsequenzen für den Unterricht (S. 23),
b) die Darstellung der Kommunikationsformen und ihrer unterschiedlichen Funktion: Gesprächsbereitschaft und die Funktion der Bewältigung von Differenzen durch Solidarität über Gruppeninteressen wird zu wenig reflektiert. Die Gesamtkonzeption ist zu stark rhetorisch angelegt (S. 14) als bloß strategisches Verhalten, wobei unterschiedliche Situationen zu wenig bedacht werden.

Affektive Komponenten in der Auseinandersetzung werden von daher nur rhetorisch gesehen („affektbestimmtes Sprechen als Mittel einsetzen"), gruppendynamische, entwicklungspsychologische, politische Aspekte werden in ihrer Bedeutung für den Unterricht nicht genügend geklärt.

3. *Strukturierung des Fachs*

Die Bindung an das Gesamtziel Kommunikation läßt keine hermetische Trennung der Einzelbereiche mehr zu (vgl. frühere Entwürfe zur Trennung in Linguistik-Literatur: Modell Heinrich, Hanser 29, von hierher ist auch die Teilung im KMK-Papier kritisch zu sehen.). Dabei hat aber die Darstellung der Teilfunktionen einzelner Arbeitsbereiche in Beziehung zum Gesamtziel gelitten:

a) *Literatur:* Die Funktion unterschiedlicher Textsorten, insbesondere der literarischen (Funktion symbolischer Kommunikation) wird hinter pauschalen Fragen zur Textanalyse versteckt, ohne wirklich geklärt zu werden.

b) Die Struktur des Arbeitsbereichs „*Reflexion über Sprache*" wird mit allgemeinen Formulierungen bloß angedeutet, insbesondere wird nicht klar, wie „Systembetrachtung im Dienst einer realen Sprachverwendung" (S. 66) zu leisten ist.

4. Organisation

Für die Planung von Unterricht fehlt eine genauere Bestimmung von Einzelzielen in Beziehung zu den einzelnen Stufen sowie die Konkretisierung von methodischen Ansätzen zur Verwirklichung des Rahmens.

Auch beigesteuerte Projekte ersetzen diesen Mangel nicht, da sie die Gefahr falscher Kanonisierung statt austauschbarer Beispiele zu bestimmten Zielen bekommen.

5. Institution

Die Entwicklung der Lehrpläne zu bestimmten Fächern ist bis zu einem Punkt gediehen, wo die Zusammenarbeit bestimmter Fachbereiche sowie der Rahmen der Schulsituation als Sozialraum neu durchdacht werden muß, da von einem Plan wie den vorgelegten Rahmenrichtlinien dem einzelnen Fach Aufgaben zugewiesen werden, die es allein nicht zu bewältigen imstande ist.

V. Stellungnahmen der Wissenschaft

Die Auswahl aus den Stellungnahmen der Wissenschaft ist von dem Gesichtspunkt geleitet, das Spektrum der Positionen möglichst umfassend und repräsentativ zu dokumentieren. Mit einer Ausnahme sind die Texte ungekürzt abgedruckt. Sie wurden so angeordnet, daß die radikal ablehnende Haltung vom konservativen Standpunkt am Anfang steht (Walther Killy, Paul Stöcklein, Golo Mann). Es folgen die vorwiegend fachimmanent orientierten und ablehnenden Stellungnahmen von Ulrich Greiner und Göschel/Veith sowie die solidarische Kritik von Jochen Vogt und der Kasseler Fachtagung. Am Ende steht die Einschätzung des sozialdemokratischen Reformversuchs vom marxistischen Standpunkt (Frankfurter Lehrerstudenten).

Dokument 22:

Killy, Walther:

Ideologisches Konstrukt. Zur Diskussion über den Deutschunterricht in Hessen.
(Die ZEIT, Nr. 14, 30. 3. 1973)

Der Germanist W. Killy lehrt an der Universität Bern (Schweiz). Ihm entgegnete in
der ZEIT J. J. Müller (B 152), worauf Killy in einem Leserbrief antwortete (B 143).

> Ideologie, Ideologie, Ideologie.
> Nirgends ein ästhetischer Begriff;
> als Ganze ähnelt der Beschreibung einer Speise,
> bei der nichts über den Geschmack vorkommt.
>
> *Bertolt Brecht, 10. 6. 1950*

Es ist nicht leicht, Germanist zu sein, und war es nie, auch nicht in den Zeiten des klassischen
Oberlehrers oder Gymnasialprofessors oder in denjenigen, in welchen der Professor Röthe tri-
umphal als Rektor der Berliner Universität seinen Kaiser zur Jubiläumsfeier empfing. Zwar war
damals das Selbstbewußtsein ungebrochen, und das Fach Deutsch war ein „Kernfach". Aber
schon trug das Fach, das noch von wenigen, etwa dem wackeren Mehring, erkannte Stigma des
Weltanschauungsfaches. Es diente nicht der Erkenntnis, sondern der Erziehung, und es hing sein
Mäntelchen wie kein anderes nach dem Wind.
   Die Geschichte der deutschen Lesebücher gibt davon ebenso Kenntnis wie die der deutschen
Unterrichtsrichtlinien. Spätestens seit dem mit Siegeshymnen besungenen Krieg von 1870 wurde
der Deutschunterricht zum Integrationsfach, in dem weniger die klassische Dichtung verekelt als
eine Ideologie verherrlicht wurde. Erst war es die, welche „dem patriotischen Empfinden des
heranwachsenden Geschlechts Genüge" tun wollte; „kommen wir doch diesem Verlangen entgegen, machen wir der Jugend das Auge groß und die Brust weit für das, was vaterländische Größe
und nationale Ehre ist". Das war ein Zitat aus den neunziger Jahren. Dann folgte (auf demselben
Wege) die Forderung, man müsse in Sachen Deutschunterricht sich „im Einklang fühlen mit der
Volksseele"; das war ein Zitat von 1907. Im Jahre 1917 aber ging es, nach einer Eingabe des
Deutschen Germanistenverbandes, um „Veredelung, Stärkung und Wertung unserer Art", Formulierungen, in denen man das Dritte Reich schon voraussehen kann.

Falsche Wissenschaftlichkeit

Es wurde ein neues, nicht mehr nur literarisch begründetes Fach postuliert, die „Deutschkunde",
die „auf dem Wege einer bewußt deutschen Erziehung eine einheitliche und zukunftsichere deutsche Bildung schaffen wollte". Und im Jahre 1926 faßte man das im Hinblick auf den Schulunterricht so zusammen: „Das deutsche Leben erschließt sich erst, wenn wir alle seine Erscheinun-
gen erfassen. Daher gehören zur Deutschkunde: Sprache, Schrifttum, Kunst, Sitte, Weltanschauung, Recht, Stammesart, Volksart, Staat, Landschaft, Wirtschaft, Wohnung . . . Arbeit im Sinne
der Deutschkunde bedeutet eine Einstellung." Wir wissen noch alle, wie die Einstellung dann
1933 verbindlich gemacht wurde.
   „Arbeit im Sinne der Deutschkunde bedeutet eine Einstellung." Dieser Satz faßt bis auf den
heutigen Tag das Elend des Deutschunterrichts zusammen, denn wir sind wieder so weit, daß für
die Arbeit im Deutschunterricht eine „Einstellung" vorausgesetzt werden soll, zum Teil von Amts
wegen. Wir sind auch wieder so weit, daß die Schulbehörden wiederum mit Eilfertigkeit ihr Hemd
nach dem Wind hängen und das Kind mit dem Bad ausschütten. Die letzte ideologische Mode wird
mitgemacht oder gar vorgeschrieben, wobei man häufig nicht bemerkt, daß sie schon im Begriff
ist zur vorletzten Mode zu werden. Ein wenig erwünschtes Beispiel dafür sind die Rahmenrichtlinien,

die der hessische Kultusminister für das Fach Deutsch herausgegeben hat. Sie kommen einigermaßen frisch von der Presse, aber sie sind insofern uralt und ganz in der schlechten Tradition der Germanistik (sie hat auch eine gute), als sie den Mantel falscher Wissenschaftlichkeit benutzen, um nackte Ideologie zu verbergen.

Genug der Bilder. Sehen wir uns an, was da im Jargon einer Sprachwissenschaft geboten wird, die in dieser Disziplin selbst bereits wieder als überholt gilt. Dabei müssen wir den mit einer gewissen zur Camouflage dienenden Vorsicht gebrauchten Jargon in eine verständliche, möglichst verdeutlichende und halbwegs gebildete Alltagssprache übersetzen, auf die Gefahr hin, „im Sinne der etablierten Sprachnorm zu sprechen und zu schreiben". Oder um einen anderen Ausdruck der Richtlinien zu gebrauchen: auf die Gefahr hin, die „Hochsprache . . . als elaborierte Sprache" zu benutzen.

Diese Voraussetzung jeglicher geschichtlichen Kultur, die Möglichkeit, in gemeinverständlicher, aber genauer und unterscheidender Rede Sachverhalte zu benennen, ist nämlich, folgt man den hessischen Richtlinien, im Grunde unerwünscht und jedenfalls nicht Aufgabe des Deutschunterrichts. Die Gründe sind einfach: eine entwickelte und, sei es durch Tradition, sei es durch Unterricht, weitergegebene „Hochsprache" trägt „zur Sicherung der bestehenden Zustände bei".

Damit lassen die Richtlinien gleich zu Anfang die Katze aus dem Sack, und die Farbe des Sacks oder der Katze wird auch dadurch nicht unkenntlich, daß man ein paar Paragraphen des Grundgesetzes als irreführende Etikette außen draufgeklebt hat. Es geht, da die bestehenden Zustände unerwünscht sind, unzweifelhaft um Veränderung derselben. Noch anders und wieder mit den Worten der Richtlinien gesagt: Es geht um „bewußte und verantwortliche Parteinahme". Es geht also um das, was in weniger amtlichen Publikationen auch weniger zurückhaltend als „radikale Repolitisierung des Faches Germanistik" (und damit des Deutschunterrichts) bezeichnet wird.

Eben damit kehrt diese angeblich so neue und emanzipatorische Beschäftigung mit der Sprache heim in das Reich, aus dem sie stammt: das alle Reiche überlebende ewige Reich der modisch politisierten, ideologisch-opportunistischen Germanistik. Dabei spielt es keine entscheidende Rolle, daß die deutsche Sprache nicht mehr als Schatzhaus der Nation verstanden wird, sondern (um wieder Jargon zu zitieren), als ein „erschlossenes Konstrukt". Es spielt auch keine Rolle, daß es nicht mehr (Gott sei Dank nicht mehr) um „bewußt deutsche Erziehung, eine einheitliche und zukunftssichere deutsche Bildung" geht, sondern um die „Analyse der gesellschaftlichen Situation der Bundesrepublik, die die Kommunikationsvorgänge bedingt". Entscheidend ist vielmehr, daß heute wie damals der Schulunterricht einem einzigen ideologischen Ansatz entspringen und einer verbindlich gemachten Ideologie verpflichtet werden soll.

Falscher Totalitätsanspruch

An die Stelle der Deutschtümelei von einst ist der Klassenkampf getreten. Und genauso, wie früher eine zu offensichtliche Deutschtümelei ein wenig zurückgenommen wurde, genauso wird heute in den amtlichen Äußerungen jenes entlarvende Wort vermieden. Man spricht statt dessen von gesellschaftlichen Konflikten. Die Monomanie des Nationalen ist ersetzt durch die Monomanie, mit der die komplexesten, geschichtlich entstandenen Verhältnisse auf die eine, alleinseligmachende gesellschaftliche Betrachtungsweise reduziert werden. Dabei ist der Totalitätsanspruch solcher Methoden schier unglaublich und wiederum nur mit jenem nationalistischen Totalitätsanspruch zu vergleichen, wie eben jede umfassende Ideologie dank dem Gesetz, nach dem sie angetreten, ihren Spiegel am ehesten in einer vergangenen umfassenden Ideologie findet.

Man erinnert sich, wie die deutschtümelnden Schulreformer ihre „Deutschkunde" mit schöner Bescheidenheit auf so ziemlich alles auszudehnen suchten: Sprache, Schrifttum, Kunst, Sitte, Weltanschauung, Recht, Stammesart, Volksart, Staat, Landschaft, Wirtschaft, Wohnung – das waren ihre mit wissenschaftlicher Zurückhaltung gewählten Gegenstände. Heute will man die Sprachwissenschaft als einen Teil der nicht minder allumfassenden Sozialwissenschaft verstehen und auf dieser Grundlage den Unterricht betreiben. Alles, aber auch alles geht auf in dem einen nebulosen Oberbegriff der Gesellschaft, und wir wollen uns wohl merken, daß diese zuallererst als eine konfliktbestimmte Gesellschaft verstanden wird.

174

Alles ist ausgerichtet auf eine vorgeblich kritische Analyse bestehender Zustände und deren erwünschte Veränderung, als ob Veränderung an sich selbst schon ein Wert sei. In Wirklichkeit aber ist alles, was da im halbwissenschaftlichen Gewande vorgebracht wird, ein einziges Zeugnis nicht des Fortschritts, sondern unsäglicher Verarmung. Setzte man solche Richtlinien, setzte man die ganze didaktisch-pädagogische Ideologie, mit der sie sich weniger begründen als ihre fundamentale Simplizität bemänteln, in Unterrichtspraxis um, so würden keine kritischen Bürger herauskommen, sondern unwissende und indoktrinierte. Und zwar, weil Kritik und Veränderung, nicht aber mehr das Lernen zum verabsolutierten Schulzweck erklärt worden sind.

Am besten ablesbar ist das an der Austreibung von Geschichte und Dichtkunst aus dem hessischen Schultempel. Zusammen mit der Geschichte treibt man das in der Erinnerung begründete Gewissen heraus; und mit der Literatur treibt man die menschlichste, differenzierteste und wahrhaftig kritischste aller Artikulationsweisen aus, und überdies eine, in der sich Jahrtausende an Erfahrung niedergeschlagen haben. Geschichte und Literatur haben keinen Platz mehr (und das ist sogar schlüssig) in einem Unterricht, der sein einziges, allgemeines und erklärtes Lernziel in dem armseligen utilitaristischen Satz formuliert findet: „Der Deutschunterricht hat die Aufgabe, die sprachliche Kommunikationsfähigkeit der Schüler zu fördern."

Dieser Grundsatz ersetzt, wie so oft schon, den Zweck durch die Mittel. Was dabei herauskommt, hat Bertolt Brecht schon vor vielen Jahren gesagt, als er sich (aus politischem Anlaß) mit zwei heute offenbar ganz abwegigen, ja verpönten Themen befaßte, nämlich den griechischen Epigrammatikern und Weimar. Wenn ich sage heute nahezu verpönt, so sei vor Brecht zur knappen Begründung einer der Ideologen des Deutschunterrichts alt-neuen Typs zitiert, der schlicht den Satz zu Papier bringt: „Die Auseinandersetzung mit Dichtung ist besonders dann völlig überflüssig, wenn es sich um veraltete Dichtung handelt, das heißt Dichtung, die schon vor mehreren Jahrhunderten entstanden ist." Und nun Bertolt Brecht: „Wenn man bedenkt, wieviel die Weimarer von den Problemen der griechischen Epigrammatiker wußten und wieviel wir noch davon wissen, sieht man den furchtbaren Abstieg. Wir wissen kaum noch einiges über die Weimarer selbst."

Dieser furchtbare Abstieg soll nun von Amts wegen fortgesetzt, vollendet und sanktioniert werden, nach dem ererbten deutschen Prinzip vom Alles oder Nichts. Der einzige Trost bei der Sache, die einzige Hoffnung, besteht darin, daß zur Verwirklichung solcher Richtlinien die Deutschlehrer und ihre Schüler auch noch ein Wort mitzureden haben. Und die Erfahrung zeigt, daß Richtlinien wesentlich schneller veralten als Richtung; und schon gar diese, die in einem abstrakten, grauen, humorlosen, ideologischen Einerlei vorgetragen werden, ohne jegliche Anschaulichkeit, aber mit dem Bierernst der zum Gesetzgeber avancierten Mittelmäßigkeit. Wie schrieb doch Karl Marx, der von Sprache und Literatur wirklich etwas verstand? „Ihr bewundert die entzückende Mannigfaltigkeit, den unerschöpflichen Reichtum der Natur. Ihr verlangt nicht, daß die Rose duften soll wie das Veilchen, aber das allerreichste, der Geist, soll nur auf *eine Art* existieren dürfen? Ich bin humoristisch, aber das Gesetz gebietet, ernsthaft zu schreiben. Ich bin keck, aber das Gesetz befiehlt, daß mein Stil bescheiden sei. Grau in grau ist die einzige, die berechtigte Farbe der Freiheit. Jeder Tautropfen, in den die Sonne scheint, glitzert in unerschöpflichem Farbenspiel, aber die geistige Sonne, in wie vielen Individuen, an welchen Gegenständen sie sich auch breche, soll nur eine, soll nur die offizielle Farbe erzeugen dürfen! Die wesentliche Form des Geistes ist Heiterkeit, Licht, und Ihr macht den Schatten zu seiner einzigen entsprechenden Erscheinung . . . Das Wesen des Geistes ist die Wahrheit immer selbst, und was macht Ihr zu seinem Wesen? Die Bescheidenheit."

Die Sätze waren natürlich nicht gemünzt auf die heutige hessische Schul-, sondern auf die damalige, inzwischen auch veraltete preußische Zensurbehörde. An Anwendbarkeit haben sie dadurch nicht verloren, auch nicht durch das für Marx' Humor charakteristische Understatement „Bescheidenheit". Aber ob sie verstanden werden, ist die Frage, denn sie sind in der „Hochsprache" geschrieben, die künftig nicht mehr gelehrt werden soll.

Dokument 23:

Stöcklein, Paul:

Stellungnahme zu den RRD Sek. I (Mitteilung des Hessischen Elternvereins)

Der Frankfurter Germanist Paul Stöcklein war der erste Fachwissenschaftler, der sich zu den RRD äußerte, und fand mit seiner Kritik in konservativen Kreisen breite Resonanz. Er war als Gutachter sowohl für den Hessischen Elternverein als auch für die CDU-Broschüre „Marx statt Rechtschreibung" tätig. Seine Stellungnahme für den Hessischen Elternverein wurde darüber hinaus von der FAZ (22. 3. 1973) mit geringfügigen Kürzungen abgedruckt. Eine Entgegnung findet sich in der Zeitung „Der Föhn" (Nr. 2, 15. 6. 1973); ein kritischer Leserbrief in der FAZ vom 2. 4. 1973 (Konflikt ist nicht kalter Krieg, S. 13).

Lehrpläne und Richtlinien sind noch nie besonders anschaulich und offenherzig gewesen. Das liegt in der Sache. Aber in der Sache liegt auch, daß diese janusköpfigen Gebilde meist bestimmten Gruppen zuzunicken und wortlos sie zu ermuntern scheinen.

So ist es natürlich auch bei diesen Entwürfen; man muß sie „hinterfragen". – Beispiele: Bekanntlich gilt für das Diskutieren seit je die Fairness-Regel: Bitte, keine Emotionen, nichts Irrationales – bitte nur Rationales, nur Argumente! „Die RR denken nicht ganz so. Besonders nicht, wenn es um Sachgespräche im Schulzimmer geht. Seite 13 und 14 steht: Die Schüler sollen „lernen, daß hinter bestimmten unter dem Anschein der Objektivität vorgebrachten Forderungen Interessen einzelner Gesprächsteilnehmer stehen können, die der Durchsetzung der Interessen anderer schaden, z. B. . . . hinter der Forderung, emotionale und rationale Argumente zu trennen, ohne daß diese Unterscheidung auf die jeweilige Situation und Funktion der Kommunikation bezogen wird." Aber bitte! Für jede Situation gilt die Scheidung gleichermaßen; emotionale Argumente sind überhaupt keine! „Sollen" die Schüler etwa „lernen", daß „Durchsetzung" besser ist als Fairness, als Rationalität unter „Gesprächsteilnehmern"? Der Sinn ist unklar, wenn auch die Wortwahl „Durchsetzung" klare Befürchtungen wecken mag. Überhaupt: Was für ein Lieblingswort dies „Durchsetzung" in den RR, ein Wort, das hier diejenigen Schüler zu belächeln scheint, die auf Fairness vertrauen und hoffen sollten. Aber ohne solche vertrauende Hoffnung können doch Kinder nicht sein! Wenn ihnen der Erzieher keinen geschützten, gleichsam herrschaftsfreien Raum sichert, aus dem er jegliche Spur von Unfairness, von bloßer Durchsetzung, sofort ausweist, dann werden sie zu aggressiven Miniaturerwachsenen verkümmern.

Aber was der zitierte Satz wirklich meint, erfahren wir wohl, wenn wir auf eben der Seite 14 weiterlesen: „Vorschläge für die Zuweisung „kleinerer Unterrichtseinheiten" zu den Klassenstufen: – – – In diesem Zusammenhang sollen die Schüler lernen, . . . auch affektbestimmtes Sprechen als Mittel . . . " Nun darf der Leser raten, was für ein Verbum folgt. Das denkbar beste: „einzusetzen". Die schon vorher bemerkbare Katze ist nun aus dem Sack. Affekt als „Mittel"! Natürlich der künstlich gemachte, der unechte Affekt, der demagogische! Denn der echte Affekt bricht bekanntlich los, er kann nicht eingesetzt werden als Mittel (außer im „Theater"), man denke etwa an zornige, gerechte Empörung eines Schülers über ungerechte Behandlung seitens eines Lehrers oder eines Schülers: das ist dann „affektbestimmtes Sprechen". Aber wir alle kennen heute auch den „Affekt" als Mittel: Wenn zum Beispiel eine Schülergruppe in ihrem Haß auf einen Schüler oder einen Lehrer diesem plötzlich mit einer geplanten Lachsalve oder mit kalkuliertem Drohgeschrei antwortet. So macht man jemand fertig. Es geht am besten, wenn man kalt-planvoll den „Affekt" „einsetzt" – deshalb ist dieses Wort so gut, so verräterisch. Das also „sollen die Schüler lernen". Begreiflich und unfaßbar! Es ist natürlich parteiliche Demagogie, und zwar in ihrer häßlichsten, weil verlogensten Form, es ist das Wirksamste, um Demokratien – jeder Historiker

176

weiß es – zu zerstören. – Jetzt fehlt eigentlich nur noch der beteuernde Aufblick zum Grundgesetz: die Beteuerung, das sei alles so gesagt, weil es das GG so wolle. In der Tat! Es hieß kurz vorher: „Eine Schule, die sich den vom Grundgesetz geforderten Entwicklungszielen" – gemeint sind die vorher genannten Artikel 3 und 20, welche bekanntlich auf Toleranz und Demokratie zielen – „verpflichtet weiß, muß die Schüler in den Stand setzen, diese Zusammenhänge . . . zu begreifen." (Gemeint ist mit diesen „Zusammenhängen" die weiter oben behandelte Zurückführbarkeit der Kommunikationsgrenzen auf gesellschaftliche Gegensätze – übrigens eine bestrittene monokausale Zurückführung.) Der solcherart die Schüler zu „den vom GG geforderten Entwicklungszielen" „verpflichtende" Text läuft dann erstaunlich so weiter: „Damit wird die notwendige Voraussetzung einer bewußten und verantwortlichen . . . für diese Entwicklungsziele geschaffen." Hier darf der Leser wieder dreimal raten (Pünktchen), nicht ohne zu bedenken, daß für einen vereidigten Minister der Boden des GG (auf dem sogar alle Parteien stehen) der fraglos, wahllos selbstverständliche Boden sein dürfte. Das Wort heißt: „Parteinahme"! Eine etwas komische Ausdrucksweise! Zumal wenn man auf diejenigen Grundgesetzteile zielt, welche die demokratische Toleranz meinen! Im Moment des scheinheiligen Augenaufschlags zum Grundgesetz passiert eben der Versprecher. So geht es; genau nach Freud! Die Mitverfasser sind noch jung und ungeübt, sie werden es später besser machen. Heute steht ihr latenter Wunsch plötzlich verbal da: „Parteinahme". Eine verbale Entgleisung. Gewiß, nur eine verbale! Aber eine Entgleisung in die Wahrheit.

Das Wort „Parteinahme" ist überdies ein Signalwort. Wie viel ist im Osten und im Westen (im Westen jüngst von der „Alternative" bis Gamm) über das Problem „Parteilichkeit und Wahrheit" geschrieben worden und vor allem darüber, daß es den alten „objektivistischen" Wahrheitsbegriff zu erneuern, zu ersetzen gelte durch einen parteilichen Wahrheitsbegriff – den ich für ein hölzernes Eisen von gefährlicher Art halte. So ein Wort wie „Parteinahme" nickt plötzlich allen denen zu, denen diese Sache stets erfahrenes Diskussions- und Lebenselement und dieses Wort geheimes Lieblings- und Losungswort ist, z. B. den Autoren der „Reihe Roter Pauker" u. ä., die schon 1971 vieles von dem wörtlich schrieben, was jetzt, bläßlich nobilitiert und heuchlerisch verrätselt, in den RR steht. Das ist der Januskopf dieser RR.

Auch in Kleinigkeiten herrscht diese Parteilichkeit. Da wird schon im ersten Satz der RR versprochen, dem Leser die „verschiedenen wissenschaftlichen Ansätze" zu einem zentralen Punkt offenzulegen, ja diese sogar zu „dokumentieren" in einem späteren (in Anmerkung I genau bezeichneten) Kapitel. Man schlägt dieses Kapitel auf; man findet keine Silbe einer solchen Dokumentation. Wohl werden internationale moderne Vertreter genannt, aber nie die wirklichen Gegner von Rang. Wissenschaft wird genannt, aber nicht der geltende Wissenschaftsstand. So allenthalben. – Hinter großen Worten aus der Wissenschaft kann dann, wie hinter einem Schirm, die stille Arbeit der Parteilichen gedeihen. Indem sie uns permanent zu schwierigstem Nachdenken über schwierigste Begriffe zwingen (meist scheinen sie mir unnötig), haben sie uns wunderbar beschäftigt und abgelenkt davon, den ganzen Sinn des wissenschaftlichen Schirmes zu durchschauen!

Einzelvorschläge für Unterrichtsgespräche passen glänzend in dieses Bild. Seite 74: Die Schüler sollen „lernen, in welchen Verwendungszusammenhängen agitiert wird und warum, und von welchen Gruppen Agitation diskriminiert wird. Material: Schülerflugblätter, Streikaufrufe." Interessant, daß hier nicht gefragt wird, ob die Argumente stimmen, was doch bei „Agitation" die dringlichste Frage wäre, da ja Agitation essentiell nie ganz frei von emotionalisierenden Elementen ist. Es wird nur gefragt, von welchen Gruppen Agitation abgelehnt wird, wofür das unverschämte Wort „diskriminiert" gebraucht wird. Und was soll „Gruppen" heißen? Und wenn jetzt ein Einzelner und keine Gruppen gegen Agitation wäre? Mit Gründen, die sich vielleicht hören lassen! Was dann? Warum wird dieser wichtige Fall – da doch die Wahrheit immer näher beim Individuum steht als bei der Gruppe – nicht einmal genannt! Nun, weil die RR eben die Welt sich nur als kämpfende Gruppen, als „Gegensätze" und alle Veränderung nur als „Durchsetzung" und den Einzelnen nur als den Zu-Solidarisierenden vorstellen können. Und den Grundzustand der Welt nur als permanenten tückischen Kalten Krieg sehen, genannt „Konflikt", zwischen „Gruppen" oder „Schichten", „Konflikt" den es zu entschleiern und zu entbinden gelte. Es ist ein Lieblingswort und Lieblingsgedanke der RR, die niemals etwas wie schöpferische Entspannung, Annäherung, Aussöhnung, Verzicht, Compassion im Gruppenleben sich vorstellen, geschweige denn es nennen können. Sie können sich eben die Welt nur als Einzimmerwohnung vorstellen und die Farben nur als Schwarz-Weiß.

Würden die RR wirklich vollzogen – glücklicherweise ist in der Welt dafür gesorgt, daß niemals Lehrpläne hinlänglich vollzogen werden (nur die Deutschen scheinen getreuer und vollzugsfreudiger als andere Völker, deshalb auch der Schrecken der Slawen vor der DDR) –, dann würden alle Kinder, infolge Luftmangels, krank werden. –

Es scheint mir nicht so wichtig, von denjenigen Teilen hier noch ausführlich zu sprechen, die in Presse und Erklärungen schon reichlich behandelt worden sind, also von der Zurückdrängung des Literaturunterrichts, von dem schönen Bestreben, den Kindern die Hochsprache zu vermiesen, und schließlich von der sogenannten gemäßigten Kleinschreibung u. ä. Hier nur so viel: So macht man das Schreiben leichter und das Lesen schwerer. Ich habe, es sei die persönliche Bemerkung erlaubt, schon früher geschrieben, daß den Veränderern daran liege, uns die Leserei abzugewöhnen. Von Kind an. Leserei und Grübelei können den Menschen vereinsamen: entsolidarisieren. Von Schlimmerem ganz zu schweigen: Literatur! Es handelt sich um das genaue Gegenteil von dem, was in den russischen Schulen zur Erweckung der Lesefreudigkeit geschieht und wohl in allen slawischen Schulen. Aber welche Schwierigkeiten haben sich diese Sozialismen damit eingebrockt! Alle lesen dort zu viel, zu viel Altes und Neues, die Schriftsteller schreiben zu viel. In Moskau, in Prag. (Die Kritik unserer Veränderer an Rußland ist heute hart, siehe das letzte „Kursbuch", – in dem bezeichnenderweise im Reigen der kritisierten Sozialismen China fehlt – wo ja auch die Schule viel „konsequenter" ist.) Unsere Veränderer werden solche Fehler vermeiden! An der Wurzel! Eben in der Schule und im Kindergarten. (Die RR räumen übrigens einem Kursbuchautor, vielleicht dem klügsten von allen, Peter Schneider, zitierend besonders großen Raum ein, so groß wie kaum einem Autor sonst. Sie drucken allerdings seinen Text sinnlos verstümmelt ab, vielleicht haben sie ihn weniger verstanden als verehrt, solidarisch, wie sie nun einmal zu fühlen scheinen.)

Man stellt heute im Ausland, jedenfalls in Österreich, die RR in der Presse in einen solchen Zusammenhang. Ein Beispiel: Die angesehenste österreichische Tageszeitung, „Die Presse", hat mindestens dreimal auf eine – von der „Kaiserstadt" doch so weit entfernte – Sache, wie es die hessischen RR sind, Bezug genommen. Sie sieht, Silvester 1972, in den RR einen (dem Geist der klassischen Sozialdemokratie tief fremden) Angriff auf Humanität und beleuchtet ihn durch eine Parallele: durch jenen „Angriff", den einmal von Oertzen geführt hat, auch in Dingen Schule. Die Zeitung erzählt von diesem Mann, der einmal (1970) „betrübt festgestellt hat, daß es nun einmal unmöglich ist, eine ganze Lehrergeneration auszurotten, der eine globale Machtergreifung für schwer durchführbar hält, sich aber eine Summe kleinster Machtergreifungen wohl vorstellen kann: ‚An jeder Schule ein halbes Dutzend junger Leute, die solch ein Kollegium in Bewegung setzen, die einfach mal den Aufstand proben! Die Masse der Kollegen weicht dann zurück.' – So wird es sein". Es stimmt alles. Sogar „ausrotten" hat er gesagt.

Das ist in der Tat der Rahmen. Ich möchte zum Schluß davor warnen, Einzelheiten der RR, wie „Rechtschreibung", „Hochsprache" etc., für den Kern zu halten, so barbarisch schlau manche Einzelvorstöße auch sein mögen. Den Kern, den infam kaschierten Kern bilden das Missionsbewußtsein, die gläubig vitale „Parteilichkeit", das Ja zur Demagogie, zum Solidaritätszwang, zum „Fertigmachen", siehe oben! Möglich in jeder Deutschstunde! „Erziehungsdemokratur" – so hat man es in Wien mit bitterem Wortspiel genannt. In der „Presse" hieß es mit dem Witz der übertreibenden Karikatur (ich fasse zusammen): Natürlich, wer beherrschen will, will ein illiterates, ein visuell-mediengelenktes, ein kontrolliert mobilisierbares Volk. – Leider ist das nicht nur Übertreibung. In der Tat: Schule wird Schulung, Erziehung wird Verstümmelung.

Es könnte geschehen, daß im kommenden Kampf das Ministerium die genannten Einzelvorstöße reduziert oder wegschneidet. Man wird dann aufatmen und – verlieren. Die RR sind unteilbar; was bei Zerschneidung übrig bleibt – das genügt allemal, wie bei der Hydra. Da kann man nicht „Giftzähne ziehen", da wird ein vermeintlicher Kompromiß allemal eine Niederlage. Man darf nicht den Buchstaben sehen; man suche den in allen Teilen versteckten Geist.

Dokument 24:

Mann, Golo:

Wenn der Deutsche progressiv sein will . . . Kritische Bemerkungen zu den hessischen Rahmenrichtlinien für den Deutschunterricht. (Süddeutsche Zeitung, 2./3. 6. 1973)

Die Kritik des Schriftstellers und Historikers Golo Mann an den RRD fand eine breite Publizität. Zunächst als Beitrag für die Süddeutsche Zeitung erschienen, wurde ein Sonderdruck des Artikels an hessischen Gymnasien verteilt, ein weiterer Sonderdruck vom Bayerischen Philologenverband vertrieben. Auszugsweise Nachdrucke veranstalteten sowohl die FAZ (Nr. 135, 13. 6. 1973, S. 37: „Hier wird ein Raub an der Jugend geplant") als auch die Frankfurter Neue Presse (9. 6. 1973: „Ein Zeitalter der Kapitulation. Golo Mann weist Arbeiterfeindlichkeit der hessischen Rahmenrichtlinien nach"). Kritisch nehmen zu Golo Manns Beitrag Leserbriefe von Manfred Schluchter und Eva D. Becker Stellung (Süddeutsche Zeitung, 16./17. 6. 1973).

Nun ist auch Professor Helmut Becker, ein Mann von Gewicht in der Wissenschaftswissenschaft, unter den energischen Verteidigern der „Rahmenrichtlinien" erschienen. Hier werde Pionierarbeit geleistet. Hier werde endlich Ernst gemacht mit dem Versuch, die dringendsten Bildungsprobleme zeitgemäß zu lösen. Und völlig falsch sei der Vorwurf, es handle sich um *marxistische* Pädagogik . . . Ich habe daraufhin die beiden Broschüren noch einmal gelesen. Wenn ein Mann von Beckers Kompetenz sich so enthusiastisch für sie ins Zeug legt, dann, so dachte ich mir, muß doch etwas daran sein. Hier ein paar Früchte meiner Lektüre.

Es scheint mir völlig zuzutreffen, daß der Geist der Richtlinien für den Deutschunterricht nicht marxistisch ist. (Bei jenen für die „Gesellschaftslehre" steht es etwas anders; von ihnen soll nicht heute die Rede sein.) Nicht marxistisch schon allein darum, weil Marx die Literatur, einschließlich der Poesie, keineswegs verachtete. Selber ein Schriftsteller von Graden, Dichter sogar, in seiner Jugend, wußte er, was er der deutschen, der französischen, der antiken Literatur zu verdanken hatte. Er wollte den vielseitig tätigen, allseitig gebildeten Menschen. Übrigens dachte er eminent historisch – eine Neigung, die man den Autoren der Richtlinien nicht nachsagen kann.

Was aber die „Hochsprache" betrifft, so war er ganz unfähig, sich anders auszudrücken als eben in ihr – und zur Hochsprache mußte er konsequenterweise auch seine Arbeiter erziehen wollen. Galt es doch, die Menschen der „Idiotie des Landlebens", so auch der Dialekte, zu entreißen. Galt es doch, zu *zentralisieren:* „für die Arbeiter ist natürlich alles günstig, was die Bourgeoisie zentralisiert"; ohne Zentralisierung keine Revolution; und wie sollte Zentralisierung sein ohne Hoch- oder Einheitssprache? So weit gingen Marx und Engels in ihrem Lob sprachlicher Zentralisierung, daß sie für Böhmen den Untergang des Tschechischen nicht ohne Vergnügen voraussagten: das habe alles dem Deutschen zu weichen. Nirgends kommt bei Marx vor, daß Hochsprache Herrschaft, Stabilisierung bestehenden Unrechts, Verschleierung sozialer Konflikte bedeute. Es kommt noch bei seinem Schülers-Schüler, Josef Stalin, das genaue Gegenteil vor, wie Clemens Podewils neulich in der SZ sehr schön gezeigt hat.

*

Nein, der Geist dieser neuen Deutschkunde ist nicht marxistisch. Er ist in seinem Ursprung durchaus amerikanisch. Es ist der Geist John Deweys und seiner Schule, zum Äußersten getrieben, zum Närrischen getrieben. Schreiben allerdings konnte Dewey kräftig und klar. Er hätte nicht einen Satz hingebracht wie diesen, der anfängt: „Sie – die Schüler – sollen dadurch befähigt werden, aus der passiv-rezeptiven Rolle dessen, der unkritsch sprachlich Kodiertes aufnimmt und Sprachmuster affirmativ verwendet . . . " Ihrerseits empfehlen die Pädagogen, denen solche Formulierungen so leicht aus der Feder fließen, besonders auch, die *Fach*-Sprachen im Unterricht kritisch unter die Lupe zu nehmen: was da für kommunikative Prozesse im sozio-kulturellen Kontext ablaufen . . .

Nicht bloß die „Hochsprache" bedeutet Herrschaft und Zwang, auch die Rechtschreibung, in welchem Zusammenhang tatsächlich einmal der Name Goethe fällt, zusammen mit Luther, Grimm und Duden. Ist denn unseren Reformern und ihrem Protektor, dem Herrn hessischen Kultusminister, und ihrem Freund, dem Professor Helmut Becker, gar nicht aufgefallen, daß in Zeitaltern, die keinerlei Rechtschreibung kannten, Herrschaft ziemlich brutal und munter ausgeübt wurde, unvergleichlich brutaler und munterer als heute? Haben sie nicht bemerkt, welche Rolle die wachsende *Bildung* der Arbeiter in der Hochsprache, wie, nebenbei in der Rechtschreibung, ehedem gespielt hat für die Verwandlung von Proletariern in Arbeitnehmer, Angestellte, Sozialpartner, oder welches Wort man vorzieht? Wie könnten Betriebsräte mit Unternehmern von gleich zu gleich verhandeln ohne die Hochsprache, von gleich zu gleich korrespondieren ohne die Rechtschreibung? Mit Demokratie haben Hochsprache und Rechtschreibung genau zu tun; die großen Tyrannen und Kaiser der Vergangenheit haben sich den Teufel um sie gekümmert.

*

Um auf Dewey zurückzukommen: Was die Richtlinien, auf Umwegen, von ihm übernommen haben, ist die Verachtung aller Bildung, alles angeblich toten Wissens; ist die Gleichgültigkeit gegenüber allen Rangunterschieden; ist der Anspruch, *alles* Überlieferte nach seinem Nutzen zu befragen und, wenn es sich nicht als *heute* nützlich ausweisen kann, es schleunigst über Bord zu werfen; ist besonders die Frage: welche Anleitung zum Handeln gibt das?; ist das Lob der Aktivität in Gruppen, des Spieles, der Kritik und wieder der Kritik. Zu seiner Zeit hat Dewey in Amerika unbestreitbar wohltätig gewirkt — bis man in der Beherzigung seiner Lehren gar zu weit ging und eine Gegenbewegung einsetzte. Auch die hessischen Richtlinien hätten vor zwanzig Jahren ungefähr nützlich sein können. Daß Lernen Lebenshilfe geben soll, nicht abgestorbenen Bildungsballast, nicht Klassenstatus, das ist ja gut und wahr. Wer leugnet es noch? Mit dem, was Herrn von Friedeburgs Schützlinge 1973 im Theoretischen und Praktischen halbwegs Vernünftiges zu bieten haben, rennen sie gegen offene Türen. Längst ist der deutsche „Bildungskanon" in Auflösung begriffen, und nirgendwo in hellerer als gerade im Deutschunterricht, im Geschichtsunterricht.

Nun sind die Arbeitsbereiche „sprachliche Übungen" und „Reflexion über die Sprache" der Kern der Broschüre nicht. Da steht, neben Albernheiten, einiges Diskutierbare, vielleicht sogar Brauchbare; vorausgesetzt, daß die angeredeten Lehrer überhaupt verstehen können, was gemeint ist. Die wahre „Pionierleistung" findet man im Arbeitsbereich „Umgang mit Texten".

*

Der Artikel beginnt mit der Versicherung, man wolle die Literatur keineswegs ausschließen, nur eine „Neubestimmung ihres Stellenwertes" vornehmen. Danach kommt „Literatur" nicht mehr vor, „Dichtung" einmal, mit dem Zusatz, daß die alte Unterscheidung zwischen ihr und „Gebrauchstexten" abgeschafft werden müsse. Im Folgenden werden Gesetze, Hausordnungen, „lyrische Texte", Romane, Werbebriefe, Schlagworte, Zeitungsüberschriften ganz und gar in einem behandelt, zusammen- und durcheinandergeworfen. Es sind alles „Texte". Mit ihnen müssen die Schüler „umzugehen" lernen. Wie?

Texte, alle Texte, sind abzuklopfen auf ihren emanzipatorischen oder systemstabilisierenden, heimlich konservativen oder reaktionären Gehalt. Sie sind zu durchschauen. Sie sind zu „hinterfragen": was wollte der Reklamespezialist, der Lyriker, der Hausbesitzer, der Boulevardblattschreiber damit? An wen richtete er sich? Welches Interesse vertrat er? Wem nützte er, oder nützt oder schadet er heute? So die „Richtlinie" — ich will ihr einmal folgen nach Wort und Sinn.

„Hyperions Schicksalslied"; Texter ein Friedrich Hölderlin. Schicksal — ei, ei! Was wollte dieser angebliche Revolutionär denn mit Schicksal? Den Leuten weismachen, ihr „Schicksal" werde nicht von den herrschenden Klassen bestimmt?

Doch uns ist gegeben,
Auf keiner Stätte zu ruhn . . .

Gegeben? Wer gibt? Der Frühkapitalismus? Der Obrigkeitsstaat? Oder will Texter Hölderlin den Leser „von der Erinnerung an die reale Welt befreien" durch trügerisch verschleiernde Mystik? Finden wir in diesem Text eine Anweisung zum Glück, zum nützlichen Handeln? Offenbar nicht die mindeste. Fort damit.

Das Nächste: Eine Ballade des Texters G. A. Bürger, „Des Pfarrers Tochter zu Taubenhain". Nun ja, da ist eine gewisse emanzipatorische Tendenz nicht zu leugnen, achtenswert für des Texters Jahrhundert (von dem die Schüler, nach Richtlinien Gesellschaftskunde Sekundarstufe I, allerdings keine blasse Ahnung haben). Der Junker von Falkenstein ein schichtspezifischer Bösewicht, Rosette sein bürgerliches Opfer; dann noch der Pfarrer, der grausame Vater. Röschen hätte die Pille nehmen sollen. Man darf diesem Text ein paar schwache Pluspunkte geben.

Desselben Dichters „Lenore"? Völlig wertlos. Klassenkonflikt keiner, Bösewicht keiner, statt dessen, indirekt, der liebe Gott, und obendrein Gespenster; typischer bürgerlicher, rührseliger Schauerkram . . . Die Gewalt der Liebe, die Gewalt der Verzweiflung, die Gewalt des Grauens wird in „Lenore" so großartig ausgesprochen und rhythmisiert wie in kaum einem zweiten deutschen Gedicht? So, what? Was geht uns das an? Sollen wir etwa, wie Lenore, uns hinter einem toten Reiter aufs Pferd schwingen?

Die Marienbader Elegie? Das Privateste, Uninteressanteste, was es gibt; handelt von der vergeblichen Liebe eines verwöhnten alten Großbürgers, endet mit Schmähungen gegen die Naturwissenschaft; fort damit.

Annette von Drostes „Der Knabe im Moor". Geister, die einen Schuljungen auf dem Nachhauseweg ängstigen. Wer erzählte ihm solchen Schund, der Lehrer, die Mutter, beide? Sozialgeschichtlich nicht ganz uninteressant. Warum hat die Texterin – aha, eine Angehörige des westfälischen Adels! – dergleichen gereimt? Da zeigt es sich, wie man die Jugend zu gängeln verstand. Mit gewissen Fernsehsendungen, mit der Angstmacherei vor dem Bolschewismus zu vergleichen.

Und so mit Tolstois großen Romanen, die keineswegs „emanzipatorisch" sind (und die Lenin gleichwohl bewunderte); so mit Stendhal und Flaubert und Dostojewski. So mit Gryphius, mit Eichendorff, mit Mörike. Heine? Da müßte man, aber die Arbeit lohnt sich kaum, Unterscheidungen machen. Auch dieses Texters Gedichte sind allergrößtenteils romantisch verfremdend, egozentrisch, reaktionär; indem sie sich an den einzelnen richten, vereinzeln sie, anstatt zu sozialisieren; sie handeln von Liebe, Mondschein, Tod, metaphysischem Protest und anderem solchen keinerlei praktische Orientierung bietenden Zeug. Immerhin, ein wenig Gesellschaftskritik findet man bei Heine. Ferner, das hat Adorno uns ja gezeigt, ist er ein gutes Specimen des Dichters, der unter kapitalistischen Bedingungen für den anonymen Markt produziert. Ihm sei, mit Vorsicht, eine Stunde gewidmet . . .

*

Wenn alles dies nicht die Konsequenz des Artikels „Umgang mit Texten" ist, dann sollen mir seine Autoren doch sagen, was sonst sie sei. Das werden sie nicht tun. Aus einem *Spiegel*-Gespräch weiß man, daß sie ausweichen, wenn man sie stellen will, daß sie es gar nicht gewesen sein wollen, oder doch nur halb. Auch: daß sie dreieinhalb Monate nach Veröffentlichung ihres Werkes schon wieder, „ungeheuer viel gelernt" haben. Sehr erfreulich. Nur, wäre es dann nicht ratsam gewesen, ein wenig zu warten mit der Drucklegung der Richtlinien, die der Herr hessische Kultusmister einstweilen schon in Kraft setzte, *ohne* die neuerdings gelernten Lektionen der Autoren noch miteinzubeziehen? Großer Gott, haben es die Leute heutzutage eilig!

Literatur war eine große Macht auf Erden, nirgendwo so sehr wie in unserem alten Europa. Eine *befreiende* Macht. Befreind, gleichgültig, ob sie sozialkritischen Inhalts war oder nicht; da liegt kein entscheidendes Kriterium. Heinrich Manns „Untertan", den Richtlinien so teuer, ist gewiß eine Gesellschaftssatire von Brillanz und Verve; kommt aber an Seelenkenntnis und wirklicher Gesellschaftskenntnis, an Mitleid, Kraft der Gestaltung, Kraft, des Lesers eigene Erfahrungen zu vertiefen und seinen Geist emporzureißen, an die großen Erzählungen der Russen, der Franzosen, der

Engländer, der Deutschen bei weitem nicht heran. Wer die schönsten deutschen Gedichte kennen und lieben lernt, besonders auch, wer sie sich selber hersagen kann, der wird freier, unabhängiger; der stärkt die eigene Identität. Der kann, wenn denn das Praktische, Nützliche nachgewiesen werden muß, Trost finden in allerlei Notlagen, die auch in der emanzipiertesten Gesellschaft uns früher oder später nicht erspart bleiben. (Ich sage *Trost*, und nicht „Enttäuschungsabsorption", wie man neuerdings wohl sagen müßte.) Es ist die Aufgabe, ist mindestens *eine* Hauptaufgabe des Deutschunterrichts, der Jugend eine erste Begegnung mit diesem in Jahrtausenden gesammelten Schatz zu vermitteln.

*

Die Einwände kenne ich. Einer ist praktisch: Die Schule kann das gar nicht. Höchstens „vermiest" sie uns die Literatur. Das haben unbegabte Pedanten früher oft getan; obgleich es Deutschlehrer von Talent und Leidenschaft zu allen Zeiten gegeben hat. Heute ist es mit der Pedanterie ohnehin zu Ende. Und natürlich kann es um eine irgendwo erschöpfende Begegnung nicht gehen. Man zeigt den Schülern die Quelle; trinken müssen sie selber. Noch erinnere ich mich des ersten langen Gedichtes von Ernst und Zauber, das ich, elfjährig, in einer Münchner Schulklasse vorzutragen hatte: Lenaus „Postillon". Damit fing es an. Später brauchte ich die Lehrer nicht mehr sehr dringend und fand, was mir gut tat, auf eigene Faust.

Das Schlechte durchschaut man. Ein Gedicht von Paul Heyse – „Über ein Stündlein", „Dulde, gedulde dich fein . . ." – war in seiner süßlich beschwichtigenden Art schon dem Zehnjährigen widerlich. Dazu bedarf es gar keiner langjährigen kritischen Übungen; das kann jeder halbwegs intelligente Junge von alleine. Besser freilich, man läßt das Falsche, das Minderwertige von vornherein weg. Und dies ist den Autoren der Richtlinien wieder nicht in den Sinn gekommen: daß der Geist der Jugend gute Nahrung braucht und nicht gemeine, um letztere zu „hinterfragen". Das junge Gedächtnis ist stark; es behält das Gemeine auch und wird dann für den Rest des Lebens davon belästigt.

Man findet in den Richtlinien Rezepte für allerlei Gruppenspiele, meistens törichte. Nie, mit keinem Wort, ist vom *Theater*-Spiel die Rede. Wie sehr nun gerade Theaterspielen eben die Gemeinsamkeit entwickeln hilft *und* auch den einzelnen hebt, steigert in seinem Selbstvertrauen und der Fähigkeit, sich auszudrücken, wie es nebenbei ein unvergleichliches Eindringen in das Kunstwerk, in die Sprache ermöglicht, ob Hochsprache oder Dialekt, ob Muttersprache oder fremde – unsere Philanthropen haben es in ihrer ja gar nicht weit zurückliegenden Schulzeit vermutlich nie erfahren, wie sie wohl auch nie ein Gedicht auswendig lernten. Sie wissen es nicht besser.

*

Der andere Einwand ist historischer Art: Goethe hat die Nazis nicht verhindern können. Das Argument ist bestechend auf den ersten Blick, aus sehr billigem Stoff nach dem zweiten. Auch die Musik hat die Nazis nicht verhindert. Auch die Liebe nicht; auch der Sport, auch Essen und Trinken und Atmen nicht. Wollten wir alles das abschaffen, was die Nazis *nicht* verhindert hat, so müßten wir uns selber abschaffen, oder noch besser unseren Planeten.

Es gibt ein französisches Bonmot: „Wenn der Deutsche graziös sein will, dann springt er zum Fenster hinaus." Was *wirft* er nicht alles hinaus, wenn er progressiv sein will: Die Literatur, versichert man uns, erhalte in den Richtlinien nur einen neuen Stellenwert. Den erhält sie: im Mülleimer.

Hier wird ein *Raub* an der Jugend geplant; unbewußt, eine neue Art, sie zu beherrschen. Damit meine ich nicht, daß die Autoren der Richtlinien böse Menschen wären. Ein wenig arrogant sind sie freilich; übrigens gutwillig und unschuldig, sie haben es ja an der FU, in Frankfurt, Marburg, Heidelberg, oder wo immer schon nicht mehr anders gelernt. Jeder Selbstkritik bar, den Kopf voller hastig gelernter Mode-Vokabeln, den Wind der Zeit, die Gunst des Ministeriums in ihren Segeln, erkennen sie nicht ihre Nähe zu dem schmutzigsten Kommerzialismus, den sie hassen; so wie sie Lyrik und Reklame vermischen, so treibt es jener amerikanische Textilfabrikant, der Michelangelos David in seine Blue jeans kleidet, der Gott dem Adam ein Paar Jeans überreichen läßt. Für Humanität wollen sie kämpfen. Und wissen nicht, daß sie selber in die unmenschliche Landschaft gehören, gegen die sie protestieren; in die kahle geheimnislose, tote Landschaft unserer Satellitenstädte, unserer ohne jede Rücksicht auf Schönheit und Freude möglichst billig, möglichst hoch gebauten Wohnblöcke. In dem berüchtigten Frankfurter „Goebel-Galgen" sollten sie wohnen. Da gehören sie hin. Und welche Freude hätte nicht der verstorbene Dr. Oswald Spengler an ihnen gehabt!

*

Was uns droht, ist ein neues Zeitalter der Kapitulation. In *dieser* Beziehung wenigstens erinnern unsere Jahre wirklich an die vor der „Machtergreifung" von 1933: „Das kommt jetzt" – „Wir müssen uns umstellen." An der Spitze bleiben, zumal, wenn man selber nicht mehr der Jüngste ist; um Gottes willen den Anschluß an den stürmisch fortschreitenden Zeitgeist nicht verlieren! – Ich denke, dies Risiko muß man auf sich nehmen.

Dokument 25:

Greiner, Ulrich:

Die Deutschdidaktik: zwischen Seelsorge und Wissenschaft. Über die neuen Hessischen Rahmenrichtlinien für das Fach Deutsch. (FAZ Nr. 29, 3. 2. 1973, S. 8)

Mehr als sechzehn Jahre ist es her, seit die letzten Bildungspläne für die hessischen Schulen erschienen sind. Jetzt hat das hessische Kultusministerium die ersten Rahmenrichtlinien für die Sekundarstufe I (5. bis 10. Klasse) herausgegeben. Neu an diesen Richtlinien ist, daß sie nicht mehr wie die alten Bildungspläne den Unterrichtsstoff vorschreiben. Früher war der Lehrer auf einen genauen Stoffplan, zum Beispiel auf einen Kanon der Pflichtlektüre im Fach Deutsch, festgelegt. Welches Lernziel er allerdings mit den Schülern verfolgte, blieb seine Sache. Bei den neuen Rahmenrichtlinien verhält es sich umgekehrt: Hier ist der Lehrer hinsichtlich des Unterrichtsstoffes frei. Er findet darüber in den Richtlinien auch nur wenige Hinweise. (Materialien, die theoretische Texte und Unterrichtsbeispiele enthalten, sollen noch gesondert veröffentlicht werden.) Verbindlich im Sinne eines Erlasses sind dagegen die sogenannten „allgemeinen Lernziele". So sind diese auch das eigentlich Neue und Strittige an den Rahmenrichtlinien.

Angewandte Wissenschaften (wie zum Beispiel die Deutschdidaktik) haben es schwer. Nicht genug damit, daß sie im Geruch stehen, Trivialisierungen von Theorie zu sein: Sie haben zudem noch ihre Last mit der schlechten Wirklichkeit, die sie verändern wollen, die sich ständig verändert, aber selten so, wie geplant. Angewandte Wissenschaften sind folglich ständig an ihren Erfolgen in der Praxis überprüfbar. Fehler kann man ihnen zumeist auf den Kopf zusagen, während die „reine" Theorie ihre Mängel generationenlang unbehelligt mit sich fortschleppen kann. Von einer anderen Seite her betrachtet, ist die Praxisbezogenheit der angewandten Wissenschaften auch ihre Stärke: Sobald sie die theoretischen Resultate ernsthaft und selbstkritisch an der Wirklichkeit überprüfen, ernten sie dafür die Möglichkeit, die gesellschaftliche Realität vernünftig zu gestalten.

Von dieser Chance allerdings hat die Didaktik der deutschen Sprache und Literatur bisher kaum Gebrauch gemacht. Anlaß zu dieser Feststellung geben die vor kurzem erschienenen Hessischen „Rahmenrichtlinien" für das Fach Deutsch in der Sekundarstufe I (5. bis 10. Klasse). Denn will man diese neuen Bildungspläne annähernd gerecht beurteilen, so muß man sie im Zusammenhang mit der Geschichte der Deutschdidaktik sehen. Man braucht nur die deutschen Lesebücher der fünfziger und sechziger Jahre vom „Lebensgut" bis zur „Silberfracht" in die Hand zu nehmen, um zu sehen, wie sich Erlebnispädagogik und geisteswissenschaftlich-werkimmanente Literaturbetrachtung zu einer entschlossenen Fluchtbewegung in die deutsche Innerlichkeit verbanden. Andere Dokumente jener Jahre, wie Sprachlehren, Methodiken, Aufsatzlehren, bestätigen, daß sich die Deutschdidaktik eher als säkularisierte Seelsorge denn als Wissenschaft verstand.

Das ist heute noch nicht alles ausgestanden. Immerhin sind die neuen Rahmenrichtlinien ein energischer Versuch, wissenschaftlichen Ansprüchen zu genügen. Aber während bei den letzten Bildungsplänen des Jahres 1956 von Wissenschaftlichkeit keine Rede sein konnte, drohen die Rahmenrichtlinien in der uferlosen Terminologie der modernen Sprachwissenschaften, die ihrerseits wieder soziologische und psychologische Fragestellungen aufnehmen, bis an den Hals, das heißt bis an die Grenze der Artikulationsfähigkeit, zu versinken.

Der Streitpunkt, bei dem die Rahmenrichtlinien sich mit den Bildungsplänen anlegen, ist der Sprachbegriff. In den hessischen Bildungsplänen von 1956 hatte es geheißen: „Im Deutschunterricht soll der Schüler angeleitet werden, seine Muttersprache recht zu verstehen und recht zu gebrauchen. Er soll sich mit ihrem Sprachgut auseinandersetzen und an ihren Kräften und Werken wachsen und reifen." Was hier unter Muttersprache verstanden wurde, kam damals, 1956, an anderer Stelle zum Ausdruck: „Die Schule lehrt die Sprache nicht, sie pflegt sie. Das Kind kommt mit seiner Muttersprache zur Schule, die heute freilich häufig Mundart ist. Der Lehrer versetzt es, da er die Hochsprache ohne Zugeständnis an die Mundart gebraucht, in eine neue Sprachumwelt, die für das Kind nunmehr gültig wird. Das Kind gebraucht die Sprache, es lebt sich in sie ein."

Was aber geschieht, wenn sich das Kind nicht in die mit dem Wort Hochsprache genauer bezeichnete Muttersprache einlebt? Was geschieht, wenn sich die Muttersprache als Unterschichtsprache herausstellt, als Sprache einer bestimmten gesellschaftlichen Schicht, in der es aufgewachsen ist?

Es geschieht, nach allen Erfahrungen, folgendes: Die Kinder aus der Unterschicht leben sich in der Regel keineswegs in die „neue Sprachumwelt" ein. Sie merken nur, daß man in der Schule eine andere Sprache als die ihrer Eltern spricht. Sie ziehen sich zurück und weisen deutlich schlechtere Leistungen als ihre Mitschüler auf. Daß dies keine Einzelfälle sind, sondern fast automatisch ablaufende Aussonderungsprozesse, wurde Mitte der sechziger Jahre klar, als plötzlich das Schlagwort von der „deutschen Bildungskatastrophe" auf die Folgen des ausschließlich mittelschichtorientierten Unterrichts hinwies. Die Benachteiligung der Unterschichtkinder, die nun plötzlich statistisch erwiesen und unwiderleglich war, entfachte in der Pädagogik die Theorie der „kompensatorischen Erziehung".

Chancengleichheit hört bei der Sprache auf

Man bemerkte mit einiger Überraschung, daß vor allem die englischen und die amerikanischen Wissenschaftler auf diesem Gebiet seit zehn Jahren und mehr gearbeitet hatten. Man verstand plötzlich, daß Chancengleichheit ein leeres Wort ist, wenn unüberwindbare Sprachbarrieren den Kindern im Wege stehen. Man begann, sich mit den Theorien schichtenspezifischer Sprache auseinanderzusetzen, vor allem mit dem bei uns bekanntesten englischen Sprachwissenschaftler Basil Bernstein. Vor diesem Hintergrund des Für und Wider um Bernsteins Theorien muß man die neuen Rahmenrichtlinien sehen. Denn hier werden, soweit ich sehe, zum erstenmal neue Sprachtheorien in Bildungspläne eingearbeitet. Zum Problem Hochsprache—Unterschichtsprache bemerken die Richtlinien folgendes:

„Wie bisher hat die Schule die Aufgabe, die sprachliche Kommunikationsfähigkeit der Schüler zu differenzieren und sie zum ‚richtigen' Sprachverhalten anzuleiten. Diese Anleitung wurde bisher verstanden als Einübung in die ‚Hochsprache'. Dabei wurde davon ausgegangen, daß nur eine den Normen der ‚Hochsprache' gemäße Sprachverwendung störungsfreie Verständigung innerhalb der ‚Sprachgemeinschaft' sichere.

Die Begriffe ‚Hochsprache' und ‚Sprachgemeinschaft' bedürfen der Erläuterung. In den bisherigen Lehrplänen und in den Sprachbüchern ist ‚Hochsprache' von Mundarten und anderen Formen von Regionalsprachen unterschieden und wertend von Umgangs-, Gassen- und anderen Formen negativ eingeschätzter Sprachen abgesetzt worden. Dieser Begriff von ‚Hochsprache' enthielt einerseits die Vorstellung von einer Sprache, die überregionale Kommunikation sichern sollte, andererseits die Vorstellung von einer besonders normgerechten, reinen Ausprägung der deutschen Sprache. [. . .]

Die Rede von der besonders normgerechten, reinen Ausprägung der deutschen Sprache in der ‚Hochsprache' wird unter sprachwissenschaftlichen Gesichtspunkten in zweifacher Weise problematisch: sie übersieht, daß diese ‚Hochsprache' bislang stets eine Gruppensprache gewesen ist, die als verbindliche Sprache durchgesetzt und bei der Schichtung der Gesellschaft als Mittel zur Stabilisierung dieser Schichtung benutzt worden ist; sie übersieht, daß ‚die deutsche Sprache' ein aus dem realen Sprachverhalten erschlossenes Konstrukt ist, das je nach den ausgewählten Sprechertätigkeiten, die als empirisches Ausgangsmaterial der Untersuchung dienen, anders ausfällt.

In die Rede von der ‚Hochsprache' geht fast regelmäßig die von der ‚Sprachgemeinschaft' mit ein. Dieser Begriff scheint zunächst nur ein Ordnungsbegriff, der die Sprecher einer bestimmten Sprache bezeichnet und der andeutet, daß diese Sprecher miteinander kommunizieren. So herausragend nun auch die Bedeutung der Sprache in soziokultureller Hinsicht ist und so sehr diese sich darum zur Charakterisierung und Gliederung von Menschengruppen zu eignen scheint, so legt der Begriff ‚Sprachgemeinschaft' eine Vorstellung von Homogenität der Sprecher einer Sprache nahe, die stärker als andere Merkmale diese Menschengruppen charakterisiert; sie deckt damit bestehende Unterschiede, Gegensätze, Widersprüche, die sich ja auch in der Sprache äußern, zu. Für eine Kommunikationsdidaktik werden aber gerade solche Unterschiede, Widersprüche und Gegensätze wichtig. Die Kommunikationssituation der gegenwärtigen Gesellschaft wird, soweit dies für den Deutschunterricht unmittelbar bedeutsam ist, durch folgende Merkmale charakterisiert:

— Schichtenspezifische Sprachverwendungen markieren Kommunikationsgrenzen innerhalb dieser Gesellschaft.
— ‚Hochsprachliche' Sprachverwendung ist eine, wenn auch sicher nicht die wichtigste Voraussetzung für den Zugang zu den als erstrebenswert angesehenen Positionen in dieser Gesellschaft.
— Die Interpretationsmuster für die Deutung öffentlicher und privater Erfahrungen, die durch die Sprache der Massenkommunikationsmittel nahegelegt, bestätigt oder auch initiiert werden, verdecken weithin die realen Kommunikationsgrenzen und verhindern die Einsicht in deren Ursachen.

Folglich kann die Aufgabe der Schule, die sprachliche Kommunikationsfähigkeit der Schüler zu differenzieren und sie zum ‚richtigen' Sprachverhalten anzuleiten, nicht als Einübung in die ‚Hochsprache' verstanden werden. Handelt die Schule dennoch so, dann bedeutet dies für *eine* Gruppe von Schülern eine konsequente Weiterentwicklung ihrer Kommunikationsfähigkeit innerhalb ihres schichtspezifischen Erfahrungsfeldes, für die *weitaus größere Zahl* der Schüler dagegen den Zwang, neue Formen der Verständigung, des Sprach- und Sozialverhaltens, der Interpretation von Erfahrungen zu erlernen.

Diese Ungleichheit der Chancen hat zur Forderung nach kompensatorischer Spracherziehung geführt. Sie wurde zunächst so verstanden, daß bei derselben Zielsetzung, nämlich Einübung in die Hochsprache, die Schule durch besondere Fördermaßnahmen die unterschiedlichen Ausgangslagen der Schüler ausgleichen müsse, und zwar so, daß die der ‚Hochsprache' ferner stehenden Schüler an diese besser und effektiver herangeführt werden müßten. Diese Forderung wurde sozialpolitisch (im Sinne von formaler Chancengleichheit) und sprachwissenschaftlich (kognitive Leistungen sind an eine elaborierte Sprache gebunden, diese wiederum nur in der ‚Hochsprache' verwirklicht) begründet. Die didaktische Diskussion hat die Unzulänglichkeit dieser Auffassung erwiesen. Sie übersieht,

— daß mit der unreflektierten Einübung in die Normen der ‚Hochsprache' die meisten Schüler von ihren Herkunftsgruppen entfremdet werden;
— daß den meisten Schülern die Wahrnehmung und Versprachlichung ihrer Sozialerfahrungen und Interessen erschwert wird;
— daß ihnen die Möglichkeit genommen wird, an die eigenen Erfahrungen anknüpfend, soziale Ungleichheiten zu erkennen, sie auszusprechen und damit kommunizierbar zu machen;

— daß ihnen die über die Hochsprache vermittelten Normen und Wertvorstellungen als fraglos gültig erscheinen, obwohl diese keineswegs einfach mit den von den Normen des Grundgesetzes, Artikel 3 und 20 des Grundgesetzes, geforderten gesellschaftlichen Entwicklungszielen identisch sind;

— daß die Gleichsetzung von ‚Hochsprache' mit elaborierter Sprache sprachwissenschaftlich unhaltbar ist und gesellschaftspolitisch zur Sicherung der bestehenden Zustände beiträgt.''

Zwei Sprachen – zwei Denkweisen?

Der im letzten Satz gebrauchte Terminus „elaborierte Sprache'' weist auf Basil Bernstein hin. Bernstein hat erst relativ spät, nämlich 1964, für die schon seit längerem bekannten Ergebnisse der schichtenspezifischen Sprachforschung zwei neue Begriffe geprägt, die für die heutige Diskussion bestimmend sind:

''Restricted code'' nennt Bernstein die Sprache der Unterschicht, die sich unter anderem durch folgende Merkmale auszeichnet: kurze, grammatisch einfache, oft unfertige Sätze von dürftiger Syntax, die meist in der Aktivform stehen; Verwendung einfacher und immer derselben Konjunktionen (so, dann, und); häufige Verwendung kurzer Befehle und Fragen; seltener Gebrauch der unpersönlichen Pronomen „es'' und „man''; stereotype und begrenzte Verwendung von Adjektiven und Adverben.

Die Sprache der Mittelschicht dagegen, die Bernstein ''elaborated code'' nennt, hat folgende Merkmale: Die logische Komplexität wird durch eine grammatisch komplexe Satzkonstruktion vermittelt, vor allem durch die Verwendung von Konjunktionen und Nebensätzen; häufiger Gebrauch von Präpositionen, die sowohl rein logische Beziehungen als auch zeitliche oder räumliche Nähe anzeigen; häufige Verwendung der unpersönlichen Pronomen „es'' und „man''; vielfältige und differenzierte Auswahl aus einer Reihe von Adjektiven und Adverben (Bernstein 66).

Eine Untersuchung des amerikanischen Wissenschaftlers Thomasso ergänzt Bernsteins Beobachtungen. Thomasso machte bei Unterschichtkindern eine Wortschatzanalyse und verglich sie mit dem Vokabular der in den Vereinigten Staaten gebräuchlichen Lesebücher. Er fand, daß 25 Prozent der Unterschichtwörter in den Lesebüchern überhaupt nicht vorkamen. Dann untersuchte er die 435 häufigsten Wörter der Lesebücher und der Unterschichtsprache: es ergab sich eine Übereinstimmung von nur 50 Prozent (Oevermann 313). Diese amerikanischen Untersuchungen sind durch deutsche Wissenschaftler, vor allem von Ulrich Oevermann, insoweit bestätigt worden, daß man an ihrer grundsätzlichen Richtigkeit nicht zweifeln kann.

Daraus folgt: Die Unterschiede zwischen Mittelschichtsprache und Unterschichtsprache betreffen nicht nur Grammatik und Syntax, sondern auch das Vokabular. Man kann also von zwei regelrecht verschiedenen Sprachen sprechen. Da in der Schule nur die Mittelschichtsprache gesprochen wird, sind die Unterschichtkinder benachteiligt. Das alles wäre noch nicht so schlimm, wenn nicht unser Schulsystem die sprachlichen Fähigkeiten so stark bewerten würde. Sie spielen innerhalb der schulischen Leistungsmaßstäbe eine überragende Rolle. In der Bundesrepublik scheitern nur drei Prozent der Sitzenbleiber wegen mangelhafter Leistungen ausschließlich in mathematisch-naturwissenschaftlichen Fächern (Oevermann 318).

Die Frage ist, welche Folgerungen man daraus ziehen soll. Bisher hat man geglaubt, der „restringierte Code'' lasse auf eine „restringierte Kognition'' schließen oder, aus dem Sprachsoziologischen übersetzt: wer schlecht spricht, denkt schlecht. Diese Vermutung, die von einer weitgehenden Identität des Denkens und der Sprache ausgeht, wurde scheinbar durch zahlreiche Intelligenztests gestützt, die bei Unterschichtkindern einen deutlich geringeren Intelligenzquotienten aufwiesen. Die Folgerung, die man aus diesen vermeintlich richtigen Beobachtungen zog, war einfach: Es genüge, so dachte man, die Unterschichtkinder auf die Ebene der „elaborierten'' Hochsprache hinaufzuziehen. So lasse sich der Intelligenzquotient anheben. Der Erfolg dieser Versuche war äußerst gering. Es erwies sich als sehr schwierig, Unterschichtkindern die Hochsprache beizubringen. Und selbst in den wenigen Fällen, wo dies gelang, besserten sich die Intelligenzleistungen nur minimal.

Der Fehler dieser Überlegungen war, daß sie auf mehreren falschen Voraussetzungen beruhten:

186

1. Nach einer bekannten Definition ist Intelligenz das, was der Intelligenztest mißt. Und da es sich bei den genannten Intelligenztests um verbale Intelligenztests handelte, war die gemessene Intelligenz folglich nur die sprachliche Intelligenz. Der Unterschied zwischen Unterschicht- und Mittelschichtkindern ist bei Anwendung nichtverbaler Intelligenztests fast null (Rolff 60).

2. Das Neue an Bernsteins Untersuchungen ist, daß er die Sprach-Codes als „symbolische Transformation der Sozialbeziehungen" (Oevermann 332) begreift. Das heißt: Die Sprache der Unterschichtkinder ist Ausdruck ihrer sozialen Situation und Mittel zur Bewältigung ihrer besonderen Lebensprobleme. Sie können, solange sie in ihrer Lebenswelt bleiben, keine andere Sprache sprechen als die ihnen gemäße. Nähme man ihnen diese Sprache, so beraubte man sie eines unersätzlichen Mittels zur Bewältigung ihrer Probleme.

3. Zwischenmenschliche Kommunikation, auch Denken und Erkennen spielen sich in Zeichensystemen ab. Die Sprache ist eines von diesen Zeichensystemen. Der restringierte Code bedeutet eine verminderte *sprachliche* Ausdrucksfähigkeit. Das heißt aber nicht, das es nicht auch außersprachliche Formen intelligenten Verhaltens gibt, die wir nur nicht genau kennen. Solche außersprachlichen Formen könnten sein: Handlungen oder künstlerische Gestaltung, affektives Verhalten, Einfühlungsvermögen.

4. Zwar zeichnet sich die elaborierte Sprache durch größere logische Differenzierung und durch eine höhere Abstraktionsleistung aus. Dafür weist die Unterschichtsprache einen größeren Reichtum expressiver und konkreter Bezeichnungen auf, sie ist anschaulicher, sinnlicher, bildhafter. Ihre besonderen Qualitäten bezeichnen die „Begründungen" für die Rahmenrichtlinien mit den Stichwörtern „Spontaneität, Kreativität und Solidarität". (Bildungspolitische Informationen, herausgegeben vom hessischen Kultusminister, Nr. 3/72).

Die Verfasser der Rahmenrichtlinien haben diese Ergebnisse berücksichtigt. So ist zum Beispiel Bernsteins Forderung, den restringierten Code nicht auszurotten, sondern zu ergänzen, in die Rahmenrichtlinien aufgenommen. Es ist sinnvoll, die Hochsprache nicht als absolute Norm zu begreifen, sondern als historisch gewordene und sich verändernde Gruppensprache. Die Schüler sollen durch Rollenspiel Klarheit über ihre unterschiedliche Herkunft gewinnen. Sie sollen lernen, auf verschiedene Probleme sprachlich verschieden zu reagieren. Gehört es doch zu den Kennzeichen höherer Intelligenz, sich je nach Situation und Zeitpunkt sprachlich differenziert zu verhalten. Deshalb widmen die Rahmenrichtlinien dem Bereich der „mündlichen Kommunikation" großen Raum. Sie betonen seinen Vorrang gegenüber der „schriftlichen Kommunikation". Es heißt: „Schüler unterschiedlicher sozialer Herkunft sollen lernen, unter Wahrung ihrer Bedürfnisse und Interessen miteinander zu kommunizieren. Im Kommunikationsvorgang sollen unterschiedliche Gruppeninteressen verdeutlicht werden." Die Rahmenrichtlinien wollen also einen sich gegenseitig befruchtenden Austausch unterschiedlicher sozialer Erfahrungen erreichen. Sie wollen aber offenbar noch mehr. In dem bereits zitierten Satz, Hochsprache sei mit elaborierter Sprache nicht identisch zu setzen, verbergen sich Ressentiment und Unlogik. Man findet das bestätigt, wenn es heißt:
„Diese Forderungen schließen nicht Übungen aus, die den Schüler in den Stand setzen, im Sinn der etablierten Sprachnorm zu sprechen und zu schreiben. Denn es ist notwendig, die Schüler so vorzubereiten, daß sie in ihrem privaten, beruflichen und öffentlichen Leben nicht an den zur Zeit bestehenden Kommunikationsbarrieren scheitern."
Hier wird die Notwendigkeit, die Hochsprache zu lernen, rein taktisch begründet. Das gleiche findet man in den „Begründungen" für die Rahmenrichtlinien. Das genügt nicht und ist unlogisch. Gleichgültig, ob man nun „Hochsprache", „elaborierte Sprache" oder „etablierte Sprachnorm" sagt: die Tatsache bleibt bestehen, daß die Hochsprache dem restringierten Code, ungeachtet seiner sonstigen Qualitäten, überlegen ist. Die Hochsprache ist die Sprache der Wissenschaftlichkeit. Sie ist Bedingung sowohl des technisch-industriellen Fortschritts als auch Bedingung der Kritik an diesem Fortschritt. Niemand wird bestreiten, daß die Hochsprache auch Herrschaftssprache ist. Das ist nie anders gewesen, es ist Bedingung der Entstehung von Kultur. (Ob es zur Erhaltung von Kultur notwendig ist, wäre eine andere Frage.) Ebenfalls ist nicht zu bestreiten, sondern sogar zu bekräftigen, daß es die Aufgabe des Deutschunterrichts ist, Manipulation und Herrschaft durch Sprache durchschaubar zu machen.

Aber aus der Tatsache, daß es Herrschaftssprache und Herrschaft durch Sprache gibt, abzuleiten, daß jede Sprachnorm, das heißt jede Sprachverbindlichkeit, unvernünftig sei, ist selbst unvernünftig. Zu behaupten, die Hochsprache sei nur Mittel zur Unterdrückung, ist falsch. Die Hochsprache ist ebenso ein Mittel der Kritik ihrer selbst. Die Tatsache, daß die Verfasser der Rahmenrichtlinien in der Hochsprache Kritik an der Hochsprache üben, spricht für sich selbst. Und keine wissenschaftliche kritische Auseinandersetzung mit den Problemen unserer Industriegesellschaft ist anders als hochsprachlich denkbar. Es gibt auch keine, von Gehlen bis Habermas, die nicht in der Hochsprache abgefaßt wäre.

Das heißt nicht, daß im Deutschunterricht die Hochsprache unbefragte Norm sein müßte. Aber sie ist eben eine sprachlich differenziertere, leistungsfähigere Form. „Die negative Sanktionierung der ‚restringierten' Sprachformen darf nicht vom Lehrer ausgehen, sondern muß sich allmählich aus der Erfahrung von Erfolg und Mißerfolg im Problemlösen von selbst ergeben." Das ist ein vernünftiger Vorschlag von Ulrich Oevermann (339). Aufgabe des Deutschunterrichts wäre es, diese Erfahrungen den Unterschichtkindern zu vermitteln, ebenso wie er den Mittelschichtkindern die Erfahrungen der sinnlicheren Unterschichtsprache, die ihre eigene Ästhetik besitzt, vermitteln muß. So ergäbe sich eine sinnvolle, Konflikte nicht scheuende Gegenüberstellung, aus der sich wahrhafte Emanzipation für beide Gruppen ergeben könnte. Es ist bedauerlich, daß die Verfasser der Rahmenrichtlinien die vernünftigen Ansätze nicht bis zu ihrem logischen Ende weitergedacht haben.

Ein zweiter kritischer Punkt betrifft die Rolle von Historizität und Literatur. In den alten Bildungsplänen von 1956 hatte es geheißen: „Der Schüler sucht in der Kunst zunächst Lebensdeutung und Lebenshilfe . . . Nicht die literarhistorische Einordnung, sondern die personhafte Auseinandersetzung mit dem Kunstwerk ist fruchtbarer Gesichtspunkt jugendgemäßer Begegnung mit der Dichtung . . . Literaturgeschichte ist nicht Gegenstand des Deutschunterrichts." In den neuen Rahmenrichtlinien fehlt zwar das unpräzise Gerede über Lebenshilfe, es fehlt aber auch jeder Hinweis über die Bedeutung, die Literatur für den Unterricht haben kann und soll. In den Rahmenrichtlinien heißt es lediglich:

„Wenn man davon ausgeht, daß der Deutschunterricht nicht dem Erwerb spezieller literarischer Kenntnisse oder der Einführung in einen nationalen Kanon wertvoller Dichtung dienen soll, dann geht es in diesem Arbeitsbereich darum, den Anspruch und die Bedeutung unterschiedlicher Texte im gesellschaftlichen Leben zu bestimmen. Das bedeutet nicht Ausschluß von Literatur, sondern eine Neubestimmung ihres Stellenwertes.

Die Frage: Mit welchen Texten müssen sich die Schüler mit Rücksicht auf ihre gegebene und zu erwartende Lebenssituation beschäftigen, und mit welchen sollten sie sich beschäftigen? führt dazu, Texte im Hinblick auf ihre Verwendungszusammenhänge zum Gegenstand von Unterricht zu machen. Das bedeutet: bei der Textauswahl muß zugleich eine kritische Bestimmung der Schülerbedürfnisse stattfinden und geprüft werden, auf welche Weise die Beschäftigung mit einer Textsorte der Emanzipation dienen kann."

Das ist wenig. Zwar ist es erfreulich zu hören, daß man von einem „Ausschluß" der Literatur Abstand nimmt, aber es stimmt bedenklich, daß Themen wie Historizität der Literatur oder Ästhetik und Trivialität völlig ausgespart bleiben. Wenn der letzte Satz ernst gemeint wäre, daß bei der Textauswahl geprüft werden soll, welche Texte der Emanzipation dienen, dann hätte man sich hinsichtlich von Dichtung und Literatur etwas mehr Mühe geben sollen. Das weckt den Verdacht, hier werde aus scheinprogressiven Gründen das Historische, weil „Veraltete" verdrängt. Es bleibt zu hoffen, daß die noch ausstehenden Richtlinien für die Sekundarstufe II sich mit dem Thema ernsthaft und kompetent beschäftigen.

Wer kennt sich in der Linguistik aus?

Trotz der notwendigen Einwände sollte man die Rahmenrichtlinien als ernsthaften Versuch verstehen, die Ergebnisse der wissenschaftlichen Diskussion der letzten Jahre für den Deutschunterricht fruchtbar zu machen. Daß sich die Deutschdidaktik damit auf ein neues, ungewohntes Feld begibt, merkt man nicht zuletzt an der unbeholfenen Sprache der Rahmenrichtlinien. Hier mangelt es manchmal an Klarheit und Präzision. Der Vorwurf des bloßen Jargons liegt nahe, ist aber nicht ganz berechtigt: man sollte daran denken, daß die deutsche Sprachwissenschaft in den letzten zehn Jahren vollauf damit beschäftigt war, den Vorsprung der englischen und französischen Wissenschaftler von Saussure bis Chomsky aufzuarbeiten. Begriffe wie „parole", „Kompetenz", „elaboriert", „kognitiv" sind international übliche und ins Deutsche übernommene Begriffe. Da die Linguistik selbst noch ein schwer überschaubares Gewirr von Schulen und Terminologien darstellt, kann man den Rahmenrichtlinien nicht verübeln, daß sie hier und da Unsicherheit zeigen. Verständlich sind die Richtlinien allerdings nur für den, der einen ungefähren Begriff vom augenblicklichen Stand der Diskussion hat. Die Richtlinien rechnen also mit einem Deutschlehrer, der Bernstein und Oevermann (zum Beispiel) kennt. Das ist optimistisch, vielleicht zu optimistisch.

Dokument 26:

Göschel, Joachim, und Werner H. Veith:

Die Schüler und ihr Unterricht in Deutsch. Ein Beitrag zur Diskussion um die Hessischen Rahmenrichtlinien im Fach Deutsch. (FAZ Nr. 87, 12. 4. 1973, Feuilleton S. 32)

Die Linguisten Joachim Göschel und Werner H. Veith lehren an der Universität Marburg.

1. Der Niederschlag neuerer linguistischer Richtungen in den Rahmenrichtlinien

„Ein Kind, das jeden und alle grammatischen Sätze einer Sprache mit gleicher Wahrscheinlichkeit äußern würde, wäre natürlich ein soziales Ungeheuer" – dieser Ausspruch des Amerikaners D. Hymes war seinerzeit als Reaktion auf die Vormachtstellung einer systematischen Linguistik gedacht, die sprachliche Normen als gegeben voraussetzte und die Bindung dieser Normen an gesellschaftliche Prozesse nur als sprachwissenschaftliches Nebenprodukt analysierte. Daß Sprache auch Ausdruck gesellschaftlicher und regionaler Unterschiedlichkeit ist, war den Linguisten zwar bewußt und schlug sich in Untersuchungen zur Sprache von Sprechern mit relativ einheitlicher sozialer Zugehörigkeit nieder (z. B. Sprechern von Dialekten, Fachsprachen), jedoch wurde der Schritt zu Beobachtung, Beschreibung und Erklärung von Sprache in soziovariablen Abhängigkeiten wie Einkommen, Bildung, soziale Entwicklung und gesellschaftlichem Rang in Zusammenhang mit Gesprächspartner, -situation, -gegenstand, -rolle u. a. noch nicht vollzogen.

Dieser Durchbruch erfolgte erst Ende der 50er Jahre mit der Konzentration des linguistischen Interesses auf diese neueren Fragestellungen und manifestierte sich in hauptsächlich drei Ansätzen: einem soziolinguistischen, bei dem der Schwerpunkt auf den gesellschaftlichen Unterschieden und Prozessen liegt, von denen Sprechen, Schreiben und Verstehen abhängen; einem pragmalinguistischen, bei dem der Schwerpunkt darauf liegt, wie die Gesprächspartner sprachliche Handlungen aufzubauen und zu deuten haben, um die beabsichtigte Wirkung zu erzielen; einem psycholinguistischen, der die Sprache in Abhängigkeit von psychischen Prozessen betrachtet, zu denen auch die kognitiven Fähigkeiten gehören, das heißt Fähigkeiten zur rationalen Erfassung von Zusammenhängen. Obwohl diese Ansätze noch relativ jung sind und erst in den letzten Jahren eine stärkere Resonanz gefunden haben, sind sie in den Rahmenrichtlinien bereits berücksichtigt worden, was im Vergleich zu anderen bildungspolitischen Reformen in der Bundesrepublik positiv hervorgehoben werden soll. Jedoch haben die Rahmenrichtlinien den bisherigen Ergebnissen der Psycholinguistik nur zu einem geringen Teil Beachtung geschenkt, und der große Komplex der systematischen Linguistik (Grammatik), für den gleichfalls erhebliche Fortschritte zu registrieren sind, wird überhaupt nicht zur Kenntnis genommen.

Über die Entstehung der Rahmenrichtlinien lassen sich lediglich Vermutungen anstellen. Zwar werden auf der letzten Seite der Richtlinien zwölf Mitarbeiter genannt, jedoch werden deren Anteile an der Ausarbeitung sowie ihre berufliche bzw. gesellschaftliche Funktion nicht ersichtlich. Nach unserer Kenntnis sind die Fachleute, die an den hessischen Universitäten und Hochschulen für die Ausbildung der Deutschlehrer verantwortlich sind, nicht hinzugezogen worden. Dieser Mangel an Öffentlichkeit, Transparenz und Kooperation beschwor nicht nur Mißverständnisse und Konflikte herauf, sondern führte auch zu dem fragmentarischen und zum Teil völlig falschen Verständnis von Linguistik in den jetzigen Richtlinien.

Das kommt bereits bei der Formulierung des Lernziels zum Ausdruck, wo die Linguistik zur Hilfswissenschaft der Sozialwissenschaften degradiert wird (S. 5). Damit wird der oben skizzierte soziolinguistische Ansatz, durch den Sprache als Ausdruck gesellschaftlicher Prozesse verstanden wird, zu einem gesellschaftswissenschaftlichen (in unserer Terminologie genauer: sprachsoziologischen) Ansatz umgewandelt, bei dem Sprache „zur Charakterisierung und Gliederung von Menschengruppen" (S. 7) benutzt wird. Die in den marxistischen Arbeiten zur Soziolinguistik wiederholt geforderte Entlarvung von Herrschaftsverhältnissen gebraucht so die Sprache als Instrument des Unterrichts zur Aufklärung unserer Schüler. Selbst aus dieser anfechtbaren Sicht wäre es erforderlich gewesen, die relevanten Ausprägungsformen des Deutschen, die in verschiedensten Zusammenhängen angesprochen werden, sauber zu definieren. So wird der Terminus „Hochsprache" in einem bei Linguisten nicht üblichen Sinne inhaltlich mit der Standardsprache identifiziert, d. h. „Hochsprache" ist in den Richtlinien ein Oberbegriff für die gesprochene, die geschriebene und als solche kodifizierte Norm, deren Verfügungsgewalt in den Händen weniger liege.

Das falsche Verständnis von sprachlicher Kompetenz kommt in der Formulierung des allgemeinen Lernziels „Erweiterung sprachlicher Kompetenz" zum Ausdruck, das verstanden wird „als Erweiterung der Fähigkeit, sich in umgangssprachlicher Kommunikation als realer Sprecher-Hörer mit anderen zu verständigen". Wieso die Erweiterung der Kompetenz auf die „umgangssprachliche Kommunikation" eingeengt wird, bleibt unverständlich (s. u. 3). Diese wenigen Beispiele mögen zeigen, daß hier eine bessere Orientierung am Platze gewesen wäre, sie mögen aber auch gleichzeitig dazu anregen, vor Erscheinen der ungekündigten zweiten Ausgabe der Richtlinien eine engere Kooperation mit Fachleuten zu suchen.

2. Die bildungspolitischen Ziele der Rahmenrichtlinien

„Der Deutschunterricht hat die Aufgabe, die sprachliche Kommunikationsfähigkeit der Schüler zu fördern" (S. 5) – dies ist das in den Rahmenrichtlinien formulierte allgemeine Lernziel. Im Gegensatz zur bisherigen Organisation des Deutschunterrichts soll „die Aufgabe der Schule, die sprachliche Kommunikationsfähigkeit der Schüler zu differenzieren und sie zum ‚richtigen' Sprachverhalten anzuleiten, nicht als Einübung in die ‚Hochsprache' verstanden werden" (S. 7), sondern hinführen zu „Sprache und Sprechertätigkeit . . . als Bestandteil realer Kommunikationsvorgänge und damit gesellschaftlicher Prozesse . . . " (S. 5). Zu den Aufgaben des Deutschunterrichts hat früher „die planvolle Übung im mündlichen Gebrauch der Sprache" (S. 10) gehört, d. h. Anleitung zu normgerechtem Sprechen in Lautung und Grammatik, zur Beherrschung von Gesprächstypen u. a. In den Richtlinien wird mit Recht kritisiert, daß damit in der Vergangenheit vielfach eine Loslösung der Übungen vom situativen Kontext verbunden gewesen ist. Dieselbe Kritik der Richtlinien trifft auf die Praxis bei der Übung im schriftlichen Gebrauch der Sprache zu, wenn dort eine Verselbständigung schulischer Formen erfolgt ist und das Formale gegenüber dem Inhaltlichen Vorrang gehabt hat (vgl. S. 18). Jedoch ist zu fragen, ob durch die angebotenen Alternativen nicht der Teufel mit Beelzebub ausgetrieben worden ist.

Hier wird die Tatsache übersehen, daß jedes funktionierende Kommunikationssystem seitens der Kommunikationspartner die Respektierung tradierter Normen des Systems voraussetzt. Intakte dörfliche Dialekte besitzen solche Normen ebenso wie Fachsprachen und Hoch- und Schriftsprachen – letztere freilich oft mit vielen Willkürlichkeiten. Fraglich ist, wie groß der Kommunikationsradius eines Systems ist. Fraglich ist weiterhin in welchem Maße diese Normen bei Sprechern verschiedener sozialer oder regionaler Herkunft Geltung besitzen.

Es wäre töricht, den potentiellen Kommunikationsradius unserer Schulen durch Vernachlässigung der deutschen „Hochsprache" (d. h. gesprochen, gehört, geschrieben und gelesen) als Lernziel zugunsten von individuellen Eigenwilligkeiten einzuengen, ohne sich darüber im klaren zu sein, daß damit nicht nur der künstliche Versuch einer Stabilisierung bestehender Verhältnisse verbunden ist, sondern daß die nächsten Generationen der Hessen viel besser als bisher Hessisch sprechen werden und viel schlechter ein im ganzen Sprachgebiet verständliches „Hochdeutsch".

In der soziolinguistischen Fachliteratur wird von der Annahme ausgegangen, daß sprachliche Unterschiede ein Ausdruck gesellschaftlicher Unterschiede sind. Das bedeutet, daß die linguistischen Modelle zur Beschreibung sprachlicher Unterschiede sich weitgehend an gesellschaftswissenschaftlichen Modellen orientieren (z. B. Schichtenmodelle, Gruppenmodelle, Klasseneinteilungen, funktionalistische Beschreibungsverfahren). Legt man ein soziologisches Schichtenmodell zugrunde, so kann dies nur zu leicht zu einer Parallelisierung von höheren Sozialschichten mit Schrift- und Hochsprache sowie gehobener Umgangssprache verleiten. Die neuere Forschung hat erwiesen, daß eine solche verabsolutierte Parallelisierung nicht haltbar ist.

Es ist also falsch, die „Hochsprache" (d. i. gesprochener, gehörter, geschriebener und gelesener Standard) als „Mittelstandssprache" zu bezeichnen, wie dies in den RR geschehen ist (S. 22). Es kann daher auch keine Rede davon sein, daß mit der Einübung der „Hochsprache" eine Vermittlung der gesellschaftlichen und ökonomischen Interessen des „Mittelstandes" verbunden ist und damit automatisch die Verschleierung gesellschaftlicher Gegensätze sowie die Hinderung der unteren sozialen Schichten an der Wahrnehmung ihrer Interessen. Gerade umgekehrt ist es der Fall: Im Vergleich zu beispielsweise den Dialekten, deren Stärke in der Ausdifferenzierung konkreter Sachverhalte liegt, sind die Qualitäten der „Hochsprache" – von ihrem größeren Kommunikationsradius hier einmal abgesehen – in den ungleich höheren Möglichkeiten zur abstrakten Kognition und Versprachlichung zu sehen. Erst durch die Einübung der „Hochsprache" wird der sprachlich zunächst benachteiligte Schüler somit in die Lage versetzt, seinen gesellschaftlichen Standort genauer zu bestimmen und seine Interessen wahrzunehmen, was ihm bei der passiven Vermittlung der „Hochsprache" durch die Massenmedien und die aktive Verwendung seiner „Unterschichtssprache" trotz politischer Aufklärung im Deutschunterricht niemals möglich wäre.

Die Konfrontation des Schülers mit Situationen, „in denen es auf Durchsetzung von individuellen und Gruppeninteressen, auf Austragung von Konflikten usw. ankommt" (S. 10), und seine Konfrontation mit der Frage, „wie sich gesellschaftliche Verhältnisse (Herrschaft, Widersprüche, Konsens, Konflikt) im Sprachgebrauch spiegeln" (S. 11), hätte nur dann einen Sinn, wenn damit die Einübung in solche Sprachformen des Deutschen verbunden wäre, welche die Versprachlichung der in den RR dargelegten gesellschaftspolitischen Ziele zu leisten vermögen.

Die Konkretisierung der neuen Lernziele erfolgt analog zur bisherigen Praxis des Deutschunterrichts durch eine Förderung der mündlichen und durch eine Förderung der schriftlichen Kommunikationsfähigkeit. Das Neue der Richtlinien besteht in der Intensivierung der mündlichen und der Extensivierung der schriftlichen Kommunikation. Die Intensivierung besteht darin, daß die Schüler „in ihrem Sprachverhalten zunehmend bewußter werden und über zunehmend differenzierte Mittel verfügen lernen" (S. 14) sollen. „Zugleich sollen ihre Fähigkeiten gesteigert werden, affektive Äußerungen aus dem jeweiligen situativen Kontext heraus verstehen zu lernen" (S. 14). Die praktischen Vorschläge der Richtlinien bedienen sich dabei in begrüßenswertem Maße neuerer Forschungsergebnisse der Pragmalinguistik. Es fällt auf, daß der Akzent der Übungen zur mündlichen Kommunikation auf Situationen liegt, in denen es um die Durchsetzung spezifischer gesellschaftlicher Interessen und um die Austragung sozioökonomischer Konflikte geht.

Die Extensivierung sprachlicher Übungen zur schriftlichen Kommunikation geht einher mit einer Vernachlässigung jeglicher formaler Bestätigung in der Schriftsprache und in der Verengung, der zu behandelnden Inhalte. „Die bisher üblichen schriftlichen Übungsformen wie etwa Beschreibung, Schilderung, Erzählung, Nacherzählung, Schilderung, Erzählung, Nacherzählung in ihrer strikten, vorwiegend formal und durch die schulische Tradition begründeten Sonderung voneinander müssen aufgegeben werden" (S. 21). „Mangelnde Rechtschreibleistungen in der Schule sind bei genügenden sprachlichen Kommunikationsfähigkeiten kein Grund für die Benachteiligung eines Schülers" (S. 24). Statt dessen sollen die Übungen in der schriftlichen Kommunikation funktionalen Gesichtspunkten folgen, d. h. der Formulierung spezifischer gesellschaftlicher und ökonomischer Interessen. „Schreiben wird so zu einem Vehikel zur Herstellung von ‚kritischer Öffentlichkeit" (S. 20) und schlägt sich u. a. in Anleitungen zur Herstellung von Wandzeitungen, Flugblättern und Streikaufrufen nieder, damit die Schüler „lernen, in welchen Verwendungszusammenhängen agitiert und warum und von welchen Gruppen Agitation diskriminiert wird" (S. 74).

Selbst wenn man die in den Richtlinien zum Ausdruck kommende bildungspolitische Zielsetzung verföchte, wäre es verantwortungslos, den jedem sprachlichen System innewohnenden Zusammenhang von Form und Inhalt zu übergehen und die Form oder einen – zudem noch verengten – Inhalt zu bevorzugen. Es kann daher nicht allein darauf ankommen, die Aufdeckung „chauvinistischer und imperialistischer Affekte" (S. 51) in Werbetexten zu erreichen, sondern es ist erforderlich, die Schüler dadurch vor gesellschaftlichen Sanktionen zu schützen, daß man ihnen auch die formale Seite der Schriftsprache beibringt – und dazu gehört sicherlich die Beherrschung der reformbedürftigen, aber zur Zeit noch gültigen Rechtschreiberegeln.

3. Die praktische Verwirklichung der bildungspolitischen Ziele

Der Beurteilungsschwierigkeiten, die sich aus den Übungen zur mündlichen Kommunikation ergeben, ist man sich in den Richtlinien bewußt (S. 12), gibt den Lehrern aber keine Anweisungen, wie eine Leistungsbeurteilung erfolgen soll. Hingegen werden genauere Richtlinien zur Beurteilung schriftlicher Leistungen formuliert, die auf die erörterte Überbetonung spezieller Inhalte gegenüber sprachlicher Form hinauslaufen. Gute schriftliche Leistungen erbringt, wer seine Erfahrungen, Ängste und Bedürfnisse artikuliert (S. 13), wer eine kritische Einstellung zur Rechtschreibung erworben hat (S. 24) und wer ein Dutzend, auf den S. 43–44 festgelegte, Rechtschreiberegeln beherrscht. Wenn die Schule nicht in der Lage und willens ist, Aussprache und Orthographie, Grammatik und Stilistik in allen Details zu vermitteln, wird den Schülern nicht nur der Weg zu weiterführenden Schulen und Fremdsprachen, sondern auch zu praktischen Berufen verbaut.

Und die Deutschlehrer?

Von der schwierigen Beurteilung der Lernziele abgesehen, ist es unvorstellbar, wie die Deutschlehrer jetzt auch in Zukunft auf Grund ihrer anders orientierten Ausbildung imstande sein sollen, die neuen Lernziele zu verwirklichen, denn zur Zeit liegt der Schwerpunkt der Deutschlehrerausbildung eindeutig im literaturwissenschaftlichen Bereich, der in den Richtlinien nicht zur Kenntnis genommen worden ist. Selbst bei einer Schwerpunktverlagerung der Deutschlehrerausbildung wären die gewünschten Lernziele nicht zu erreichen, weil jene linguistischen Richtungen, auf denen die Rahmenrichtlinien aufbauen, noch gänzlich in den Anfängen stecken.

Es versteht sich von selbst, daß der Deutschunterricht auf den Schülern bereits vertrauten Formen der Sprache aufbauen muß, wie dies in den Richtlinien mit Recht gefordert wird. Die in der Vergangenheit vielfach praktizierte Diffamierung aller von der Standardsprache abweichenden Erscheinungsformen des Deutschen ist weder mit unserem Demokratieverständnis noch mit den Ergebnissen der Linguistik vereinbar. Von daher ist die Aufklärung der Schüler über den historischen Werdegang der sprachlichen Differenzierungen gerechtfertigt, wenngleich deren Entstehungsprozeß nicht ausschließlich durch die politische und sozioökonomische Entwicklung erklärt werden darf. Mit einer solchen Aufklärung im Deutschunterricht ist es deshalb nicht getan, sondern die späteren auf die Schüler zukommenden Anforderungen setzen eine ausgiebige Beherrschung des Deutschen in seinen verschiedenen Ausprägungen voraus. Dies erfordert dann aber einen Deutschunterricht, der die Schüler in die Lage versetzt, ihre Mitteilungen entweder in der Schrift- oder Hochsprache oder in einer Form der Umgangssprache oder im Dialekt oder in einer Fachsprache sicher zu formulieren, zwischen diesen „Einzelsprachen" hin und her zu wechseln, wie es in den alltäglichen Kommunikationsakten üblich und erforderlich ist. Um dieses Lernziel zu erreichen, müssen die verschiedenen Kodes und ihre Strukturunterschiede sowie die Fähigkeit der Schüler, sich darin aktiv und passiv sicher zu bewegen, auch gelehrt werden.

Dokument 27:

Offener Brief an den Hessischen Kultusminister. (10. 3. 1973)

Der Brief wurde von dem Gießener, jetzt in Essen lehrenden Literaturdidaktiker Jochen Vogt verfaßt und von zahlreichen Fachwissenschaftlern unterschrieben.

Sehr geehrter Herr Minister,

in den vergangenen Wochen sind die von Ihnen herausgegebenen neuen Rahmenrichtlinien für das Fach Deutsch (Sekundarstufe I) Gegenstand einer Auseinandersetzung geworden, in der sich massive parteipolitische Polemik mit Elementen sachlicher Kritik in einer Weise vermischt, die dem berechtigten öffentlichen Anspruch auf Aufklärung gewiß nicht erfüllt. In dieser Situation mag es nützlich sein, aus der Sicht der den Deutschunterricht fundierenden Fachwissenschaften bzw. -didaktiken eine Stellungnahme zu den vorgelegten Rahmenrichtlinien abzugeben.

Für jeden, der im Bereich der Erziehungswissenschaften die Diskussion neuerer Forschungsergebnisse verfolgt hat, steht außer Frage, daß diese Ergebnisse — wie andererseits die sich wandelnden Anforderungen einer veränderten Gesellschaft — eine entschiedene Revision der allgemeinen wie der Fachdidaktiken dringend erfordern. Dies gilt für das Fach Deutsch und seine Didaktik in besonderem Maße: sowohl die für eine Didaktik des Deutschunterrichts relevanten Bezugswissenschaften als auch diese Didaktik selbst — sofern sie als wissenschaftliche Disziplin etabliert war — unterlagen einem Prozeß wachsender kritischer Selbstreflexion. So erhielten z. B. Linguistik, Literatursoziologie, Kommunikationswissenschaft innerhalb der traditionellen germanistischen Universitätsdisziplin einen gänzlich neuen Stellenwert; so hatte generell die Wissenschaftstheorie der Fachdisziplinen sich wesentlichen Revisionen zu unterziehen.

Von diesen Voraussetzungen her müssen auch die Zielvorstellungen, Bedingungen und Konsequenzen schulischen Lernens neu bedacht und bestimmt werden. Ebendies versuchen die neuen Rahmenrichtlinien für das Fach Deutsch. Ihre Autoren sind bemüht, den gerade in Deutschland nicht immer hinreichend gewährleisteten Anschluß an die internationale Forschung zu finden — und zwar schwerpunktmäßig auf für die spezifische pädagogische Aufgabenstellung relevanten Gebieten (eine Anstrengung übrigens, der sich nicht wenige Exponenten deutscher Wissenschaft beharrlich entziehen). Sie versuchen weiterhin, die Ergebnisse jener Forschungen in einen für Sprachunterricht sinnvoll begründeten Zusammenhang einzuordnen und dadurch der praktisch-pädagogischen Nutzung zugänglich zu machen. Dies geschieht insgesamt — so vielfältig auch Detailkritik anzumelden wäre —,

— indem *Sprache als Instrument gesellschaftlichen Handelns* verstanden wird und nicht als ein von diesem Handeln abgehobenes, verselbständigtes Regelsystem;
— indem Sprachlernen als Prozeß verstanden wird, der vom realen Sprechvermögen der Individuen und Gruppen sowie von realen Verwendungssituationen ausgeht und zur Bewältigung immer vielfältigerer Situationen durch immer differenziertere Sprachmittel befähigt;
— indem Sprachproduktion und -reflexion funktional gesehen und aufeinander bezogen werden;

- indem die Forderung nach Erweiterung der Kommunikationsfähigkeit nicht auf einen vordergründig-formalen Konsens abzielt (technokratische Modelle!), sondern die Artikulation eigener Interessen, Bedürfnisse und Sozialerfahrungen nicht nur gestattet, sondern vorausgesetzt, um zu einer rationalen Konfliktlösung zu gelangen:
- indem der Wert einer Gruppensprache nicht hypostasiert, sondern in Relation gesetzt wird zum jeweiligen Wert anderer Gruppensprachen;
- indem Konsequenzen aus der Einsicht gezogen werden, daß die bestehende gesellschaftliche Chancen*un*gleichheit wesentlich mitbedingt wird durch sprachliche (und d. h. sozial verursachte) Ungleichheit.

Der entscheidende Neuansatz, den diese didaktischen Prämissen markieren, wird vielleicht deutlicher im Rückblick auf die bislang gültigen „Bildungspläne für die allgemeinbildenden Schulen im Lande Hessen" (von 1957). Ihr Hauptteil trägt die Überschrift „Das Bildungsgut" – und als solches wird in den die „muttersprachliche Bildung" betreffenden „ordnenden Gesichtspunkten für die Bildungsarbeit" (S. 7) auch die Sprache, der zentrale Gegenstand von Deutschunterricht, gesehen. Charakterisiert wird diese Betrachtungsweise durch Sätze wie: „In der entwickelnden und heilenden Betreuung der Sprache wirken Dichter und Lehrer zusammen"; „Der gestalteten Sprache Raum lassen, daß sie bildend auf den jungen Menschen wirke, ist die vornehmste Aufgabe der Schule in Hinsicht auf die muttersprachliche Bildung." (S. 9) Der (Mutter-)Sprache als dem Werk der Sprachgemeinschaft, die hier weitgehend zum Gegenüber des Menschen wird, zum in sich vollendeten Gebilde von „Kräften und Werken", werden gänzlich irrationale Kräfte zugesprochen, insofern der Mensch in der Auseinandersetzung mit ihr „wachsen und reifen" soll (S. 440). Mit keinem anderen Wort als „Sprachgemeinschaft" läßt diese Betrachtung sich auf den Zusammenhang zwischen Sprache und Gesellschaft ein. – Eine solche, organizistischem Denken verhaftete Sprachauffassung kann den Schüler lediglich in eine weitgehend passive, rezeptive und normabhängige Haltung drängen: heutiger Deutschunterricht kann von ihr an keinem Punkte mehr ausgehen.

Die neuen hessischen Rahmenrichtlinien (Sekundarstufe I) für das Fach Deutsch gehen indessen über die bloß *fach*didaktische Aufarbeitung der wissenschaftlichen Forschung hinaus; sie versuchen – gewiß noch vorläufig und unvollkommen – generelle erziehungswissenschaftliche Probleme dem aktuellen Forschungsstand adäquat zu formulieren. Dies betrifft insbesondere

- die Ablehnung einer antiquierten Entwicklungspsychologie, die bestimmten Altersstufen quasi naturnotwendig bestimmte Apperzeptions- und Verhaltensweisen zuordnet, ohne die Einwirkungen verschiedener Lern- und Sozialisationsprozesse zu reflektieren;
- die Notwendigkeit von kritischer Reflexion auf die Rolle des Lehrers selbst;
- die Bestimmung der Lernprozesse in Abhängigkeit von Gruppensituationen und -prozessen;
- die Organisation schulischen Lernens im Projektunterricht, dessen wesentliches Ziel die Aufhebung isolierten Gegenstandslernens ist;
- die Ablösung des Harmoniemodells durch das Konfliktmodell analog der Entwicklung in der Didaktik des Politischen Unterrichts.

Ohne Frage bleiben auch in den hier vorgelegten Richtlinien viele didaktische Einzelfragen noch ungelöst, ohne Frage können diese Rahmenrichtlinien nicht als letzter Schluß curricularer Weisheit angesehen werden. Ohne zu sehr in Einzelheiten sich zu verlieren, kann man als diskussionsbedürftig etwa die folgenden Fragen nennen:

- Welche Rolle spielt im Arbeitsbereich „Reflexion über Sprache" die Systembetrachtung? Bedarf es dort eines systematischen Grammatikkurses oder funktionaler Grammatik? Und wie soll die hier sichtbare Unentschlossenheit unterrichtspraktisch umgesetzt werden?
- Wie läßt sich die kritische Distanzierung von einem allzu naiven Kompensatorikverständnis (Differenzthese) mit der Praxis gegenwärtigen Unterrichts vermitteln, die ohne kompensatorischen Unterricht nicht auskommen kann?
- Wie kann der Stellenwert von Dichtung für einen neuen Deutschunterricht präziser bestimmt werden?

— Wie lassen sich aus dem bislang recht zufällig erscheinenden Angebot von Projekten und Unterrichtseinheiten fortlaufende Lernprozesse aufbauen, die zu einer kontinuierlichen Erweiterung und Differenzierung von Fertigkeiten, Fähigkeiten und Einsichten führen?

— Wo bleibt in der Ausführung der Richtlinien die Ebene mittlerer Konkretion, die die sehr allgemein formulierten Lernzielzusammenhänge mit den eher punktuellen „Anregungen für den Unterricht" vermittelt?

Diese kritischen Fragen mögen darauf hinweisen, daß die Rahmenrichtlinien als Beginn und Bestandteil einer fortzuführenden, einer permanenten Bildungsplanrevision anzusehen sind, in der etwa auch die skizzierten Problempunkte geklärt werden könnten. *Als Anstoß* zu einer derartigen Curriculumrevision aber sind die vorgelegten Richtlinien insbesondere in ihrer fachwissenschaftlichen, erziehungswissenschaftlichen und didaktischen Fundierung vielversprechend und zukunftweisend. Der Vorwurf der Indoktrination und des undemokratischen Charakters, der gegen die Richtlinien erhoben wurde und wird, muß höchst grotesk erscheinen angesichts eines curricularen Konzepts, das ganz im Sinne des Demokratiegebots unserer Verfassung Mündigkeit und Selbstentfaltung für *alle* Bürger dieses Staates anstrebt (nicht allerdings nur für die ohnehin privilegierten) — und das an vielen Stellen bereitwillig noch offene Probleme als solche bezeichnet und sie damit der Diskussion aussetzt.

Wir bitten Sie, Herr Minister, daher nachdrücklich, Sorge dafür zu tragen, daß der durch die Rahmenrichtlinien Deutsch begonnene curriculare Revisionsprozeß fortgesetzt werden kann; daß die Autoren der Rahmenrichtlinien die Gelegenheit erhalten, Argumente der Diskussion und Kritik (sofern es sich nicht um leicht durchschaubare Polemik handelt) aufzunehmen und für die inhaltliche Ausfüllung der Richtlinien sowie für die Vermittlung zur pädagogischen Praxis nutzbar zu machen.

Dokument 28:

Stellungnahme der Fachvertreter (Literaturwissenschaft, Linguistik, Didaktik) Hessischer Hochschulen zu den Rahmenrichtlinien Deutsch Sekundarstufe I

Vom 22. bis 24. März 1973 trafen sich auf Einladung der Rahmenrichtlinienkommission Fachgruppe Deutsch Sekundarstufe I Fachvertreter Hessischer Hochschulen (Darmstadt, Frankfurt, Gießen, Marburg, Kassel) zu einer Arbeitstagung. Die Einladung erging an alle Fachbereiche, an denen Deutschlehrer ausgebildet werden. Nach eingehender Diskussion der Rahmenrichtlinien Deutsch Sek. I wurde folgende Stellungnahme einstimmig verabschiedet.

Die Fachvertreter der Hochschulen distanzieren sich von der Art und Weise, in der die Auseinandersetzung um die Hessischen Rahmenrichtlinien in den Massenmedien geführt wird, da sie weder den Ansprüchen sachgerechter Kritik entspricht, noch als rationaler Beitrag zur politischen Diskussion gelten kann und teilweise Formen der Diffamierung angenommen hat.

Die Fachvertreter sehen schon allein in der Tatsache, daß die neuen Rahmenrichtlinien in Schulen und in der Öffentlichkeit zur Diskussion und Korrektur vorgelegt werden, einen entscheidenden Fortschritt gegenüber der bisher allgemein üblichen Erstellung von Lehrplänen.

Es ist hervorzuheben, daß die Verfasser der Rahmenrichtlinien wichtige Ergebnisse der Sozialisationsforschung, Linguistik und Literaturwissenschaft auf ihre didaktische und gesellschaftspolitische Relevanz hin analysiert und geprüft haben. Insbesondere ist zu begrüßen, daß die Autoren das allgemeine Lernziel der Förderung der sprachlichen Kommunikationsfähigkeit zum Ausgangspunkt für die Ableitung spezieller Lernziele gemacht haben. Im Gegensatz zu bisherigen Lehrplänen wird zum ersten Mal zum Problem hochsprachlicher Normen in bezug auf das schichtenspezifische Sprachverhalten der Schüler Stellung bezogen. Wichtig erscheint in diesem

Zusammenhang auch, daß die Verfasser die Überbewertung der Rechtschreibung in Schule und Öffentlichkeit infragestellen und sich für deren Reform einsetzen. Die Reflexion der Verfasser auf die gesellschaftspolitische Verantwortung des Deutschunterrichts hat darüber hinaus zur Folge, daß im Arbeitsbereich Literatur poetische Texte wie Gebrauchstexte in ihrer gesellschaftlichen Vermittlung zum Gegenstand des Unterrichts werden.

Die Fachvertreter stimmen mit den Verfassern der Rahmenrichtlinien darin überein, daß die Darstellung einiger Lernzielzusammenhänge weiter entfaltet und durch Materialien und wissenschaftliche Nachweise dokumentiert werden muß (z. B. im Hinblick auf die Differenzierung des Kommunikationsmodells, eine Theorie der literarischen Bildung, die Historizität von Texten). Ferner stimmen sie darin überein, daß eine Reihe von didaktischen Fragen aufgrund des wissenschaftlichen Forschungs- und Diskussionsstandes noch nicht zureichend beantwortet werden können und vordringlich Gegenstand wissenschaftlicher Forschung sein müssen (z. B. im Bereich der Linguistik die Kritik der Theorie und Praxis des kompensatorischen Sprachunterrichts, der Stellenwert des Grammatikunterrichts; im Bereich der Sozialpsychologie und der Ästhetik die erzieherische Bedeutung affektiver Rezeption; im Bereich der Gesellschaftstheorie die sozialen Bedingungen von Selbstreflexion und Identitätsfindung).

Die Mitglieder der Rahmenrichtlinienkommission und die Vertreter der Hessischen Hochschulen sind übereingekommen, ihre Zusammenarbeit auf dem Gebiet der Schul- und Hochschulcurricula durch Kontaktpersonen und regelmäßige Arbeitstagungen fortzusetzen.

Dokument 29:

J. Sch./R. S./G. L.:

Der Streit um die Hessischen Rahmenrichtlinien: zwei Linien bürgerlicher Bildungspolitik.

Die Kritik Frankfurter Lehrerstudenten ist ein Manuskript für die Nr. 3 des FÖHN, Zeitung für proletarische Schulpolitik und Pädagogik; hrsg. von der Kommunistischen Lehrergruppe Frankfurt-Offenbach. Aus Platzgründen ist von den Verfassern der einleitende Teil thesenhaft zusammengefaßt und der Rückblick auf die Geschichte des Deutschunterrichts nach 1945 gestrichen.

1. Die Heftigkeit des Streits um die hessischen Rahmenrichtlinien für die Fächer Deutsch und Gesellschaftslehre, vor allem der grundsätzliche Charakter, dem ihm die eine im Streit aufgetretene Gruppierung, die CDU, verleiht, hat zu erheblichen Einschätzungsschwierigkeiten geführt. Seitens Befürworter der RR wird er in zweierlei – sich widersprechender – Weise interpretiert:
    a) es handle sich um Wahlkampf-Stimmungsmache und
    b) der Streit habe tatsächlich grundsätzlichen Charakter, „da die Bekenner der kapitalistischen Grundordnung gegen sie (die RR) Sturm laufen", mit anderen Worten, die Rahmenrichtlinien seien tatsächlich ein Mittel zur sozialistischen Umgestaltung der Schule.

2. Diesen Einschätzungstypen sei im folgenden die These entgegengestellt, daß es sich im Rahmenrichtlinienkonflikt um den Streit zwischen verschiedenen Varianten *bürgerlicher* Bildungspolitik handelt.
    Die Schule hat in einer kapitalistischen Gesellschaft zwei einander wechselseitig bedingende Funktionen: ihre Qualifizierungsarbeit sichert die produktive Konsumtion durch den

Kapitalisten, während ihre Disziplinierungs- und Loyalitätssicherungsstrategien der politischen Aufrechterhaltung des Systems dienen. Dies ist der äußere Rahmen, in dem sich eine Bildungspolitik im Interesse der Aufrechterhaltung dieses Funktionszusammenhangs, eine bürgerliche Bildungspolitik, bewegt. Die konkrete Bildungspolitik der Parteigruppierungen der oberen Gesellschaftsklassen hängt ab von ihren über den Bildungssektor hinausreichenden gesellschaftspolitischen Strategien, ist also als *Variable* im Zusammenhang dieser Strategien aufzufassen und kann demgemäß nicht aus dem Funktionszusammenhang der Schule „als solcher" hinreichend begriffen werden.

3. Es eröffnet sich im Rekurs auf die Geschichte der bildungspolitischen Auseinandersetzung der Blick auf zwei Grundtypen bürgerlicher Bildungspolitik, die mit zwei Wegen der Bewältigung des gesellschaftlichen Grundwiderspruchs zwischen Lohnarbeit und Kapital korrespondieren:

   a) Der Strategie der offenen Bewahrung des Bildungsprivilegs der Herrschenden Klasse, des Bildungsausschlusses der unteren Klassen, der Verdummung, Konfessionalisierung und Disziplinierung. Eine solche Bildungspolitik korrespondiert auf gesellschaftspolitischer Ebene mit der Politik der Repression der Arbeiterbewegung.

   b) Die Strategie der Integration der sich antagonistisch formierenden Arbeiterklasse, in der die Bildungspolitik eine zentrale Rolle spielt. Sie hat zu suggerieren, daß mittels Bildung soziale Gegensätze derart ausgeglichen werden können, daß die Individuen mittels eines Bildungssystems, welches alle ausschließlich nach ihrer Leistung und Begabung behandelt, auf die gesellschaftlichen Rollen verteilt werden.

   Der Konflikt zwischen den Repräsentanten der beiden Strategien läuft darauf hinaus, daß die Reaktionären der Wirksamkeit der Integrationstaktik mißtrauen, während die Liberalen argumentieren, die Politik der Reaktion führe gerade den Zusammenstoß der Klassen herbei.

   Diese beiden Grundtypen bürgerlicher Bildungspolitik sehen wir, wenn auch modifiziert, durch die Kontroverse CDU – SPD repräsentiert.

4. Mit Beginn der 60er Jahre wurden beide Blöcke mit neuen Widersprüchen im bildungspolitischen Bereich konfrontiert. Das Bildungswesen der BRD erwies sich als hinter dem Niveau anderer imperialistischer Staaten zurückgeblieben. Überdies entstand eine demokratische Bewegung im Ausbildungssektor, welche die ‚Ungerechtigkeit der Klassenschule' kritisierte und sich zunehmend radikalisierte. Während die CDU diesen neuen Bedingungen hilflos gegenüberstand, versuchte die SPD den Komromiß zwischen Modernisierung, Effektivierung und Integration der demokratischen Bewegung sowohl durch die Revision der Unterrichtsinhalte als auch organisatorisch durch das Modell der Gesamtschule zu arrangieren. Es muß aber festgehalten werden, daß diese Integration brüchig bleibt. Dies ist durch folgende Faktoren bestimmt:

   a) des radikaldemokratischen Impetus weiter Teile der demokratischen Bewegung, die zu einer stärkeren Betonung der Elemente Gleichheit, Förderung und Demokratisierung als im liberalen Konzept der ‚demokratischen Leistungsschule' führt,

   b) der antikapitalistischen Elemente, die zur Betonung systembedingter Widersprüche führt, und

   c) der zunehmend distanzierteren Haltung zur Politik der SPD, die durch die materielle Misere im Bildungswesen und dem Scheitern versprochener Reformen bedingt ist. Dies führt u. a. zur Abspaltung eines Teils der demokratischen Bewegung, die sich zu den Positionen der revolutionären Arbeiterbewegung hinentwickelt, als auch zur Herausbildung einer dritten, antikapitalistisch-radikaldemokratischen Fraktion.

5. Diese dritte Fraktion bleibt im bildungspolitischen Kräftefeld mit den Sozialliberalen verbunden. Dies sowohl teilweise organisatorisch (Jusos), als auch vor allem ideologisch. Sie stellt sich nicht in den Kontext von Theorie, Geschichte und Perspektive der revolutionären Arbeiterbewegung und ihrer Schulpolitik; die Alternative der Arbeiterklasse zur Gesamtschule, die polytechnische Arbeits-Einheitsschule, ist ihr fremd. Somit kommt sie nicht über die radikale Formulierung von bürgerlichen Emanzipationsversprechungen hinaus. Diesem ideologischen Hintergrund entspricht auch die praktische Politik dieser Fraktion. Statt an die Arbeiterklasse,

die ihr als Aufklärungsobjekt und Adressat altruistischer Hilfestellungen erscheint, hält sie sich lieber an reformfreudige Minister und sonstige fortschrittliche Elemente im Staatsapparat.

So erklärt sich sowohl die Differenz als auch die Identität der liberalen und der radikaldemokratisch-antikapitalistischen Fraktion im bildungspolitischen Geschäft.

6. Die hessischen Rahmenrichtlinien müssen nun als Produkt wesentlich dieser dritten Fraktion angesehen werden, das nur aufgrund der hiesigen SPD auf hessischem Boden gedeihen kann. Sie reflektieren das Dilemma dieser Fraktion, ihre Reformen immer ‚von oben' durchführen zu müssen.

Strategisch sind sie der Versuch, mit der notwendigen Reform im Sinne von Modernisierung und Operationalisierung auch die Emanzipation der Unterprivilegierten betreiben zu wollen, allerdings im Rahmen der gesetzten Grenzen: der kritischen Loyalität zum Grundgesetz und im Sinne von Mitbestimmung als neuer sozialdemokratischer Unterprivilegiertenideologie.

Schulpolitisch verhalten sie sich affirmativ zu der Gesamtschule, deren inhaltliche Füllung zu sein sie versprechen. Dies nicht nur aus der oben angedeuteten prinzipiellen Übereinkunft, sondern auch darin, daß durch die Auflösung der Curriculumskommission alle Versuche, Unterrichtsrealität und -organisation zu hinterfragen, gestoppt wurden. Die RRL sind also a priori fachdidaktisch reduziert, arbeiten mit dem Vorgefundenen, in das sie neue Inhalte füllen.

Inhaltlich sind sie Ausdruck des fehlenden positiven Standpunkts der 3. Fraktion und nähern sich, da tradierte Werte ohne Alternative negierend, deshalb einer Methodologie oder Literatursoziologie an.

Die RRD können jedoch nicht adäquat verstanden werden, wenn man außer Acht läßt, daß der Deutschunterricht seit der Mitte der 60er Jahre in eine allgemeine Krise geriet. Hatte er sich bis zu diesem Zeitpunkt durch seine teils idealistische, teils formalistische Orientierung nur allzu willig in den Dienst der westdeutschen Restauration gestellt und diese ideologisch abgesichert, so war er seit der Verschärfung wirtschaftlicher und gesellschaftlicher Widersprüche auch für die Kultusbürokratien obsolet geworden.

. . . Kritisiert wurden vor allem zwei Momente: die „Realitätsblindheit" bzw. der offen affirmative Charakter des Deutschunterrichts; und zum anderen seine Funktion, breiten Schichten der Bevölkerung Bildung vorzuenthalten, anstatt sie zu befähigen, sich geistig und politisch zu entwickeln. Die RRD können deshalb als Konsequenz dieser neuentstandenen Erfordernisse und der daraus resultierenden Entwicklung begriffen werden.

Das *angestrebte Erziehungsziel* der RRD, nämlich die Befähigung zum praktischen, Ungleichheiten der Gesellschaft abbauenden Handeln, verlangt nun, da die im Lernprozeß sichtbar werdenden Ungleichheiten Ausdruck einer bestimmten gesellschaftlichen Lebenssituation sind, nicht bloß das — teilweise — Außerkraftsetzen der alten Normen, sondern auch die Reflexion auf die Ursachen dieser sozialen Widersprüche in der Gesellschaft.

Die direkten unterrichtspraktischen Konsequenzen dieser Erkenntnisse und Zielsetzungen liegen für den Deutschunterricht zum einen in der Ablehnung überkommener Normen (Hochsprache, Rechtschreibung, formale Muster der schriftlichen Kommunikation usw.) bzw. billigt man ihnen nicht mehr ihr bisheriges Gewicht zu, da ihr Zwangscharakter allzu offensichtlich ist: ihre Funktionalität ist in den meisten Fällen eine rein formale, da durch keinerlei Verwendungssituation rational zu legitimieren; zudem bedeuten sie als Norm einer bestimmten sozialen Schicht „für die weitaus größere Zahl der Schüler dagegen den Zwang, neue Formen der Verständigung, des Sprach- und Sozialverhaltens, der Interpretation von Erfahrungen zu erlernen" (RRL, 7).

Zum anderen soll über die Artikulation sozialer Erfahrungen (wobei die oben angeführten Normen in ihrem bisherigen Gebrauch eine Sperre darstellen) Widersprüche erfahrbar gemacht und eine Reflexion auf deren Ursachen eingeleitet und durchgeführt werden. Lernprozesse sollen so richtig am eigenen Erfahrungshorizont ansetzen, Erkenntnis von erfahrbaren Widersprüchen ausgehen.

In der ansatzweisen Durchführung dieses richtigen Anspruches liegen denn auch die fortschrittlichen Momente der RRD gegenüber älteren Lehrplänen begründet.

Hinweise auf Möglichkeiten, derart geforderte Lernprozesse in Gang zu setzen, finden sich in den Abschnitten „Anregungen zum Unterricht". Distanzierung von gewohnten Denk- und Verhaltensmustern durch die verschiedensten Mittel (Verfremdungseffekte usw.) soll erreichen, daß die Faktizität von Zuständen und Verhaltensweisen nicht einfach hingenommen wird, daß Widersprüche in den Blick kommen und zum Ausgangspunkt von Lernprozessen werden. Es sind so in den genannten Abschnitten durchaus für die Praxis des Lehrers brauchbare lernpädagogische Hinweise zu finden.

Nun soll aber bei dem bloßen Festmachen von Widersprüchen nicht stehen geblieben werden, sondern die so erst geschaffene Möglichkeit ihrer Kommunizierbarkeit soll zur Reflexion ihrer sozialen Ursachen genutzt werden. Das letztlich geforderte, auf die Beseitigung von Ungleichheiten Widersprüche usw. gerichtete Handeln, die „bewußte und verantwortliche Parteinahme" (RRD, 8) am gesellschaftlichen Leben muß sich begründen aus der Interpretation dieser erfahrenen Widersprüche. Kurz: ob Widersprüche als gesellschaftliche Antagonismen dechiffriert werden oder als bloße Auswüchse eines ansonsten gutzuheißenden Gesellschaftssystems, legt grundsätzlich verschiedene Handlungsperspektiven nahe.

Der Blick auf Widersprüche dieser Gesellschaft wird freigegeben, aber in welcher Weise diese interpretiert, welche Konsequenzen bezüglich gesellschaftlichen Handelns daraus gezogen werden sollen (halt über den bloßen Anspruch hinaus, *daß* der einzelne zu verantwortlichem Handeln befähigt werden soll), darüber scheinen die RRD sich auszuschweigen. Die Konkretion der allgemeinen Lernziele erschöpft sich meist in den oben charakterisierten unterrichtspraktischen Hinweisen.

An einigen Stellen der RRD ist dennoch mehr möglich, als die fehlende Konkretion zu beklagen, nimmt das Gesellschaftsbild der RRD klarere Konturen an und wird im Text selbst punktuell deutlich, wie weit der auf allgemeiner Ebene konstatierte gesellschaftliche Zusammenhang gefaßt und welches Handeln gefordert wird.

— So wird in dem Abschnitt „Schriftliche Kommunikation" durchaus richtig festgestellt, daß die Verfügungsgewalt über die Produktionsmittel zur Herstellung von Öffentlichkeit in den Händen weniger liegt. Dieser Zustand wird nun nicht mehr weiter hinterfragt, sondern nur noch als ein zu ändernder bezeichnet; änderbar nicht durch ein gesellschaftliches Handeln, welches die Aufhebung dieses Privateigentums an Produktionsmitteln zum Ziel hat, sondern durch die Schaffung einer Gegenöffentlichkeit (hektographierte Blätter, Wandzeitungen usw.). Suggeriert wird, daß die Lösung eines gesellschaftlichen Verhältnisses in der Sphäre bloßer individueller Aktivitäten geleistet werden kann — vorausgesetzt, der nötige Reformeifer ist vorhanden.
— Im Abschnitt „Umgang mit Texten" wird Literatur zwar aus der immateriellen Sphäre herausgenommen, in der sie in älteren Lehrplänen noch herumgeisterte. An die Stelle des ehemaligen idealistischen Literaturbegriffs tritt aber ein vorwiegend literatursoziologisch geprägter. Literatur beschränkt sich nun weitgehend auf das Erfassen empirischer Zusammenhänge, auf das Erkennen von Strukturmerkmalen als Ausdruck bestimmter historischer Situationen. Kein Hinweis darauf, daß die Probleme der jeweiligen historischen Epoche selbst noch untersucht werden sollen (über das bloße Feststellen ihrer Existenz hinaus) um überhaupt einen wertenden Maßstab für ihre Bearbeitung im betreffenden literarischen Werk zu bekommen.

Nicht nur in den Ausführungen des RRD-Textes ist zu kritisieren, daß die allgemeinen Lernziele Anspruch bleiben bzw. falsche Wirklichkeit werden. Die eingangs in der RRD niedergelegte Erkenntnis, daß erziehungsrelevante Faktoren im gesamten gesellschaftlichen Produktions- und Reproduktionsprozeß anzusiedeln sind, verlangt auch eine möglichst umfassende Berücksichtigung all der Momente, die pädagogische Veranstaltungen beeinflussen. Die Einwirkungen der Gesellschaft auf pädagogische Veranstaltungen werden aber durchaus nicht in ihrem ganzen Umfange reflektiert bzw. werden nur an ihrer Oberfläche erfaßt.

Besonders deutlich wird dies dort, wo die RRD auf Leistungsnormen und Leistungsmessung zu sprechen kommen: Leistungsnormen werden nur da kritisiert, wo sie zu der geforderten Inhaltlichkeit der RRD (Artikulation von Sozialerfahrungen . . .) in allzu offensichtlichem Widerspruch stehen, da sie ein Übergewicht auf abstrakte Formalität legen.

Daß man sich aber der Forderung nach abstrakter Leistung – da eine Norm unserer „Leistungsgesellschaft" – nicht entziehen kann, wird nicht weiter problematisiert oder reduziert sich, wie im Falle der Hochsprache, auf ein schlichtes einerseits – andererseits: einmal muß die Benachteiligung des „weitaus größten Teils der Kinder" durch ihre Anpassung an die Normen der Hochsprache verhindert werden, andererseits ist der Erwerb der Hochsprache notwendig, damit die Schüler in ihrem „privaten, beruflichen und öffentlichen Leben nicht an den zur Zeit bestehenden Kommunikationsbarrieren scheitern".

Daß sich derartige gesellschaftliche Zwänge in der Schulpraxis durchsetzen, zeigt die Kritik an der Gesamtschule: das Kurssystem habe einen noch größeren Leistungsdruck zur Folge als ihn das alte dreigliedrige Schulsystem produzierte.

Der Umfang der geforderten Erkenntnisse und der daraus notwendig werdende Verlauf von Erkenntnisprozessen verlangt auch eine bestimmte lernorganisatorische Umsetzung: So wird zwar eingangs beteuert, daß sich die Sprachwissenschaft ausdrücklich als Teil der Sozialwissenschaften versteht. In den vielfältigen „Anregungen zum Unterricht" werden Möglichkeiten der Kooperation mit den sozialwissenschaftlichen Fächern überhaupt nicht mehr in Betracht gezogen: alle Reflexionen sollen ausschließlich vom Fach Deutsch aus geleistet werden, die alte Fächertrennung bleibt de facto erhalten.

In aller Klarheit tritt das Gesellschaftsbild der RRD dort zu Tage, wo als Erziehungsziel nicht bloß der kritische und verantwortungsbewußte Staatsbürger hingestellt wird, sondern dessen geforderte Aktivitäten etwas näher gefaßt werden, nämlich als Parteinahme für die vom Grundgesetz geforderten Entwicklungsziele. Nun braucht man sich in keinen größeren Interpretationen über den Charakter des GG zu ergehen, denn wie die hessische SPD-Kultusbürokratie das GG verstanden haben will, geht aus den den RR gewidmeten Bildungspolitischen Informationen (3/72) hervor.

Hier wird deutlich, daß mit der Parteinahme für die Entwicklungsziele des GG der Erhalt des gesellschaftlichen status quo, der existenten Klassenverhältnisse gemeint ist, bzw. ein Zustand, in dem die gesellschaftlichen Widersprüche etwas geglätteter sind; denn: „in dem GG ist die Entscheidung für eine bestimmte Gesellschaftsordnung verbindlich vorgegeben". (b.i., 9) – und daß die Intentionen des GG sich mit der existierenden Gesellschaftsordnung *grundsätzlich* decken, ist der Inhalt der Aussage über den der Arbeit an den RR zugrunde gelegte politische Standpunkt: nicht alternative gesellschaftspolitische Ziele stehen zur Diskussion, sondern „ . . . bei Übereinstimmung in den Zielen – zum Teil einander widersprechende Vorstellungen über die Wege, auf denen die Ziele am besten zu erreichen sind. Dieser zuletzt genannte Gesichtspunkt ist für die Arbeit an Lehrplänen in unserer Gesellschaft von grundlegender Bedeutung". (b.i., 8 f.)

Wenn man bei der Lektüre und Interpretation der RR aber mitdenkt, in welchem politischen Bezugsrahmen sie stehen, nämlich in dem oben skizzierten der SPD-Bildungspolitik, können derartige Aussagen nicht mehr verblüffen, wird erkenntlich, welche spezifische integrationistische Strategie in den RR ihren Ausdruck finden: widersprüchliche Tendenzen und Konflikte sollen als Entartungserscheinungen wahrgenommen und auf dem Wege kontinuierlicher Reformarbeit beseitigt, abgemildert humanisiert werden. Dazu bedarf es des reformerischen Engagements der großen Masse der „Staatsbürger", nicht des resignativen Verhaltens eines „Untertanen".

Vergleicht man noch einmal die eingangs dargestellten Positionen mit den Ergebnissen der hier angestellten Überlegungen, so läßt sich der dort aufgetauchte Widerspruch in der Einschätzung des Rahmenrichtlinienkonflikts folgendermaßen klären:

Die beiden Hauptkontrahenten, CDU und SPD, wissen sich in den allgemeinen gesellschaftspolitischen Zielen einig, der Erhaltung der kapitalistischen Grundordnung. Von dieser Grundlinie weicht auch keine der beiden Parteien in ihrer Bildungspolitik ab. Das Schulsystem soll nach wie vor durch die Qualifikation und Selektion der Arbeitskräfte die Produktionsvoraussetzungen der kapitalistischen Ökonomik absichern, sowie die gesamte Gesellschaftsordnung legitimieren.

Über die Schulform sind sich nicht nur die Hauptkontrahenten, sondern alle drei in diesem Konflikt vertretenen Gruppierungen einig. Ob sie nun additive oder integrierte Gesamtschule, demokratische Leistungsschule oder emanzipative Schule heißen mag: sie trägt immer die Wesensmerkmale der bürgerlichen Paukschule.

Dennoch ist die jetzt entbrannte Kontroverse mehr als nur Wahlkampfgeplänkel, obwohl die CDU sicher mit mehr als nur einem Auge auf die anstehenden Landtagswahlen geschielt haben wird.

Es geht um zwei verschiedene Strategien, wie das allgemeine Ziel am besten zu erreichen ist. Während die CDU relativ unverhüllt Struktur und Normen der bürgerlichen Gesellschaft und Herrschaft verteidigt, da damit zugleich relativ offen den materiellen und politischen Ansprüchen der arbeitenden Bevölkerung entgegenwirkt, ist die SPD als ‚Volkspartei', die sich in ihrer politischen Existenz und aufgrund ihrer Tradition von der werktätigen Bevölkerung abhängig weiß, gezwungen, sich auf deren materiellen und politischen Interessen wenigstens dem behaupteten Anspruch nach zu beziehen. Die SPD ist zu Reproduktion ihrer Herrschaft auf Reformversprechungen angewiesen, die sie selbst wegen der antagonistischen Struktur der kapitalistischen Gesellschaft kaum einlösen kann und dadurch letztlich zu neuen Restriktionsmaßnahmen, neuen Konflikten, neuen Versprechungen gezwungen wird.

Damit ist die Widerspruchs- und Konfliktstruktur angedeutet, die sich vor allem auch auf das Ausbildungswesen auswirkt. Während die Propagierung der Chancengleichheit als bildungspolitisches Leitziel der SPD und die Orientierung der Schulpolitik an der integrierten Gesamtschule durch den Bedarf der kapitalistischen Industrie, an den ‚knappen Ressourcen' für die notwendigen und umfassenden Reformen ihren illusionären und demagogischen Charakter erfahren, produziert das inhaltliche Reformversprechen, wie es in den Rahmenrichtlinien Deutsch als Ziel eines demokratischen Engagements aller Staatsbürger suggeriert wird, ebenfalls bedeutsame Widersprüche:

Zumindest die Erscheinungsformen gesellschaftlicher Konflikte und die eklatanten Auswüchse der ‚sozialen Marktwirtschaft' müssen im Unterricht thematisiert werden. Und nicht nur dies. Aufklärung über Bodenspekulation, Pressekonzentration, NC, Umweltverschmutzung und Vietnam etc. kann nicht betrieben werden ohne die minimalsten Erklärungsmuster oder einen Kern von Rationalität. Deshalb muß jede reformistische Strategie, die sich inhaltlich auf gesellschaftliche Phänomene und ihre Vermittlung bezieht (also etwa in der Konstruktion von Curricula und Unterrichtsprojekten), tendenziell den Klassencharakter der Gesellschaft in der BRD frei legen.

Daneben ist sie angewiesen auf die Verbreitung von Hoffnungen darüber, wie auf dem Weg von Reformen diesen Konflikten begegnet werden kann. Hier ist nun eine weitere Widerspruchsebene angelegt, die sich auf den Konflikt um die Rahmenrichtlinien auswirkt. Denn dieser Reformweg selbst ist noch einmal Gegenstand von Auseinandersetzungen. Hier kristallisieren sich in und um die SPD die beiden anderen Fraktionen heraus, von denen vorher die Rede war: es geht um die inhaltliche Ausfüllung des Begriffs vom ‚Demokratischen Sozialismus', der für die eine Fraktion, die SPD-Rechte, eine Gesellschaft ist, indem noch einmal der Privatbesitz an Produktionsmittel und Boden aufgehoben ist, jeder nach seinen Wünschen als Kapitalist, Lohnarbeiter oder etwas anderes glücklich und reich werden kann. Dieser Strategie liegt die Hoffnung zugrunde, durch eine allmähliche Annäherung der Lebensbedingungen der unteren Schichten an die der oberen seien die Probleme der Gesellschaft zu lösen. Damit ist die andere Fraktion, die SPD-Linke, vor allem die Jusos, nicht einverstanden. Sie beharren darauf, daß zunächst durch ‚systemüberwindende Reformen' die Macht bestimmter zentraler Interessengruppen wie Spekulanten oder Monopole gebrochen werden muß.

Verständlich ist nun auch die heftige Reaktion der CDU gegenüber diesen Rahmenrichtlinien: Wenn also nicht von einem ‚kommunistischen Ausrutscher einiger Schulpolitiker die Rede sein kann, liegt der rationale Kern dieser Aufregung einerseits darin, daß die CDU/CSU, die Unternehmerverbände, daß sie ihre öffentliche Legitimität gefährdet sehen. Der Bourgeoisie muß jeder Radikaldemokratismus zuwider sein, da dieser Wirklichkeit und Sollen konfrontiert und somit die Widersprüche des Systems aufrührt. Andererseits, und das dürfte das schwerwiegendere Motiv sein, muß sie befürchten, daß das ständige Schüren von Reformillusionen eine Entwicklung begünstigen könnte, in der die arbeitende Bevölkerung aufgrund der Ergebnislosigkeit der Reformversprechungen mehr und mehr die wahren Ursachen für die Ausweglosigkeit dieser Reformpolitik erkennt. Auf die Rahmenrichtlinien bezogen heißt das, daß diese unter Umständen mit der Mobilisierung reformerischer Hoffnungen zugleich das Potential mitproduzieren, das sich — enttäuscht durch die Sackgasse der ‚inneren Reformen — auch gegen diesen sozialdemokratischen Weg zur Reform des Kapitalismus werden werden.

Obwohl sich die Polemik der Rechten hierbei vor allem gegen die dritte Fraktion richten muß, greift sie die rechte SPD ebenso scharf mit an. Diese wird als Wegbereiter für die radikaleren Systemüberwinder begriffen, als diejenigen, die das Klima der Liberalität innerhalb Staat und Partei entstehen ließen, in dem der Systemveränderer seine Projekte schmieden kann.

Hierdurch entsteht der optische Eindruck, der suggeriert, es stünden in dieser Kontroverse sich CDU und SPD geschlossen gegenüber.

Welche politischen Folgerungen ergeben sich aus dieser Einschätzung der Rahmenrichtlinien und ihres bildungspolitischen Hintergrunds? Die erste – negative – Folgerung ist die, daß jeder, der sich wenn auch ‚schweren Herzens' hinter die Rahmenrichtlinien stellt, weil sie ‚relativ besser sind als das Bestehende und das von der CDU intendierte, sich implizit auch hinter eine bürgerliche, integrative Bildungspolitik stellt, hinter das Konzept des ‚Aufstiegs der Tüchtigen' und der Erziehung zur ‚Selbst- und Mitbestimmung'. Er begibt sich damit notgedrungen sowohl ins ideologische Schlepptau der ‚linken' Reformer, wie er politisch-praktisch zum Spielball in einem permanenten Rückzugsgefechts von SPD und Co. wird: er muß die a priori defensive Position des ‚Retten was zu Retten ist' einnehmen. Diese Perspektive ergibt sich notwendig – wie oben gezeigt – daraus, daß er mit dem ‚Hinter die Rahmenrichtlinien stellen' sich auch notwendig hinter eine Fraktion im Staatsapparat stellt, anstatt *neue* Kräfte ins bildungspolitische Spiel zu bringen: nämlich diejenigen, die es angeht, die werktätigen Massen. Das ‚realistische' Gegenargument, es rühre sich ja leider nichts, nur die Privilegierten würden sich artikulieren, ist keins: Denn nur darin, daß die Werktätigen ihre Interessen an der Schule entdecken und artikulieren, liegt die Chance einer fortschrittlichen Schulentwicklung! Ohne sie wird jede Initiative für Schulfortschritt im Parteienkompromiß und durch den Druck der rechten Elternfront zerrieben.

Die Alternative kann also nicht heißen: Rahmenrichtlinien contra Rechts. Die Frage lautet: Kann am Konflikt um die Rahmenrichtlinien ein Beitrag zum Aufbau einer schulpolitischen Front der Arbeiterklasse und der mit ihr verbundenen Schichten geleistet werden? Wir betonen: am Konflikt, denn in ihm stehen, obwohl nur durch bürgerliche Schattierungen repräsentiert, durchaus wichtige Fragen für die Werktätigen zur Debatte. Jede Politik, die aus der Einsicht in den bürgerlichen Charakter der existenten Fraktionen folgert, es lohne sich deshalb ein Eingreifen nicht, geht an der Sache völlig vorbei. Es ist unmöglich, jenseits von den real existierenden Konflikten, wie eben dem um die Rahmenrichtlinien, eine alternative Schulpolitik zu konstituieren.

Was steht also im Rahmenrichtlinienstreit für die Arbeiterklasse zur Debatte?

Zweifellos nicht die Lösung der Widersprüche der Klassenschule, denn die Gesamtschule ist die Reproduktion derselben mit anderen Mitteln. Sicher auch nicht etwas, was als innere Schulreform bezeichnet werden kann. Eine konsequente Veränderung von Lehrplan und Unterrichtsgeschehen ist etwas anderes als die Fachdidaktische Umfüllung eines ‚rationalen' Selektionsinstruments, wie die Gesamtschule sie darstellt. Veränderung von Lehrplan und Unterrichtsgeschehen im Interesse der Arbeiterklasse fängt an mit der Umdefinition des Zwecks der Schule: allen Kindern gleiche, umfassende, allseitige polytechnische Bildung zuteil werden zu lassen zum Zweck der bewußten, kollektiven und solidarischen Subsumtion ihrer Lebensbedingungen, anstatt die Schule als Instrument des Erwerbs von Berechtigung im System der Klassenspaltung, als Instrument der Selektion und Individualisierung zu installieren. Sie erfordert die Aufhebung der Lernschule, der vom wirklichen Leben abgesonderten Schule, die Verbindung vom Unterricht mit der Produktion und politischer Tätigkeit, damit Veränderung der Lehrer–Schüler Rolle. Und letztlich findet auch keine stringente Revision der konkreten Inhalte des Unterrichts statt.

Diese Pseudoreformen, die für die linken bürgerlichen Reformer als der Weisheit letzter Schluß gelten, stellen sich in einer revolutionären Schulpolitik von einem ganz anderen Gesichtspunkt her als interessant heraus:

Sind einzelne didaktische Prinzipien und Einzellernziele der Rahmenrichtlinien (falls sie Bestandteil von Schulwirklichkeit werden) geeignet, *dem Kampf gegen die ideologische Indoktrination* größere Entfaltungsmöglichkeiten zu verschaffen? Dies ist u. E. die Frage, die an die Rahmenrichtlinien gestellt werden muß. Und unter diesem Gesichtspunkt kann man sagen, daß durchaus eine Reihe in den Rahmenrichtlinien enthaltener didaktischer Prinzipien und Einzellernziele sowohl von fortschrittlichen Kollegen bereits praktizierten Unterricht legitimieren, als auch Bedingungen schaffen könnten, die das Einbringen des Standpunktes der Arbeiterklasse in die Schule erleichtert. Denn auf der Ebene des Einzellernzieles sind die sozialintegrativen Prämissen der Rahmenrichtlinien nicht voll durchgehalten und durchzuhalten. Hier ist allerdings zu betonen, daß, damit aus der theoretischen Möglichkeit die praktische Wirklichkeit werden kann, der Kampf gegen die rechtliche Fixierung der Lehrer an die freiheitlich demokratische Grundordnung in

Form von Berufsverboten und Beamtengesetzen unverzichtbarer Bestandteil des Kampfes gegen die ideologische Indoktrination ist.

Das Angehen gegen die ideologische Indoktrination, das Eintreten für freien Raum für den Standpunkt der Arbeiterklasse und damit für die volle demokratische Freiheit der Lehrer ist *nicht an die Rahmenrichtlinien gebunden* – aber es macht sich Elemente der Rahmenrichtlinien zu Nutze, wie es die Kontroverse um die Rahmenrichtlinien zum Anlaß des Eintretens für diese Ziele macht. Für eine revolutionäre Bildungspolitik im Interesse der Arbeiterklasse sind die Rahmenrichtlinien keine curriculare Veränderung der Schule – diese steht und fällt mit der Polytechnischen Arbeits-Einheitsschule als Ergebnis der sozialen Emanzipation des Proletariats, die nur als politischer Akt denkbar ist!

VI. Reaktion der Presse am Beispiel der Kampagne der FAZ

Zusammenstellung der Meldungen, Berichte, Kommentare und Beiträge zum Thema RRD aus der Zeit von Januar bis Juli 1973

Die Kontroverse um die hessischen RR hat nicht nur ihren Niederschlag in der gesamten regionalen Presse gefunden (Hess. Allgemeine, Oberhess. Presse, Fuldaer Ztg., Gießener Allgemeine, Wiesbadener Tagblatt, Wiesbadener Kurier, Darmstädter Echo u. v. a.), sondern darüber hinaus auch die bundesrepublikanische Presse auf überregionaler Ebene beschäftigt (Welt, Süddt. Ztg., FAZ, FR, Rhein. Merkur, Zeit, Spiegel u. a.). Dabei fällt auf, daß sich die liberale bis linksliberale Presse mit Stellungnahmen weitgehend zurückhält, z. T. sogar eher konservative Persönlichkeiten zu Wort kommen läßt, und in ihrer Berichterstattung ansonsten recht farblos bzw. positionslos bleibt. Die FR dokumentiert dies sehr eindrucksvoll. Anders die konservative Presse: Von Anfang an engagiert sie sich breit in der Kampagne gegen die RR und scheut nicht vor Entstellung und Verleumdung zurück. Die FAZ, die sich an ein regionales wie überregionales Publikum wendet, soll hierfür als Beispiel dienen. Wir haben ihre Berichterstattung deshalb im ersten Halbjahr 1973 verfolgt. Um das Ausmaß der von der FAZ geführten Kampagne zu verdeutlichen, haben wir nicht nur die Meldungen und Beiträge aufgenommen, die sich explizit auf die RRD beziehen, sondern auch jene, die die RR-GL, Religion, Kunst und Musik betreffen. Die Berichterstattung über die RR ist begleitet von einer breit angelegten, wenn auch teilweise sachlicher geführten Diskussion zu Problemen des Deutschunterrichts und speziell der Orthographiereform (Greiner, Hassenstein, Korn, Sternberger, Digeser, Otten).

Bei einer Analyse der FAZ-Berichterstattung und -Dokumentation der Kontroverse um die hessischen RR drängt sich der Eindruck auf, daß zwischen regionalem und überregionalem Lesepublikum deutlich unterschieden wird. Während mit der Glosse „Vreier als die Fäter" vom 11. 1. 1973 (s. Textteil, S. 56) regional sofort der Prozeß der Diffamierung eingeleitet wird, der dann auch nicht mehr abreißt, schwankt die überregionale Kommentierung zwischen differenzierter Ablehnung und polemischem Angriff. Ulrich Greiners auf S. 8 gutplazierter Beitrag vom 3. 2. 1973 (Dok. 25) und der fachspezifisch argumentierende Artikel der Professoren Göschel und Veith (Feuilleton, S. 32) vom 12. 4. 1973 (Dok. 26) sind als Beispiele für eine ausgewogene Kritik zu benennen. Polemisch dagegen verfahren vor allem Prof. Paul Stöcklein in seinem

Gutachten für den Hessischen Elternverein, das am 22. 3. 1973 im Feuilleton (S. 28) plaziert ist, und wenn auch zurückhaltender Prof. Kurt Otten in seinem Beitrag vom 14. 7. 1973 (Samstagsbeilage), dessen Titel schon die Absicht verrät („Die hessische Landplage"). Der in Auszügen von der Süddt. Ztg. übernommene Artikel von Prof. Golo Mann schien der FAZ-Redaktion wohl mehr auf der Stilebene der regionalen Kommentierung zu rangieren, da sie ihn im Frankfurter Teil (S. 37) ansiedelte („Hier wird ein Raub an der Jugend geplant"; nach der vollständigen Fassung der Süddt. Ztg. hier als Dok. 24 abgedruckt). Auch die parallel laufende Dokumentation zu Problemen des Deutschunterrichts, der schichtenspezifischen Sprachproblematik und der Orthographiereform erfährt im Verlauf der Kampagne eine Zuspitzung. Sind die Beiträge von Ulrich Greiner (FAZ vom 6. 1. 1973, Literaturblatt) und Prof. Friedrich Hassenstein (FAZ vom 13. 1. 1973, S. 12) noch von sachlicher Argumentation geprägt, so läßt sich dies für die Beiträge von Karl Korn (Klarstellung. Zur neuen Initiative der Orthographie-Reformer, FAZ vom 7. 3. 1973, Feuilleton, S. 32) und Prof. Dolf Sternberger (Die Emanzipation der Schnäbel, FAZ vom 12. 3. 1973, Kommentar, S. 1) nicht gerade behaupten.

Bei der regionalen Berichterstattung fällt auf, daß der Ablehnung von konservativer Seite sehr viel Raum zur Verfügung steht, daß dagegen die solidarische Kritik entweder ganz unterschlagen wird (ein Artikel von Prof. Hartmut v. Hentig zu den RR-GL wurde abgelehnt und dann in der FR abgedruckt; die Stellungnahme der Fachkonferenz Kassel zu den RRD, Dok. 28, die der Redaktion zuging, wurde nicht berücksichtigt) oder aber als Randnotiz erscheint (Für Rahmenrichtlinien, FAZ vom 2. 4. 1973, S. 33); ausführliche Erwähnung findet nur die GEW-Expertagung in Frankfurt (FAZ vom 15. 5., 16. 5. und 30. 5. 1973).

Bleibt schließlich noch zu erwähnen, wie von der FAZ-Redaktion mit Leserbriefen verfahren wird. Es verwundert nicht, daß negative Stellungnahmen im regionalen wie überregionalen Teil überwiegen. Zur Glosse „Vreier als die Fäter" werden am 15. 1. und 19. 1. 1973 allein vierzehn Briefe veröffentlicht. Einer dieser Briefe, den die Redaktion wohl wider besseres Wissen abdruckt, zielt darauf ab, den Kultusminister zu verleumden. Der Absender behauptet, der Minister, der für die Entwicklung des hessischen Schulwesens letztlich verantwortlich zeichne, sei nicht gerade sonderlich von dessen Qualität überzeugt, da er seine Söhne in dem Privilegierteninternat Salem erziehen lasse. Daß der Minister nur einen Sohn hat und dieser die Ernst-Reuter-Gesamtschule in der Frankfurter Nordweststadt besucht, ist dem Absender wie der FAZ-Redaktion nicht bekannt. Bezeichnenderweise wohnt der Absender dieses Briefes in Hofheim, einer jener Vortaunusgemeinden, in der die finanzstarken Kreise ihr Domizil aufgeschlagen haben. Das Hofheimer Gymnasium ist eines der Zentren, von denen aus immer wieder Angriffe gegen die RR vorgetragen werden. Hier ist die kulturpolitische Sprecherin der F.D.P. Elternbeirätin. Vom Hofheimer Gymnasium stammt auch einer der Fachleute, die nachträglich von der F.D.P. für die RRD-Kommission benannt wurden. Von den Absendern der vierzehn Briefe wohnen allein zwei in Hofheim, zwei in Bad Homburg (Sitz des Hessischen Elternvereins), einer in Schneidhain und ein letzter in Königstein.

Die zu Ulrich Greiners Artikel vom 3. 2. 1973 eingehenden ablehnenden Zuschriften erscheinen wohldosiert über einen längeren Zeitraum hin im überregionalen Teil

(Proletarian code is beautiful, FAZ vom 22. 2. 1973; Klassenkampf statt Toleranz, FAZ vom 27. 2. 1973; Hier droht marxistische Indoktrination, FAZ vom 12. 3. 1973).

Stellungnahmen, die die RRD positiv werten, erscheinen kaum und wenn, dann macht man wie beim Leserbrief vom 29. 1. 1973 Gebrauch vom Kürzungsrecht: die Teile, die die Informationstechnik der FAZ kritisieren, werden einfach unterschlagen. Wir drucken im folgenden den vollständigen Wortlaut des Briefes ab; die von der FAZ-Redaktion eliminierten Passagen erscheinen im Kursivdruck.

Wichtigeres als Rechtschreibung

(FAZ, Nr. 24, 29. 1. 1973, S. 25; Leserbrief zu: „Sprache als Waffe im Klassenkampf" und „Vreier als die Fäter")

Die Frankfurter Allgemeine hat in ihrer Ausgabe vom 11. Januar unter der Überschrift „Sprache als Waffe im Klassenkampf" Ausschnitte aus den Rahmenrichtlinien des Hessischen Kultusministeriums, Sekundarstufe I, Deutsch, veröffentlicht. Sie hat aus den Reihen der von ihr bewußt einseitig und tendenziell informierten Leserschaft eine Flut empörter Leserbriefe provoziert und sie ohne Rücksicht auf deren teilweise erschreckend niedriges Niveau publiziert. Sie hat damit den Beweis erbracht, wie richtig einige der Forderungen der Rahmenrichtlinien sind, zum Beispiel die nach „Herstellung einer kritischen Öffentlichkeit, die nicht abhängig ist von den bestehenden Institutionen und der von diesen gemachten Öffentlichkeit". Gäbe es diese bereits, würden Veröffentlichungen wie die hier behandelte erkannt als das, was sie sind: „als Manipulation, wie sie in den Massenmedien praktiziert wird".

Beispiele für die hier angesprochene Informationstechnik:

Aus 80 Druckseiten (einschließlich der Arbeitshinweise und Unterrichtsanregungen) werden etwa 3 Seiten abgedruckt, diese jedoch nicht fortlaufend, sondern als bruchstückhafte, aus dem Zusammenhang gerissene Zitate, deren erklärende, vermittelnde Zwischenstücke fehlen, wodurch der Sinn entstellt und verfälscht, zumindest jedoch der Tenor verschärft wird. So werden z. B. aus dem ersten Kapitel „Allgemeines Lernziel" nur kurze Abschnitte herausgepickt. Ein Nebensatz wird ausgelassen („an die eigenen Erfahrungen anknüpfend"), obwohl oder weil er den Hauptsatz erst wirklich verständlich macht. Aus dem Kapitel „Kreatives Schreiben" wird nur der erste Satz übernommen etc. Der Absatz, der sich mit der von einigen Didaktikern erhobenen Forderung nach kompensatorischer Spracherziehung auseinandersetzt (RR, S. 7 f.), wird ausgelassen und durch eine Klammer ersetzt, in der es heißt: „gemeint ist die Auffassung, es sei notwendig, die Hochsprache zu lernen". Auch dem Laien müßte einleuchten, daß dies eine unzulässige Simplifizierung des Problems ist.

Diese Beispiele ließen sich vermehren. Es gibt sogar falsch wiedergegebene Textstellen: aus „Verhaltensänderung" (RR) wird „Änderung", wodurch die entsprechende Textstelle einen stärker politisch-programmatischen Akzent erhält.

Zu der Veröffentlichung der Rahmenrichtlinien an sich ist zu sagen: Die Rahmenrichtlinien sind zunächst Arbeitspapier und Diskussionsgrundlage, sie sollen „in ihrer jetzigen Form den Prozeß einer permanenten Lehrplanrevision einleiten". (Haller/Wolf, betrifft Erziehung, 1/73). Sie bedienen sich – da nicht für Laien geschrieben – einer Fachsprache, nämlich der der Sozialwissenschaften. Begriffe wie Kommunikation, Kreativität, Funktionalität etc. werden so gebraucht, wie sie in der Fachliteratur verstanden und international verwendet werden. Wer käme auf die Idee, die Fachsprachen der Ärzte oder Chemiker vom Standpunkt der „reinen deutschen Hochsprache" aus zu kritisieren!

Das soll nicht heißen, daß die Rahmenrichtlinien nicht einer interessierten Öffentlichkeit bekanntgemacht werden sollen, im Gegenteil. Nur muß verlangt und erwartet werden, daß diese Öffentlichkeit – wenn sie schon nicht die Gelegenheit erhält, sich mit dem gesamten Text auseinanderzusetzen – zumindest sachlich informiert wird. Es geht nicht an, daß – das Kapitel! Rechtschreibung betreffend – bewußt der Eindruck erweckt wird, von nun an könne jeder so fehlerhaft schreiben wie er wolle.

Wie wenig „lustig" (siehe FAZ-Glosse vom gleichen Tag) das Kapitel Rechtschreibung in der Schule ist, kann nur beurteilen, wer – wie ich – jahraus, jahrein den täglichen Kampf führt, den es darstellt, Kindern aus sprachlich unterprivilegierten Elternhäusern die deutsche Rechtschreibung nahezubringen, und am Ende von neun Schuljahren sehen muß, daß es fast umsonst war. Er wird sich zwangsläufig eines Tages die Frage stellen, ob die vielen wertvollen Schulstunden nicht doch vielleicht für Wichtigeres, Effektiveres hätten verwendet werden sollen!

Ich habe die Rahmenrichtlinien aufmerksam gelesen. Zwar fand ich mancherlei zu kritisieren, eine Aufforderung zum Klassenkampf habe ich jedoch nicht gefunden. Sie sind „links" nur insofern, als hier junge Menschen – auch solche aus schwachem sozialem Milieu – angeleitet werden sollen, die Welt, in der sie leben, besser zu verstehen, kritischer zu erleben und – unter Wahrung ihrer Interessen und Bedürfnisse – humaner zu gestalten. Für eine so „klassenbewußte" Zeitung wie die FAZ scheint das zu viel zu sein.

FAZ, Nr. 5 (6. 1. 1973), Literaturblatt:
Ulrich *Greiner:* Asterix kontra Hölderlin. Literatur im Deutschunterricht. (Greiner versucht in diesem umfangreichen Beitrag, die zentralen Positionen in der gegenwärtigen didaktischen Diskussion um den Literaturunterricht darzustellen und zu kritisieren. Der Artikel nimmt nicht Bezug auf die RRD, eröffnet aber die Reihe der Veröffentlichungen, die parallel zur Kampagne der FAZ gegen die RRD Probleme des Deutschunterrichts behandeln.)

FAZ, Nr. 9 (11. 1. 1973), S. 23, Lokales:
Glosse: Vreier als die Fäter (tk), s. Textteil S. 56.

FAZ, Nr. 9 (11. 1. 1973), S. 25:
Sprache als Waffe im Klassenkampf. Richtlinien für den Deutschunterricht / Ein stilistisches Ungeheuer aus dem Wiesbadener Kultusministerium. (Der Beitrag bringt Auszüge aus den RRD.)

FAZ, Nr. 11 (13. 1. 1973), S. 9, Leserbrief:
Wozu überhaupt lesen? Zu Ulrich Greiners Beitrag vom 6. 1. 1973.

FAZ, Nr. 11 (13. 1. 1973), S. 12:
Friedrich *Hassenstein:* Comics, Fernsehen, Werbung im Deutschunterricht der Schulen. Konsequenzen aus der Lernzieldiskussion für den muttersprachlichen Unterricht. (Mit dieser Veröffentlichung setzt die FAZ die Reihe der Beiträge fort, die die Diskussion um das Fach Deutsch thematisieren.)

FAZ, Nr. 12 (15. 1. 1973), S. 20:
Leserbriefe zur Glosse „Vreier als die Fäter" vom 11. 1. 1973.

FAZ, Nr. 16 (19. 1. 1973), S. 48:
Leserbriefe zur Glosse „Vreier als die Fäter" vom 11. 1. 1973.

FAZ, Nr. 24 (29. 1. 1973), S. 25, Leserbrief:
Wichtigeres als Rechtschreibung. Zur Berichterstattung vom 11. 1. 1973. Der Text des Briefes findet sich im Vorspann zu diesem Teil.

FAZ, Nr. 28 (2. 2. 1973), Politik:
FDP kritisiert Richtlinien für den Deutsch-Unterricht. (dpa)

FAZ, Nr. 28 (2. 2. 1973), S. 46, Lokales:
F.D.P.: Erziehung zur Intoleranz. Große Anfrage zu Richtlinien für den Deutschunterricht. (bhr.)

FAZ, Nr. 29 (3. 2. 1973), S. 8:
Greiner, Ulrich: Die Deutschdidaktik: zwischen Seelsorge und Wissenschaft. Über die neuen Hessischen Rahmenrichtlinien für das Fach Deutsch. (Abgedruckt als Dok. 25.)

FAZ, Nr. 29 (3. 2. 1973), S. 37:
F.D.P.: Rahmenrichtlinien sind ungeeignet. (lh.)

FAZ, Nr. 35 (10. 2. 1973), S. 39:
Kampf gegen die großen Buchstaben. Kultusminister von Friedeburg zur Rechtschreibreform. (bhr.)

FAZ, Nr. 40 (16. 2. 1973), S. 50, Lokales:
Deutsch für Hessen. Eine Diskussion zu den Rahmenrichtlinien des Kultusministers. (kv.)
(Bericht über eine Diskussionsveranstaltung des Verbandes „Bildung und Erziehung" im Hause der Volksarbeit Frankfurt/M. Diskussionsteilnehmer: Franz Hebel, Prof. für Didaktik des Deutschunterrichts an der TH Darmstadt und Friedrich Jahr, Ausbildungsleiter für Junglehrer, Frankfurt/M.)

FAZ, Nr. 41 (17. 2. 1973), S. 36:
Richtlinien enthalten Zündstoff. Landeselternbeirat wünscht mehr Zeit zur Diskussion. (ptn.)

FAZ, Nr. 43 (20. 2. 1973), S. 25:
„Vergiftung der Gesellschaft". Die CDU zu den Rahmenrichtlinien/Erwiderung des Kultusministers. (bhr.)

FAZ, Nr. 44 (21. 2. 1973), S. 36:
Neufassung der Bildungspläne. CDU-Kommission legt acht Thesen vor. (bhr.)

FAZ, Nr. 45 (22. 2. 1973), S. 12, Leserbrief:
Proletarian code is beautiful. Zu Ulrich Greiners Beitrag vom 3. 2. 1973.

FAZ, Nr. 49 (27. 2. 1973), S. 6:
Kritik an hessischen Rahmenrichtlinien. Staatssekretärin Laurien: Über der Kritik wird die Loyalität vergessen. (Reu.) (Bericht von der CDU-Tagung zu den RR in Gießen.)

FAZ, Nr. 49 (27. 2. 1973), S. 10, Leserbrief:
Klassenkampf statt Toleranz? Zu Ulrich Greiners Beitrag vom 3. 2. 1973.

FAZ, Nr. 51 (1. 3. 1973), S. 6:
Kritik an Rahmenrichtlinien. Aufruf hessischer Oberstudiendirektoren / „Das muß vom Tisch". (Reu.)
(Bericht von der hessischen Landesversammlung der Bundesvereinigung der Oberstudiendirektoren in Gießen.)

FAZ, Nr. 52 (2. 3. 1973), S. 49:
Kurt *Reumann:* Hochsprache – ein Instrument zur Unterdrückung? Die hessischen Rahmenrichtlinien auf dem Prüfstand / Erste Diskussionsrunde.
(Bericht von einer Diskussionsveranstaltung in der Gesamtschule Groß-Gerau.)

FAZ, Nr. 55 (6. 3. 1973), S. 3:
Arbeitergeber fordern neue Rahmen-Richtlinien. (dpa)
(Die Meldung bezieht sich auf die Forderung, die der Beirat Nordhessen der Vereinigung der hessischen Arbeitgeberverbände an Ministerpräsident Osswald gerichtet hat.)

FAZ, Nr. 56 (7. 3. 1973), S. 32:
Korn, Karl: Klarstellung. Zur neuen Initiative der Orthographie-Reformer.

FAZ, Nr. 56 (7. 3. 1973), S. 33, Lokales:
Hemmschuh der Volksbildung. Kultusminister zitiert Konrad Duden / Richtliniendiskussion. (bhr.)

FAZ, Nr. 57 (8. 3. 1973), S. 24, Lokales:
Nicht unter Zeitdruck entscheiden. Elternverein wünscht längere Frist für Richtlinien-Diskussion. (W. E.)

FAZ, Nr. 60 (12. 3. 1973), S. 1, Kommentar:
Sternberger, Dolf: Die Emanzipation der Schnäbel.

FAZ, Nr. 60 (12. 3. 1973), S. 16, Leserbrief:
Hier droht marxistische Indoktrination. Zu Ulrich Greiners Beitrag vom 3. 2. 1973.

FAZ, Nr. 63 (15. 3. 1973), S. 23:
Der in den Rahmenrichtlinien versteckte Geist. Germanist Stöcklein kommt in seinem Gutachten zu einem vernichtenden Urteil. (W. E.)
(Bericht über das Gutachten des Frankfurter Germanisten Prof. Paul Stöcklein für den Hess. Elternverein. Das Gutachten wurde von den Verfassern der CDU-Broschüre „Marx statt Rechtschreibung" für ihre Ausführungen über die RRD verwendet. Abdruck auch in der FAZ vom 22. 3. 1973; hier Dok. 43.)

FAZ, Nr. 64 (16. 3. 1973), S. 13, Leserbrief:
Klarstellung zur „Klarstellung". (Entgegnung Prof. Dr. Bernhard Weisgerbers auf Karl Korns Beitrag zum Thema „Orthographiereform.)

FAZ, Nr. 65 (17. 3. 1973), S. 36, Lokales:
SPD-Sprecher verlangt Übersetzung. Kultusministerium soll Rahmenrichtlinien verständlich interpretieren. (bhr.)

FAZ, Nr. 66 (19. 3. 1973), S. 10:
Vereinfachte Rechtschreibung. (Leserbrief zu Karl Korns Beitrag zur Orthographiereform vom 7. 3. 1973.)

FAZ, Nr. 67 (20. 3. 1973), S. 27, Lokales:
Das Kind zwischen lauter Konflikten. Oberschulrat protestiert gegen die Richtlinien für den Unterricht. (Bericht über die Dienstverweigerung von Oberschulrat Hansjürgen Becker aus Protest gegen die Rahmenrichtlinien.)

FAZ, Nr. 69 (22. 3. 1973), S. 28, Feuilleton:
Paul *Stöcklein:* Die hinterfragten Richtlinien. Ein Beitrag zur Diskussion über einen neuen Deutschunterricht (s. Dok. 43).

FAZ, Nr. 69 (22. 3. 1973), S. 31:
Kurt *Reumann:* Der Pferdefuß der Rahmenrichtlinien. Heftige Diskussion von Eltern und Lehrern mit Vertretern des Kultusministeriums.

(Bericht über eine Diskussionsveranstaltung des Hessischen Elternvereins im Kurhaus von Bad Homburg.)

FAZ, Nr. 70 (23. 3. 1973), S. 57:
Gerhard *Schroth:* Brennt die Lunte? Auch die Rahmenrichtlinien für den Musikunterricht erregen Widerspruch / Lehrer beunruhigt.

FAZ, Nr. 74 (28. 3. 1973), S. 32, Feuilleton:
Hans Paul *Bahrdt:* Zeichnen oder diskutieren? Gedanken zur Reform des Kunstunterrichts.

FAZ, Nr. 74 (28. 3. 1973), S. 40, Lokales:
„Undemokratisch, unsozial und nicht praktikabel". Deutschlehrer des Lessing-Gymnasiums nehmen Stellung zu den Rahmenrichtlinien. (Es handelt sich bei dieser Veröffentlichung um eine leicht gekürzte Fassung von Dok. 33.)

FAZ, Nr. 75 (29. 3. 1973), S. 32:
Mit dem Huckepack Sozialkunde. Die Rahmenrichtlinien für den Religionsunterricht im Dompfarrsaal. (sd.)

FAZ, Nr. 76 (30. 3. 1973), S. 4, Politik:
Kontroverse um die Rahmen-Richtlinien. Scharfe Angriffe der hessischen CDU / Kritik auch von der F.D.P. (bhr.)
(Bericht über die Landtagsdebatte, s. Dok. 6, 9, 11, 12.)

FAZ, Nr. 78 (2. 4. 1973), S. 13, Leserbrief:
Rechtschreibungsreform ideologisch überfrachtet. Zu Prof. Bernhard Weisgerbers Entgegnung auf Karl Korn vom 16. 3. 1973.

FAZ, Nr. 78 (2. 4. 1973), S. 13, Leserbrief:
Konflikt ist nicht kalter Krieg. Zu Prof. Paul Stöckleins Gutachten vom 22. 3. 1973.

FAZ, Nr. 78 (2. 4. 1973), S. 33:
Für Rahmenrichtlinien. (in.)
(Meldung vom Unterbezirksparteitag der SPD Hanau-Stadt.)

FAZ, Nr. 81 (5. 4. 1973), S. 28, Lokales:
„Ist der Kultusminister blind?" Staatssekretärin Laurien kritisiert die Rahmenrichtlinien. (Reu.)
(Bericht von einer öffentlichen Veranstaltung der CDU im Volksbildungsheim Frankfurt/M.)

FAZ, Nr. 84 (9. 4. 1973), S. 24, Lokales:
Auch der Elternbeirat protestiert. Kritik an den Rahmenrichtlinien reißt nicht ab. (in.)
(Bericht über die kritischen Stellungnahmen des Stadtelternbeirates Hanau und des Hauptgeschäftsführers der Industrie- und Handelskammer Hanau/Gelnhausen/Schlüchtern, Dr. Friedrich Grasmeher.)

FAZ, Nr. 86 (11. 4. 1973):
„Im Korsett marxistischen Klassenkampfdenkens". Industrie- und Handelskammer untersucht die Rahmenrichtlinien zur Gesellschaftskunde. (kv.)
(Bericht über eine Analyse von Diplomvolkswirt Othmar Kalthoff, veröffentlicht im Mitteilungsblatt der Frankfurter Industrie- und Handelskammer.)

FAZ, Nr. 87 (12. 4. 1973), S. 2:
Kurt *Reumann:* Dürfen Schulen Stätten des Konfliktes sein? Wenn Schülervertretungen Politik

treiben – Beispiele aus Hessen. (Bericht über eine Konferenz der Direktoren mehrerer Gymnasien im Bezirk Wiesbaden.)

FAZ, Nr. 87 (12. 4. 1973), S. 32, Feuilleton:
Joachim *Göschel* und Werner H. *Veith:* Die Schüler und ihr Unterricht in Deutsch. Ein Beitrag zur Diskussion um die Hessischen Rahmenrichtlinien im Fach Deutsch. (s. Dok. 47)

FAZ, Nr. 92 (18. 4. 1973), S. 7, Politik:
Walter *Fröhder:* Nacht-und-Nebel-Aktion Friedeburgs? Verschärfter Angriff gegen die Rahmenrichtlinien des hessischen Kultusministers. (Bericht über erneute Angriffe der CDU-Landtagsfraktion.)

FAZ, Nr. 99 (28. 4. 1973):
Arianna *Giachi:* Politische Verplanung des Kindes. Kunsterzieher protestieren gegen Rahmenrichtlinien.

FAZ, Nr. 107 (8. 5. 1973), Lokales:
„Tendenziös und widersprüchlich". Elternbeirat der Liebigschule kritisiert die Rahmenrichtlinien. (ptn.)

FAZ, Nr. 108 (9. 5. 1973):
Werner *Zimmermann:* Haben wir schon die Lehrpläne der Zukunft? Zum Stand der Curriculumentwicklung in der Bundesrepublik Deutschland.

FAZ, Nr. 108 (9. 5. 1973):
Hermann *Lübbe:* Die Schule – Institut programmierter Dekultivierung. Zu den Rahmenrichtlinien des hessischen Kultusministers im Lernbereich „Gesellschaftslehre".

FAZ, Nr. 109 (10. 5. 1973), Lokales:
Gebrauchsanweisung für die Rahmenrichtlinien? (bhr.) (Meldung über eine Anfrage der schulpolitischen Sprecherin der F.D.P., Dr. Sibylle Engel, an den Kultusminister zum Stand der Rahmenrichtliniendiskussion.)

FAZ, Nr. 109 (10. 5. 1973), Lokales:
Über Rahmenrichtlinien. (ptn.)
(Hinweis auf die am 14. 5. 1973 stattfindende GEW-Tagung in Frankfurt/M.)

FAZ, Nr. 110 (11. 5. 1973), Lokales:
Conze kritisiert Rahmenrichtlinien. Falsche Interpretation des Demokratiegebots / Angriff gegen Friedeburg. (Reu.)
(Zu den Angriffen des Heidelberger Historikers Prof. Conze auf die RR-Gesellschaftslehre.)

FAZ, Nr. 113 (15. 5. 1973):
Rahmenrichtlinien werden erprobt. Friedeburg verteidigt Ansatz und Konzeption der Entwürfe. (Reu.)
(Zum Erprobungserlaß des Kultusministers.)

FAZ, Nr. 113 (15. 5. 1973):
„Entscheidende bildungspolitische Tat". Expertentagung der GEW zum Thema Rahmenrichtlinien / Kritik der Parteien. (ptn.)

FAZ, Nr. 114 (16. 5. 1973):
Pflicht zu systemverändernden Gegenmodellen. GEW-Vertreter zum Thema Rahmenrichtlinien / „Vorrang der Konfliktbehandlung". (ptn.)

FAZ, Nr. 115 (17. 5. 1973):
Konflikt mit dem Elternverein. Scharfe Kritik an Äußerungen des GEW-Vorsitzenden. (Reu.)

FAZ, Nr. 118 (21. 5. 1973):
Erprobung ohne Einspruchsrecht. GEW-Resolution zum Thema Rahmenrichtlinien. (ptn.)

FAZ, Nr. 126 (30. 5. 1973), Lokales:
Schüler wegen ihrer Sprache nicht diskriminieren. Auseinandersetzung mit den Rahmenrichtlinien auf der Tagung der GEW. (ptn.)

FAZ, Nr. 127 (2. 6. 1973), Wochenendbeilage:
Andreas *Digeser:* Große und kleine buchstaben: gut mit großen gefahren.

FAZ, Nr. 128 (4. 6. 1973), S. 24:
Gegen „erprobungssüchtige Neuerer". F.D.P.-Politiker erinnert von Friedeburg an seine Zusage.
(lh.)

FAZ, Nr. 131 (7. 6. 1973), S. 24:
Ernst *Klett:* Emotion oder Wissenschaft? Die deutsche Verlegerschaft zur „gemäßigten Kleinschreibung".

FAZ, Nr. 132 (8. 6. 1973), S. 3, Karrikatur:
(Abgedruckt im Textteil, S. 65.)

FAZ, Nr. 132 (8. 6. 1973), S. 56, Leserbrief:
Kauderwelsch. Zum Bericht über die GEW-Expertentagung vom 30. 5. 1973.

FAZ, Nr. 133 (9. 6. 1973), S. 1, Kommentar:
Korn, Karl: Fest der Sprache und der Sprachen.

FAZ, Nr. 134 (12. 6. 1973), S. 26:
Harte Kritik zweier Professoren. „Rahmenrichtlinien erziehen zu einer anderen Demokratie".
(lh.)
(Bericht über das von den Professoren Nipperdey und Lübbe für den Hessischen Elternverin er-
stellte Gutachten über die RR-Gesellschaftslehre.)

FAZ, Nr. 135 (13. 6. 1973):
Kurt *Reumann:* Rahmenrichtlinien nach Düsseldorfer Art. Im politischen Unterricht soll Mün-
digkeit einstudiert werden.
(Zu den nordrheinwestfälischen Rahmenrichtlinien für den politischen Unterricht.)

FAZ, Nr. 135 (13. 6. 1973), S. 37, Lokales:
Golo *Mann:* „Hier wird ein Raub an der Jugend geplant". Kritische Anmerkungen zu den hessischen Rahmenrichtlinien für den Deutschunterricht. (s. Dok. 44)

FAZ, Nr. 136 (14. 6. 1973), S. 3:
Vernichtendes Urteil über Hessens Rahmenrichtlinien. Nipperdey und Lübbe befürchten Gefähr-
dung der Loyalität zum Grundgesetz. (Reu.) (S. schon Bericht vom 12. 6. 1973.)

FAZ, Nr. 136 (14. 6. 1973), S. 12, Leserbrief:
Eine Zumutung für Lehrer und Schüler. Zu Hermann Lübbes Beitrag vom 9. 5. 1973.

FAZ, Nr. 137 (15. 6. 1973), S. 4:
Große Anfrage zu den Rahmenrichtlinien. CDU/CSU-Fraktionschefs um Einheitlichkeit des Bildungswesens besorgt. (W. F.)

(Meldung von einer Sitzung der CDU-Fraktionsvorsitzenden aus Bund und Ländern in Wiesbaden auf der der Beschluß gefaßt wurde wegen der hessischen, niedersächsischen und nordrheinwestfälischen RR eine große Anfrage an die Bundesregierung zu richten.)

FAZ, Nr. 137 (15. 6. 1973), Lokales:
Kein Studium in CDU-Ländern? Christdemokratische Fraktionschefs lehnen Rahmenrichtlinien ab. (dpa.)

FAZ, Nr. 139 (18. 6. 1973), S. 27:
Aktionen statt Informationen. Leiter der Liebigschule zu den Rahmenrichtlinien für Gesellschaftslehre. (ptn.)

FAZ, Nr. 141 (20. 6. 1973), S. 35, Leserbrief:
Noch im Stadium der Diskussion. Zu Golo Manns Beitrag vom 13. 6. 1973.

FAZ, Nr. 142 (21. 6. 1973), S. 13, Leserbrief:
Keiner schreibt richtig. Zu Ernst Kletts Beitrag vom 7. 6. 1973.

FAZ, Nr. 143 (22. 6. 1973), S. 47, Lokales:
Erlaß zur Erprobung. Kultusministerium gibt Rahmen für die Rahmenrichtlinien. (W. F.)

FAZ, Nr. 145 (26. 6. 1973), S. 27:
„Erziehung zum mündigen Bürger". Die Rahmenrichtlinien aus der Sicht des Kultusministers / Ein Faltblatt als Informationsgrundlage. (W. E.)
(Über den Info des Kultusministeriums zu den RR, Textauszüge.)

FAZ, Nr. 146 (27. 6. 1973), Leserbrief:
Die technische Schrift.

FAZ, Nr. 147 (28. 6. 1973), S. 4:
Hessens CDU wirbt weiter um die F.D.P. Forderungen der Liberalen zu den Rahmenrichtlinien übernommen. (W. F.)

FAZ, Nr. 149 (30. 6. 1973), S. 9:
Kurt *Reumann:* Vom richtigen Gebrauch der „lieblichen Guillotine". Eine Lehrprobe zum Thema Gewalt / Die hessischen Rahmenrichtlinien für Gesellschaftslehre in der Praxis.

FAZ, Nr. 151 (3. 7. 1973), S. 24:
Jusos gegen Mitbestimmung. Jedenfalls bei der Erprobung der Rahmenrichtlinien.

FAZ, Nr. 157 (10. 7. 1973), S. 27, Leserbrief:
Den Anschein geben. Zum Bericht über den vom Kultusminister herausgegebenen Info zu den RR vom 26. 6. 1973.

FAZ, Nr. 161 (14. 7. 1973), S. 27, Leserbrief:
Gefährlicher Weg. Zu dem Bericht „Jusos gegen Mitbestimmung vom 3. 7. 1973.

FAZ, Nr. 161 (14. 7. 1973), S. 161:
Kurt *Otten:* Die hessische Landplage. Konflikt, kulturelle Kommunikation und die Hessischen Rahmenrichtlinien für Deutsch.

FAZ, Nr. 164 (18. 7. 1973), S. 30:
Rückschritt. (lh.)
(CDU sieht sich in ihrer Kritik an den RR-Gesellschaftslehre durch einen Beitrag der Professoren Proß, Otto, Czempiel, Link und Stürmer in der Wochenzeitung „Das Parlament" bestätigt.)

FAZ, Nr. 165 (19. 7. 1973), S. 24, Leserbriefe:
Pseudobeschäftigung mit Literatur. Zu Golo Manns Beitrag vom 13. 6. 1973.

FAZ, Nr. 167 (21. 7. 1973), S. 3, Politik:
Hessen will Rahmenrichtlinien ändern. Ministerpräsident Osswald lädt Kritiker zu Änderungs-
vorschlägen ein. (W. F.)
(Meldung über eine Ankündigung des Ministerpräsidenten, noch in diesem Jahr ein öffentliches
Forum nach Frankfurt einzuberufen, auf dem über die Änderung der RR diskutiert werden soll.)

FAZ, Nr. 170 (25. 7. 1973), S. 1, Kommentar:
Korn, Karl: Ist Auseinandersetzung gemeint?

FAZ, Nr. 170 (25. 7. 1973), Politik:
FDP will Neufassung der hessischen Rahmenrichtlinien. (W. F.)

FAZ, Nr. 171 (26. 7. 1973), Lokales:
FDP: Nur Diskussionspapier. (W. F.)

Nachtrag: FAZ-Beiträge

FAZ, Nr. 59 (10. 3. 1973), Leserbrief:
Anleitung zum Mißtrauen. Zu Ulrich Greiners Beitrag v. 3. 2. 1973.

FAZ, Nr. 62 (14. 3. 1973), Lokales:
Leserbriefe zu dem Beitrag „Hochsprache – ein Instrument zur Unterdrückung" v. 2. 3. 1973.

FAZ, Nr. 65 (17. 3. 1973), Politik:
FDP: Rahmenrichtlinien vor das Parlament. Rechtsprüfung in Wiesbaden / Schwierigkeiten für
Friedeburg erwartet. (W. F.)

FAZ, Nr. 69 (22. 3. 1973), Lokales:
Leserbrief zum Bericht über Prof. P. Stöckleins Gutachten v. 15. 3. 1973.

FAZ, Nr. 71 (24. 3. 1973), Leserbrief:
Niedergang. Zum Kommentar Dolf Sternbergers v. 12. 3. 1973.

FAZ, Nr. 74 (28. 3. 1973), Leserbrief:
Das Messer des Geistes. Zum Kommentar Dolf Sternbergers v. 12. 3. 1973.

FAZ, Nr. 80 (4. 4. 1973), Leserbrief:
Ausrotten. Zu P. Stöckleins Beitrag v. 22. 3. 1973.

FAZ, Nr. 81 (5. 4. 1973), Leserbrief:
Das Maul lehren lassen? Zu P. Stöckleins Beitrag v. 22. 3. 1973.

FAZ, Nr. 95 (21. 4. 1973), Leserbrief:
Erst mal abwarten. Zu P. Stöckleins Beitrag v. 22. 3. 1973.

FAZ, Nr. 109 (10. 5. 1973), Politik:
Conze kritisiert Rahmenrichtlinien. Vernachlässigung des Demokratiegebots / Angriff gegen Friede-
burg. (Reu.)
(Der Artikel wird wieder abgedruckt in FAZ, Nr. 110, im Teil „Lokales".)

FAZ, Nr. 129 (5. 6. 1973), Politik:
Literatur im Mülleimer. (Hinweis auf Golo Manns Beitrag in der Süddeutschen Zeitung.)

FAZ, Nr. 133 (9. 6. 1973), Leserbrief:
Wahlfreie Kleinschreibung. Zu A. Digesers Beitrag v. 2. 6. 1973.

FAZ, Nr. 137 (15. 6. 1973), Leserbrief:
Die Entlarver. Zu E. Kletts Beitrag v. 7. 6. 1973.

FAZ, Nr. 143 (22. 6. 1973), Leserbrief:
Tricks durchschaut. Zu Golo Manns Beitrag v. 13. 6. 1973.

Dritter Teil

Bibliographie zur Kontroverse um die RRD

(Unberücksichtigt ist die Presse-Berichterstattung über die Kontroverse um die RR. Auf Artikel aus der FAZ, die in Teil VI der Dokumentation, S. 203 ff. dieses Bandes bibliographisch erfaßt sind, wird verwiesen.)

1. Curriculum-Revision in Hessen 1967–1972

1 Baumann, Reiner: Monopolstellung der Lernzielproblematik. Rezension zu: Probleme der Curriculumentwicklung. Hrsg. v. W. Klafki u. a. In: betrifft: erziehung 5 (1972), H. 11, S. 74 f.

2 Becker, Helmut, Peter Bonn und Norbert Groddeck: Demokratisierung als Ideologie? Anmerkungen zur Curriculum-Entwicklung in Hessen. In: betrifft: erziehung 5 (1972), H. 8, S. 19–29.

3 Becker, Helmut, Peter Bonn und Norbert Groddeck: Wirklichkeit in gebrochener Form. Anmerkungen zum Projekt Wohnen. In: betrifft: erziehung 5 (1972), H. 8, S. 29–31.

4 Beispiele für lernzielorientierten Unterricht. Projekt 1: Urlaub; Projekt 2: Wohnen; Projekt 3: Informationslehre; Projekt 4: Informationsübertragung durch Zeichen; Projekt 5: Mathematisierung von Abstimmungsprozessen; Projekt 6: Sprache und Konflikt; Projekt 7: Bau und Funktion des menschlichen Bewegungsapparates. Hrsg. von der Kommission zur Reform der Hessischen Bildungspläne. Reinhardswaldschule 1970.

5 Bildungspolitische Informationen 1 (1969), Nr. 1. Hrsg. vom Hess. Kultusminister.

6 Bildungspolitische Informationen 2 (1970), Nr. 2. Hrsg. vom Hess. Kultusminister.

7 Frommelt, Bernd: Pragmatische Lehrplanrevision – Aspekte und Probleme. In: Aula 1972, H. 5.

8 „Gravierende kulturpolitische Fehlentscheidung". Fünf Fragen an Staatssekretär G. Moos und Prof. W. Klafki. Die Fragen wurden von Helmut Becker, Peter Bonn und Norbert Groddeck gestellt. In: betrifft: erziehung 5 (1972), H. 9, S. 25–28.

9 Haller, Ingrid: Keine Lehrpläne mehr in Hessen? Zur Konzeption zukünftiger Curriculum-Entwicklung. In: Amtsblatt des Hess. Kultusministers 11 (1970), S. 981–988.

10 Hartwig, Helmut: Methodologische Bemerkungen zum vorliegenden Konstruktionsvorschlag für ein Curriculum. In: Ästhetik und Kommunikation 1 (1970), H. 1, S. 29–39.

11 Hartwig, Helmut: Die Geschichte des Projekts Wohnen. Ein Beitrag zum Verlauf der hessischen Curriculum-Revision. In: betrifft: erziehung 5 (1972), H. 11, S. 43–48.

12 Ivo, Hubert: Große Curriculumrevision: „Lustquelle des Rechtbehaltens". Stellungnahme zu Becker, Bonn, Groddeck: Demokratisierung als Ideologie. In: betrifft: erziehung 6 (1973), H. 1, S. 4–7.

13 Klafki, Wolfgang, Karl Christoph Lingelbach und Hans W. Nicklas (Hrg.): Probleme der Curriculumentwicklung. Entwürfe und Reflexionen. Frankfurt/M., Berlin, München 1972.

14 Lingelbach, Karl Christoph: Probleme und Perspektive der Curriculumentwicklung in Hessen. In: Zs. f. Päd. 1971, H. 1, S. 91–103.

15 Mitteilungen der Kommission zur Reform der Hessischen Bildungspläne, H. 1 (1969) und 2 (1970), hrsg. von der Kommission zur Reform der Hessischen Bildungspläne. H. 3a und b (1970), 3c (1971), hrsg. v. Hess. Institut für Lehrerfortbildung.

16 Nicklas, Hans W.: Curriculum-Reform als Teil der Schulreform. In: Schulreform – oder der sogenannte Fortschritt. Hrsg. v. J. Beck und L. Schmidt. Frankfurt/M. 1970, S. 108–114.

17 Nicklas, Hans W.: Die Revision der hessischen Bildungspläne. In: Bildungspolitische Informationen des Hess. Kultusministers 1 (1969), Nr. 1.

18 Projekt Wohnen: Lernziel Emanzipation. Dokumentation. In: betrifft: erziehung 5(1972), H. 7, S. 33—52.

19 Protokoll der Lehrplankonferenz vom 4./5. 4. 1968. Hrsg. vom Hess. Lehrerfortbildungswerk, 1968.

20 Protokoll der Lehrplankonferenz vom 26. 6. 1968 in Wiesbaden. Hrsg. vom Hess. Lehrerfortbildungswerk, o. J.

21 Protokoll der Curriculum-Tagung vom 18./19. 4. 1969 in Kassel. Hrsg. vom Hess. Lehrerfortbildungswerk, o. J.

22 Reform von Bildungsplänen. Grundlagen und Möglichkeiten. Hrsg. vom Leiter des Hess. Lehrerfortbildungswerkes. Frankfurt/M., Berlin, München [1] 1969, [2] 1971 (= Rundgespräch, Sonderheft 5).

23 Schütte, Ernst, Hildegard Hamm-Brücher und Hans W. Nicklas: Die Schule in der veränderten Welt. Wiesbaden 1968 (= Schriftenreihe des Hess. Kultusministers, Nr. 1).

24 Wolf, Hartmut: Lehrplanreform in Hessen — Einige Überlegungen zum Verhältnis zwischen Theorie und Praxis von Curriculumrevision. In: Gesellschaft und Schule 1971, H. 2, S. 11—26.

25 Zur Lehrplanrevision für die Sekundarstufe in Hessen. Bericht der „Vorbereitenden Kommission", o. J. (1969). Inzwischen veröffentlicht unter dem Titel: Probleme der Curriculumentwicklung. Hrsg. v. W. Klafki u. a.

2. Die Kontroverse um die Rahmenrichtlinien

2.1 Kultusministerium

26 Amtsblatt des Hessischen Kultusministers, 25 (1972), S. 819 f.: Rahmenrichtlinien für die Primarstufe und die Sekundarstufe I (s. Dok. 1).

27 Amtsblatt des Hessischen Kultusministers, 26 (1973), S. 145: Stellungnahmen zu den Rahmenrichtlinien.

28 Amtsblatt des Hessischen Kultusministers, 26 (1973), S. 432: Einrichtung von Arbeitsgemeinschaften zur Umsetzung der Rahmenrichtlinien in der regionalen Lehrerfortbildung.

29 Amtsblatt des Hessischen Kultusministers, 26 (1973), S. 553: Unterrichtsmaterialien zu den Rahmenrichtlinien.

30 Amtsblatt des Hessischen Kultusministers, 26 (1973), S. 654 f.: Regelung der Teilnahme an Lehrgängen zur Umsetzung der Rahmenrichtlinien im Hessischen Institut für Lehrerfortbildung.

31 Amtsblatt des Hessischen Kultusministers, 26 (1973), S. 908—913: Erprobung von Rahmenrichtlinien für die Primarstufe und Sekundarstufe I (s. Dok. 3).

32 Hessen 10. Information Rahmenrichtlinien. Hrsg. von der Presse- und Informationsabteilung, Staatskanzlei, 62 Wiesbaden, Bierstadter Str. 2.

33 Konrad Duden und Rudolf Hildebrand: Zum Deutschunterricht. In: Informationen und Mitteilungen des Hessischen Kultusministers 73/30, 5. 3. 1973.

34 Kultusminister zur CDU-„Dokumentation". In: Informationen und Mitteilungen des Hessischen Kultusministers, 73/42, 10. 4. 1973.

35 Neue hessische Lehrpläne (Rahmenrichtlinien). Begründungen, Aufgaben, Zielperspektiven. Bildungspolitische Informationen des Hessischen Kultusministers 4 (1972), H. 3.

2.2 Rahmenrichtlinienverfasser

36 Erziehung zum Klassenkampf? Spiegel-Gespräch mit Ingrid Haller und Hartmut Wolf. In: Der Spiegel 27 (26. 3. 1973), Nr. 13, S. 148—157.

37 Haller, Ingrid und Hartmut Wolf: Ein Curriculum lernt laufen. Gehversuche in Hessen. In: Zs. f. Päd. 19 (1973), H. 3, S. 427 ff.

38 Haller, Ingrid und Hartmut Wolf: Neuorganisation der Lehrerfortbildung als Teilstück schulnaher Curriculum-Entwicklung. In: curriculum konkret 1 (1973), H. 1.

216

39 Hebel, Franz: Deutsch lernen – aber wie und wozu? Eine Diskussion der heftig umstrittenen „Rahmenrichtlinien für den Deutschunterricht". Der richtige Schritt. In: Die Zeit, Nr. 12 v. 16. 3. 1973.

40 Ivo, Hubert: Deutsch-Unterricht doch als „Lebenshilfe". Die neuen hessischen Rahmenrichtlinien: Zum Beispiel „Schreiben". In: Frankfurter Rundschau v. 8. 2. 1973, S. 17.

41 Ivo, Hubert: „Gutes Deutsch" als Ausweis für Denkfähigkeit? Unterricht und Sprache / Auseinandersetzung über die hessischen Rahmenrichtlinien: Teil 2. In: Frankfurter Rundschau v. 15. 2. 1973, S. 9.

42 „Neue Schule" in Hessen: Basisarbeit durch Bürokratie? Unterrichtsmaterialien und regionale Lehrerfortbildung sollen aus den neuen hessischen Rahmenrichtlinien auch eine neue Unterrichtspraxis machen. b : e – Interview mit Ingrid Haller und Hartmut Wolf. In: betrifft: erziehung 6 (1973), H. 1, S. 31–33.

2.3 Parteien

43 Hessischer Landtag: Protokoll der 60. Sitzung des Hessischen Landtages. Aussprache über die Große Anfrage der F.D.P. betr. hessische Rahmenrichtlinien, 29. 3. 1973, S. 3264–3307 (Vertrieb: Verl. Dr. Hans Heger, 53 Bonn-Bad Godesberg, Goethe Str. 56, Tel. 63551) – (Auszüge s. Dok. 5, 8, 10, 11).

CDU:

Die vom CDU-Landesverband herausgegebenen Broschüren und Faltblätter sind zu beziehen über: CDU-Landesgeschäftsstelle, 62 Wiesbaden, Biebricher Allee 29, Tel.: (06121) 86061–65.

44 CDU-Fraktion im Hessischen Landtag: Antrag der Fraktion der CDU betr. Zurückziehung der „Rahmenrichtlinien" (s. Dok. 4).

45 CDU-Fraktion im Hessischen Landtag. Pressestelle (Hrsg.): Pressemitteilung v. 19. 2. 1973: Opposition: Kultusminister soll Rahmenrichtlinien zurückziehen.

46 CDU-Landesverband Hessen: Betr.: Ihre Zuschrift auf unser Flugblatt „Marx statt Rechtschreibung". Ein Rundbrief.

47 CDU-Landesverband Hessen: Fachtagung der CDU Hessen. „Rahmenrichtlinien in der Diskussion" am 24. 2. 1973 in Gießen.

48 CDU-Landesverband Hessen (Hrsg.): Marx statt Rechtschreibung. Rahmenrichtlinien in Hessen. Gesellschaftslehre und Deutsch. Broschüre. Wiesbaden o. J. (1973) – (Auszüge s. Dok. 6).

49 CDU-Landesverband Hessen (Hrsg.): Marx statt Rechtschreibung. Rahmenrichtlinien in Hessen. CDU-Argumente, Nr. 5, Faltblatt.

50 CDU-Landesverband Hessen (Hrsg.): Welche Rechte haben Eltern? Schule – Erziehung – Rahmenrichtlinien. Wiesbaden o. J. (1973).

51 CDU-Landesverband Hessen (Hrsg.): Sozialismus im Schulwesen am Beispiel Hessen. Eine Dokumentation. Wiesbaden o. J. (1972).

52 Junge Union (CDU), Wiesbaden, nimmt Stellung zu den Rahmenrichtlinien im Deutsch-Fach. Auszugsweise veröffentlicht in: Wiesbadener Tagblatt v. 26. 3. 1973, S. 15.

53 Laurien, Hanna-Renate: Gesellschaftslehre für eine „leere Gesellschaft". In: Hessenkurier 1973/Nr. 3.

54 Laurien, Hanna-Renate: Herrschaft durch Sprache? Rahmenrichtlinien für den Deutschunterricht in Hessen. Rede gehalten auf der Fachtagung der CDU in Gießen. Veröffentlicht in: Kulturpolitischer Informationsdienst 13 (1973), S. 162 ff., und in: Die Höhere Schule, H. 8/ 1973, S. 209–213.

55 Laurien, Hanna-Renate: Hessische Richtlinien für Gesellschaftslehre: Schulung statt Schule. Rede gehalten auf der Fachtagung der CDU in Gießen. Veröffentlicht in: Kulturpolitischer Informationsdienst 13 (1973), Nr. 5, und in: zum nachdenken Nr. 50/1973, S. 12–19; auch unter dem Titel: Kritik ist der Maßstab, Loyalität sucht man vergebens: In: in. Das deutsche Bildungsmagazin 5 (1973), Nr. 5, S. 18 f.

56 Müller-Kinet, Hartmut: Curriculum für blaue Ameisen. Hessische Rahmenrichtlinien führen zur politischen Klippschule. In: Rheinischer Merkur, 8/1973.

57 Müller, Hartmut: Erziehung zur Revolution. Hessische Rahmenrichtlinien – ein Curriculum für blaue Ameisen. In: Hessen-Kurier, Februar 1973.

58 Schüler-Union (CDU) – Wiesbaden: Flugblatt. Hessen ist schon rot genug!!! Zu den Rahmenrichtlinien in Deutsch und Gesellschaftslehre Sekundarstufe I (5.–10. Klasse).

59 Einige Thesen zur Diskussion der hessischen Rahmenrichtlinien. Zur Sitzung der Kommission Rahmenrichtlinien des Kulturpolitischen Ausschusses der CDU-Hessen am 16. 2. 1973.

60 Vogel, Bernhard: Deutschunterricht ein Politikum (Rede auf dem Germanistentag in Trier), 11. 2. 1973.

F.D.P.:

61 Große Anfrage der Fraktion der F.D.P. betreffend Rahmenrichtlinien Sekundarstufe I – Deutsch – des Hessischen Kultusministers vom Jahre 1972. Hessischer Landtag, 7. Wahlperiode, Drucksache 7/2858 v. 1. 2. 1973.

62 Brans, Werner: Deutsch lernen – aber wie und wozu? Eine Diskussion der heftig umstrittenen „Rahmenrichtlinien für den Deutschunterricht". Ein falscher Ansatz. In: Die Zeit, Nr. 12 v. 16. 3. 1973 (s. Dok. 9).

SPD:

63 Arbeitsgemeinschaft sozialdemokratischer Lehrer (ASL), Unterbezirk Wiesbaden: Stellungnahme zu den Rahmenrichtlinien, Wiesbaden, 23. 3. 1973. Veröffentlicht in: Wiesbadener Tagblatt v. 5. 4. 1973.

64 AG sozialdemokrat. Lehrer (ASL), AG sozialdemokrat. Frauen (ASF), AG Sozialdemokrat. Eltern (ASE), Kulturpolit. Ausschuß der SPD-Hessen-Süd, Presseerklärung zur Konferenz über die Rahmenrichtlinien. Bericht in: Frankfurter Rundschau v. 23. 3. 1973.

65 Auer, Frank von: Diskussionsthesen zu den hessischen Rahmenrichtlinien, Astheim, 28. 2. 1973.

66 Hellberg, Helmut: Von Springers „Bild" bis Werthers Leiden. Der Streit um die Deutsch-Rahmenrichtlinien. In: Vorwärts, 3. 5. 1973, S. 14.

67 Holzapfel, Hartmut: Die CDU ließ die Katze aus dem Sack. In: Der Sozialdemokrat, 5/1973.

68 Kalb, Peter E.: F.D.P. zieht konservative Karte. In: Der Sozialdemokrat.

69 Kalb, Peter E.: Hessen vor, noch ein Eigentor! In: betrifft: erziehung 6 (1973), H. 5, S. 10 f.

70 SPD – Bezirk Hessen-Süd/Kulturpolitischer Ausschuß/ASL (Hrsg.): Rahmenrichtlinien: 1. Schulreform: Für eine demokratische Gesellschaft; 2. Deutschunterricht: Für eine demokratische Gesellschaft; 3. Gesellschaftslehre: Für eine demokratische Gesellschaft; 4. Gegen Selbst- und Mitbestimmung? Wie die CDU mit der Wahrheit umgeht. Redaktion: Frank v. Auer, Jürgen Bohne, Hartmut Holzapfel, Norbert Reith. (Diese vier Broschüren sind zu beziehen über: SPD – Bezirk Hessen-Süd, 6 Frankfurt/M., Fischerfeldstr. 7–11, Tel.: (0611)-291096.)

71 SPD – Jungsozialisten Hessen-Süd: Materialien zu den Rahmenrichtlinien 3/4, 1973.

Marxistische Gruppen:

72 Hessische Rahmenrichtlinien: „Marx statt Rechtschreibung?" In: Schulkampf. Kommunistische Schülerzeitung 7, 1973, S. 1–7.

73 Rahmenrichtlinien: Kritische Notizen zu den RRL-Gesellschaftslehre. In: Der Föhn 1 (1973), Nr. 2, S. 8 f.

74 Rahmenrichtlinien: Herr Stöcklein hinterfragt die Rahmenrichtlinien. In: Der Föhn 1 (1973), Nr. 2, S. 9 f.

75 Die Schulreaktion in Hessen: Das Wirken des hessischen Elternvereins u. a. In: Der Föhn 1 (1973), Nr. 2, S. 7 f.

76 Der Streit um die Rahmenrichtlinien: Zwei Formen bürgerlicher Bildungspolitik. In: Der Föhn 1 (1973), Nr. 3, S. 4–7 (in Auszügen als Dok. 29).

Angekündigt ist vom KSB Frankfurt/M. für Ende des Jahres 1973 eine Dokumentation und Analyse der RR.

2.4 Organisierte Interessenvertretung

Schüler:

77 Hessischer Jugendring (Arbeitsgemeinschaft hessischer Jugendverbände): Rahmenrichtlinien für den Deutsch- und Gesellschaftslehreunterricht. Presseinformation, 1. 6. 1973.
78 Projekt Curriculum. Hrsg. vom Landesvorstand der Schülervertretung des Landes Hessen (zu beziehen: Wolfram Dette, 633 Wetzlar, Roseggerstr. 6).
Rezension:
Curriculum. Hessens Schüler: Druck von unten. In: betrifft: erziehung 5 (1972), H. 11, S. 16 f.
79 Rahmenrichtlinien. Eine wesentliche gesellschaftspolitische und bildungspolitische Reform seit 1945. Interview mit dem hessischen Landesschulsprecher Jan von Trott und dem Landes-geschäftsführer der Hessischen Schülervertretung, Wolfram Dette. In: Hessische Lehrerzeitung 26 (1973), H. 9, S. 6.
80 Schülervertretung des Landes Hessen, Landesvorstand: Rahmenrichtlinien für das Fach Deutsch, Sekundarstufe I. – Erklärung der Hessischen Schülervertretung, 10. 2. 1973 (s. Dok. 13). (Berichterstattung in Frankfurter Rundschau v. 23. 3. 1973 und in der Hessischen Allgemeinen Zeitung v. 3. 3. 1973 u. a.)

Eltern:

81 Landeselternbeirat Hessen: Rahmenrichtlinien. Presseerklärung v. 5. 4. 1973.

Hessischer Elternverein (HEV):

82 Elternbrief. Dokumentation des Hessischen Elternvereins e. V., Bad Homburg v. d. H., Quellenweg 5 (erscheint monatlich). Zu den Rahmenrichtlinien besonders: Elternbrief 2/3 (1973), mit Auszügen aus dem Gutachten von Prof. Paul Stöcklein; Elternbrief 5/6 (1973), mit einem Überblick über die Gutachten von Nipperdey und Lübbe u. a.
83 Nicklis, Werner S.: Gutachten über die Rahmenrichtlinien – Sekundarstufe I Deutsch. In Auszügen auch abgedruckt in: Die Welt v. 13. 2. 1973 unter dem Titel: Dialektisches Judo mit Sprache und Literatur. Zur Kritik am hessischen Rahmenrichtlinien-Entwurf für den Deutschunterricht der Mittelstufe.
84 Nicklis, Werner S.: Gutachten zu den „Rahmenrichtlinien, Sekundarstufe I – Gesellschafts-lehre".
85 Nipperdey, Thomas und Hermann Lübbe: Gutachten zu den Rahmenrichtlinien Sekundar-stufe I Gesellschaftslehre des Hessischen Kultusministers, H. 1 der Schriftenreihe des Hes-sischen Elternvereins, Bad Homburg v. d. H., o. J. (1973).
86 Stöcklein, Paul: Stellungnahme zu den Rahmenrichtlinien für Deutsch Sekundarstufe I. Bei-lage zum Elternbrief 2/3 (1973). Auch abgedruckt in: FAZ, Nr. 69 (22. 3. 1973), S. 28, Feuilleton (Dok. 23); eine Replik zu Stöckleins Gutachten findet sich in: Der Föhn, s. unter: Marxistische Gruppen.
Mit dem Hessischen Elternverein und seinen Verbindungen zur CDU und CDU-nahen Wirtschafts-kreisen beschäftigen sich die folgenden Artikel:
87 Below, Peter: Hessischer Elternverein. Geschickt gemacht. In: betrifft: erziehung 6 (1973), H. 10, S. 42–44.
88 Die Schulreaktion in Hessen, in: Der Föhn, s. unter Marxistische Gruppen.

Lehrer:

Hessischer Philologenverband / Deutscher Lehrerverband Hessen

89 Hessischer Philologenverband: Gesichtspunkte und Fragen zu den Rahmenrichtlinien (RRL) für die Sekundarstufe I. Veröffentlicht durch Geschäftsstelle, 62 Wiesbaden, Hellmundstraße 5, 2. 11. 1972.

90 Hessischer Philologenverband: Vorläufige Stellungnahme zu den Rahmenrichtlinien (Zwischenbericht über den Diskussionsstand, 30. 3. 1973). In: Hess. Philologenverb. Mitteilungsblatt 24 (1973), H. 6/7, S. 26−39 (s. Dok. 15).

91 Hessischer Philologenverband: Pädagogische Tagung 1972. Die Funktion der Rahmenrichtlinien für neue Lehrpläne. (Bericht über die Tagung in Bad Nauheim v. 9./10. 9. 1973.) In: Hess. Philologenverband Mitteilungsblatt 24 (1973), H. 10/11, S. 5−14.

92 Zoche, W. (Deutscher Lehrerverb. Hessen): Thesen für das Diskussionsforum über die Rahmenrichtlinien am 28. 2. 1973 in Groß-Gerau.

Gewerkschaft Erziehung und Wissenschaft (GEW)

93 Becker, Helmut: Zu den Hessischen Rahmenrichtlinien. Auszüge aus einem Referat des stellvertretenden Vorsitzenden des Deutschen Bildungsrates Prof. Dr. Helmut Becker anläßlich einer Expertentagung des GEW-Bund in Frankfurt/M. In: Hessische Lehrerzeitung 26 (1973), Nr. 6, S. 30.

94 Below, Peter: Wem nützen die Rahmenrichtlinien Gesellschaftslehre? In: Hess. Lehrerzeitung 26 (1973), Nr. 4, S. 3.

95 Erprobung der Rahmenrichtlinien gesichert? In: Hess. Lehrerzeitung 26 (1973), Nr. 7/8, S. 7.

96 GEW-Dokumentation: Hessische Schulreform. Dokumentation der Auseinandersetzung. 1: Deutsch; 2: Gesellschaftslehre; 3: Angriffe von rechts. (Zu beziehen über: GEW-Geschäftsstelle, 6 Frankfurt/M., Unterlindau 58.)

97 GEW-Hauptvorstand: GEW: Hessische Rahmenrichtlinien sind Beispiel für Lehrplanreform. In: GEW-Pressedienst, 15. 5. 1973.

98 GEW-Hauptvorstand: GEW-Expertentagung zu den Hessischen Rahmenrichtlinien. In: GEW-Pressespiegel − Sonderausgabe, 29. 5. 1973.

99 GEW-Landesverband Hessen: Rahmenrichtlinien müssen erprobt werden, 7. 2. 1973.

100 GEW-Landesverband Hessen: Rahmenrichtlinien. Resolution der Vertreterversammlung v. 11. 5. 1973. In: GEW-Informationen 26, 1973.

101 Helmers, Hermann: Die hessischen „Rahmenrichtlinien Sekundarstufe I Deutsch" von 1972. In: Die Deutsche Schule, 9/1973.

102 Helmers, Hermann: Sind die hessischen Deutsch-Richtlinien fortschrittlich? Thesenpapier. In: Erziehung und Wissenschaft, 9/1973, S. 10 ff.

103 Hessischer Lehrertag, Plädoyer für die Rahmenrichtlinien! In: Hess. Lehrerzeitung 26 (1973), Nr. 6, S. 3 f.

104 Köhler, Gerd: Gewollt: Die inhaltliche Schulreform. Die Auseinandersetzung um die hessischen Rahmenrichtlinien für die Fächer Deutsch und Gesellschaftslehre. In: Erziehung und Wissenschaft, 5/1973, S. 6 f.

105 Köhler, Gerd und Ernst Reuter (Hrsg.): Was sollen Schüler lernen? Die Kontroverse um die hessischen Rahmenrichtlinien für die Unterrichtsfächer Deutsch und Gesellschaftslehre. Dokumentation einer Tagung der GEW, Frankfurt/M. 1973 (Fischer-TB, Nr. 1460).

106 Merkelbach, Valentin: Eigenbau-Sprachbarrieren. Zur Kritik an den hessischen Rahmenrichtlinien (RRD). In: Erziehung und Wissenschaft, 9/1973, S. 10 ff.

107 Merkelbach, Valentin: Materialistische Kritik oder Wasser auf die Mühlen der Konservativen? Hermann Helmers' Beitrag zur Diskussion der Rahmenrichtlinien Deutsch. In: Die Deutsche Schule, 9/1973, S. 625−632.

108 Nyssen, Friedhelm: Zur politisch-pädagogischen Einschätzung der Hessischen Rahmenrichtlinien. In: Die Deutsche Schule 5/1973, S. 305 ff.

Rahmenrichtlinien. Eine wesentliche . . . Reform seit 1945! s. unter Schüler.

109 Röhrig, Werner: Rahmenrichtlinien im Meinungsstreit. In: Hess. Lehrerzeitung 26 (1973), Nr. 4, S. 2 f.

110 Röhrig, Werner: Thesen zur Diskussion anläßlich der Veranstaltung „Rahmenrichtlinien, Start zur inneren Schulreform?" des Modellversuchs Regionale Lehrerfortbildung in Groß-Gerau am 28. 2. 1973.
Geplante Veröffentlichungen:
GEW-Bezirksverband Frankfurt/M.: Broschüre zu den Rahmenrichtlinien.
Eine Sonderausgabe der Hess. Lehrerzeitung: Verwirklicht endlich die Bildungsreform. Die Wahrheit über die Hessischen Rahmenrichtlinien. (Druck wird vom Landesverband nur genehmigt, wenn genügend Vorbestellungen eingehen.)

Deutscher Gewerkschaftsbund (DGB)

111 DGB Landesjugendausschuß für Rahmenrichtlinien. Presseerklärung, 7. 4. 1973.
112 DGB-Landesverband Hessen: Unterstützung für den Hessischen Kultusminister. In: DGB-Pressedienst, 19. 4. 1973.
113 DGB-Landesverband Hessen: Erklärung von J. Richert zu den hessischen Rahmenrichtlinien. In: DGB-Pressedienst, 7. 3. 1973.
Geplante Veröffentlichungen:
Das Manuskript für eine Broschüre zu den Rahmenrichtlinien Gesellschaftslehre und Deutsch liegt seit einigen Monaten vor.

Arbeitgeber:

114 Offener Brief des Beirats Nordhessen der Vereinigung der hessischen Arbeitgeberverbände, Dieter Hagen, an den Hessischen Ministerpräsidenten, in: Der Arbeitgeber 25 (1973), H. 6, S. 225.
115 Heinrichsbauer, Jürgen: Deutschunterricht. In: der Arbeitgeber 25 (1973), H. 5, S. 165.
116 Zu den Rahmenrichtlinien im Fach Deutsch. In: Mitteilungen der Industrie- und Handelskammer, Frankfurt/M., 6/15. 3. 1973.

2.5 Sonstige Stellungnahmen

Analysen und Dokumentationen

117 Die politische Auseinandersetzung um die neuen hessischen Lehrpläne „Rahmenrichtlinien". Frankfurt/M. (Seminar-Verl.) 1973. (Die Dokumentation umfaßt Aufsätze zur Curriculum-Diskussion in Hessen seit 1967: Lingelbach, Becker/Bonn/Groddeck, Ivo, Hartig, Rumpf, Haller/Wolf, Nyssen).
Köhler/Reuter: Was sollen Schüler lernen? s. GEW.
118 Hessische Rahmenrichtlinien. Eine Bestandsaufnahme. In: betrifft: erziehung 6 (1973), H. 8, S. 18—37.
Geplante Veröffentlichungen:
Altenhofer, Norbert u. a.: Die Hess. Rahmenrichtlinien für das Fach Deutsch (Sekundarstufe I) in der wissenschaftlichen Diskussion. Scriptor-Verlag, Kronberg/Ts. für Februar 1974.
Analysen des DGB, der GEW-Frankfurt/M., des KSB-Frankfurt/M.

Einzelstellungnahmen

119 Ebmeyer, Klaus-U.: Gute Noten für Staatsverdruß. Streit um die hessischen „Rahmenrichtlinien". In: Deutsche Zeitung / Christ und Welt, Nr. 9 (2. 3. 1973), S. 12.
120 Entstehung und Erprobung. Warten auf die Nagelprobe. Interview mit Helmut Becker, Peter Bonn und Norbert Groddeck. In: betrifft: erziehung 6 (1973), H. 8, S. 19—22.
121 Evangelische Akademie Hofgeismar. Tagung: Diskussion um die Hessischen Rahmenrichtlinien, Manuskript 1973.

122   Fruhmann, Theodor: Karl Marx im hessischen Schulunterricht? In: Fuldaer Zeitung, Nr. 41 (17. 2. 1973).

123   Geisler, Wolfgang: Argumente? Was so alles gegen die hessischen Rahmenrichtlinien vorgebracht wird. In: betrifft: erziehung 6 (1973), H. 8, S. 22–25.

124   Gutachten zu den Rahmenrichtlinien. In: Akademischer Dienst. Kulturpolitische Information, 33 / 16. 8. 1973, S. 384 ff.

125   Pieper, Hubert: Eine neue Konfessionsschule? In: Die Realschule, H. 7 (1973), S. 255 ff.

126   Rahmenrichtlinien. Nicht unter den Tisch? In: betrifft: erziehung 6 (1973), H. 4, S. 43 f.

127   Redwanz, Wolfgang: Anmerkungen über Prämissen der hessischen Rahmenrichtlinien. In: Die Realschule, H. 7 (1973), S. 251 ff.

128   Roitsch, Jutta: Herausforderung hinter gelben und blauen Deckblättern. In: Frankfurter Rundschau, Nr. 75 (29. 3. 1973), S. 3.

129   Wie, Wann, von Wem? Pädagogen und Politiker opponieren in Hessen gegen neue Rahmenrichtlinien. In: Der Spiegel, Nr. 10 (5. 3. 1973), S. 30 f.

2.6 Stellungnahmen zu den RRD

130   Beck, Walter: Die verschriftete Zeit. In: Fuldaer Zeitung v. 2. 2. 1973.

131   Becker, Hellmut: Der Inhalt des Unterrichts wird endlich diskutiert. In: Süddeutsche Zeitung v. 16./17. 6. 1973.

132   Borries, Hans-J.: Erst durchlesen – dann erst darüber reden. In: Wiesbadener Tagblatt v. 6. 4. 1973.

133   Brackert, Gisela: Hessische Deutschstunde. In: Deutsches Allgemeines Sonntagsblatt 24, 17. 6. 1973.

Brans, Werner: s. Parteien, F.D.P.

134   Eigenwald, Rolf: Aus erhabener Warte. Walther Killy und der Deutschunterricht. In: Diskussion Deutsch 4 (1973), H. 13, S. 267 ff.

135   Friedeburg und die Kistenbewohner. Goethe, Stöcklein und Musulin gegen Hessens Rechtschreibereform. In: Frankfurter Neue Presse v. 3. 3. 1973.

136   Göschel, Joachim und Werner H. Veith: Die Schüler und ihr Unterricht in Deutsch. Ein Beitrag zur Diskussion um die Hessischen Rahmenrichtlinien im Fach Deutsch. In: FAZ, Nr. 87 (12. 4. 1973), S. 32 (Dok. 26).

137   Greiner, Ulrich: Die Deutschdidaktik: zwischen Seelsorge und Wissenschaft. Über die neuen Hessischen Rahmenrichtlinien für das Fach Deutsch: In: FAZ, Nr. 29 (3. 2. 1973), S. 8 (Dok. 25).

138   Härtling, Peter: Deutschstunde der Ideologen. In: Deutsche Zeitung / Christ und Welt, Nr. 15 (13. 4. 1973), S. 11.

139   Hassenstein, Friedrich: Comics, Fernsehen, Werbung im Deutschunterricht der Schulen. Konsequenzen aus der Lernzieldiskussion für den muttersprachlichen Unterricht. In: FAZ, Nr. 11 (13. 1. 1973), S. 12.

140   Hautumm, H. L.: Die Gesellschaft soll verändert werden. Was hinter den „Rahmenrichtlinien" des hess. Kultusministers steht. (Gekürztes Referat) In: Fuldaer Zeitung v. 24. 3. 1973.

Hebel, Franz: s. Rahmenrichtlinienverfasser.

Hellberg, Helmut: s. Parteien, SPD.

Helmers, Hermann: s. Organisierte Interessenvertretung, GEW.

141   Herles, Helmut: Die Deutschstunde als Gesellschaftspolitik. In: Süddeutsche Zeitung v. 10./11. 3. 1973.

142   Hoffmann, Dieter: Wie die Epoche des Wortes zu Ende geht. Ermunterung des hessischen Kultusministers, die Rechtschreibung zu vernachlässigen. In: Frankfurter Neue Presse v. 13. 1. 1973.

Ivo, Hubert: s. Rahmenrichtlinienverfasser.

143   Killy, Walther: Ideologisches Konstrukt. Zur Diskussion über den Deutschunterricht in Hessen. In: Die ZEIT v. 30. 3. 1973.

144   Killy, Walther: Laut, nicht scharf gescholten. Leserbrief in: Die ZEIT v. 11. 5. 1973.

145   Krämer-Badoni, Rudolf: Hessen-Deutsch – ein Bubenstreich. In: Darmstädter Echo v. 31. 3. 1973.

Laurien, Hanna-Renate: s. Parteien, CDU.

146 Leonhardt, Rudolf Walter: Deutschelend. In: Die ZEIT v. 30. 3. 1973.

147 Lilge, Herbert: Nieder mit der Hochsprache? In: Darmstädter Echo v. 20. 2. 1973.

148 Loew, Günther: Sprache als „Mittel der Herrschenden". In: Rheinischer Merkur v. 4. 5. 1973.

149 Mann, Golo: Wenn der Deutsche progressiv sein will . . . Kritische Bemerkungen zu den hessischen Rahmenrichtlinien für den Deutschunterricht. In: Süddeutsche Zeitung v. 2. 6..1973; auch in: FAZ v. 13. 6. 1973; auch in: Frankfurter Neue Presse v. 9. 6. 1973.

150 Matthiessen, Hajo: Mehr Spaß beim Lernen. In: Die ZEIT v. 8. 9. 1972.

151 Melder, H. J.: Ein „Aufguß neomarxistischer Formeln" für Hessens Schüler. In: Die Welt v. 1. 3. 1973.

Merkelbach, Valentin: s. Organisierte Interessenvertretung, GEW.

152 Müller, Jörg Jochen: Mit Windeiern geschmettert. Entgegnung auf Walther Killys „Ideologisches Konstrukt". In: Die ZEIT v. 20. 4. 1973.

153 Müller, K. M.: Sprache als Mittel des Klassenkampfes. Hessens Rahmenrichtlinien für den Deutschunterricht im Kreuzfeuer der Kritik. In: Wiesbadener Tagblatt v. 22. 2. 1973.

154 Neander, Joachim: Siegfriedlinie für die Rahmenrichtlinien. In: Die Welt v. 4. 4. 1973.

155 Nellesen, Bernd: Pläne für Deutschunterricht in fabelhaftem Deutsch. In: Die Welt v. 8. 2. 1973.

Nicklis, Werner S.: s. Organisierte Interessenvertretung, Hessischer Elternverein.

156 Offener Brief an den Hessischen Kultusminister. Göttingen, 26. 3. 1973. Unterzeichnet von 50 Germanisten.

157 Orzechowski, Lothar: Hessens Deutschstunde. Das zweite „r" und die Herrschaft. Anmerkungen zum Sprechen über Sprache. In: Hessische Allgemeine v. 17. 3. 1973.

158 Otten, Kurt: Die hessische Landplage. Konflikt, kulturelle Kommunikation und die Hessischen Rahmenrichtlinien für Deutsch. In: FAZ v. 14. 7. 1973.

159 Podewils, Clemens: Angriff auf die Sprache. In: Süddeutsche Zeitung v. 21./22. 4. 1973.

160 Rahmenrichtlinien des hessischen Kultusministers für das Fach Gesellschaftslehre und das Fach Deutsch. In: Die Realschule, H. 5 (1973), S. 169 ff.

161 Reumann, Kurt: Hochsprache – ein Instrument zur Unterdrückung? Die hessischen Rahmenrichtlinien auf dem Prüfstand. In: FAZ v. 2. 3. 1973.

162 Rumpf, Horst: Kommunikation nach Vorschrift. In: betrifft: erziehung 6 (1973), H. 1, S. 33–35.

163 Ruppert, Martin: Der strenge Duft der Zeit. In: Wiesbadener Tagblatt v. 22./23. 4. 1973, S. 1 f.

164 Stähle, Peter: Kommentar in dieser Woche. Gesendet: ARD-Hessenschau, 10. 2. 1973, 19.45 Uhr.

165 Stellungnahme der Fachvertreter (Literaturwissenschaft, Linguistik, Didaktik) hessischer Hochschulen zu den Rahmenrichtlinien Deutsch Sekundarstufe I, Kassel v. 22.–24. 3. 1973.

166 Sternberger, Dolf: Die Emanzipation der Schnäbel. In: FAZ v. 12. 3. 1973.

Stöcklein, Paul: s. Organisierte Interessenvertretung, Hessischer Elternverein.

167 Urban, Bernd: „Unseren Freunden mißlingt die Welt . . . ". „Wozu Literatur? – Wozu Literatur in der Schule?" In: Wiesbadener Tagblatt v. 21./22. 7. 1973.

Vogel, Bernhard: s. Parteien, CDU.

168 Winter, Gisela: Deutsch-Rahmenrichtlinien. Problem Hochsprache. In: betrifft: erziehung 6 (1973), H. 8, S. 30 ff.

169 Zehm, Günther: Deutschstunde ohne Deutsch. In: Die Welt v. 10. 2. 1973.

Nachtrag zur Bibliographie (Stand: November 1973)

Kultusministerium

Friedeburg, Ludwig v.: Rahmenrichtlinien – Entwürfe in der Erprobung – nicht ohne Unterrichtung und Beteiligung der Eltern. In: Welche Rechte haben Eltern? Broschüre hrsg. v. Hessischen Kultusminister, 62 Wiesbaden, Luisenplatz 10.

Welche Rechte haben Eltern? Entgegnung auf die gleichnamige Broschüre der CDU. Beigelegt der Broschüre: Welche Rechte haben Eltern? Hrsg. v. Hessischen Kultusminister, 62 Wiesbaden, Luisenplatz 10.

CDU

Die hessische Landplage. Broschüre (Dokumentation) hrsg. v. der Jungen Union Hessen, 62 Wiesbaden, Biebricher Allee 29/II.

F.D.P.

An die Eltern der hessischen Schüler. Betr.: Rahmenrichtlinien des Hessischen Kultusministers vor allem für die Fächer Deutsch und Gesellschaftslehre in der Sekundarstufe I. Hrsg. v. der F.D.P.-Fraktion im Hessischen Landtag, 62 Wiesbaden, Schloßplatz 1.

Rahmenrichtlinien im Streit der Meinungen. Die Auffassung der F.D.P. (Dokumentation). Hrsg. v. der F.D.P.-Fraktion im Hessischen Landtag, dem Landesfachausschuß für Kultur- und Bildungspolitik der F.D.P. Hessen, der Arbeitsgemeinschaft Liberaler Lehrer in Hessen. Wiesbaden, Oktober 1973.

Stellungnahme der bildungspolitischen Arbeitsgemeinschaft der Hessischen Jungdemokraten zu den Rahmenrichtlinien des Hessischen Kultusministers. Verabschiedet auf der Seminartagung am 7./8. 10. 1973 in Gießen.

DJD zu den Hessischen Rahmenrichtlinien. Schulreform? Faltblatt (Oktober 1973).

Stellungnahmen zu den RRD

Ader, Dorothea: Die magische Formel Kommunikation. In: Praxis Deutsch 1 (1973), H. 1, S. 8.

Baumgärtner, Alfred Clemens: Wer so formuliert, kann nicht denken. In: Praxis Deutsch 1 (1973), H. 1, S. 8 f.

Blankertz, Herwig: Fachdidaktische Curriculumforschung. Strukturansätze für Geschichte, Deutsch, Biologie. In: Neue pädagog. Bemühungen, Bd. 57. Essen 1973.

Boehlich, Walter: Vom deutschen Wesen. Ein Tausend-Seiten-Wälzer über die Vergangenheit eines Faches. In: Die Zeit vom 31. 8. 1973.

Brief hessischer Hochschullehrer an den Hessischen Kultusminister anläßlich einer Aussprachetagung mit Vertretern der Kommission RRD S I vom 8. bis 10. 11. 1973 in Kassel im Rahmen des Hessischen Lehrerfortbildungswerkes.

Diskussion Hessische Rahmenrichtlinien. In: Praxis Deutsch 1 (1973), H. 1, S. 8–12.

dokumentiert. Aus den Richtlinien für Hessen und Rheinland-Pfalz. In: Praxis Deutsch 1 (1973), H. 1, S. 6 f.

Gerth, Klaus: Führt dieser Umgang mit Texten zur Selbstbestimmung? In: Praxis Deutsch 1 (1973), H. 1, S. 10.

Greiner, Ulrich: Peter Handkes Ekel vor der Macht. Verleihung des Büchner-Preises. Herbsttagung der Deutschen Akademie in Darmstadt. In: FAZ v. 22. 10. 1973.

Kleinschmidt, Gert: Veränderung wird nicht gewollt. In: Praxis Deutsch 1 (1973), H. 1, S. 11.

Kochan, Detlef C.: Mehr Reflexion über Reflexion erwünscht. In: Praxis Deutsch 1 (1973), H. 1, S. 11 f.

Loew, Günter: Wege und Irrwege des Deutschunterrichts. Die Sprache darf nicht zum Vehikel der Ideologie degradiert werden. In: Rheinischer Merkur v. 12. 10. 1973.

Ludwig, Otto: Eine wissenschaftliche Basis gibt es (noch) nicht. In: Praxis Deutsch 1 (1973), H. 1; S. 9.

Meissner, Rolf: Stellungnahme zu den Rahmenrichtlinien Sekundarstufe I – Deutsch. Das sollten nicht nur die Eltern wissen. In: Die Realschule H. 8/9, 1973, S. 315 ff.

Menzel, Wolfgang: Im Detail aber sitzt der Teufel. In: Praxis Deutsch 1 (1973), H. 1, S. 10.

Merkelbach, Valentin: Nicht „Marx in Mainz", sondern kleinlaute Fragen. Ein Vergleich zwischen den hessischen und den rheinland-pfälzischen Lehrplänen für das Fach Deutsch. In: FR v. 25. 10. 1973, S. 8.

Messelken, Hans: Warum wollen Sie in Ihrem demokratischen Laden eigentlich kein Schwarzbrot verkaufen? In: Praxis Deutsch 1 (1973), H. 1, S. 12.

Nipperdey, Thomas: Ist Konflikt die einzige Wahrheit der Gesellschaft? Mensch und Gesellschaft in den hessischen Rahmenrichtlinien. In: FAZ v. 24. 10. 1973.

Peter, Rudolf: Hessens Rahmenrichtlinien für das Fach Deutsch im Kreuzfeuer der Kritik. In: Die Höhere Schule 26 (1973), H. 9, S. 737 ff.

Prof. Stöckleins Umwälzung der Wissenschaft – Rahmenrichtlinien Deutsch. In: Zeitung der Sektion Neuere Philologien der J. W. Goethe-Universität hrsg. v. MSB Spartakus, November 1973.

Die innere Reform probt den Aufschwung. Kommentare und Kritiken zur Diskussion um die Hessischen Rahmenrichtlinien. Hrsg. v. der Redaktion des Föhn, Zeitung f. proletarische Schulpolitik u. Pädagogik der KLG Frankfurt/Offenbach sowie von Genossen des KSB Frankfurt. (= Rote Texte zur Ausbildung und Erziehung. Frankfurt/M. 1973. Zu beziehen über: Georg Henschel, Druck und Verlag, 6 Frankfurt/M., Keplerstraße 25.)

Roitsch, Jutta: In jedem Kopf, auf keiner Zunge. Wie sich die Darmstädter Akademie mit den Rahmenrichtlinien für das Fach Deutsch beschäftigte. In: FR v. 22. 10. 1973.

Rosenow, Joachim: Bemerkungen zu den Hessischen Rahmenrichtlinien für das Fach Deutsch, Sekundarstufe I. In: Gesamtschulinformationen 6 (1973), H. 2/3, S. 139 ff.

Sabiwalsky, Dieter: Der unaufhaltsame Verfall eines Faches. Horst Joachim Franks „Geschichte des Deutschunterrichts bis 1945". In: FR v. 10. 11. 1973, S. XI.

Schirnding, Albert v.: Faust oder Homunculus? Die hessischen Rahmenrichtlinien. In: Frankfurter Hefte 28 (1973), H. 10, S. 721 ff.

Schlosser, Horst Dieter: fremdsprache hochdeutsch. 24 Thesen zu den hessischen Rahmenrichtlinien Deutsch, Sekundarstufe I. Bad Homburg v. d. H. 1973.

Wapnewski, Peter: Die verderblichen Lehren der Sozis. Über H. J. Frank: „Geschichte des Deutschunterrichts". In: Der Spiegel 27 (1973), Nr. 32, S. 90 f.

Wapnewski, Peter: Das Deutsche im hessischen Rahmen. In: Merkur 27 (1973), H. 10, S. 950 ff.

Weinrich, Harald: Sprechen Sie elaboriert? Die „Hochsprache" ist kein Unterdrückungsinstrument. In: Die Zeit, Nr. 44 (26. 10. 1973), S. 17 f.

Nachwort

Als der Hessische Kultusminister am 11. Juli 1973 den Erlaß zur Erprobung der Rahmenrichtlinien veröffentlichte, konnte noch nicht genau eingeschätzt werden, in welchem Maße sich die sozialdemokratische Kulturpolitik in Hessen insbesondere in der Auseinandersetzung um die RRD dem Druck der konservativen bildungspolitischen Kräfte und der hessischen F.D.P. beugen würde. Was sich damals nur vermuten ließ, ist jedoch durch die bildungspolitischen Ereignisse der vergangenen Monate mehr als bestätigt worden: Der Hessische Kultusminister ist offenbar bereit, den ursprünglichen programmatischen Ansatz zur Reform, der mit den RRD unternommen wurde, auf Drängen der F.D.P. hin restriktiv zu behandeln. Diese reservierte Einstellung des Kultusministeriums gegenüber dem Reformkonzept der RRD-Kommission läßt sich auf verschiedenen Ebenen verfolgen.

Schon der oben erwähnte Erprobungserlaß ließ berechtigte Zweifel darüber entstehen, in welchem Maße der Hessische Kultusminister noch an einer extensiven Erprobung der neuen Richtlinien allgemein interessiert war. Der Erlaß regelt für alle RR umständliche Modalitäten der Erprobung. Nicht nur die Schulaufsichtsbehörde muß davon in Kenntnis gesetzt werden, sondern auch die Fachkonferenzen haben über die Erprobung zu befinden. Grundsätzlich sollen mindestens zwei Lehrer in einem Fach ähnliche Unterrichtseinheiten durchführen. Nicht zuletzt sind der Schulelternbeirat und der Schülerrat schriftlich von der Erprobungsabsicht in Kenntnis zu setzen. Ein Erfahrungsbericht ist nach Abschluß des Versuchs dem Kultusminister unter gleichzeitiger Übersendung einer Durchschrift an den Regierungspräsidenten auf dem Dienstwege zuzuleiten. Abweichende Stellungnahmen der Fachkonferenz oder des Schulleiters müssen beigefügt werden. Schließlich sind Klassenelternbeiräte und Elternvertretung angemessen zu unterrichten. Stellungnahmen und Diskussionsbeiträge müssen bis zum Ende des Jahres 1973, Erfahrungsberichte über Erprobungen nach dem Ende des jeweiligen Schuljahres, spätestens bis zum 1. 10. vorgelegt werden. Daß die Häufung bürokratischer Maßnahmen die Lehrer nicht gerade anregt, sich in diesen Kreislauf einzuschalten, scheint uns durch die Auskunft aus dem Kultusministerium, Zahlen über Erprobungsanträge lägen noch nicht vor, deutlich zu werden.

Eine besondere Lage ergibt sich für das Fach Deutsch. Der Erlaß hält fest, daß die Richtlinien Deutsch vergriffen seien und die Erprobung die demnächst erscheinende neue Fassung 1973 betreffe. Das bedeutet, daß der erste Entwurf RRD S I nicht erprobt wird, daß vielmehr zur Erprobung eine neue Fassung erarbeitet wird. Damit erklärt sich, weshalb in der Auflistung der Fächer Deutsch als einziges mit dem bloßen Vermerk „vergriffen" versehen ist, während bei anderen Fächern, die diesen Vermerk tragen, der Zusatz „Nachdruck in Vorbereitung" gemacht wurde. Die Bemerkung „vergriffen" im Zusammenhang mit den RRD S I nimmt überdies stärkeren Aussagecharakter an, wenn man das indifferente Verhalten des Kultusministeriums in den letzten Wochen mitreflektiert. Auf Anfragen im Ministerium wie bei dem von ihm mit dem Druck und der Auslieferung der RRD beauftragten Diesterweg-Verlag sind die widersprüchlichsten Aussagen zu erhalten.

Daß der Hessische Kultusminister aber tatsächlich bereit gewesen ist, das Reformkonzept der RRD einzuschränken, wenn nicht gar zu verhindern, zeigt die Entwicklung in der RRD-Kommission:

März/April 1973	Der Minister gibt der Kommission den Auftrag, bis zum 5. 7. eine präzisere Ausformulierung des programmatischen Teils der RRD S I vorzulegen.
Ende April/Anfang Mai	Den Kommissionsmitgliedern wird mitgeteilt, daß die Kommission um drei Mitarbeiter, die von der F.D.P. benannt und vom Minister berufen werden, erweitert werde.
Ende Mai	Die F.D.P.-Vertreter nehmen erstmals an einer Kommissionssitzung teil.
5. Juli	Bis zu diesem Termin wurde mehrfach versucht, Konzepte zur Fortschreibung der RRD mit den Vertretern der F.D.P. zu vereinbaren. Dem Ministerium wird ein Konzept vorgelegt, das jedoch nicht die Zustimmung der F.D.P.-Beauftragten gefunden hatte und auch vom Kultusminister nicht akzeptiert wird. Die F.D.P.-Vertreter selbst hatten kein Alternativkonzept vorgelegt.
11. Juli	Der Erprobungserlaß wird veröffentlicht mit dem Hinweis an die Kommission, daß er nicht die Zurücknahme der RRD SI bedeute.
21. August	Das Ministerium beauftragt die Kommission, nicht mehr an der Programmatik weiterzuarbeiten, sondern bis zum 1. 10. jahrgangsbezogene Unterrichtsvorschläge zu erarbeiten. Die Unterrichtsvorschläge für die Jahrgänge 7/8 wurden fristgerecht vorgelegt.
13. November	Der Kommission wird vom Kultusministerium mitgeteilt, daß zwei weitere von der F.D.P. ausgewählte Mitglieder in die Kommission aufgenommen werden sollen. Die drei erstbenannten F.D.P.-Vertreter argumentieren, daß dadurch die Arbeitsbedingungen verbessert und ihre eigene Argumentationsbasis verstärkt werden.

Der Kultusminister — und das geht aus dieser Stress-Chronologie hervor — hat sich dem Druck des Koalitionspartners gebeugt und ist bereit, Zugeständnisse zu machen und hinter die Position der Verfasser der RRD zurückzugehen. Die F.D.P. formuliert dieses Ergebnis in ihrem Elternbrief folgendermaßen: „Wir haben erreicht:

- daß die beanstandete erste Fassung der Rahmenrichtlinien Deutsch zurückgezogen wurde;
- daß die Rahmenrichtlinien-Kommission durch Mitarbeiter ergänzt wurde, die von der F.D.P. vorgeschlagen worden sind. Die Kommission erhielt die Auflage, praktikable Unterrichtsmodelle zu entwickeln, die sowohl eine verbindliche Sprache als auch die Literatur angemessen berücksichtigen;
- daß in einem Erprobungserlaß genau festgelegt wurde, wie die Erprobung unter Einschaltung der Klassenelternschaft, des Elternbeirates und der Lehrerkollegien zu erfolgen hat. Die F.D.P. hat verlangt, daß zu Beginn jeden Schuljahres dieser Erlaß mit dem Elternbeirat zu erörtern ist: eventuelle Versuche, die Vetoposition der Elternbeiräte zu umgehen, werden damit ausgeschaltet." (Elternbrief der F.D.P., S. 3)

Die anfängliche Einschätzung unserer Analyse wird also dahingehend bestärkt, daß die hessische SPD das Interesse an den RRD S I weitgehend verloren hat*, und zwar aufgrund der Kampagne der konservativen Elternschaft sowie des Druckes des Koalitionspartners, der sich jedoch nur auswirken kann, weil die Machtverhältnisse innerhalb der SPD ihn offensichtlich begünstigen.

---

* Dies scheint das Verhalten des DGB zu bestätigen, der das ihm vorliegende Manuskript (s. unser Hinweis oben) zwar inzwischen von den verschiedenen offiziellen Gremien hat überprüfen lassen, es aber für eine Veröffentlichung durch den Gewerkschaftsbund zu brisant befand und es deshalb an einen Münchener Arbeitskreis von Jungsozialisten und Jungdemokraten (Arbeitskreis Demokratische Aktion) zur Veröffentlichung weitergereicht hat. Die GEW, die bereits im Septemberheft der HLZ eine Sonderausgabe zu den Hessischen RR angekündigt hat (s. oben), gibt inzwischen Januar 1974 als Erscheinungstermin an.

GRUNDSTUDIUM LITERATURWISSENSCHAFT
Hochschuldidaktische Arbeitsmaterialien

Herausgegeben von Heinz Geiger, Albert Klein, Jochen Vogt unter Mitarbeit von Bernhard Asmuth, Horst Belke, Luise Berg-Ehlers und Florian Vaßen

---

BERTELSMANN UNIVERSITÄTSVERLAG

AUS UNSEREM PROGRAMM

Heinz Abels
Sozialisation und Chancengleichheit
Differenzierte Erziehung am Modell der Schulsozialarbeit
(Studien zur Sozialwissenschaft, Band 5)

Helmut Freiwald / Gebhard Moldenhauer / Dieter Hoof /
Hans-Joachim Fischer
Das Deutschlandproblem in Schulbüchern der Bundesrepublik
(Studien zur Sozialwissenschaft, Band 13)

Sabine Hering
Strategien sozialen Lernens
Veränderungen von Resozialisierungsbedingungen durch
sozialwissenschaftliche Intervention
(Studien zur Sozialwissenschaft, Band 10)

Helga Lange-Garritsen
Strukturkonflikte des Lehrerberufs
Eine empirisch-soziologische Untersuchung
(Studien zur Sozialwissenschaft, Band 4)

Hagen Weiler
Politische Emanzipation in der Schule
Zur Reform des politischen Unterrichts
(Studien zur Sozialwissenschaft, Band 9)

BERTELSMANN UNIVERSITÄTSVERLAG